段渝　著

先秦史卷

文明的史迹：先秦、巴蜀及南丝路历史研究

西南交通大学出版社
·成都·

图书在版编目（ＣＩＰ）数据

文明的史迹：先秦、巴蜀及南丝路历史研究. 1，先
秦史卷 / 段渝著. —成都：西南交通大学出版社，
2023.7
    ISBN 978-7-5643-9384-7

    Ⅰ. ①文…　Ⅱ. ①段…　Ⅲ. ①文化史 – 研究 – 中国 –
先秦时代　Ⅳ. ①K203

中国国家版本馆 CIP 数据核字（2023）第 130773 号

Wenming de Shiji: Xianqin、Bashu ji Nansilu Lishi Yanjiu
（Xianqinshi Juan、Bushu Wenhua Juan、Nanfang Sichouzhilu Juan）

文明的史迹：先秦、巴蜀及南丝路历史研究
（先秦史卷、巴蜀文化卷、南方丝绸之路卷）

段渝　著

责 任 编 辑	邵莘越
封 面 设 计	原谋书装
	西南交通大学出版社
出 版 发 行	（四川省成都市金牛区二环路北一段 111 号
	西南交通大学创新大厦 21 楼）
发行部电话	028-87600564　028-87600533
邮 政 编 码	610031
网　　　址	http://www.xnjdcbs.com
印　　　刷	成都蜀通印务有限责任公司
成 品 尺 寸	165 mm × 230 mm
总 印 张	98
总 字 数	1746 千
版　　　次	2023 年 7 月第 1 版
印　　　次	2023 年 7 月第 1 次
书　　　号	ISBN 978-7-5643-9384-7
套　　　价 （全 3 册）	880.00 元

当前中国文明研究正值热潮，尤其是中国文明起源与形成的研究引起学术界的广泛关注，处于焦点和前沿。从历史的视角而言，中国文明起源形成和发展的时期是先秦时期。在这个波澜壮阔的大变动时期，中国各史前文化逐步从简单社会走向复杂社会，从酋邦走向国家，从分散走向整合，从多元走向一体，最终形成多元一体的古代文明发展格局。

历史文献对中国新石器时代晚期文化的多元并存局面有着清楚的记载，与考古资料所揭示的史前文化面貌基本一致。但多元并存的局面也并非一成不变，而是经历了一个地域性的一体化，即地域内的族群和文化的一体化发展，或者说是地域性的多元一体，直到地域之间联系的加强，交流互鉴的日益深入广泛，地域间的一体化发展趋势逐步形成。由于中原地区的各种优势，使得中原地区日益成为地域之间交流互鉴以至融合发展的主体，逐步成长为文明初现的核心地区，夏王朝的建立则标志着中国文明的形成。对此，历史文献其实也有着较为清楚明确的记载，近来学术界的研究也能够说明这一点。

本书题名《文明的史迹：先秦、巴蜀及南丝路历史研究》，是因为作者的研究方向主要集中在中国古代文明的这几个方面，本书即分为先秦史、巴蜀文化和南方丝绸之路等三个部分。其中，关于先秦史方面的论文，涉及文明起源、长江流域文明、文献研究以及文化交流等内容；关于巴蜀文化方面的文章，多属先秦时期巴蜀的历史和文化研究，亦有少量关于汉晋时期巴蜀文化的论述；关于南方丝绸之路的研究论文，大致上集中在先秦两汉时期，侧重于中外文化交流和互鉴等方面。

需要指出的是，由于本书所收论文的写作和发表年代早晚不一，所以先后写作发表的文章在所引资料和论据等方面会有所出入，敬请读者明察。

目录

大禹文化

| 01 |

百年大禹研究的主要观点和论争

20 世纪 20 年代，中国学术界部分著名学者既承乾嘉学术之遗风，又受西风东渐的影响，掀起了疑古辨伪的新高潮，其领军者和代表人物是顾颉刚。[①]从那时起直到今天，在长达一个世纪的中国古史研究中，讨论最多、争议最大的古史人物当推大禹。百年以来，学术界关于大禹及其史事的讨论文章数量相当可观，据不完全统计，20 世纪前期报刊发表的学术论文有 40 余篇[②]，20 世纪 50 年代以来学术界发表题名禹的专论文章已达 700 余篇（不包括专著章节），其内容归纳起来大致有 9 个方面：① 大禹是人还是神；② 禹生西羌，禹生石纽；③ 大禹治水；④ 禹会诸侯于涂山，禹娶涂山；⑤ 禹都阳城；⑥ 禹画九州；⑦ 禹征三苗，攻伐征战；⑧ 大禹与夏文化；⑨ 大禹精神。就学术界的有关讨论来看，论争主要集中在大禹是人还是神，禹兴西羌、禹生石纽，大禹治水，禹会诸侯，禹都阳城，以及禹征三苗等问题上。面对如此大量的研究成果，要进行全面述评显然是不现实的，本文仅对其中具有代表性的观点略加述评，难免挂一漏万，不妥之处请予教正。

一、大禹是人还是神

日本学者白鸟库吉于 1909 年发表了《中国古传说之研究》，提出了名噪一时的"尧舜禹抹杀论"，认为"尧舜禹乃儒教传说，三皇五帝乃《易》及老庄派之传说，而后者以阴阳五行之说为其根据。故尧、舜、禹乃表现统领中国上层社会思想之儒教思想，三皇五帝则主要表现统领民间思想之道教崇

[①] 顾颉刚曾说："民国以来，西洋的治学方法和新史观不断输入，更予人们以莫大的启示……颉刚等身逢其会，便开始提出古史上诸问题加以讨论，'古史辨'便在这种情态之下出现了。"见顾颉刚《当代中国史学》，《顾颉刚古史论文集》第 12 卷，北京：中华书局，2011 年，第 428 页。

[②] 民国期刊网显示约有 150 篇，据查，其中学术论文有 40 余篇，不包括顾颉刚《古史辨》收入的论文。

拜"。①白鸟库吉的看法，不但在日本引起讨论，在中国学术界也产生了比较广泛的影响。

1923 年，古史辨领军人物顾颉刚发表《与钱玄同先生论古史书》，首先对古史关于大禹的记载进行了质疑和否定。顾颉刚对于大禹的否定，是他所构建创立的"层累地构成的中国古史"理论观点中具有关键性的环节，也可以说是他的理论基础。顾颉刚从《诗经·商颂　长发》入手，认为该诗"洪水芒芒，禹敷下土方……帝立子生商"中的禹，是见于载籍最古者，而《诗》《书》里的"帝"都是上帝，因此这诗的意思是说商的国家是上帝所立的。上帝建商，似乎是在洪水茫茫之中，上帝叫禹下来布土，而后建商国。所以"禹是上帝派下来的神，不是人"。为证明禹是神不是人，他从《说文》中去考察禹的由来："至于禹从何来?禹与桀何以发生关系?我以为都是从九鼎上来的。禹，《说文》云：'虫也；从内，象形。'内，《说文》云：'兽足蹂地也。'以虫而有足蹂地，大约是蜥蜴之类。我以为禹或是九鼎上铸的一种动物，当时铸鼎象物，奇怪的形状一定很多，禹是鼎上动物的最有力者；或者有敷土的样子，所以就算他是开天辟地的人……流传到后来，就成了真的人王了。"②

顾颉刚对禹的定性有几次变化，先是认为"禹是上帝派下来的神，不是人"，后又认为"禹有天神性"，实为"社神"，而"禹为社神之说，起于西周后期"③；禹在《诗》《书》中的地位是独立的，事迹是神化的；禹与夏没有关系，到战国以后，禹才被说成是夏代始王。④

其后，童书业、杨宽等均宗其说，并对顾氏之说加以进一步申论。⑤根据顾颉刚、童书业合著的《鲧禹的传说》，疑古派学者关于"禹是神不是人"的看法有以下 5 条基本结论⑥：

---

① 白鸟库吉：《中国古传说之研究》，《日本学者研究中国史论著选译》第 1 卷，黄约瑟译，北京：中华书局，1992 年。

② 顾颉刚：《与钱玄同先生论古史书》，《古史辨》第 1 册，上海：上海古籍出版社，1982 年，第 59-66 页。

③ 顾颉刚：《〈古史辨〉第 1 册自序》《讨论古史答刘胡二先生》，载《古史辨》第 1 册；《九州之戎与戎禹》，载《古史辨》第 7 册（下）。

④ 顾颉刚、童书业：《鲧禹的传说》，载《古史辨》第 7 册（下），第 142-195 页。

⑤ 童书业：《〈九州之戎与戎禹〉跋》，载《古史辨》第 7 册（下）；杨宽：《中国上古史导论》，载《古史辨》第 7 册（上）。

⑥ 顾颉刚、童书业：《鲧禹的传说》，载《古史辨》第 7 册（下）。

（1）鲧、禹颇有从天神变成伟人的可能；

（2）禹的神职是主领名山川的社神；

（3）鲧、禹治水传说的本相是填塞洪水，布放土地，造成山川，后来因战国时势的激荡，变成了筑堤、疏导和随山刊木等；

（4）鲧、禹传说的来源地是西方九州之戎的区域；

（5）鲧、禹本都是独立的人物，因墨家的尚贤说和禅让说的媒介，才与尧、舜等人发生关系。

顾颉刚的论文发表后，在学术界掀起了轩然大波，附和者有之，反对者亦有之。

对顾颉刚观点持激烈反对意见的主要有刘掞黎和胡堇人。刘掞黎在《读顾颉刚君〈与钱玄同先生论古史书〉的疑问》中说："果如顾君所说'禹敷下土'是'上帝叫禹下来布土'，则'帝立子生商'更明明白白说是上帝置子而生契，若以为禹是神，不是人，则契更是神，不是人了。那末，我们将《诗经》展开来读，神还多哩。"他举出《诗经》中《商颂·玄鸟》《大雅·文王有声》及《皇矣》等对商、周先公先王的颂词反问道："看上帝给命与文王，又和文王这样地对语，然则文王也是神，不是人么？"针对顾颉刚关于禹出于九鼎之说，刘掞黎问道，难道周人始祖后稷也是植物么？他还从《论语》《墨子》等书中所引《尚书》的情况，对顾颉刚关于"东周初年只有禹"的观点进行了质疑。①

另外一些在学术界具有相当重要影响的学者，如章太炎、王国维、郭沫若等，虽然没有直接参与这场大讨论，但在其论著里却用文献和考古资料表明了对于大禹的看法。章太炎在《论经史实录不应无故怀疑》中，不但批驳日本人"悍然断禹为伪造，其亦不明世务，而难免于大方之笑"，而且批评国内一些学者"不加深思，震于异说，贸然从之"。②王国维指出，《皋陶谟》虽经后人整理，但至少在周初即有写本③，表明《禹誓》的材料来源古远，是经夏商时代的口耳相传而至迟在周初写成文本的。而《秦公簋》《齐侯镈》《齐侯钟》等青铜器铭文中有关"禹迹"的记载，当可与《诗》《书》互参，证明"东西二大国（引者按：此指齐国和秦国）无不信禹为古之帝王且先汤而有天

---

① 刘掞黎：《读顾颉刚君〈与钱玄同先生论古史书〉的疑问》，《古史辨》第 1 册，第 82-92 页。

② 章炳麟：《论经史实录不应无故怀疑》，《浙江省立图书馆馆刊》第 4 卷第 4 期，1935 年 8 月。

③ 王国维：《古史新证》，北京：清华大学出版社，1994 年，第 3、5-6 页。

下也"。①郭沫若在《中国古代社会研究》里专辟"夏禹的问题"小节，也通过对《齐侯镈》《齐侯钟》及《秦公簋》的研究，认为"在春秋时代一般人之信念中，确承认商之前有夏，而禹为夏之先祖"。②

虽然当时的学术界并没有放弃古史关于大禹是人王并且是夏代开创者这一延续了两千多年的传统看法，但参与古史论争的相当多的学者对大禹之为人王的传统观点是持反对意见的。除顾、童、杨等人外，当时名气很大的学者如胡适、许道龄、马培棠、卫聚贤、冯汉骥、丁山、陈独秀等，从不同角度进行讨论，尽管有着相当独立的见解，但多数人的立足点是建立在顾颉刚的研究基础之上的。他们的研究，不可否认地带有先入为主的成分。如傅斯年在其名作《夷夏东西说》中认为"春秋以前书中，禹但称禹，不称夏禹"，认为"禹是一神道"，实为"夏后氏祀之为宗神"，"然其与夏后有如何之血统关系，颇不易断。若匈奴号为夏后之裔，于越号称少康之后，当皆是奉禹为神，于是演以为祖者"。③

20 世纪前期关于大禹究竟是人王还是天神的讨论旷日持久，但没有取得一致意见。虽然如此，顾颉刚"层累地构成的中国古史"的理论观点、研究方法以及诸多论断，却在中国学术史上产生了深远影响。

50—70 年代，学术界很少直接讨论禹是人王还是天神的问题，但有不少论著在讨论古史传说、夏代和夏文化时论及禹，如徐旭生《1959 年夏豫西调查"夏墟"的初步报告》，郭沫若主编的《中国史稿》，翦伯赞主编的《中国史纲要》等，不过并没有详述。值得指出的是，徐中舒于 1958 年发表《论尧舜禹禅让与父系家族私有制的发生和发展》一文，虽然没有直接讨论禹是人还是神的问题，但他从古文献、古文字和民族史等多重角度的深入研究中，认为尧、舜、禹都是当时的部落联盟酋长。④徐中舒的多重证据研究方法及有关结论，为后来的不少学者所接受，无疑把对禹的研究推向了深入。

80 年代以后，由于地下文献的出土，新的资料涌现出来，学术界对于禹的研究出现了新的局面。裘锡圭根据遂公盨铭文并结合文献资料评判顾颉刚关于禹的意见时说，古史辨派的意见有得有失，但"在较早的传说中，禹确

① 王国维：《古史新证》，北京：清华大学出版社，1994 年，第 3、5-6 页。
② 郭沫若：《中国古代社会研究》，北京：人民出版社，1964 年，第 273-279 页。
③ 傅斯年：《史料论略及其他》，沈阳：辽宁教育出版社，1997 年。
④ 徐中舒：《论尧舜禹禅让与父系家族私有制的发生和发展》，《四川大学学报》1958 年第 1 期。

是受天，即上帝之命来平治下界的水土的"。①李学勤认为："古史中总是有神话的，可是它是和历史事实结合在一起，所以尧舜禹不是完全子虚乌有的。"他指出："究竟禹的传说是本来就有的，还是后来什么时候才出现的?这个问题有种种的说法，有人说是编出来的，因为甲骨文里没有见到禹，就是商代还没有禹的说法，西周也没有。在2002年的时候，我们在北京看到一件青铜器，这件青铜器有人说是河南出的，是西周中期的，铭文里面详细叙述了大禹的情况。它一开头就说：'天命禹敷土，随山浚川。'我看到这句话的时候大吃一惊。大家知道，'禹敷土'这三个字是见于《尚书·禹贡》，而'随山浚川'见于《禹贡》的序。序比《禹贡》要晚，可是这四个字，其他古书里都没有，只是在《尚书序》里面才有。所以这里明确证明了《禹贡》和《尚书序》是有根据的。所以这个发现以后，有人说我们可以把禹的传说上推到西周，当然这是没有问题的。这件遂公盨现在在北京的保利艺术博物馆。这件东西的存在从文体、内容上证明了《尚书》的头几篇，包括《尧典》《皋陶谟》《禹贡》这几篇，是有根据的。"②

一些学者虽然使用的是旧资料，但由于运用了新的方法，因而得出了一些新的认识。不少学者认为禹可能是族群的称谓，或是族群酋长的称谓，世代相传，正如黄帝是黄帝族或其酋长的称谓一样。祁和晖运用"层垒式结构""箭垛式人物"及"类型化模拟习惯"理论，提出夏禹是夏朝创业先民领袖群体的代表符号，这一符号有着深厚的历史含量，夏禹代表的群体是实有的历史存在，禹是一个特定历史时期群体的代表符号，代表着整整一个历史时期的先民形象，大禹个人只是组成群体符号的一个成员，其历史真实性不容置疑。③段渝从史籍在不同时期关于禹的传说的流传角度，对传说从"早出"到"后起"的各个阶段加以剥离，认为夏商时期的禹是人王而非天神，西周早期的禹仍是人王，到西周中叶和晚期则明显带上了神化禹的气息，说明禹从人到神的演变，是从西周中叶始揭其序幕的。春秋时期对禹的神化传述增多，表明周人首开神化禹的风气之先。战国时期诸子对禹的传述，出现以人文主义态度从社会关系及人与自然的关系角度加以传述和从神话角度加以传述两

---

① 裘锡圭：《新出土先秦文献与古史传说》，《中国出土文献十讲》，上海：复旦大学出版社，2004年。

② 李学勤：《在全国大禹文化学术研讨会上的演讲》，《大禹文化》2008年第1期。

③ 祁和晖：《夏禹之有无及族属地望说商兑》，《西南民族大学学报》1996年第3期。

种倾向,但主流仍把禹当作人而不是神。①

事实上,学术界无论是在讨论夏文化问题还是讨论大禹治水等问题时,相当多的文章并没有讨论历史上是否存在大禹其人,而是直接讨论禹的各种活动,这实际上是默认了禹的真实性,即是默认在历史上存在大禹其人这个潜在前提。同时,学术界对于古史与神话的关系以及古史传说中有"历史的素地"等问题有了更深入的认识,而不再是一概否定古史传说和传说人物。

二、禹兴西羌,禹生石纽

"禹生石纽"的说法是与"禹兴西羌"的说法联系在一起的。这两种说法,在 20 世纪前期都遭到以顾颉刚为首的古史辨派以及另外一些学者的否定,不过也有不少学者力赞此两说。

陈志良于 1940 年发表《禹生石纽考》②,明确提出禹生于汶川。认为羌民以刳儿坪为禹王生地,是羌民自身所保存的古传说,并不是外来的,极可相信。该文最后的结论有 5 点:①"夏禹传说"的出发点是羌民居住地域;② 羌民是夏民族之后;③"禹"是羌民即(夏民族)崇拜的图腾;④"夏禹传说"的中心在西方而不在东南;⑤ 此种传说,由周民族的政治势力推广而发扬光大。

陈志良的文章发表后,不少学者在讨论这个问题时,多以其为依据,认为禹兴西羌,禹生于四川汶川是历史的真实。③但由于陈文在论述中有颇多不严谨处,因而受到学者的辩驳。如冯汉骥于 1944 年发表的《禹生石纽辨》一文,就力驳陈志良的看法。冯汉骥指出,禹生石纽说来源于"禹出于西羌",为汉初陆贾杜撰,而司马迁说"禹兴西羌"是为了证明其"收功实者常于西北"的原则,故不妨暂把禹变作西羌。他指出,因为有"禹兴西羌"之说,后来又有"禹生石纽"之附会,石纽又附会在羌地,故推想到禹为羌人。结论是,"纵然说禹与羌有关系的话,亦不过指与中原附近之羌人而言,不必远到四川边徼来找关系了"。④

① 段渝:《禹的传说与史实》,载李绍明等主编:《夏禹文化研究》,成都:巴蜀书社,2000 年,第 257-276 页。
② 陈志良:《禹生石纽考》,《说文月刊》第 1 卷,1940 年。
③ 罗香林:《夏民族发祥于岷江流域说》,姜蕴刚:《治水及其人物》,林名均:《四川治水者与水神》,均载《说文月刊》第 3 卷第 9 期,渝版第 3 号"水利",1943 年。
④ 冯汉骥:《禹生石纽辨》,《说文月刊》第 4 卷(合订本),1944 年。

80 年代以来，上古史研究方兴未艾，关于"禹兴西羌""禹生石纽"的问题也得以深入开展。多数学者认为，"禹兴西羌"的传说并非起源于汉代，先秦即有此说。尤其是三峡考古中发现的朐忍令景云碑，碑铭说到"大业既定，镇安海内，先人伯沇，匪志慷慨，术禹石纽、汶川之会"，结合传世文献分析，足以表明西汉初期所有人都认为这里是大禹的石纽，可见这个传说一定是先秦的。①而"禹生石纽的传说是很重要的，它反映着古代的历史实际"。②

至于禹与羌的关系和禹生于石的传说，徐中舒认为，禹生于石的传说，同西方羌民崇拜白石的传统有着极为密切的关系。③李绍明也认为，禹与羌的关系，在民族学和民俗学上，可以从岷江上游羌族流传至今的石崇拜上得到清楚的反映和说明，从岷江上游的考古发现上也有若干确切的实物证据足资说明，是有充分的证据的④，"禹与羌实有着族源与文化上的密切关系"⑤。林向从宝墩古城与"夏鲧作城郭"、"禹虫"与"蜀虫"、"蜀龙"与"建木"等方面论证，认为"无论是古城，还是字符，或是对龙的崇拜都从不同的角度证明夏禹与蜀有文化上的同源关系"。⑥段渝认为，蜀与夏是帝颛顼之后的两支亲缘文化，蜀、夏同源，文化上源具有相关性，但既已别为支系，发展地域有异，政治单位不同，蜀在西南立国称雄，夏在中原建立王朝，因而文化上必然又具有相当差异⑦，提出"大禹史传的西部底层"概念。⑧谭继和认为"禹文化西兴东渐"。⑨蒙默则认为，"禹生石纽"是在"禹生于石"的基础上推演出来的，景云碑所说"石纽、汶川之会"是从《禹贡》推导附会出来的。⑩

过去学者们对于石纽所在地纷争不已，有北川说、汶川说、茂县说、理县说、都江堰说等，均缺乏必要的坚实证据。现今四川学术界不少学者在承

文明的史迹：先秦、巴蜀及南丝路历史研究（先秦史卷）

---

① 李学勤：《在全国大禹文化学术研讨会上的演讲》，《大禹文化》2008 年第 1 期。
② 李学勤：《禹生石纽说的历史背景》，《大禹与夏文化研究》，成都：巴蜀书社，1993 年，第 200-205 页。
③ 徐中舒：《先秦史论稿》，成都：巴蜀书社，1992 年，第 23 页。
④ 李绍明：《从石崇拜看大禹与羌族的关系》，载《徐中舒先生百年诞辰纪念文集》，成都：巴蜀书社，1998 年，第 31-41 页。
⑤ 李绍明：《从石崇拜看禹羌关系》，载李绍明等主编：《夏禹文化研究》，第 31-41 页。
⑥ 林向：《从考古新发现看蜀与夏的关系》，载李绍明等主编：《夏禹文化研究》，第 42-55 页。
⑦ 段渝：《三星堆文化与夏文化》，《中国文物报》2000 年 8 月 2 日学术版。
⑧ 段渝：《大禹史传的西部底层》，《四川大学学报》2004 年第 5 期。
⑨ 谭继和：《禹文化西兴东渐简论》，载李绍明等主编：《夏禹文化研究》，第 143-157 页。
⑩ 蒙默：《"禹生石纽"续辨》，《蜀学》第 4 辑，成都：巴蜀书社，2009 年，第 38-46 页。

认禹生石纽的前提下，主张石纽之地不可确指，总之应在今四川北川一带和岷江上游汶、理、茂范围内。[1]也正因为缺乏直接证据，所以对于"禹兴西羌""禹生石纽"的传说，学术界还将继续讨论下去。

三、大禹治水

在 20 世纪前期对于是否存在大禹治水的讨论中，不少学者持否定的态度，其中具有代表性的是丁文江和许道龄。丁文江于 1924 年在写给顾颉刚的信中说，禹治水传说绝不可信，江、河都是天然水道，没有丝毫人工疏导的痕迹。龙门是天然的峡口，并非人工所能为。[2]

许道龄否认大禹治水的文章具有代表性。他在《从夏禹治水说之不可信谈到禹贡之著作时代及其目的》中从 4 个方面分析大禹治水：① 工具方面，除非大禹是位神仙，否则不可能在公元前 23 世纪的新石器时代凿龙门、疏九河、决九川；② 政治方面，上古所谓王，不过如像现代的族长或家长，所谓国也不过如像现代的一个城市或村庄，其政治组织不如现代一个村庄完善，禹不可能驱使初民做劳苦危险的工程达 13 年之久；③ 社会方面，上古"老死不相往来"，绝不可能把本国的事和国际上的一同看待；④ 经济方面，考洪水之患，自尧时起，鲧九载，禹十三载，在石器工具生产的社会，不可能有如此大的工程力量。因此，大禹治水不可信。[3]

卫聚贤并不否认治水传说。他认为，江河都是天然河道，不可能由人力开凿，但中国确有治水的传说。他在《尧舜禅让与禹治水的探讨》中考证说，中国治洪水的，有共工、女娲、开明、鲧、禹等五人，五人中以禹治水的传说古而普遍。他认为，夏民族是治水的，禹是夏民族最有名的酋长，洪水相传是人治的，所以把治洪水者说成是夏禹，这是靠近夏民族黄河流域周民族的说法，而远离夏民族的地方则不信此说，另有其他治水的神话，如蜀的开明治水，楚的共工治水等。[4]

章太炎则坚决捍卫大禹治水之说。他不但批判日本学者关于否认大禹治水的说法，而且批评国内学者步其后尘。他指出："日本人疑禹治水为无其事，

---

① 李绍明等主编：《夏禹文化研究》，成都：巴蜀书社，2000 年。
② 丁文江：《论禹治水说不可信书》，《古史辨》第 1 册，第 207-209 页。
③ 许道龄：《从夏禹治水说之不可信谈到禹贡之著作时代及其目的》，《禹贡》第 1 卷第 4 期，1934 年。
④ 卫聚贤：《尧舜禅让与禹治水的探讨》，《文史丛刊》1933 年第 1 期。

彼谓九州洪水，何能以一身治之？以此为口柄，真浅薄幼稚，不值一噱。夫禹之治水，合天下之力而已督率之耳。名山三百，支川三千，岂尽一己手足之力，孜孜而治之哉！自来纪载功绩，但举首领，不及其余。东汉治河，河堤使者王景独尸其功，明则河道总督潘季驯，清则河道总督靳辅，皆以治河著称。此岂三人一手一足之力哉？亦集众人之功而总其成耳。非唯治河为然，其他各事，殆无不然。即以战功言之，策动独在大将，其实斩将搴旗，皆属士卒之事。岂真为首之大将，徒手搏击而取胜哉？日人不思此理，悍然断禹为伪造，其亦不明世务，而难免于大方之笑矣。因其疑禹，遂及尧、舜，吾国妄人，不加深思，震于异说，贸然从之。呜呼！国家未亡，而历史先亡，可哀也已。要知凡后人伪造之书，只能伪造虚文，不能伪造实事。"①可谓掷地有声。

关于禹治水的范围，丁山认为，当不出伊洛流域之间，近于阳城之地。②劳干的看法则独树一帜，他主张大禹治水故事与梁州系连而不切于冀州。③

50年代尤其80年代以来，学术界从多种角度讨论大禹治水的问题，主要集中在大禹治水的真实性、治水范围、洪水性质、大禹治水的方法、大禹治水的成就等方面。

近年出现的新材料，为大禹治水事迹的真实性问题提供了新认识。不久前新出现的青铜器遂公盨，铭文记载了禹治水的事迹，"天命禹敷土，随山浚川，迺差地设征，降民监德，迺自作配乡（享）民，成父母"，引起学术界的广泛关注。④李学勤认为，该器的年代属于西周中期后段，即周孝王、夷王前后，铭文最突出的一点是与《诗》《书》等传世文献有密切的联系。盨铭"天命禹敷土，随山浚川，迺差地设征"，可以对照《禹贡》和《尚书序》，特别是"随山浚川"全同于《书序》。过去著录的古文字材料，有关禹的很少，至于治水的事迹，乃是第一次发现，成为大禹治水传说最早的文物例证，对于中国古代历史文化的研究有很大的意义。⑤

文明的史迹：先秦、巴蜀及南丝路历史研究（先秦史卷）

---

① 章炳麟：《论经史实录不应无故怀疑》，《浙江省立图书馆馆刊》第4卷第4期，1935年8月。
② 丁山：《禹迹考》，《荆凡》第1卷，1941年。
③ 劳干：《论禹治水故事的出发点及其他》，《禹贡》第1卷第6期，1934年。
④ 参见李学勤：《论遂公盨及其重要意义》，裘锡圭：《豳公盨铭文考释》，朱凤瀚：《豳公盨铭文初释》，李零：《论豳公盨发现的意义》，均载《中国历史文物》2002年第6期；饶宗颐：《豳公盨与夏书〈禹之总德〉》，沈建华编：《饶宗颐新出土文献论证》，上海：上海古籍出版社，2005年。
⑤ 李学勤：《遂公盨与大禹治水传说》，《中国社会科学院院报》2003年1月23日。

关于大禹治水的范围，徐旭生认为，"洪水的发生区域主要的在兖州，次要的在豫州、徐州境内。余州无洪水。禹平水土遍及九州的说法是后人把实在的历史逐渐扩大而成的"①。沈长云《论禹治洪水真相兼论夏史研究诸问题》对兖州说做了进一步研究，认为古代洪水只是发生在河济之间，即《禹贡》13 州的兖州及其附近地区。因为兖州以西属于黄土高原，既不会有河水泛滥，也因其雨量的稀少，不致造成大的洪涝灾害。兖州以东，入于山东丘陵，也不会有洪涝灾害。至于兖州东北的黄河下游，更谈不上什么灾害问题。只有这兖州地区，处在东西两个高地之间，地势低洼，降雨量又较西部黄土高原丰富，最易受到水潦的袭击。故而古代河患的记录几乎全是在这一地区。总之，论古代洪水发生的地域，唯有此处最是可能。②

张磊《大禹治水地域范围新论》同样认为，尧舜禹时期洪水在多地不同程度地发生，但主要发生地应是河济之间，即古兖州地区，大禹治水涉及的范围更广些，北到冀州部分地区，东到大海包括青、徐等州，东南及扬州，南达荆州北部，西到豫州、雍州部分地区，但主要治理对象是黄河下游河道，还包括附近的河流、湖泊和沼泽。③侯仰军也认为，在当时的生产力水平下，大禹是不可能治理黄河、长江的，所谓大禹治水不过是把济、濮流域的洪涝排泄出去而已，大禹治水的活动范围不出今天的豫东、鲁西南地区。④

不同意兖州说的主要有王晖。他在《大禹治水方法新探》⑤中列举证据认为，首先，此说与古文献及古文字资料的记述是不相符的，《尚书·禹贡》和上海博物馆藏《战国楚竹书（二）·容成氏》都提到了"九州"，尽管称谓不尽相同，但都认为是九个不同的州。其次，大洪水不仅见于我国古文献记载，世界上许多民族都有这样的传说，从新近考古发掘所见的新石器晚期洪水遗迹情况来看，这些传说确是完全可以相信的。不管是在中原地区还是黄河上游下游，抑或是在长江下游地区，近来的考古发现都可为我们提供明确的证据。在龙山文化时期，距今 5 000—4 000 年左右，黄河流域与长江流域确有一个气候异常的大洪水时期，与今天气象学研究成果一

① 徐旭生：《中国古史的传说时代》，北京：科学出版社，1960 年，第 161 页。
② 沈长云：《论禹治洪水真相兼论夏史研究诸问题》，《学术月刊》1994 年第 6 期。
③ 张磊：《大禹治水地域范围新论》，《古代文明》2015 年第 1 期。
④ 侯仰军：《考古发现与大禹治水真相》，《古籍整理研究学刊》2008 年第 2 期。
⑤ 王晖：《大禹治水方法新探》，《陕西师范大学学报》2008 年第 2 期。

致，龙山文化时期正是降雨量最多的时期。这场大洪水涉及面相当广泛，和古文献所说尧舜时期的大洪水及禹治理洪水所涉及的区域几乎差不多，"可见过去徐旭生先生所说洪水的发生区域主要在兖州，次要的在豫州、徐州的说法是不对的"。

杨善群则认为大禹当时治水的地域有古兖州、古豫州、古冀州、古荆州、扬州、徐州、古雍州、梁州，几乎遍及九州。这里的"九"是表明其数量之多，并非实指，应该是符合当时的情况的。①

关于大洪水的性质，沈长云认为，洪水的起因不过是由于雨水的大量增加，导致这一地区大小河流水势的上涨；同时这里低洼的地势，又使连绵不断的淫雨造成的积水无法排泄出去，因而它是一场典型的洪涝灾害。

关于大禹治水的方法，沈长云认为，禹的疏导不过是疏导积水而已，对于像豫东那样广平而低下的平原地区发生的水潦灾害，疏导那里大片滞积的洪水，使之及早排出，实为治理工作的头等要务。而要疏导积水，唯一的办法就只有开挖沟洫，所以后来孔子论大禹的功绩，十分恰当地把他的治水说成是"尽力乎沟洫"（《论语·泰伯》），只是后人为了张扬禹的神力，才把开掘沟洫夸大成开掘诸条江河。②

王晖则认为，自汉以来的人们便把鲧禹父子治水的成功与失败归之于父子二人治水的方法不同，禹治水成功是因为采用疏导的方法，而鲧治水失败是因为用堵截的方法。这种说法实际上是对古文献的误读。在大洪水来临之初，不可能用疏导的方式去治理洪水，只能像鲧一样用修筑堤防的方式。禹治理洪水只能是在大洪水逐渐平息下来的后期，用疏导水道的办法去治水。古史传说中说共工和鲧修筑堤防堵截洪水，完全是因为地处黄河中游，而且共工、鲧皆为农业部族方国，实行定居的生活方式，在大洪水来临之际只有建堤防拦截洪水，这样便给黄河下游的众多方国部族带来了大灾难，而共工、鲧遭到讨伐后被迫迁徙到边远地区。所有这些现象都说明战国之前的上古时期有一个重要现象：人们在大小江河之上并不建筑堤防。③

关于大禹治水的功绩，学术界认识大多一致，给予高度评价。

① 杨善群：《大禹治水地域与作用探论》，《学术月刊》2002 年第 10 期。
② 沈长云：《论禹治洪水真相兼论夏史研究诸问题》，《学术月刊》1994 年第 6 期。
③ 王晖：《大禹治水方法新探》，《陕西师范大学学报》2008 年第 2 期。

四、禹会诸侯于涂山，禹娶涂山

历史文献记载"禹会诸侯于涂山"，涂山是禹和夏王朝的兴起之地[①]，古文献还记载禹娶于涂山[②]。一为兴起地，一为娶妻地，究竟如何，学术界少有文章讨论，学术界讨论的重点是涂山氏的来源和涂山的地望等问题。

关于涂山及涂山氏的来源，李修松认为，涂山又称会稽山，皋陶的氏族即涂山氏，是禹之妻族的酋长。"涂山是涂山氏及其后裔所崇拜的神山，皋陶涂山氏的故乡在今山东，故其山岳崇拜的源头也应该在这里。随着其族裔的迁徙而将这种山岳崇拜带往各地，从而在不同的地方留下了涂山及相关的传说。"[③]

对于涂山所在，古今学者众说纷纭，归纳起来不外有 5 种意见：① 浙江绍兴；② 安徽怀远；③ 安徽当涂；④ 重庆江北；⑤ 河南嵩县。彭邦本综合文献和考古资料认为："涂山应为今安徽怀远县涂山一带为中心的淮水流域上古巢居族群徐夷。兴于西羌的禹族移徙中原后，成为华夏集团的重要支系，其首领大禹与涂山氏的联姻促进了夷夏同盟的形成，对于禹族战胜南方的三苗集团，进而建立夏王朝，具有重要的历史作用和意义。"[④]

古今有不少学者主张涂山的具体地望为今安徽省蚌埠市西郊怀远县的禹会村，当今的考古新发现为此说提供了新的证据。经中国社会科学院考古研究所对安徽省蚌埠市禹会村遗址的发掘，表明禹会村遗址以特征明显的祭祀遗迹和遗物，显现了这处龙山文化晚期遗存的重要学术价值。遗址中经过人工堆筑铺垫的大型祭祀台基、专属的祭祀通道、不同类型的祭祀坑、简易式工棚建筑和特征明显的祭祀器具等，对考证具有地域之争的涂山地望、解读"禹会诸侯"事件有一定的意义。[⑤]李伯谦认为："关于涂山大会的历史记载，我认为是可靠的，而且这个地点就在这个地方（引者按：此指禹会村）的涂山。"[⑥]

至于禹会诸侯的涂山和禹娶的涂山是同一个还是不同的涂山，陈立柱认为，禹会诸侯的涂山，为其父鲧死而升化的堋渚之旁山，略当《山海经·中山经》之堵山，在二里头夏文化区的中心地带；禹娶之涂山氏，本为蜀山氏，

---

① 如《国语·鲁语下》记载"禹会诸侯于涂山"，《左传》哀公十七年记载"禹合诸侯于涂山，执玉帛者万国"，今本《竹书纪年》卷上记载"（帝禹夏后氏）八年春，会诸侯于会稽，杀防风氏"，都说的是禹会诸侯之地在涂山。《史记·外戚世家》"夏之兴也以涂山"，刘向《新序》"禹之兴也以涂山"，是说涂山为禹和夏王朝的发迹兴起之地。

② 如《越绝书·越地传》记载："涂山者，禹所娶妻之山也，去县五十里。"

③ 李修松：《涂山汇考》，《中国史研究》1999 年第 2 期。

④ 彭邦本：《禹娶涂山新探》，《西南民族大学学报》2004 年第 5 期。

⑤ 中国社会科学院考古研究所：《蚌埠禹会村》，北京：科学出版社，2013 年。

⑥ 李伯谦：《在考古发现中寻找大禹》，《光明日报》2018 年 8 月 5 日第 6 版。

夏代的政治中心地区。"①足见顾颉刚的大家风范。

六、禹画九州

学术界关于"九州"的讨论主要有两个方面：一是对"九州之险"的讨论，一是对《禹贡》"九州"的讨论。

学术界在对《左传》昭公四年所载"四岳、三涂、阳城、太室、荆山、中南，九州之险也"句中"九州"所指范围进行的研究中，多认为九州原是对某一特定区域的称呼。徐中舒认为，《左传》昭公四年所说的"九州之险"，其地大致相当于"《逸周书·度邑篇》所载有夏之居"。②顾颉刚认为"这一个九州的区域极像汉的弘农郡"，"到战国时，因吞并的结果，小国之数日减，仅存几个强国（如秦、楚）或古国（如周、卫），约略与九州相当，遂使九州之说益臻具体化，而有《禹贡》等分州之书出现"，而由偏隅的九州变为禹迹的九州，似乎是春秋中叶的事。③郭沫若的意见与此大体相同。这就是说，对战国以前实际存在的"九州"予以肯定，尽管对九州的地域范围存在不同意见；但对战国及以后"禹画九州"说则一致予以否定。

古史记载说"茫茫禹迹，画为九州"④，《尚书·禹贡》"九州"篇详述了九州的分域。一般认为，九州是大禹治水后，对其所至地域或其统治地区，按照山川、物产、风俗等状况所做的分区。历代关于《禹贡》"九州"的研究不可谓不多，而近百年来关于此问题的讨论主要集中在三方面：一是对《禹贡》成书年代的讨论，二是对九州分域的讨论，三是从考古与文献相结合的视角对《禹贡》九州进行的研究。

20 世纪前期对《禹贡》九州的研究主要在两个方面：一是《禹贡》九州分域的讨论，其中具有代表性的论文是梁启超的《禹贡九州考》⑤，该文认为"夏代九州境域，以今地确指之颇非易，古今学者聚讼不一"，而对其略加订正，但该文只是对《禹贡》"九州"篇的个别地方加以订正，并没有否定夏代九州的存在。二是对《禹贡》"九州"篇成书年代的判断，大致有西周说、春秋说及战国说三种意见，而以顾颉刚主张的战国说占主导地位。

---

① 李民：《可贵的治学精神——悼念顾颉刚先生》，顾潮：《顾颉刚学记》，北京：生活·读书·新知三联书店，2002 年。
② 徐中舒：《再论小屯与仰韶》，《安阳发掘报告》1931 年。
③ 顾颉刚：《州与岳的演变》，《史学年报》1933 年第 5 期。
④《左传》襄公十年引《虞人之箴》。
⑤ 梁启超：《禹贡九州考》，《大中华杂志》第 2 卷第 1 期，1916 年。

90 年代以来，学术界关于禹画九州或九州禹迹等问题的讨论更进了一步，除了对九州说予以否定外，更出现了改变视角或将古籍与考古学材料相结合从而得出的新的研究成果。

葛剑雄认为，九州制只是当时学者对未来统一国家的一种规划，反映了他们的一种政治理想。汉武帝将全国除首都附近的 7 个郡级单位以外的政区划分为 13 部，简称 13 部或 13 州，但那时的州还是一种监察区。到公元 1 世纪后的东汉，州才成为最高一级的行政区域，总数仍为 13。由于交趾改称交州，以州命名的单位就有了 12 个，也不是 9 个。东汉末年曹操曾想按九州来重划政区，却没有成功，从此再也没有人做过这样的尝试。从这一角度来讲，九州从来没有成为中国的现实。[1]

陈明远《从甲金文再思考〈诗经〉中禹的形象》认为，若将历史文献与考古数据结合起来对比验证，可以看到，《尚书·禹贡》所载大禹治水"足迹遍布九州"的说法，显然出于"世代传说层层累积"的夸张，离历史的现实可能性太远。[2]

关于禹画九州，曲英杰《禹画九州考》认为，"九州"是在经历了尧舜时期洪水泛滥禹平水土后所呈现的第一幅"中华地图"，九州为禹时所实有，但并非行政区划，而更近于自然风物图。禹画九州乃以水为界，而诸水大多行其故道，其中许多水道是经禹所疏通而复归者。[3]此说关于九州为自然风物图的观点，与传统观点完全不同。

从考古学与历史文献相结合的角度对《禹贡》九州进行的研究，则让人耳目一新。

杜金鹏《试论夏商之际的民族迁徙与融合——关于九州"禹迹"的考古学研究》认为，大禹之时尚属龙山文化时代，那时在黄河、长江流域分布着若干个各具特色的考古学文化，有的相互间差异甚大，说明当时远未形成大一统的社会实体，故"禹迹"遍九州是不符合历史实际的。从考古学文化看，二里头偏晚时期向中原以外地区的大播迁，与当时众多"禹迹"的地点可一一对应，这不是历史的巧合，完全可与史籍中的商汤伐桀造成夏人大迁徙这一历史事件联系起来。[4]

① 葛剑雄：《中国实行过九州制吗》，《北京日报》2013 年 4 月 8 日第 20 版。
② 陈明远：《从甲金文再思考〈诗经〉中禹的形象》，《社会科学论坛》2016 年第 4 期。
③ 曲英杰：《禹画九州考》，李绍明等主编：《夏禹文化研究》，第 215-229 页。
④ 杜金鹏：《试论夏商之际的民族迁徙与融合——关于九州"禹迹"的考古学研究》，《郑州大学学报》1992 年第 2 期。

邵望平对九州的研究更深一步。她在《〈禹贡〉"九州"的考古学研究》一文中，把考古资料所显示的黄河、长江的若干个古文化区系及其界域和出土文物，与《禹贡》"九州"所载各州的界域、山川、物产、贡赋等进行逐一对比，认为"《禹贡》'九州'是黄河、长江流域公元前第3000年间已自然形成的人文地理区系"。从考古发现分析，《禹贡》作者的地理知识仅限于西周早期以前，即公元前2000年间的"中国"，远未达到战国时期的地理知识水平。她进一步认为，"九州篇的蓝本很可能出自商朝史官之手，是商人对夏代的追记，当然也有可能是西周初年对夏、商的追记。九州篇蓝本的出现不迟于西周初年"。[1]邵望平的文章论述较为充分，"可以看出《禹贡》九州绝不是想象杜撰，而是有着深刻的历史背景的"[2]，受到学术界的广泛关注。

七、禹征三苗

一般认为，禹在完成治水大业、建都阳城后，为巩固新兴的夏王朝，分三个步骤实施其建立夏后氏家天下的方略：一是诛杀防风氏以正国之纲纪，二是讨伐有扈氏以消除同姓诸侯中的异己，三是征伐三苗以达天下咸服，发动了征伐三苗的战争，史称"禹征三苗"。

关于禹杀防风氏的事件，学术界未见太多不同意见。关于伐有扈氏，由于文献记载互有出入，或说禹伐有扈氏，或说启伐有扈氏，亦有说禹、启皆有伐扈之事，学术界对此也是意见不一。至于伐有扈氏的缘由，刘起釪认为，由于有扈氏上不敬天象，下不重大臣，引致"天怒人怨"，犯了大罪[3]，于是大禹以上天名义讨伐剿灭有扈氏。段渝认为，有扈氏上不敬天象，下不重大臣，无视纲纪，严重破坏了夏后氏的政治秩序，所以招致大禹的杀伐。[4]

关于禹征三苗，多数学者的讨论集中在三苗地望以及三苗文化的问题上，一般认为三苗是指长江中游的古代族群，大致上相当于考古学上长江中游的屈家岭文化和石家河文化。[5]至于禹伐三苗的原因，一般认为尧、舜征三苗后，三苗屡叛不服，危及夏王朝的安全，加上三苗内乱，招致禹凭借国家的强大

---

① 邵望平：《〈禹贡〉"九州"的考古学研究》，《考古学文化论集》（二），北京：文物出版社，1989年，第11-30页。
② 李学勤：《走出疑古时代》（修订本），沈阳：辽宁大学出版社，1997年。
③ 刘起釪：《释〈尚书·甘誓〉的"五行"与"三正"》，《古史续辨》，北京：中国社会科学出版社，1991年，第192-213页。
④ 段渝：《大禹史传与文明的演化》，《天府新论》2017年第6期。
⑤ 俞伟超：《先楚与三苗文化的考古学推测》，《文物》1980年第10期。

军事力量对三苗进行了毁灭性打击。从考古资料看，的确在夏代初年前后，即公元前 2000 年前后，由三苗所创造并传承二千余年的石家河文化从江汉平原彻底消失了。

八、神话研究

茅盾曾说："中国神话在最早时即已历史化，而且'化'的很完全，古代史的帝皇，至少禹以前，都是神话中人物——神及半神的英雄。"认为禹以前的都是神话，要建立中国神话，必须先把古史还原为神话。[1]20 世纪前期学者对禹的看法，也多认为属于神话。

20 世纪 50 年代，杨明照较早从神话的角度对大禹与四川治水的关系做了梳理。他的《四川治水神话中的大禹》一文，引述包括史籍、地方志、文集、诗文等所见四川的禹迹，梳理禹迹与四川的关系，认为所述"固然有些所见者小，但也是一般研究夏禹治水神话的人们未曾载笔"。[2]

80 年代后，随着西方学术理论的传入，国内学者兴起运用神话学理论和方法开展大禹研究之风。叶舒宪《〈山海经〉与禹、益神话》，依据《尚书》中"禹平水土、主名山川"之说，结合《山海经》全书鲜明的命名类物倾向，考索禹、益神话中言灵信仰和法术思维的诸种表现，在治水行为之外归结出巫术性符号行为的重要母题，从而说明作为"巫书"的《山海经》和作为"巫师王"的禹相互依托联类的神话思维背景。[3]刘宗迪《禹步·商羊舞·焚巫——兼论大禹治水神话的文化原型》认为，禹步的原型是曲足而舞，亦即所谓商羊舞，焚巫求雨的习俗也源于此舞。这种舞蹈实际上就是"踏歌"，因为人们常于祈雨仪式上跳此舞，这种舞因而就获得了祈雨救旱或祈晴祛潦乃至于征神役鬼的魔力，并因此被称为禹步。因此，大禹治水神话的原型，不过是远古农耕时代季春雩祭仪式上，负责农田田间水利的司空之官舞蹈求雨并教民疏沟渠治水利之事。[4]

李剑国、张玉莲《"禹步"考论》认为，"禹步"系春秋战国巫觋依据大禹传说而创造，是模拟禹偏枯"步不相过"的一种巫步，包含着禹铸鼎象物

---

① 茅盾：《中国神话研究初探》，南昌：百花洲文艺出版社，1997 年。
② 杨明照：《四川治水神话中的夏禹》，《四川大学学报》1959 年第 4 期。
③ 叶舒宪：《〈山海经〉与禹、益神话》，《海南大学学报》1997 年第 3 期。
④ 刘宗迪：《禹步·商羊舞·焚巫——兼论大禹治水神话的文化原型》，《民族艺术》1997 年第 4 期。

禁御百物的巫术意义，后来纳入道教法术系统，成为道教重要法术。其步法由"禹步三"到"三步九迹""步罡踏斗"，经历了许多变化，呈现出规范化和复杂化的倾向。禹步的功能主要有消灾祛病、驱除鬼魅、禁御毒蛇猛兽、致雨等。实际上，禹步不具备独立效力，只是巫术和法术操作程序中的一个组成部分。①王晖《禹为巫祝宗主之谜与名字巫术论》认为，夏禹在中国古代社会中被巫祝人员视作宗主，称为"神禹"，禹因"半枯"而形成瘸子步伐"禹步三"，被巫师用来作为震慑鬼魅的特殊步伐。禹之所以被巫祝尊奉为宗主，是因为禹被认为在治水之后主名山川百物，所以他便有控制世界上万事万物以至于妖魔魍魉的神力，于是"神禹"被尊为百巫宗主，而"禹步三"也就成了巫师扮作大禹压胜鬼怪的特殊方术。②

叶舒宪《冬眠之熊与鲧、禹、启神话通解——从熊穴启闭获得的启发》，认为从新石器时代开始欧亚大陆的文化遗址中出现的女神偶像以及女神的各种动物象征，大多围绕着能够体现出周期性变化或者循环变形的意象展开，熊罴成为再生女神的一种化身，加入死而复活的神话原型系列中来。这一神话原型，揭示了中国文化发生的伦理学意义。他的另一篇文章《大禹的熊旗解谜》，通过上海博物馆藏战国楚竹书《容成氏》中禹建五方旗神话，特别是中央熊旗作为夏王朝国旗的神秘意蕴，还原自兴隆洼文化以来的 8 000 年神熊形象的造型艺术传统，追索出自史前狩猎时代以来的图腾记忆及其在黄帝有熊国至夏代神话中的体现。③

王家祐和王纯五研究了夏禹与道教的关系，认为"道教是中国土生土长的传统宗教，其文化溯源可以追溯到夏禹时期母系氏族社会的原始巫教。在其后的演变过程中，杂糅了黄老、儒、墨、阴阳等各派的天道观、修炼理论、伦理观念和民俗信仰等成分，逐步形成具有中华民族文化特色的宗教"。④

对禹的神话学研究，同对禹的历史学、考古学和民族学等的研究相辅相成，不但使研究领域大为扩展，而且使研究成果得以不断深化。

九、简短的小结

综观百年来的大禹研究，可以说是高潮迭起，新见迭出，成果丰硕，歧

---

① 李剑国、张玉莲：《"禹步"考论》，《求是学刊》2006 年第 5 期。
② 王晖：《禹为巫祝宗主之谜与名字巫术论》，《人文杂志》2007 年第 4 期。
③ 叶舒宪：《冬眠之熊与鲧、禹、启神话通解——从熊穴启闭获得的启发》，《长江大学学报》2007 年第 4 期；《大禹的熊旗解谜》，《民族艺术》2008 年第 1 期。
④ 王家祐、王纯五：《夏禹与道教》，载李绍明等主编：《夏禹文化研究》。

见纷呈，体现出欣欣向荣的学术气象。学术界对禹及其相关史迹的研究之所以孜孜不倦，乐此不疲，其中一个重要原因在于这个问题在中国文明史上具有十分关键的意义。对此可以从两个方面来理解。

首先，禹开创了中国历史上第一个王朝夏王朝，即如孔子所说，"唐虞禅，夏后殷周继"①，"唐虞禅"是指"五帝"时代即中国文明起源时代的部落首领推选制，"夏后殷周继"是指从夏开始殷周代相继承的君长世袭制，一禅一继，分清了禅让制和世袭制两个不同的历史时代。据《礼记·礼运》，孔子在谈到"大同"社会后的"小康"社会时说"禹、汤、文、武、成王、周公，由此其选也"，世袭制开始于夏后氏，而三代相继，可见禹所开创的夏王朝标志着以此为代表的中国文明的形成。禹的历史真实性、大禹治水、禹会诸侯、禹都阳城、禹征三苗、禹传子家天下等问题，均莫不与夏王朝和夏文化直接相关。

其次，对禹的研究，不仅仅是对禹个人及其史迹的研究，还涉及怎样看待和理解整个中国古史系统这一重大问题。在中国古史系统里，禹处于一个相当关键的位置。历史文献中，在禹之前的是以黄帝为代表的"五帝"，禹是由五帝之末的舜推举为首领的。因此，对禹的研究也就成为对五帝研究的一个重要基点，对禹的肯定与否直接关涉到对五帝的肯定与否问题，显然关涉到整个中国上古史的重大问题。早年顾颉刚对五帝系统所作出的"层累地造成的中国古史"的判断，就是从对禹的否定开始的②，由此而引起学术界长达近百年的大讨论。因此，对禹以及禹和夏文化的研究，对于进一步探讨五帝问题以至整个中国上古史无疑具有十分重要的意义。

百年以来，学术界尽管在几乎所有有关禹的问题上有着诸多分歧，但愈益显现出分歧中有一致，一致中有分歧的发展趋势，而随着新材料尤其是考古新发现和出土文献的相继问世，在有些问题的研究上逐步出现多数学者结论趋同的现象，显示出学术的蓬勃发展。不过总的说来，由于实证资料的不足以及研究目的和理论方法的差别，相关讨论还将继续下去。

---

① 《孟子·万章上》引孔子语。
② 顾颉刚：《与钱玄同先生论古史书》，《古史辨》第1册，上海：上海古籍出版社，1982年，第59-66页。

02

大禹史传与文明的演化

长期以来，大禹史传一直为学术界所关注，其中尤以大禹史传的真伪、禹兴西羌、大禹治水、攻伐征战、禹传子家天下等问题为学术界讨论的焦点，可谓聚讼难平。本文拟对这几个问题发表一些不成熟的意见，抛砖引玉，就教于博学通人。

一、大禹史传的真伪

对大禹的研究，基本前提是对大禹究竟是伟人还是天神的研究。因为这关系到与大禹有关的古史传说是否真实的大问题：如果大禹是天神，那么与其有关的一切都是神话；如果大禹是历史上的伟人，那么对与其有关的古史传说就需要正本清源，分清哪些是真古史，哪些是后人衍生增饰的传说和神话。

从夏代流传下来的一些材料表明，大禹是历史上真实存在的人王，而不是一个具有神性的天神。《墨子·兼爱下》引有《禹誓》，是大禹征伐三苗所作誓词。毕沅云："《大禹谟》文云《禹誓》者，禹之所誓也。"孙诒让《墨子间诂》说："今《大禹谟》出伪古文，即采此书（引者按"此书"指《墨子·兼爱下》所引《禹誓》）为之。惠栋云《皋陶谟》言'苗顽勿即功'，则舜陟后，禹当复有征苗誓师之事。"《大禹谟》乃汉人伪作，此篇既采《墨子》所引《禹誓》，表明《禹誓》在先秦已有定本。王国维指出，《皋陶谟》虽经后人整理，但至少在周初即有写本[1]，这表明《禹誓》的材料来源古远，是经夏商时代的口耳相传而至迟在周初写成文本的。而《秦公簋》《齐侯镈》《齐侯钟》等青铜器铭文中有关"禹迹"的记载，当可与《诗》《书》互参，证明"东西二大国（引者按：此指齐国和秦国）无不信禹为古之帝王且先汤而有天下也"[2]。郭沫若在《中国古代社会研究》里专辟"夏禹问题"小节，也通过对《齐侯

---

① 王国维：《古史新证》，北京：清华大学出版社，1994年，第3页。
② 王国维：《古史新证》，北京：清华大学出版社，1994年，第5-6页。

镈》《齐侯钟》及《秦公簋》的研究，认为"在春秋时代一般人之信念中，确承认商之前有夏，而禹为夏之先祖"①。

在商人后裔宋人作于西周时期的《商颂》诸篇里②，也有关于禹的记述，反映了禹迹在殷人中流传的情况。《诗·商颂·长发》说"洪水芒芒，禹敷下土方"，《诗·商颂·殷武》说"设都于禹之绩"。这两条材料，曾被顾颉刚等先生引作禹为天神之证。③其实，所谓"禹敷下土方"一句，"敷"，历代注家训为治，"下"则为高下之下，即《国语·周语下》所记"堕高埋庳"之庳，并非从天而下之下。"禹敷下土方"实为"禹敷下以土方"，意为当茫茫洪水来临之际，禹用埋塞之法以治洪水，此正合于《史记》《汉书》所引《夏书》关于"禹埋洪水"，《庄子·天下》关于"昔者禹之湮洪水"，和《山海经·大荒北经》关于"禹湮洪水"等记载，所以不能以"禹敷下土方"作为禹是从天而降的天神之证。另一句"设都于禹之绩"，绩，释为迹，指在禹迹所在之地设立都城。《秦公簋》铭文记有"鼏宅禹责"。王国维认为，"禹责"言"宅"，则"责"当是"迹"之借字④，释为范围、场所，与《商颂·殷武》之诗大同。《齐侯钟》铭文也说"隙隙成汤……处禹之堵"，《博古图》释"堵"为"都"，亦当解为范围和场所，"处禹之堵"即谓立国于禹迹所在之地。此二器铭文足可与《商颂》所述禹迹互证，表明宋人所述的禹的确是先殷而王中原的王者，是人而不是神。

西周时代，周人对禹的传述稍多，常见于《诗》《书》，其中属于周初的有两条，即《逸周书·商誓》和《书·立政》。《书·立政》："其克诘尔戎兵，以陟禹之迹。"《逸周书·商誓》："在昔后稷，惟上帝之言，克播百谷，登禹之绩。"《逸周书·商誓》虽出于战国魏襄王墓，但文句古奥，佶屈聱牙，用词如"百姓里居"一类，雷同于《尚书·酒诰》，当为西周初年之作。此篇所谓"登禹之绩"云云，显然是说周人先祖后稷按照上帝的教导，播种百谷，取得了禹那样的丰功伟绩，而不是指上帝同禹之间有什么联系，自然不可用为禹是天神的证据。至于《书·立政》，据《史记·鲁周公世家》，乃周初时

---

① 郭沫若：《中国古代社会研究》，北京：人民出版社，1964年，第273-279页。
② 《商颂》作于宗周时，见王国维《古史新证》，北京：清华大学出版社，1994年，第3页。
③ 顾颉刚：《〈古史辨〉第1册自序》，《讨论古史答刘胡二先生》，《古史辨》第1册，上海：上海古籍出版社，1982年；顾颉刚：《九州之戎渝戎禹》，童书业：《〈九州之戎渝戎禹〉跋》，顾颉刚、童书业：《鲧禹的传说》，均载《古史辨》第7册（下）；杨宽：《中国上古史导论》，《古史辨》第7册（上）。
④ 王国维：《古史新证》，北京：清华大学出版社，1994年。

周公所作。此篇所谓"陟禹之迹",意为整饬甲兵,循着禹的足迹前进。此两条中未见神化禹的痕迹,可知西周早期对禹的传述,仍然与夏商一样,是把禹作为人王来看待的,保留了传说中的基本史实。

但到西周后期,情况发生了变化,开始对大禹赋予神性的特征,此时《诗》《书》中的一些篇章对于大禹的传述明显出现了神化的内容。《诗·小雅·信南山》:"信彼南山,维禹甸之。"《诗·大雅·文王有声》:"丰水东注,维禹之绩。"《诗·大雅·韩奕》:"奕奕梁山,维禹甸之。"《书·吕刑》:"禹平水土,主名山川。"据《史记·周本纪》,《书·吕刑》作于西周中叶周穆王时。此篇所谓"禹平水土,主名山川","名"非动词,为名词,应如顾先生所释,解为禹平治水土,主管名山大川。《大雅》《小雅》诸篇,作于周宣王前后。其中,《信南山》和《韩奕》中的"维禹甸之",甸训为治,意为终南山和梁山为禹所平治;《文王有声》中的"维禹之绩",是说由于禹的丰功伟绩,四方得以攸同,可见西周中叶到晚期的作品明显带有神化禹的气息。而开其风气之先者,当属周穆王时的《吕刑》。周穆王时,"王道衰微","文武之道缺"[1],为了征伐犬戎,"远绩以成名"(《国语·周语》),于是采用夸大以至神化禹功的办法,借助禹的声望,来为"我有夏"即周人控制四方诸侯张本,由此开始掀起了神化禹的浪潮。西周晚期《大雅》《小雅》对禹的神化般称颂,正是接其踵而又继长增高者。[2]

西周中叶以后,不但在《诗》《书》里神化大禹,而且在当时的青铜器铭文中也出现了对大禹的神化。保利艺术博物馆所收藏的一件青铜器《遂公盨》[3],内底有铭文10行98字。铭文前三行为:"天命禹敷土,随山浚川,迺差地设征,降民监德。"关于《遂公盨》的年代,李学勤先生在《遂公盨与大禹治水传说》中指出:"盨是用来盛黍稷的礼器,从簋变化而来,西周中期偏晚的时候开始流行。遂公盨呈圆角的长方形,失盖,器口沿下饰鸟纹,腹饰瓦纹,小耳上有兽首,原来应有垂环,圈足中间有桃形缺口。这种形制,在盨的序列中是较早的。再看鸟纹的特点,可确定这件盨属于西周中期后段,即周孝王、夷王前后。"[4]正是在这个时期,周人开始了神化禹的浪潮。

《遂公盨》铭文所记载的大禹治水,为我们提供了两个方面的认识。首先,

---

① 司马迁:《史记·周本纪》,北京:中华书局,1959年。
② 段渝:《禹的传说与史实》,《夏禹文化研究》,成都:巴蜀书社,2000年,第257-276页。
③《遂公盨》,也有学者释为《豳公盨》。
④ 李学勤:《遂公盨与大禹治水传说》,《中国社会科学院报》2003年1月23日。

《遂公盨》铭文记载的禹敷土、随山浚川、差地设征等史事，均与传世文献的记载相扣合，适可证实传世文献的真实性。其次，铭文首句"天命禹敷土"，与《吕刑》述禹之功是"禹平水土，主名山川"如出一辙，均为神化大禹之作。在这篇铭文中，史实与神化同出，一改周初对大禹的质朴而真实的记载，表明大禹史事正处在向神化转化的过程中。可以知道，在西周后期，对大禹的造神运动已经开始启动了。

从上述文献与青铜器铭文的互证可以知道，禹身份从人到神的演变，是从西周中叶以后揭开序幕的。西周中叶以后，当周孝王、夷王之际，周王共主地位有所下降，"诸侯或不朝，相伐"[①]，夷王也不得不"下堂而见诸侯"（《礼记·郊特牲》），王朝开始走下坡路。此后周厉王时更是发生共伯和执政，周王室岌岌可危，就是当时的历史实际。此时西周王朝需要神王，于是神化大禹的序幕由此拉开。战国时代，诸子重返理性，大禹的伟人身份基本上得到还原。汉代谶纬风行，大禹的神化随之衍生发展。及至宋代及以后，由于理学的出现并占据了思想界和学术理论界的主流，这一曲折演进的文明历程开始回归理性方向并且日益发展。至此，早在春秋时期孔子"不语怪、力、乱、神"（《论语·述而》）的思想主张，以及子产"天道远，人道迩"（《左传》昭公十八年）的人文主张，方才得以在理性框架内承续和发展。

大禹身份的演化，反映了中国文化史上文明与蒙昧交织传承发展的演进现象，文明在传承与演进的历史过程中不断受到蒙昧力量的干预甚至阻断，使文明在艰难发展的历程中曲折演进。可见，在先秦秦汉史上，大禹史传的演化基本上伴随始终。而这一系列演化链条正是中国文明史发展演变的直接产物，是由文明史的诸多背景尤其是政治文明背景所决定的。

二、禹兴西羌与治水始源

既然历史上实有大禹其人，那么对于禹兴西羌、禹生石纽的真实性研究就再度显示出必要性来。

《史记·六国年表》记载"禹兴于西羌"。《集解》引皇甫谧曰："孟子称'禹生石纽，西夷人也'。传曰：'禹生自西羌'是也。"汉初重臣陆贾在所著《新语·术事篇》中也明确说道："大禹出于西羌。"汉昭帝时桓宽所著《盐铁论·国疾篇》亦明确指出："禹出西羌。"

① 司马迁：《史记·楚世家》，北京：中华书局，1959 年。

孟子和西汉学者均指认大禹兴于西羌，自然不会是无的放矢。试想，如果大禹不是出于西羌，古人的指认怎么会如此一致呢？可见，禹兴西羌、禹生石纽之说，一定是有其坚实的历史依据的。正如李学勤先生所指出的："禹生石纽的传说是很重要的，它反映着古代的历史实际"，"有着深远的历史背景"。①

历代史籍称"禹兴西羌"或"禹生西羌"，但在唐代以前西羌为我国西部的大族，分布甚广，从甘、青以南直到四川西北，均属西羌的分布地区。究竟禹所"兴"或所"生"之地何在？汉晋间史家多称禹生于石纽，石纽其地多在四川西北部，而尤以岷江上游及其相邻的涪江上游湔江一带最为集中，如今汶川县飞沙关、理县通化乡、北川县禹里乡、什邡市九联坪乃至都江堰市龙池等地皆有石纽山及禹庙的存在，而关于禹的传说故事更广泛流行于川西北地区。这些地区自秦汉以来即为古羌人聚居地，迄今仍为羌族聚居地。近年这一地区考古学的新发现，为"禹兴西羌"提供了可资参考的依据。

根据对四川西北岷江上游区域的考古调查、勘探和发掘，发现新石器时代文化遗址和遗物采集点82处，其中遗址53处，遗物采集点29处，大体分布在汶川、理县、茂县、松潘和黑水数县，基本上是羌族聚居区。其范围东至岷江与涪江分水岭土门梁子，西至岷江与大渡河分水岭鹧鸪山，北起岷江源头弓杠岭，南达成都平原西北边缘。距今5000年以上的新石器时代遗址，集中分布于岷江干流及其支流两岸地势较高的三级及以上台地，具有代表性的遗址有茂县营盘山②、理县龙袍寨、汶川龙溪寨、黑水色尔古寨遗址等。营盘山遗址具有岷江上游新石器时代文化遗存的代表性，以自身特色的本土文化为主，同时又吸收了包括马家窑文化和仰韶文化庙底沟类型文化等多种外来文化的因素。③茂县营盘山遗址、汶川姜维城遗址、马尔康哈休遗址④都发现了与黄河上游、长江上游新石器时代文化有不同程度的联系。如甘肃秦安

---

① 李学勤：《禹生石纽说的历史背景》，《大禹与夏文化研究》，成都：巴蜀书社，1993年。
② 蒋成、陈剑：《岷江上游考古新发现述析》，《中华文化文论坛》2001年第3期；成都市文物考古研究所、阿坝藏族羌族自治州文管所、茂县博物馆：《四川茂县营盘山遗址试掘报告》，载《成都考古发现（2000）》，北京：科学出版社，2002年。
③ 王鲁茂：《四川姜维城遗址》，《中国文物报》2000年11月26日；四川省文物考古研究院：《汶川威州姜维城遗址发掘简报》，《四川文物》2004年增刊。
④ 杨文成等：《四川马尔康县哈休遗址调查简报》，《四川文物》2007年第4期；陈剑等：《四川马尔康县哈休遗址2006年的试掘》，《南方民族考古》2010年。

大地湾遗址第四期遗存的陶器与营盘山遗存的部分陶器有相似之处；营盘山文化与成都平原宝墩文化又有一些共同因素；甘肃马家窑文化中马家窑类型的彩陶与营盘山、姜维城乃至哈休遗址的彩陶型式与图案均有许多共同之处；波西遗址未发现马家窑类型彩陶，但其细泥红陶钵却与河南陕县庙底沟遗址仰韶文化器物风格相似，沙乌都遗址出土的夹沙灰陶、褐陶侈口罐陶器却与成都平原宝墩文化同类器物相似。总之，岷江上游新石器文化的多元性反映出其时人类活动的频繁性及其相互影响的广泛性。从整个陶器的情况来看，岷江上游古文化有可能是当地土著文化吸收了庙底沟文化和马家窑文化的若干因素而形成的，这正是西羌与中原文化接触交融的结果。

如果说，上述考古资料已经对禹兴西羌、禹生石纽的史实提供了重要证据，那么东汉熹平二年（173 年）《胸忍令景云碑》铭文[1]，则从史实的角度提供了新证据。碑铭凡 367 字，为中国古史提供了一些前所未见的新资料。碑铭全文分为四部分，其中第一、二部分记述了大禹史迹，极为珍贵。现录之如下：

汉巴郡胸忍令广汉景云叔于，以永元十五年季夏仲旬卒。君帝高阳之/苗裔，封兹楚熊，氏以国别。高祖龙兴，娄敬画计，迁诸豪侠英杰，都于咸阳，/攘竟（境）蕃（藩）卫。大业既定，镇安海内。/先人伯沉，匪志慷慨，术禹石纽、汶川之会。帷屋/甲（帐）帐，龟车留遄，家于梓潼，九族布列，裳絓相龙，名右冠盖。

碑文说景云为帝高阳之苗裔，封于楚，为楚国屈、景昭三大姓之一的景氏。又说其先人伯沉“术禹石纽、汶川之会”，伯沉当为伯杼，为禹后七世、夏后氏少康之子帝杼，即《左传》所载灭豷于戈的杼，《史记·夏本纪》所记载的帝予。术通述，循也。龟车，指君王出行队伍中悬龟蛇旗的车骑。留遄，谓前往。这段碑文意为：景云的先祖伯杼在少康中兴后，为遵循“禹石纽、汶川之会”的遗则，曾甲帐龟车，巡狩回蜀。[2]这段碑文从多方面提供了有关先秦史的新材料。仅就大禹与古蜀的关系而言，可进一步证实《史记》《新语》《盐铁论》《蜀本纪》《越绝书》《三国志》等文献关于“禹兴西羌”“禹生石纽”

---

[1]《胸忍令景云碑》现藏重庆中国三峡博物馆。
[2] 魏启鹏：《读三峡新出东汉景云碑》，《四川文物》2006 年第 2 期。

诸史迹流传的广泛性。①碑文说明，大禹不但兴于西羌，家于石纽，而且曾在石纽召集盟会。今岷江上游马家窑文化因素、庙底沟文化因素与本地土著文化因素共存，而土著文化因素占有主要成分的考古遗存现象，应与代表土著族群的酋邦首领大禹所召集的"石纽、汶川之会"的历史事实有关，意味着大禹在古汶川（古汶川地域广大）举行盟会，参与会盟者中就有来自中原的族群或酋邦，这可能是大禹东进的先声。

史称大禹因为治水而成为中国历史上千古相传的英雄人物。大禹治水，决江疏河。他治理长江洪水，是从江水上源岷江（明代以前，古人认为岷江是长江正源）开始的。《尚书·禹贡》说："冀州既载，壶口治梁及岐。"《伪孔传》说："壶口在冀州，梁、岐在雍州。"梁即梁山，岐即岐山。岐山在雍州，古今无异词。唯梁山，除有雍州说而外，另有主张梁州说者。顾祖禹《读史方舆纪要》即主张汉水南岸南郑东南的梁州山为古梁山，劳干先生也主张大禹治水故事与梁州系连而不切于冀州。②从《诗经·大雅·韩奕》所说"奕奕梁山，维禹甸之"，和《禹贡》所说"壶口治梁及岐"来看，大禹导江，应当是从岷江开始的。王象之《舆地广记》卷三十说"《禹贡》岷山在西北，俗谓之铁豹岭。禹之导江，发迹于此"，应是有依据的。根据《朐忍令景云碑》的记述，景云先祖伯沇（即伯杼）在少康中兴后，为遵循禹石纽、汶川之会的遗则，曾甲帐龟车，巡狩回蜀，而包括景氏祖辈在内的鲧禹后人，九族迁徙，家于梓潼，表明大禹后裔九族东迁中原。

三、攻伐征战与文明初创

大禹首创夏王朝，攻伐征战，贡金九牧，由此开创了中国早期文明，具有深远的历史意义。

黄河流域中原地区在尧舜时代已形成代相传承的复杂酋邦，到大禹建立夏王朝初创文明的时代，这个被文献称为足有"万国"的中原夏王朝，已发展成至少有四个甚至更多层级结构的国家：最高层为夏王朝之君夏后氏大禹③；其次，在王朝之君夏后氏以下，朝内有诸臣、吏，如大禹以启的

---

① 段渝：《大禹史传的西部底层》，《四川大学学报（哲学社会科学版）》2004 年第 5 期。
② 劳干：《论禹治水故事的出发点及其他》，《禹贡》1934 年第 1 卷第 6 期。
③ 夏后氏为夏王之称，也有文献记载称夏后氏为王，如《尚书·甘誓》"大战于甘，乃召六卿。王曰"，《墨子·明鬼下》引《夏书·禹誓》曰："大战于甘，王乃命左右六人，下听誓于中军。"可见夏后氏亦称王。

臣下在朝中为吏①；复次，在朝外的诸侯之君，包括夏之同姓诸侯及异姓诸侯②；再次，在诸侯国内的地方之君或族群之长。作为王朝之君的大禹，其资源、财富和权力的集中已经达到相当程度，此时已无四岳十二牧的羁绊，俨然已是天下共主，不但要达到资源、财富和权力的高度集中，而且要将资源、财富和权力高度集中于一家之手。为完成这一宏伟大业，大禹发动了一系列讨伐征战，征伐同姓和异姓诸侯或酋邦。根据历史文献的记载，大禹分三个步骤实施其为建立夏后氏一家天下的方略：一是诛杀防风氏以正国之纲纪，二是讨伐有扈氏以消除同姓诸侯中的异己，三是征伐三苗以达天下咸服。③

（一）杀防风氏以正纲纪

关于禹杀防风氏，群书多有记载。今本《竹书纪年》卷上记载："（帝禹夏后氏）八年春，会诸侯于会稽，杀防风氏。"④《国语·鲁语下》记载孔子说："丘闻之，昔禹会诸侯于涂山，防风氏后至，禹杀而戮之，其骨节专车。"又说："山川之灵，足以纲纪天下者，其守为神。社稷之守者为公侯，皆属于王者。"这件事还见载于《左传》。《左传》哀公十七年记载："禹合诸侯于涂山，执玉帛者万国。"三书所记，实为一事。《左传》里所记的"诸侯"，在《国语》里记为"群神"。显然可见，群神其实就是诸国之君，而大禹就是主神，也就是万国共主，所以《史记·夏本纪》称禹为"帝禹"。

---

① 《韩非子》卷十四《外储说右下》："禹爱益，而任天下于益，已而以启人为吏。"文中的"启人"，是指禹之子夏启的臣下，见《史记·燕召公世家》正义。

② 夏之同姓诸侯，如有扈氏，《尚书·释文》云："有扈，国名，与夏同姓。马（融）云：姒姓之国，为无道者。"夏之异姓诸侯，如《左传》定公元年记载的"薛之皇祖奚仲居薛，以为夏车正"。薛，任姓，东夷之国，《世本》及其他诸书并谓其先祖奚仲作车，谯周《古史考》谓禹时奚仲驾车。奚仲为薛国的君长，与夏不同族，但他既然是夏王朝的"车正"，就表明薛国是夏王朝统一政治架构中的一个组成部分，是夏王朝分层的政治体系中的一个次级层次。从薛国及其同姓诸侯自身来说，均为夏人，是同一族姓，但薛则为另一族姓，夏王朝就是一个跨血缘的地缘性国家。参见段渝：《酋邦与国家起源：长江流域文明起源比较研究》，北京：中华书局，2007年，第33-37页。

③ 关于大禹发动讨伐征战的具体年份，今已不可考。今本《竹书纪年》卷上"帝禹夏后氏"下云："八年春，会诸侯于会稽，杀防风氏。"同书把伐有扈氏纪于"帝启"下云："二年，费侯伯益出就国。王师伐有扈，大战于甘。"但今本《竹书纪年》历来为学者所疑，诚如王国维所说："今本所载殆无一不袭他书，其不见他书者，不过百分之一"，"夫事实既具他书，则此书无用；年月由多杜撰，则其说无征，无用无征，则废此书可也"。王国维：《今本竹书纪年疏证》，见方诗铭、王修龄《古本竹书纪年辑证》，上海：上海古籍出版社，1981年，第188-189页。关于伐三苗，诸书均无纪年。

④ 王国维：《今本竹书纪年疏证》，载方诗铭、王修龄《古本竹书纪年辑证》，上海：上海古籍出版社，1981年，第201页。

在古代社会，各国之君、各族之长同时又是其治民所尊奉的神，这是一种普遍现象。又因为这些君长们主持各种祭祀仪式，垄断天人之际的交通，正如《国语·楚语》所记载的重、黎"绝地天通"一样，因而同时又成了掌握神权的巫师。于是，君统与神统就这样巧妙地结合在了一起。

据《史记·夏本纪》记载："自虞、夏时，贡赋备矣。或言禹会诸侯江南，计功而崩，因葬焉，命曰会稽。会稽者，会计也。"禹会诸侯计功，也就是在国之纲纪初定之时考核诸侯的政绩，并以此定赏罚。《路史》卷二十二云："防风氏后至，戮之以徇于诸侯，伐屈骜，攻曹魏，而万国定。"据此，禹杀防风氏并示众于诸侯，显然是为严肃纲纪，以警示诸侯，以达到"万国定"的目的。《史记·孔子世家》记载孔子回答吴国使者"骨何者最大"说："禹致群神于会稽山，防风氏后至，禹杀而戮之，其节专车，此为大矣。"很明显，孔子的意思并不是讲骨的大小，而是说禹杀防风氏并徇于诸侯之事为大。《论语·八佾》记载"子曰：夏礼吾能言之，杞不足征也"，于此不难知道，在孔子看来，群神（即诸侯之君）皆属王者即大禹所统领，而作为诸侯之一的防风氏敢于无视大禹之令，无视国之纲纪，所以大禹诛杀了他以徇诸侯，这才是国之大事。

（二）伐有扈氏以清除异己

史籍记载大禹曾讨伐有扈氏，在甘地与有扈氏进行大战。[①]《墨子·明鬼下》引《夏书·禹誓》曰："大战于甘，王乃命左右六人，下听誓于中军，曰：'有扈氏威侮五行，怠弃三正，天用剿绝其命。'有（又）曰：'日中。今予与有扈氏争一日之命。且儿卿大夫庶人，予非尔田野葆士之欲也，予共行天之罚也。左不共于左，右不共于右，若不共命，御非尔马之政，若不共命'。"细审大禹伐有扈氏的誓词，大禹所列举的有扈氏的罪行主要有两点，即"威侮五行，怠弃三正"。何谓五行、三正，西汉经师们存在不同解说，但大多以为五行是指阴阳五行，三正是指天地人之正道[②]，或是指建

①《吕氏春秋·先己》和《书序》以夏启伐有扈氏战于甘，《庄子·人间世》《吕氏春秋·召类》《说苑·政理》等则以禹伐有扈氏战于甘，孙诒让则认为"戎禹、启皆有伐扈之事"，应为确说。为儒家所传习的《尚书·夏书》里，也有一篇《甘誓》，内容与《墨子》所引《禹誓》大同而微有出入，应是《禹誓》的另一传本。儒、墨两家均载有《禹誓》，且文字大体相同，表明历史上确有《禹誓》之文，并非后人伪作。

②《史记·夏本纪》集解引郑康成云："五行，四时盛德所行之政也。威侮，暴逆之。三正，天地人之正道。"

正而言①。汉儒的这些解说，显然有违历史常识。我们知道，阴阳五行学说为战国时才创立，大禹时代怎么可能知道千年以后发生的事呢？而建子、建丑、建寅分别是夏、商、周三代确立岁首的学说，大禹又从哪里获知呢？可见汉儒之说迂阔不可从。近代以来亦有学者探讨五行、三正的所指，迄今尚无学界公认的成果。刘起釪先生认为，五行应是指天象的运动，三正应如俞樾说是"三卿"，即指二三大臣。所谓有扈氏"威侮五行，怠弃三正"，就是指有扈氏上不敬天象，下不重大臣，引致"天怒人怨"，犯了大罪②，于是大禹以上天名义讨伐剿灭有扈氏。

透过《禹誓》，我们所看到的禹征有扈氏并不仅仅如字面含义那样单纯，如果联系到当时的政治形势来看，实有其深刻的政治历史背景。根据文献记载，有扈氏与夏同姓，为姒姓。《世本》载："有扈，姒姓。"《史记·夏本纪》正义："《地理志》：鄠县，古扈国，有户亭。《训纂》云：户、扈、鄠，三字一也，古今字不同耳。"《尚书释文》云："有扈，国名，与夏同姓。马云：姒姓之国，为无道者。"有学者以为有扈氏并非与夏同姓，而是东夷少昊族中的九扈，其地不在秦汉时的鄠县，而在今郑州北之原阳一带，可备一说。既然有扈氏与夏同姓，是禹的同姓诸侯，本应是禹所建构的夏王朝的一个重要层级，是夏后氏国家政治秩序中的重要一环。但有扈氏上不敬天象，下不重大臣，无视纲纪，严重破坏了夏后氏的政治秩序，所以招致大禹的大加杀伐。《说苑·政理篇》记载"昔禹与有扈氏战，三陈而不服。禹于是修教三年，而有扈氏请服"，最终战胜了有扈氏，稳定了夏王朝家天下的政治秩序。

（三）灭三苗以达天下咸服

根据先秦文献的记载，历代中原王朝对三苗的打击，分为尧、舜、禹三个阶段，一个阶段甚于一个阶段，而禹的最后征伐则是毁灭性打击，从此三苗灭亡。

尧征三苗，首见于《尚书·尧典》。此篇记载："窜三苗于三危……而天下咸服。"又载："分北三苗。"《左传》昭公元年说，自古诸侯不用王命，"虞有三苗"，虞即虞舜。《史记·五帝本纪》记其事曰："三苗在江淮、荆州数为乱，于是……迁三苗于三危……而天下咸服。"所谓"迁三苗于三危"，并不

①《尚书释文》引马融云："建子、建丑、建寅，三正也。"
② 刘起釪：《释〈尚书·甘誓〉的"五行"与"三正"》，《古史续辨》，北京：中国社会科学出版社，1991年，第192-213页。

是把三苗全部迁走，而是仅把居于北边即丹水之浦的三苗迁走，并没有涉及南方江汉地区和沅湘地区的三苗之民，而后者才是三苗的主体。《尚书·尧典》说"分北三苗"，实际上就是把居息活动在北边的三苗分而迁徙，而不是历代注家疏家所曲折迂回解说的其他意思。

先秦史书大多提到"三苗数为乱"，可见三苗确是屡叛不服。据诸史记载，继尧以后，舜又再征三苗。但舜在征伐三苗后，采取了与尧不同的策略，不是把三苗迁往他处，而是施以教化，试图以此分化瓦解三苗，从而使其归顺。《吕氏春秋·召类》说："舜却三苗，更易其俗。"却为退却之意，引为平息。这就是说，舜退却并平息了三苗之乱，使其改变作乱而起的各种陋俗。从文献的记载来看，舜有可能曾亲临长江中游江汉沅湘之地，施以教化，以此来使三苗移风易俗。《史记·秦始皇本纪》说尧女舜妻为湘君，《礼记·檀弓》还说"舜葬于苍梧之野"，均可作为证据。舜的神话在湖南特别丰富，也可据此想象舜与该地一定有若干特殊的关系。①但从不久以后三苗又一次大乱来看，舜的教化似乎并没有起到多大作用，并没有从根本上打击三苗，故而三苗再起，所以才有禹征三苗的强大军事行动。

大禹建立夏王朝后，凭借国家的强大军事力量对三苗进行了毁灭性打击。《墨子·兼爱下》引《禹誓》："禹曰：'济济有众，咸听朕言，非惟小子，敢行称乱，蠢兹有苗，用天之罚，若予既率尔群对诸群，以征有苗。'"毕沅云："《大禹谟》文云《禹誓》者，禹之所誓也。"孙诒让《墨子间诂》卷四案曰："今《大禹谟》出伪古文，即采此书为之。惠栋云《皋陶谟》言苗顽勿即功，则舜陟后，禹当复有征有苗之事。"禹征三苗之事，诸书多有记载，唯以《墨子·非攻下》的记载最为详细，多为史家所引用。此篇说"禹亲把天之瑞命，以征有苗"，"苗师大乱，后乃遂几"，又说"禹既已克有三苗，焉磨为山川，别物上下，卿制大极，而神民不违，天下乃静"。经过这次大战，三苗"后乃遂几"。遂几，孙诒让《墨子间诂》云："《说文·幺部》云：'几，微也'。言三苗之后世，遂衰微也。"这也就是《尚书·吕刑》所说的"遏绝苗民，无世在下"，即阻遏苗民的发展，使苗民在下土没有后世。从考古资料看，的确在夏代初年前后，即公元前 2000 年前后，由三苗所创造并传承两千余年的石家河文化从江汉平原彻底消失了。

经过三大战役的胜利，大禹已成为事实上的天下共主，以胜利者的姿态

---

① 徐旭生：《中国古史的传说时代》（增订本），北京：科学出版社，1960 年，第 101-102 页。

造成了天下咸服以至一家天下的既成事实，为夏王朝的发展扫除了障碍。

（四）铸九鼎百物而为之备

为巩固刚刚兴起的夏文明，进一步加强夏王朝的统治，大禹推行了一系列举措，其中最为重要的是用所收缴的各地诸侯的战略物资即铜料制作"九鼎"，据以征收贡赋。《史记·封禅书》记载"禹收九牧之金，铸九鼎"①，由此可知九鼎是在禹征服了"九州之牧"即众多古国以后（所谓"牧"，即古称的"长"，"九牧"实即九州之长），运用其至高无上的国家君主权力强制性地收缴九州的铜料，集中铸造出来的。《汉书·郊祀志》也记载："禹贡金九牧，铸鼎于荆山下，各象九州之物。"禹铸九鼎的目的，《左传》宣公三年的记载可谓一针见血："昔夏之方有德也，远方图物，贡金九牧，铸鼎象物，百物而为之备，使民知神、奸。故民入川泽、山林，不逢不若。螭魅罔两，莫能逢之。用能协于上下，以承天休。"可以看出，禹是为了控制天下的自然资源和社会财富，将各地的重要资源和财富制成图像，铸于鼎上，以此作为垄断资源的象征和征收贡赋的依据，所以说是"远方图物，贡金九牧，铸鼎象物，百物而为之备"。《淮南子·原道》云"禹知天下之叛也，乃坏城平池，散财务，焚甲兵，施之以德，海外宾服，四夷纳职"，正是对禹铸九鼎目的的正解。

古代文献说明，夏、商、周三代每一次王朝代兴，九鼎都随之易手，《墨子·耕柱》载"夏后氏失之，殷人受之，殷人失之，周人受之"，而据《战国策·秦策一》，秦图王业，也要首先"据九鼎，案图籍"。可见，九鼎的转移，实质上是权力与财富的再分配所带来的政权转移。《逸周书·克殷》记载周武王伐纣，"乃命南宫百达史佚迁九鼎三巫"；《左传》宣公三年载春秋时代楚庄王"观兵周疆"，"问鼎之大小轻重"，都是对九鼎的政治内涵和国家政权象征性质的极好说明。

由于垄断了基本的战略资源和财富，垄断者必然是具有最高统治者资格的政治权威，而铸有天下资源和财富图像的九鼎也就成为握有最高政治经济权力和天下社会财富的最高象征物。由此可见，九鼎是在中原古国从酋邦演化到国家的过程中被禹作为最高权力的象征物制作出来的。因此，九鼎从象

---

① 《史记·封禅书》所说的"禹收九牧之金，铸九鼎"，此句中的"收"，义与《史记·秦始皇本纪》所记秦始皇二十六年"收天下之兵，聚之咸阳，销以为钟鐻，金人十二，重各千斤，置廷宫中"句中的"收"，完全相同，均为收缴之义。

征系统的角度表达了一个时代的结束和另一个时代的开端，它既是野蛮和酋邦制社会结束的物化标志，又是文明开创和国家形成的物化表现。

四、禹传子家天下

禹、汤、文、武、成王、周公，是被孔子所肯定的"小康"时代的代表性人物，此前则是大同社会。大禹传子夏启，开创了国家文明，也就是开创了小康社会。大同代表着史前社会，小康代表着文明社会，大禹既是大同社会的终结者，又是小康社会亦即文明社会的开创者，是从大同社会迈进小康社会的关键性和标志性人物。

小康社会是从禹传子家天下、确立王位的世袭制度拉开序幕的。先秦文献关于大禹传子的事件有两种截然不同的记载：一种是大禹传子于启，另一种是大禹没有直接传位于启。记载禹未传子的说法见于《孟子·万章上》。万章问孟子曰："人有言，至于禹而得衰，不传于贤而传于子，有诸？"孟子回答万章曰："否，不然也。天与贤，则与贤；天与子，则与子。"万章请教孟子有无禹传子的事，孟子的回答是禹并没有直接传位于启，而是荐益于天，但世人并不拥戴益，而是拥戴禹子启，然后说"启贤，能敬承继禹之道"，又说"舜、禹、益相去久远，其子之贤不肖，皆天也，非人之所能为也"。孟子既肯定禹传位于益，又肯定启承继禹的合法性，而把这一变化原因归结于天。《韩非子》的记载则与之相反。《韩非子》卷十四《外储说右下》记载潘寿说燕王曰："古者禹死，将传天下于益。启之人因相与攻益而立启。"此篇又载潘寿对燕王曰："禹爱益，而任天下于益，已而以启人为吏。及老，而以启为不足任天下，故传天下于益，而势重尽在启也。已而启与友党攻益而夺之天下。是禹名传天下于益，而实令启自取之也。此禹之不及尧舜明矣。"①这或许是禹传子家天下的真实内容。大禹这种明修栈道暗度陈仓的手段，并非首创，他实际上是效法尧。《韩非子》卷十四《外储说右下》记载苏代说燕王曰："人所以谓尧贤者，以其让天下于许由，许由必不受也。则是尧有让许由之名，而实不失天下也。"《韩非子·说疑》还说："舜逼尧，禹逼舜，汤放桀，武王伐纣，此四人者，人臣弑其君者也，而天下誉之。察时王之情，贪得人之意也，度其行，暴乱之兵也。然史王之广措也，而天下称大焉，自显名也，而天下称名焉。则威足以令天下，利足以盖世，天下从之。"韩非

---

① 《战国策·燕策》《史记·燕召公世家》的记载略同。

的说法，应该有其所本。

先秦诸子多称大禹之时"德衰"。所谓"德衰"，其实是"小康"的另一种说法，而小康社会则被孔子视为"天下为家"的产物。在《孟子·万章上》里，孟子引孔子说"唐虞禅，夏后殷周继"，一禅一继，分清了禅让制和世袭制两个不同的时代，明确指出世袭制开始于夏后氏。《礼记·礼运》记载孔子说"今大道既隐，天下为家。各亲其亲，各子其子，货力为己。大人世及以为礼，城郭沟池以为固，礼义以为纪。以正君臣，以笃父子，以睦兄弟，以和夫妇，以设制度，以立田里。以贤勇知（智），以功为己。故谋用是作，而兵由此起。禹、汤、文、武、成王、周公，由此其选也。此六君子者，未有不谨于礼者也。以著其义，以考其信。著有过，刑（型）仁讲让，示民有常。如有不由此者，在执者去，众以为殃，是谓小康"，同样指出包括世袭制在内的小康社会始于大禹。

其实，不论禹是否传子启，总之禹开启了有夏一代的历史纪元。而禹子启承继禹之天子之位，确立了世袭制，使天下为公的大同社会转变为天下为私的小康社会，在古代中国历史上第一次建立起家天下的国家这一新型政体，对中国历史产生了极其深远的影响。

家天下的实质，在古代文献中不乏记载和阐述，除《礼记·礼运》外，其他史籍也多有描述。例如：《左传》僖公二十四年记载，西周建立之初，"昔周公吊二叔之不贤，故封建亲戚以藩屏周"；《左传》昭公七年记载："天子经略，诸侯正封，古之制也。封略之内，何非君土？食土之毛，何非君臣？故《诗》曰：普天之下，莫非王土，率土之滨，莫非王臣。"《礼记·礼运》记载："天子有田以处其子孙，诸侯有国以处其子孙，大夫有采以处其子孙，是谓制度。"西汉董仲舒在阐述西周分封制时也说："王者之封诸侯，非官之也，得以代为家也。"[1]由此可见，从夏代开始，直到西汉，历代都十分明确家天下的内涵和实质，家天下其实就是家族的天下。而家天下发端于中国史前社会向文明社会转变的时期，确立于大禹所创建的夏王朝，从而形成数千年不变的、根深蒂固的传统。

五、余论

中国古史，一般认为是指夏以前的中国史，学术界多将其称为中国古史

①《史记·吴大伯世家》索隐引。

的传说时代，即尚未进入文明的时代。以夏代的创立为标志，分为前后两个时代，黄帝、颛顼、帝喾、尧、舜所代表的是传说时代①，从夏代开始进入文明时代。关于这一点，《史记·五帝本纪》足可为我们提供两方面的启示。

一方面，司马迁在撰写《史记》本纪诸篇时，以《五帝本纪》为首卷，其后紧随夏、殷、周、秦等朝代的本纪，如此安排实有其深刻含义。在司马迁看来，"学者多称五帝，尚矣。然《尚书》独载尧以来；而百家言黄帝，其文不雅驯，荐绅先生难言之"，谈的基本上是古史的文本问题，又说"书缺有间矣，其轶乃时时见于他说"，谈的是文本的流传问题。可见，司马迁所论及的五帝时代，就是古史的传说时代。虽然司马迁时代没有近世以来的文化、文明等概念，但他以夏代的创立区别于五帝时代，而夏代的建立又以禹"践天子位"②，"南面朝天下，国号曰夏后，姓姒氏"③为标志，把禹同五帝在时代上区别开来。可见，在司马迁看来，大禹不属于传说时代的人物，也不属于传说人物。事实上，传说时代和传说是不能等同的两个概念，大禹既是夏代的开创者，就不属于传说时代的传说人物。尽管在有关大禹的史传中有不少属于神话或类神话的文本流传，但并不等于说这一类文本就是历史的真实。

另一方面，从《史记·五帝本纪》太史公关于"余尝西至空桐，北过涿鹿，东渐于海，南浮江淮矣，至长老皆各往往称黄帝、尧、舜之处，风教固殊焉，总之不离古文者近是"的叙述可以知道，在五帝时代，中原文化的向心性和凝聚力已开始形成，这种情形恰与考古学上新石器时代末叶文化的多元性和统一性特征相符合。经过夏商周三代，以中原文化为核心的中国文明多元一体形成发展的格局基本形成，而这个过程的起点，正是以大禹创立夏王朝为标志。以此而论，对大禹史传的研究，可以说是对中国文明开创的研究，而对大禹史传及其演变的研究，也就是对中国文明开创史和文明演进的研究，具有重要的意义。

文明的史迹：先秦、巴蜀及南丝路历史研究（先秦史卷）

---

① 历史文献中的五帝有不同的系统。《史记·五帝本纪》卷首《正义》曰："太史公依《世本》《大戴礼》，以黄帝、颛顼、帝喾、唐尧、虞舜为五帝。谯周、应劭、宋均皆同。而孔安国《尚书序》、皇甫谧《帝王世纪》、孙氏注《世本》，并以伏牺、神农、黄帝为三皇，少昊、颛顼、高辛、唐、虞为五帝。"另有其他说法。

② 司马迁：《史记·五帝本纪》，北京：中华书局，1959年。

③ 司马迁：《史记·夏本纪》，北京：中华书局，1959年。

03

大禹史传的西部底层

有关中国古史传说的真伪问题，历代都有学者提出讨论①，尤其从 20 世纪二三十年代以来，学术界更是开展了热烈争辩，成果不可谓不丰。1992 年，李学勤先生明确提出"走出疑古时代"②，可以说代表了当代先秦史学界在理论、方法和学术思想等方面对早年疑古派的主张加以扬弃的最新成果，因而得到学术界普遍的赞同和支持。我们也曾指出，古史传说尽管有不少衍生增饰之处，它的形成实际上经历了一个从多元（地域性、族群性）起源到一体（全国性、民族性）发展的综合化过程，所以其中有不少矛盾抵牾之处；但是，一旦我们从古史传说中剥离开那些衍生增饰的成分，从综合而成的古史传说中分别出它们各自的原生地域和族群，并证之以相关的考古材料，就能够找出古史传说的原内核，还古史以真面目。③本文试从文化底层的视角，讨论大禹史传与中国西部古文化的关系，就教于海内外博学君子。

一、文化底层的含义

底层这个理念，始于韦斯登·拉巴的一篇研究美洲印第安人巫教与幻觉剂的论文④，意思是说美洲印第安人的宗教一般都保存着他们的祖先在进入新大陆时从亚洲老家带来的旧石器时代和中石器时代底层的特征。后来，彼得·佛斯特进一步发展了这一理念，用以论证"亚美巫教底层"⑤。张光直先生又运用了这一理念，来论证"中国玛雅连续体"，提出"中国古代文明的环

---

① 例如，三国时谯周，宋代欧阳修，清代崔述等人，可以称得上疑古派的先驱。

② 李学勤：《走出疑古时代》，《中国文化》第 7 期，北京：北京大学出版社。

③ 段渝：《古史传说的构拟·三星堆文化》，成都：四川人民出版，1993 年，第 640-644 页；谭洛非、段渝：《论黄帝与巴蜀》，《社会科学研究》1994 年第 1 期；谭洛非、段渝：《再论黄帝与巴蜀》，《中华文化论坛》1994 年创刊号；段渝：《禹的传说与史实》，《夏禹文化研究》，成都：巴蜀书社，2000 年，第 257-276 页。

④ Weston La Barre Hallucinogens and the Shamanic Origins of Religion, inP. T. Fursted Flesh of the Gods, NewYork 1972 pp. 261-278.

⑤ PeterT. Furst, Shamanistic Survivals in Mesoamerican Religion, Actasdel XⅡ Congess Internacional de Americanistas. Mexico, Vol. Ⅲ, 1976, pp. 149-157.

太平洋的底层"①。尽管目前对于底层这个术语及其理念还有不同认识，但借用它来分析不同区域的共同文化积淀是会有所助益的。

按照我们的认识，所谓文化底层，是指存在于不同区域中一种或数种来源相同、年代古远，并在各自文化序列中处于底层或带有底层特征的共同文化因素。从这个意义上说，文化底层应当具有三层含义：第一，来源于一个共同的文化祖源。第二，积淀为各地区文化序列的底层。所谓底层，是相对于文化序列的发展演变而言。第三，在各地区文化的发展演变中，底层特征恒久不变地保留并贯穿于各个发展序列，长期而持续地发挥着它特殊的重要作用。从文化史研究的角度出发，我们认为文化底层还可以进一步区分出原生底层和次生底层。原生底层是指同一文化祖源在不同地区的原生分布，次生底层是指不同文化区域认同另一种分布广远、历史悠久的文化特质作为自身文化的底层或底层的一个组成部分。原生底层不是文化传播，也不是文化移植。次生底层虽然包含文化传播，但又不等于文化传播。文化传播的特征是把开端作为终端，次生底层的特征则是把终端作为开端，它是文化底层的复杂转化，而不是文化因素的简单叠加。

仔细考察中国古史传说，我们可以发现它有极为深厚的文化底层，而且深厚的文化底层主要来源于以黄帝为首的"五帝"和夏禹，其中的西部底层特征表现得至为明显，而西部文化底层恰恰与长江上游古蜀文化有着不可分割的血肉关系。对这个问题进行分析，将不仅可以使我们更加深刻地认识中国西部文化的重要性，而且还能更加清楚地看出中国古史传说的构成格局。

二、禹出西羌

在中国古史传说里，黄帝后裔分为两大系统：一个系统是黄帝之子青阳的系统，直传蟜极、高辛（帝喾），高辛之后分为放勋（尧）、帝挚、契、弃等几大支系；另一个系统是黄帝之子昌意的系统，直传乾荒（有些载籍中没有乾荒一代）、高阳（帝颛顼），高阳之后分为穷蝉、鲧、偁、蜀等几大支系（图一）。②

① 张光直：《中国古代文明的环太平洋的底层》，张光直主编《中国考古学论文集》，北京：生活·读书·新知三联书店，1999 年，第 357-369 页。
② 谭洛非、段渝：《论黄帝与巴蜀》，《社会科学研究》1994 年第 1 期。

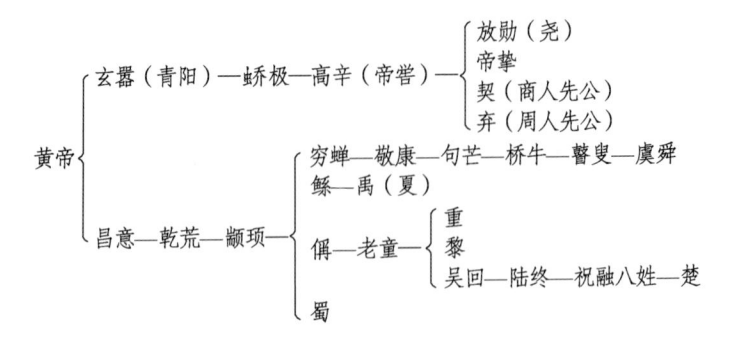

图一　古史传说中黄帝后裔的两大系统

从图中不难看出，禹与蜀同属帝颛顼系统。禹为夏代开国之君①，所以，夏禹与中国西部长江上游地区的古蜀具有很深的历史关系。

根据中国古史传说，禹生于西羌之地的石纽。"禹生石纽"是先秦汉晋累世相传的旧说。在现存历史文献中，较早传述这一史实的是战国时代的孟子。皇甫谧《帝王世纪》引《孟子》说："禹生石纽，西夷人也。"所谓"西夷"，是指西羌而言。"夷"是泛称，战国时代用以指称非华夏的中原周边族类。《孟子》这里所说，意指石纽为西夷之地，是说禹的出生地在西夷石纽，是指其原籍而言，并不带有任何鄙夷贬抑之义。

孟子的这一说法，与司马迁不谋而合，完全一致。《史记·六国年表》明确记载道："禹兴于西羌。"汉初重臣陆贾在所著《新语·术事篇》中也明确说道："大禹出于西羌。"汉昭帝时桓宽所著《盐铁论·国疾篇》亦明确指出："禹出西羌。"上述载籍表明，禹是西羌之地石纽地方的人。

西羌何在呢？一般认为，黄河上游湟水析（赐）支一带是上古时代西羌的分布中心，此即《后汉书·西羌传》所记载的"滨于赐支，至乎河首，绵地千里"的"羌地"。但西羌分布极其广阔，除黄河上游甘青地区而外，还南及岷山之域，这也就是《后汉书·西羌传》所说："赐支者，《禹贡》所谓析支者也，南接蜀汉徼外蛮夷。"所谓"蜀汉徼外蛮夷"，乃是指"在蜀之西"②的岷山山区，"其山有六夷、七羌、九氐，各有部落"③，不论在地理上还是文化上都是与河湟赐支地区连为一体的。

从考古上看，20世纪40年代曾在岷江上游今四川省阿坝藏族羌族自治州

---

① 司马迁：《史记》，北京：中华书局，1959年。
② 司马迁：《史记·西南夷列传》，北京：中华书局，1959年。
③ 范晔：《后汉书·冉駹传》，北京：中华书局，1965年。

的汶川、理县、茂县等地发现新石器时代的彩陶和石器，1964年进行勘察，加上2000年的考古新发现，新石器出土地点计有一百余处①。石器多为扁长形，刃部富于变化，有长条石刀、石刮刀、斧、锛、凿等，以通体磨光、狭长平薄的斧为特征。陶器以泥质灰陶为主，也有红陶和彩陶。器形多为平底，纹饰有绳纹、圆窝纹等。彩陶为红胎黑彩或黄胎黑彩，与西北甘青地区的马家窑文化相近，石兴邦先生认为是马家窑文化南下的一支。②

新石器时代晚期至青铜时代，中国西部今甘肃、青海和四川西北高原地区有众多族群活动居息。考古学上，甘肃地区的古文化遗存，如马家窑文化、半山文化、马厂文化等，在广义上都同古羌人有一定关系。③分布在河西地区山丹、民乐至酒泉、玉门一带的火烧沟类型文化，年代与夏代相当，可能是古羌族文化的一支。相当于殷商时代的辛店文化，也与古羌人有关。在陇山之东西，分布有相当于商周时期的寺洼文化，分成两个类型。④寺洼类型分布在洮河流域和陇山以西的渭水流域，年代早于西周。⑤安国类型分布在甘肃的泾水、渭水、白龙江、西汉水诸流域，年代大致与西周同时。⑥寺洼文化这两种类型，或认为属羌⑦，或认为属氐⑧的文化遗存，不一而足。但若从寺洼文化和辛店文化均出土陶双耳罐来看，毋宁说它们是同源的文化，广义上应是古代氐羌的文化遗存，这也同古文献关于氐羌同源的记载是一致的。陶双耳罐这种文化因素，从西北甘青地区逶迤而南，连续分布到川西高原，在岷江上游地区分布相当广泛。这种情形，不能不说是同《后汉书·西羌传》等史籍所说西羌的分布范围恰相吻合的。

再从中国西部石棺葬的分布来看，我们可以得出同样的结论。20世纪30年代以来，在川西高原发现大批属于氐羌系统的石棺葬，广泛分布于岷江上游、雅砻江流域和金沙江流域，在大渡河流域也有发现。川西高原石棺葬发

① 林名均：《四川威州彩陶发现记》，《说文月刊》1944年第4卷；郑德坤：《四川古代文化史》，成都：华西大学博物馆，1947年；林向、童恩正：《四川理县汶川县考古调查简报》，《考古》1965年第12期。
② 石兴邦：《有关马家窑文化的一些问题》，《考古》1962年第2期。
③ 俞伟超：《古代"西戎"和"羌""胡"文化归宿问题的探讨》，《青海考古学会年刊》1980年第1期。
④ 甘肃省博物馆：《甘肃古文化遗存》，《考古学报》1960年第2期。
⑤ 文物编辑委员会编：《甘肃省文物考古工作三十年》，《文物考古工作三十年（1949—1979）》，北京：文物出版社，1979年，第143页。
⑥ 宝鸡市博物馆、渭滨区文化馆：《宝鸡竹园沟等地西周墓》，《考古》1978年第5期。
⑦ 夏鼐：《临洮寺洼山发掘记》，《考古学论文集》，北京：科学出版社，1961年。
⑧ 文物编辑委员会编：《甘肃省文物考古工作三十年》，《文物考古工作三十年（1949—1979）》，北京：文物出版社，1979年，第144页。

生甚早，延续时间也很长。据研究，川西地区石棺葬可以分为八期，先秦至汉初可以分为五期。[①]第 I 期属于中原夏商纪年范围内，如茂县撮箕山早期墓[②]、汉源大窑 I 墓[③]。第 II 期相当于商周时期，如茂县别立卡花[④]、撮箕山、炉霍甲洛甲妥[⑤]、巴塘扎金顶[⑥]等地区的部分墓葬。第 III 期约当春秋至战国中、晚期，如茂县城关 I 类墓[⑦]、营盘山 10 号墓[⑧]、雅江呷拉 8 号墓[⑨]。第 IV 期为战国至汉初，第 V 期为西汉早期，主要分布在岷江上游理县、汶川县和汶县一带。

在中国西部，石棺葬这种墓葬形式和埋葬习俗是由北往南发展的，最早出现在甘肃景泰张家台墓地的半山类型墓葬中[⑩]，尔后向川西高原岷江上游地区和雅砻江、金沙江发展，呈连续发展的分布态势，而以岷江上游最为集中。墓葬形式和葬俗最能反映民族文化特色。在考古学上，尽管对中国西部的石棺葬分有不同类型，但类型的差异乃是由于年代早晚、地理环境和支系各别等差异所造成的，这并不影响它们作为同一个民族集团的族属关系。石棺葬这种分布格局，表明从西北甘青地区到川西高原确属古代西羌的分布范围。

禹出西羌，史籍中对于禹又称为"戎禹"。《太平御览》卷八三引《尚书纬·帝命验》说："修己……生姒戎，文命禹。"注曰："姒，禹氏，禹生戎地，一名文命。"王符《潜夫论·五帝德》也载道："修己……生白帝文命戎禹。"所谓"戎"，古籍上一般是对中国西部民族的通称，其中既包括西北地区的民族，又包括西南地区川西高原的民族。称西北地区的民族为西戎，这屡见于《左传》《史记》《竹书纪年》等史册，也为治史者所熟知。而称西南地区川西高原的民族为西戎，则为治史者所较少谈论，但却是古代的史实。如《战国策·秦策一》就记载秦大夫司马错说："夫蜀，西辟之国也，而戎狄之长也。"《荀子·强国篇》也说巴是"巴戎"，而《华阳国志·蜀志》则载秦灭蜀后，"戎

---

① 罗开玉：《古代西南民族墓葬研究提要》，《华西考古研究（一）》，成都：成都出版社，1991 年。

② 徐学书：《试论蚕丛氏文化的源流》，《成都文物》1989 年第 3 期。

③《四川汉源县大窑石棺墓清理简报》，《考古与文物》1983 年第 4 期。

④ 蒋宝忠：《四川茂汶别立勒石村的石棺葬》，《文物资料丛刊（9）》，北京：文物出版社，1985 年。

⑤ 陈显丹：《炉霍县发现"石棺葬"墓碑》，《四川文物》1984 年第 4 期。

⑥ 童恩正、曾文琼：《四川巴塘、雅江的石板墓》，《考古》1981 年第 3 期。

⑦ 四川省文管会、茂汶县文化馆：《四川茂汶羌族自治县石棺葬发掘报告》，《文物资料丛刊（7）》，北京：文物出版社，1983 年。

⑧ 茂汶羌族自治县文化馆、蒋宣志：《四川茂汶营盘山的石棺葬》，《考古》1981 年第 5 期。

⑨ 甘孜藏族自治州文化局、雅江文化馆：《四川雅江呷拉石棺葬清理简报》，《考古与文物》1983 年第 4 期。

⑩ 甘肃省博物馆：《甘肃景泰张家台新石器时代的墓葬》，《考古》1976 年第 3 期。

伯尚强，乃移秦民万家实之"。这里所说"西辟戎狄""戎伯"，均指川西高原地区臣属于古代蜀国的氐羌系民族。

中国古史有"迁三苗于三危，以变西戎"之说[1]，表明三危是西戎之地的一个处所。三危何在呢?《尚书·禹贡》正义引郑玄说:《地记》云，三危之山，在鸟鼠山之西，南当岷山。"《汉书·司马相如列传》颜师古注引张楫曰:"三危山在鸟鼠山之西，与岷山相近，黑水出其南陂。"毕沅《山海经注》则说:"(三危)山当在今四川省。"这些史料表明，川西高原岷山地区确实是古代西戎的一个重要聚居区。

由上可见，"禹出西羌"，禹名"戎禹"，其地域范围总的说来当在中国西部甘青地区和川西高原岷山地区。

三、禹生石纽

既然禹出西羌，地当中国西部，那么，禹生石纽，石纽之地就应当在这一大片地域范围内。

关于石纽所在，历代史籍多有记载。《太平御览》卷八二《皇王部》引扬雄《蜀本纪》记载:"禹本汶山郡广柔县人，生于石纽，其地名刳(原引作'痢'，不通，今据《元和郡县志》卷三二改)儿畔。禹母吞珠孕禹，坼剖(原作副)而生于县。"赵晔《吴越春秋·越王无余外传》记载:"女嬉于岷山，得薏苡而生禹，地曰石纽，在蜀西川也。"又载:"禹家于西川，地曰石纽，石纽在蜀西川也。"《三国志·蜀志·秦宓传》记载秦宓曰:"禹生石纽，今之汶山郡是也。"裴注引谯周《蜀本纪》记载云:"禹本汶山广柔县人也，生于石纽，其地名刳儿坪。"[2]《括地志》载:"茂州汶川县石纽山在县西七十三里。"[3]《华阳国志》云:"今夷人共营其地，方百里不敢居牧，至今犹不敢放六畜。"这些记载表明，石纽之地在西羌所及的岷江上游地区，在汉代的汶山郡广柔县地界内。

汉代广柔县的地域范围，大致相当于今四川阿坝州的汶川县、茂县和绵阳市的北川县。广柔县的县治，按传统说法在今汶川县西，"故城在汶川县西七十二里"[4]，那么石纽之地就应当在其附近。不过，除汶川县外，石纽还有

① 《尚书·舜典》，十三经注疏本，北京:中华书局，1980年。
② 陈寿:《三国志·蜀志·秦宓传》，北京:中华书局，1959年。
③ 司马迁:《史记·夏本纪》，北京:中华书局，1959年。
④ 龚熙春:《四川郡县志》，成都:成都古籍书店，1983年，第6页。

位于今茂县绵①和北川县②以及都江堰市等的记载。几种说法虽然略有差异，但总的说来，均属岷江上游地区，其大体方位还是颇为一致的。除此而外，并无其他异说。

有关禹出生地的传说，除四川西北部岷江上游的石纽而外，还有安徽寿春和当涂的涂山，以及浙江绍兴的会稽等说法。不过，综观史籍的流传和衍生增饰情况，安徽和浙江的禹迹，或由"禹娶涂山"而来，或为"禹合诸侯"之处，却均非禹出生地的记载，因此不能作为禹出生于那里的证据。只有禹生石纽的说法，既是有关出生地的记载，又是见之于先秦两汉载籍的旧说，同时也符合考古资料所显示出来的遗迹，因而才是值得凭信的。

禹生石纽之说，是一种典型的出生传说，它与卵生说一样，是上古民族关于自身族群来源的一种说法，反映了某一族群同它所置身的自然环境的某种特殊的关系。历史文献屡见禹生于石的记载，如《淮南子·修务篇》"禹生于石"，高诱注曰："禹母修己，感石而生禹，坼胸而出。"而禹之子夏启的出生也与石有关。《随巢子》说"启生于石"③，《汉书·武帝纪》记载武帝"见夏后启母石"，应劭注云："启生而母化为石。"所载都是禹、启一系与石的密切关系。《随巢子》还说"禹产于碪石"，孙诒让证之以《淮南子·修务篇》和《帝王世纪》，认为碪石"疑即石纽"④，有一定道理，但不全面。从古羌语称万年积雪的山峰为昆来看，所谓"碪石"应指高山之石，而这种景观同岷江上游高山峡谷的自然环境是完全吻合的。正是这种高山峡谷、怪石嶙峋的特殊环境，才产生出了禹生于石的传说，从而表明文化的确是人类适应环境的产物。

禹生于石的传说，同西方羌民崇拜白石的传统有着极为密切的关系。⑤这种关系，在民族学和民俗学上，可从岷江上游羌族流传至今的石崇拜上得到清楚的反映，从岷江上游的考古发现上也有若干确切的实物证据足资说明。⑥由此可见，禹生西羌之地的石纽，石纽在四川西北岷江上游地区，这是为历史文献、民族学、民俗学和考古学资料所共同证实了的，可谓信而有征。

---

① 刘昫等：《旧唐书·地理志》，北京：中华书局，1975年。

② 欧阳修：《新唐书·地理志》，北京：中华书局，1975年。

③ 欧阳询等：《艺文类聚》卷六引，四库全书本。

④ 孙诒让：《墨子间诂》，北京：中华书局，1986年，第702页。

⑤ 徐中舒：《先秦史论稿》，成都：巴蜀书社，1992年，第23页。

⑥ 李绍明：《从石崇拜看大禹与羌族的关系》，《徐中舒先生百年诞辰纪念文集》，成都：巴蜀书社，1998年。

四、导江为沱

大禹因为治水而成为中国历史上千古相传的英雄。大禹治水,决江疏河,他治理长江洪水,是从江水上源岷江(古人认为岷江是长江正源)开始的。《尚书·禹贡》说:"冀州既载,壶口治梁及岐。"《伪孔传》说:"壶口在冀州,梁、岐在雍州。"梁即梁山,岐即岐山。岐山在雍州,古今无异词。唯梁山,除有雍州说而外,另有主张梁州说者。顾祖禹《读史方舆纪要》即主张汉水南岸南郑东南的梁州山为古梁山,劳干先生也主张大禹治水故事与梁州系连而不切于冀州。[①]从《诗经·大雅·韩奕》所说"奕奕梁山,维禹甸之",和《禹贡》所说"壶口治梁及岐"来看,大禹导江,确实是从岷江开始的。王象之《舆地广记》卷三十说"《禹贡》岷山在西北,俗谓之铁豹岭。禹之导江,发迹于此",十分正确。

大禹导江,治理岷江上游洪水,主要功绩是从岷江开挖出一条人工河道,用来分引岷江洪水,这条人工河道称"沱"。《尚书·禹贡》所记"岷山导江,东别为沱",说的就是这件事情。为什么称为"沱"呢?按照《尔雅》的解释,出于江又还入于江叫沱,《说文解字》则解释为"江别流也",就是从大江分别出一条水道,这条水道又还流入大江。大禹开挖的这条人工河道,根据《汉书·地理志》和历代注疏家的意见,是指"江沱"。按照清人胡渭《禹贡锥指》以及其他诸书的看法,江沱的进水口在今都江堰南马尔墩。江沱在这里首受岷江后,东行经徐埝河故道,东注于毗河,向东直入金堂峡,汇入沱江后南行,在今泸州市还入大江。

大禹"岷山导江,东别为沱"的目的,在于解决成都平原常年遭受的岷江水患问题。四川盆地的地势,是西北高,东南低,整个盆地由西北向东南倾斜,天然水系的分布由此也多为西北东南向,加上成都平原东南边缘有龙泉山脉一道门槛,造成排水困难,所以每当岷江上游山洪暴发,倾泻于成都平原时,平原就会遭受水灾。大禹治理岷江洪水,就是根据地势和水系分布,尽量把分洪水道安排在平原中部偏北,方向与天然水流交叉,采取自西往东的方向,以顺应地势和水情。这样,就便于沿程拦截暴雨径流,向东集中到沱江金堂峡这个口门泄走。[②]这种根据地势和水情而设计实施的分洪工程,即令在现代水利科学家看来,也是十分合理的。

文明的史迹:先秦、巴蜀及南丝路历史研究(先秦史卷)

---

① 劳干:《论禹治水故事的出发点及其他》,《禹贡》1934年第1卷第6期。
② 冯广宏:《夏禹文化与古蜀史》,《夏禹文化研究》,成都:巴蜀书社,2000年。

按照古代累世相承的说法，"芒芒禹迹，画为九州"①，大禹制服洪水以后，"更制九州"②，今四川全境都在禹划分的"梁州"以内。《尚书·禹贡》说："华阳黑水惟梁州。岷、嶓既艺，沱、潜既导，蔡、蒙旅平，和夷底绩。其土青黎。"由于大禹治理了岷江洪水，从川西北到川西南都得到了开发，农业发展，水利兴旺，道路开辟，推动了社会的发展。所以，四川历代建有禹庙，铭记大禹治理洪水之功，而大禹治水的精神，也为四川人民世代景仰、继承和发扬。

五、中国古史传说的西部底层

关于古史传说的西部底层问题，我们不妨首先简略地考察一下黄帝与西部关系的有关史传，然后再讨论大禹史传的西部底层。

（一）黄帝文化的西部底层

大量历史文献材料证明，黄帝为其子昌意娶蜀山氏之女、生子高阳是可靠的古代史传。③高阳长后，东进中原，建都帝丘（今河南濮阳），又"封其支庶于蜀"④，子孙中的一支仍留蜀地。从考古学上看，岷江上游地区仰韶文化彩陶与马家窑文化彩陶以及成都平原宝墩文化（三星堆一期文化）陶器共生的考古现象⑤，确切证实了这一古史传说的真实性。从这一基本史实出发来看，中原和古蜀均为黄帝后代，两地文献均自古相传黄帝与古蜀的亲缘关系，都把各自最古文化的起源追溯到黄帝与嫘祖、昌意与蜀山氏和帝颛顼，这正是表现了两地共同的文化底层。或者说，由于中原和古蜀有深厚的黄帝文化底层，才使黄帝与古蜀的这种亲缘关系在两地众口相传，流传千古。如果没有这种深厚的底层，就绝不会在不同的两个地区留下如此相同的传说。

根据《左传》《国语》《史记》等文献的记载，黄帝娶嫘祖后，由西东进中原，阪泉一战战胜炎帝，涿鹿一战擒杀蚩尤，成为首先初步统一中国西部、中部和东部部落的一代酋豪，在中原和东方留下了深厚的黄帝文化底层。尔后，在战争与和平的交流途径中，黄帝文化继续东进南下黄河流域和长江流

---

① 《左传》襄公四年，十三经注疏本。
② 班固：《汉书·地理志》，北京：中华书局，1962年。
③ 段渝：《嫘祖考》，《炎黄文化研究》1997年第4期。
④ 常璩著，刘琳校注：《华阳国志校注·蜀志》，成都：巴蜀书社，1984年。
⑤ 蒋成、陈剑：《岷江上游考古新发现述析》，《中华文化论坛》2001年第3期。

域各地，深刻地浸透到这些原来的异质文化区，积淀下来，并与各地原来的文化相结合，由此便引起并促成了这些地区原先文化底层的逐步转化。这样，黄河流域和长江流域都受到了黄帝文化的浸染，因而各地文化均有一些相同或相近的特质。这些共同文化特质在各地积淀下来后，最终成为中国东西南北中最深厚的文化底层，这种文化底层也就构成了中国文明多元一体发展的牢固基石。黄帝之后大约两千多年，当司马迁"西至空桐，北过涿鹿，东渐于海，南浮江淮"时，所到之地，"长老皆各往往称黄帝、尧、舜之处，风教固殊焉，总之不离古文者近是"①，各地风俗教化虽不相同，但却往往称黄帝。这一历史现象，其实正是东西南北中各地黄帝文化底层的表现。过去有的史家不明白这个道理，反而说是各地强拉黄帝为祖先，自然是犯了以偏概全的错误。

（二）大禹文化的西部底层

禹兴西羌之说始于先秦，禹生石纽的传说反映着古代的历史实际②，这些都是出自古代羌人的传说。禹兴西羌和禹生石纽，实际上是同一个传说中的大概念和小概念的关系。西羌既指族系，又指西羌的分布地域，是大概念，石纽则指西羌居住地域内的一个具体地点，是小概念。《华阳国志》记载岷江上游广柔县境为大禹圣地，"夷人营其地，方百里不敢居牧。有过，逃其野中，不敢追，云畏禹神，能藏三年，为人所得，则共原之，云禹神灵佑之"③。《水经·沫水注》也说："（广柔县）有石纽乡，禹所生也。今夷人共营之，地方百里，不敢居牧。有罪逃野，捕之者不逼，能藏三年，不为人得，则共原之，言大禹神所佑之也。"文中的夷人是对少数民族的泛称，这里则指岷江上游的氐羌族群。岷江上游氐羌族群对禹顶礼膜拜，奉为神明，这种对禹崇拜敬畏达到极致的现象，除这个地区外，是中国其他地区所没有的。由此不难知道，岷江上游确乎同禹具有民族和文化上的深厚的渊源关系。而岷江上游古为羌人居域，因此显而易见，禹兴西羌是岷江上游羌人的传说。

虽然，古羌人南下从遥远的古代就已开始，比大禹时代更加久远的马家窑文化已经南下进入岷江上游，但没有任何证据能够指认禹兴西羌的传说是由甘青地区的马家窑文化南下带来的。从众多史籍关于禹生石纽的一致记载

① 司马迁：《史记·五帝本纪》，北京：中华书局，1959 年。
② 李学勤：《禹生石纽说的历史背景》，《大禹与夏文化研究》，成都：巴蜀书社，1993 年。
③《续汉书·郡国志》"蜀郡广柔县"下刘昭注引，今本佚此段文字。

据搜集者研究，此唱词歌颂了大禹治水三过家门而不入的精神，而唱词中的"耶格西"即大禹的羌族名字。其唱词原系羌族巫师——"释比"用羌语演唱而译为汉文的。我们从唱词的形式与内容来看，完全符合羌语表述的方式及羌族思维的实际，而绝非来自汉语有关唱词的移植。由此亦可再次证明羌民从来就有对大禹的崇敬与信仰。羌族迄今仍认为大禹是他们的"祖先"，是"羌族的根"，是他们当中"最能干的"。这些民俗学资料，充分说明史籍所言"禹兴西羌"或"禹生西羌"是有依据的。

三、新出土汉代碑铭的佐证

2004 年 3 月，吉林省文物考古研究所三峡考古队在重庆市云阳县旧县坪发掘出东汉巴郡朐忍令景云碑①，碑文对巴蜀乃至中国古代史均提供了一些前所未见的新资料。此碑原文为：

汉巴郡朐忍令广汉景云叔于，以永元十五年季夏仲旬己亥卒。君帝高阳之苗裔，封兹楚熊，氏以国别。高祖龙兴，娄敬画计，近诸关东豪族英杰，都于咸阳，攘竞蕃薅（卫）。大业既定，镇安海内。先人伯沈，匪志慷慨，术禹石纽、汶川之会。帏屋甲帐，龟车留滞，家于梓橦，九族布列，裳繶相龙，名右冠盖。君其始仕，天资明括。典牧二城，朱紫有别。强不凌弱，威不猛害，政化如神，蒸民乃厉。州郡并表，当享符艾。大命颠覆，中年疽殁。如丧考妣，三载泣怛，退勿八音，百姓流泪，魂灵既载，农夫恻结。行路抚涕，织妇喑咽。吏民怀慕，户有祠祭。烟火相望，四时不绝。深野旷泽，哀声悼切。追歌遗风，叹绩亿世。刻石纪号，永永不灭，呜呼哀哉，乌呼哀哉！赞曰：皇天炳壁，耶令名矣。作民父母，化洽平矣。百工维时，品流刑矣。善劝恶惧，物咸宁矣。三考绌敕，陟幽明矣。振华处实，畅遐声矣。重曰：皇灵禀气，卓有纯兮。惟汶降神，梴斯君兮。未升卿尹，中失年兮。流名后载，久而荣兮。勒铭金石，表积勋兮。冀勉来嗣，示后昆兮！熹平二年仲春上旬，朐思令梓潼雍讳陟字伯宁，为景君刊斯铭兮。

据碑文，此景氏的先祖"祖颛顼而宗禹"所谓"惟汶降神，梴斯君兮"，这当然指的是其先氏为来自汶川的大禹之后，系由蜀中而流寓于楚地的。同时，这亦证明了大禹"兴于"或"生于"汶川石纽这一说法在汉代仍相当流

———————————
① 东汉熹平二年朐忍令景云碑现藏重庆中国三峡博物馆。

行，而为世人所认同。再者，碑文谓："先人伯沇，匪志慷慨，术禹石纽、汶川之会。帱屋甲账，龟车留滞，家于梓潼，九族布列，裳緌相龙，名右冠盖。"据考证，此"伯沇"即"伯杼"（亦称后予、帝宁），乃夏后七世，少康之子季杼，为被后世所公认的能遵循大禹治国之道的君主，而受到尊重和祭祀。此段记述，诚如魏启鹏先生所言填补了一段历史空白，即"大禹率族人向东发展之后，禹乡旧地如何，传世典籍除了夏桀伐岷山而娶琬、琰二女之外，几乎是一片空白。景云碑则记述了先祖伯沇（即伯杼）在少康中兴后，为遵循禹石纽、汶川之会的遗则，曾甲帐龟车，巡狩回蜀的史实。就在此时，包括景氏祖辈在内的鲧禹后人，九族迁徙，'家于梓潼'"①。当然这段新的资料尚有待于其他旁证，但它确实是汉代的一件关于大禹后裔东向迁徙的重要史料。

四、大禹史传的西部底层

仔细考察中国古史传说，可以发现它有着极为深厚的文化底层，而且中国古史传说的深厚底层主要来源于以黄帝为首的"五帝"和夏禹，其中的西部底层特征表现得至为明显，而西部文化底层恰恰与长江上游古蜀文化有着不可分割的血肉关系。

在中国古史传说里，黄帝后裔分为两大系统：一个系统是黄帝之子青阳的系统，直传蹻极、高辛（帝喾），高辛之后分为放勋（尧）、帝挚、契、弃等几大支系；另一个系统是黄帝之子昌意的系统，直传乾荒（有些载籍中没有这一代）、高阳（帝颛顼），高阳之后分为穷蝉、鲧、偁、蜀等几大支系。禹与蜀同属帝颛顼系统。禹为夏代开国之君②，所以，夏禹与蜀具有很深的历史和亲缘关系。

关于中国古史传说的西部底层问题，我们不妨首先简略地考察一下黄帝与西部关系的有关史传，然后再讨论大禹史传的西部底层。

历史文献材料证明黄帝为其子昌意娶蜀山氏之女、生子高阳是可靠的古代史传。高阳长后，东进中原，建都帝丘（今河南濮阳）③，又"封其支庶于

---

① 魏启鹏：《读三峡新出土东汉景云碑》，《四川文物》2006 年第 2 期。
② 司马迁：《史记·夏本纪》，北京：中华书局，1959 年。
③《左传》昭公十八年，十三经注疏本。

蜀"①, 子孙中的一支仍留蜀地。从考古学上看, 岷江上游地区仰韶文化彩陶与马家窑文化彩陶以及成都平原宝墩文化（三星堆一期文化）陶器共生的考古现象②, 确切证实了这一古史传说的真实性。从这一基本史实出发来看, 中原和古蜀均为黄帝后代, 两地文献均自古相传黄帝与古蜀的亲缘关系, 都把各自最古文化的起源追溯到黄帝与嫘祖、昌意与蜀山氏和帝颛顼, 这正是表现了两地共同的文化底层。或者说, 由于中原和古蜀保有深厚的黄帝文化底层, 才使黄帝与古蜀的这种亲缘关系在两地众口相传, 流传千古。如果没有这种深厚的底层, 就绝不会在不同的两个地区留下如此相同的传说。

根据《左传》《国语》《史记》等文献的记载, 黄帝娶嫘祖后, 由西东进中原, 阪泉一战战胜炎帝, 涿鹿一战擒杀蚩尤, 成为首先初步统一中国西部、中部和东部部落的一代酋豪, 在中原和东方留下了深厚的黄帝文化底层。尔后, 在战争与和平的交流途径中, 黄帝文化继续东进南下黄河流域和长江流域各地, 深刻地浸透到这些原来的异质文化区, 积淀下来, 并与各地原来的文化相结合, 由此便引起并促成了这些地区原先文化底层的逐步转化。这样, 黄河流域和长江流域都受到了黄帝文化的浸染, 因而各地文化均有一些相同或相近的特质, 这些共同文化特质在各地积淀下来后, 最终成了中国东西南北中最深厚的文化底层, 这种文化底层也就构成了中国文明多元一体发展的牢固基石。黄帝之后大约两千多年, 当司马迁"西至空桐, 北过涿鹿, 东渐于海, 南浮江淮"时, 所到之地, "长老皆各往往称黄帝、尧、舜之处, 风教固殊焉, 总之不离古文者近是"③, 各地风俗教化虽不相同, 但却往往称黄帝。这一现象, 其实正是东西南北中各地黄帝文化底层的表现。

禹兴西羌之说始于先秦, 禹生石纽的传说反映着古代的历史实际④, 这些都是出自古代羌人的传说。禹兴西羌和禹生石纽, 实际上是同一个传说中的大概念和小概念的关系。西羌既指族系, 又指西羌的分布地域, 是大概念, 石纽则指西羌居住地域内的一个具体地点, 是小概念。《华阳国志》记载岷江上游广柔县境为大禹圣地, "夷人营其地, 方百里不敢居牧。有过, 逃其野中, 不敢追, 云畏禹神, 能藏三年, 为人所得, 则共原之, 云禹神灵佑之"⑤。《水经·沫水注》也说："（广柔县）有石纽乡, 禹所生也。今夷人共营之, 地方

---

① 常璩著, 刘琳校注：《华阳国志校注·蜀志》, 成都：巴蜀书社, 1984年。
② 蒋成、陈剑：《岷江上游考古新发现述析》,《中华文化论坛》2002年第3期。
③ 司马迁：《史记·五帝本纪》, 北京：中华书局, 1959年。
④ 李学勤：《禹生石纽说的历史背景》,《大禹与夏文化研究》, 成都：巴蜀书社, 1993年。
⑤《续汉书·郡国志》"蜀郡广柔县"下刘昭注引, 今本佚此段文字。

百里，不敢居牧。有罪逃野，捕之者不逼，能藏三年，不为人得，则共原之，言大禹神所佑之也。"文中的夷人是对少数民族的泛称，这里则指岷江上游的氐羌族群。岷江上游氐羌族群对禹顶礼膜拜，奉为神明，大概同景云碑所记述的"禹石纽、汶川之会"有直接的因果关系。这种对禹崇拜敬畏达到极致的现象，除这个地区外，是中国其他地区所没有的。由此不难知道，岷江上游确乎同禹具有民族和文化上的深厚的渊源关系。而岷江上游古为羌人居域，因此显而易见，禹兴西羌是岷江上游羌人的传说。

虽然，古羌人南下从遥远的古代就已开始，新石器时代晚期马家窑文化已经南下进入岷江上游，但没有任何证据能够指认禹兴西羌的传说是由甘青地区的马家窑文化南下带来的。从众多史籍关于禹生石纽的一致记载来看，只有把禹的出生地放在四川西北的岷江上游，才是符合历史实际的。唯因如此，禹生石纽的传说才可能在古蜀之地长期保留下来。及禹长后，东进中原，首创夏王朝，随禹东进的羌人也就转化为夏王朝的主体民族。于是，禹兴西羌、禹生石纽的传说，也随东进开创夏王朝的羌人之定居中原而在中原长期保留下来。所以，蜀地和中原都保留了相同的传说。文献来源的地域不同，传说却完全一致，恰恰说明它既是"真传说"[①]，又是真史实，而原因就在于它们同出一源的文化底层。

从所有关于禹生石纽和禹子启生于石的文献记载来看，禹、启与石的这种出生关系，在全中国范围内只被指认为两个地区，一个是古蜀岷江上游地区，一个是中原河南嵩山地区。其他地区关于禹的传说，比如禹娶涂山、禹合诸侯等，均与禹的出生传说无关。这就十分清楚地说明，大禹与石这种特殊的出生关系传说，乃是古蜀和中原地区同出一源的共同文化因素，是古蜀和中原文化最深厚的底层。

从禹生岷江上游的石纽，到禹东进中原，《逸周书·世俘》记载"崇禹生开（按：开即启，禹的儿子）"，反映了禹从古蜀东进中原的史迹，所以才可能仅在古蜀和河南流传这些传说。

另一方面，古蜀和中原流传禹、启生于石的同样性质传说，除禹东进中原而外，还有更加深刻的文化史背景，那就是古蜀和中原夏王朝的主体民族均为帝颛顼后代。作为夏王朝开创者的禹，同样也是帝颛顼的后代，他从古蜀岷江上游东进中原河南嵩山，均在帝颛顼后代各分支之间活动，这些地域

---

① 顾颉刚：《论巴蜀与中原的关系》，成都：四川人民出版社，1981年，第37页。

又同属上古时代的"西戎"之地，具有共同的文化底层，所以相同的传说得以在中国西部这一大片地域间长期保存和流传。

　　黄帝为其子昌意娶蜀山氏女，生子高阳，高阳东进中原建都立业，和禹生石纽，东进中原开创夏王朝，这两段远古传说的文化史意义，并不仅仅在于可以据此确定帝颛顼和大禹两位中国古史上的著名人物均出生在古蜀地区，更重要的是，透过这些古史传说，可以看出黄帝、帝颛顼文化和大禹文化西兴东渐的历史，看出中国古史传说中所蕴含的丰富而深厚的西部文化底层。从黄帝、嫘祖、昌意、帝颛顼时期中国西部、古蜀地区同中原地区的关系，到大禹时期古蜀与中原的关系，可以看出中国古史的西部底层是经过了不同的历史时期，层累地积淀起来的，它们便是中国西部文化的原生底层。这一原生底层在中国文明史上自始至终发挥着极为重要的作用，以致成为中华文明形成与发展的最重要标志和里程碑。

禹的传说与史实

一、问题的提出

20 世纪二三十年代，顾颉刚先生连续发表了一系列论文，建立起由他首创的"古史层累地构成说"体系，其中一个很有影响的观点，是提出并论证禹"是上帝派下来的神，不是人"，指出"禹有天神性"，实为"社神"，而"禹为社神之说，起于西周后期"①。其后，童书业、杨宽等先生均宗其说，并对顾氏之说加以进一步申论。②根据顾颉刚、童书业二先生合著的《鲧禹的传说》，疑古派学者关于"禹是神不是人"的看法有以下五条基本结论③：

（1）鲧、禹颇有从天神变成伟人的可能；

（2）禹的神职是主领名山川的社神；

（3）鲧、禹治水传说的本相是填塞洪水，布放土地，造成山川，后来因战国时势的激荡，变成了筑堤、疏导和随山刊木等；

（4）鲧、禹传说的来源地是西方九州之戎的区域；

（5）鲧、禹本都是独立的人物，因墨家的尚贤说和禅让说的媒介，才与尧、舜等人发生关系。

本文作者认为，倘若仅从古史传说的表象来看这个问题，或者仅依疑古派学者的逻辑思路及其表述来理解这个问题，那么上述分析结论似乎确有道理。然而，关于禹究竟是神还是人的命题，既然来源于（或主要来源于）对古史传说的不同分析和理解，那么结论就应当下在对有关传说在历代的流传情况进行梳理分析之后，而不是之前。换句话说，如果不对古史传说的流传情况做分期研究，而只是笼统地加以运用，就极易导致把后起的神话当作早

---

① 顾颉刚：《〈古史辨〉第 1 册自序》，《讨论古史答刘胡二先生》，载《顾颉刚编著古史辨》第 1 册，上海：上海古籍出版社，1982 年；《九州之戎与戎禹》，载《古史辨》第 7 册（下），上海：上海古籍出版社，1982 年。

② 参见童书业：《〈九州之戎与戎禹〉跋》，载《古史辨》第 7 册（下）；杨宽：《中国上古史导论》，载《古史辨》第 7 册（上）。

③ 顾颉刚、童书业：《鲧禹的传说》，载《古史辨》第 7 册（下）。

出的传说，把早存的史实当作晚出的伪作，从而得出不符合历史事实的结论。从方法论的角度看，这样的结论是否具有可靠性，自然值得怀疑，大有可商之处。

有关禹的传说是极为复杂的，涉及多方面的问题，不是几篇论文就可以解决的，也不是一两代学者就能够研究清楚的。本文无意对禹的问题做全面研究，仅从古史传说在三代流传情况的角度入手，对禹是神还是人的问题略加论析，以期在这个问题上做些新的探索，俾有助于进一步的深入研究。

二、夏商时代关于禹的传述

从夏代流传下来的一些材料表明，禹是一个活生生的人王，而不是一个具有神性的天神。《墨子·兼爱下》引有《禹誓》，是禹征有苗所作誓词。毕沅云："《大禹谟》文云《禹誓》者，禹之所誓也。"孙诒让《墨子间诂》说："今《大禹谟》出伪古文，即采此书（引者按：'此书'指《墨子·兼爱下》所引《禹誓》）为之。惠栋云《皋陶谟》言'苗顽勿即功'，则舜陟后，禹当复有征苗誓师之事。"《大禹谟》乃汉人伪作，此篇既采《墨子》所引《禹誓》，表明《禹誓》在先秦已有定本。《皋陶谟》虽经后人整理，但至少在周初即有写本[1]，表明《禹誓》的材料来源古远，是经夏商时代的口耳相传而至迟在周初写成文本的。

《墨子·明鬼下》也引有一篇《禹誓》，说是"姑尝上观乎《夏书·禹誓》"，此篇全文记载禹伐有扈氏、大战于甘的誓词。《吕氏春秋·先己》和《书序》以夏启伐有扈氏战于甘，《庄子·人间世》《吕氏春秋·召类》《说苑·政理》等则以禹伐有扈氏战于甘，孙诒让则认为"戎禹、启皆有伐扈之事"，应为确说。为儒家所传习的《尚书·夏书》里，也有一篇《甘誓》，内容与《墨子》所引《禹誓》大同而微有出入，应是《禹誓》的另一传本。儒、墨两家均载有《禹誓》，且文字大体相同，表明历史上确有《禹誓》之文，并非后人伪作。据刘起釪先生研究，《甘誓》（引者按：即《禹誓》）的写成文字年代当在殷代至周初。[2]这是指文字写本而言，不是指写本所依据的口传材料，正如上面分析的《墨子·兼爱下》所引禹伐有苗所作《禹誓》一样。事实上，从口传材料到写成文字定本，其间年代是相当漫长的。迄今我们尚未发现夏代遗留下

---

[1] 参见王国维：《古史新证》，北京：清华大学出版社，1994年。
[2] 参见刘起釪：《释〈尚书·甘誓〉的"五行"与"三正"》，《文史》第7辑，北京：中华书局，1979年。

来的文字材料，有关夏代历史的材料都是通过口耳相传的形式代代传承下来的，到了殷周文字运用于书写文献时，才据以写成文字定本。从禹伐有扈氏的《禹誓》在殷代即写成文本的情况看，它的原来底本必然是从夏代流传下来的口传本，绝不可能出自殷人伪作。正是因为口传材料在其累代相传的长期流传过程中难免有所损益，而不同的文字写本又是采取于不同的口传本，所以各种写本之间往往在文字上甚至内容上有所出入，但基本内容却是大同小异的。墨、儒两家所传《禹誓》略有出入，原因即在于此。

《墨子》书中提到《夏书》和禹不止一二处，《非命下》还引有《禹之总德》，《七患》也引有"故《夏书》曰禹七年水，《殷书》曰汤五年旱"，《史记·河渠书》《汉书·沟洫志》并记"《夏书》曰禹抑洪水，十三年过家门不入"，可见此《夏书》是先秦流传下来的。《孟子·滕文公下》引《书》曰"洚水警予"，此句不见于《尚书》孔传本《尧典》和《皋陶谟》，应为别篇的逸文①，而其流传年代在先秦，也可以由此而知。

虽然上述文本的内容大多数只有数句见引于战国诸子文中，但据此已足可论定夏代所传述的禹是人而不是神。至于《史记·大宛列传·赞》所提到的《禹本纪》是否是从夏代流传下来的口传材料演化而来，则因文献阙如而不敢臆断。

殷商时代，"有册有典"，文字已运用于书写文献，一些古史传说材料赖此而保存下来，流传后世。从殷代流传下来的文献中，可以见到一些有关禹的记载。《史记·殷本纪》载《汤诰》，文中说道："古禹、皋陶久劳于外，其有功乎民，民乃有……后稷降播，农殖百谷。三公咸有功于民，故后有立。"陈梦家先生认为，《汤诰》此段与伏生所传《吕刑》相似，而伏生所传《吕刑》又与《墨子》所引"先王之世《吕刑》"相同，因此《殷本纪》所述《汤诰》可能是《吕刑》的另一种本子。②但是，《汤诰》恰恰在最重要之处与《吕刑》不同。《汤诰》述禹的业绩是"久劳于外，其有功乎民"，没有丝毫神化禹的痕迹，此点正与殷人尚质的特点相符。而《吕刑》述禹之功是"禹平水土，主名山川"，禹是主领名山大川的神化人物，这显然出于后世的附会，已不是禹的原型。可见，《汤诰》对禹的记述与《吕刑》有着本质差别，不可同年而语，不能根据《吕刑》来论说《汤诰》是西周作品[据《史记·周本纪》，《吕（甫）刑》作于周穆王时]。司马迁熟知《尚书》，所述《汤诰》即《汤诰》，《吕

---

① 参见陈梦家：《〈尚书〉通论》，北京：中华书局，1985年，第346页。
② 参见陈梦家：《〈尚书〉通论》，北京：中华书局，1985年，第299页。

刑》即《吕刑》，二书绝不混同，表明在他看来，《汤诰》为殷人遗文，《吕刑》为周人遗文，其间时代的区分是清清楚楚的，一点也不存在疑义。

殷王朝灭亡后，微子封于宋，以续殷嗣，因而为殷人所传述的禹的材料又在宋人中继续流传。作于西周宋人的《商颂》诸篇里[①]，有两条关于禹的记述，从一个侧面反映了禹迹在殷人中流传的情况。《诗·商颂·长发》说"洪水芒芒，禹敷下土方"，《诗·商颂·殷武》说"设都于禹之绩"。这两条材料，曾被顾颉刚等先生引作禹为天神之证。其实，所谓"禹敷下土方"一句，"敷"，历代注家训为治，"下"则为高下之下，即《国语·周语下》所记"堕高堙庳"之庳，并非从天而下之下，敷为动词，下为名词，"禹敷下土方"实为"禹敷下以土方"，意为当茫茫洪水来临之际，禹用堙塞之法以治洪水，正合于《史记》《汉书》所引《夏书》言"禹堙洪水"，《庄子·天下》言"昔者禹之湮洪水"，和《山海经·大荒北经》言"禹湮洪水"等记载，所以不能以"禹敷下土方"作为禹是从天而降的天神之证。另一句"设都于禹之绩"，绩，释为迹，此句指在禹迹所在之地设立都城。《秦公簋》铭文记有"鼏宅禹责"，王国维认为，"禹责"言"宅"，则"责"当是"迹"之借字[②]，释为范围、场所，与《商颂·殷武》之诗大同。《齐侯钟》铭文也说"隙隙成汤……处禹之堵"，《博古图》释"堵"为"都"，亦当解为范围和场所，"处禹之堵"即谓立国于禹迹所在之地。此二器铭文足可与《商颂》所述禹迹互证，表明宋人所述的禹的确是先殷而王中原的王者，是人而不是神。

史称殷人恭恪天命，崇敬鬼神。《礼记·表记》记载说："殷人尊神，率民以事神，先鬼而后礼，先罚而后赏。"《史记·殷本纪》记载殷纣王曰："我生不有命在天乎！"殷卜辞更有大量奉事鬼神的记载。宋为殷嗣，《商颂》又是宋人在其先王宗庙里吟诵的祭祀之诗，所述先王之迹均为先王遗训，虽难免有所夸张，但其人其事均真实可信，无可怀疑。假如为殷人所了解和传述的禹确是天神，那么极端"尊神"的殷人就绝不会把禹从天神降为人王，而宋人也就绝不敢违背先王遗训，把天神当作人王在其庄严肃穆的庙堂里进行祭祀并加以吟诵。反过来看，既然殷人及其后裔并没有对禹作神化处理，并不把禹称引为天神，而是始终把他作为人王加以看待，那么就有力地证明了历史上的禹确有其人，是人王而不是天神。

夏人属于西方民族集团，殷人属于东方民族集团，上古东西两大民族集

---

① 《商颂》作于宗周时，参见王国维：《古史新证》，北京：清华大学出版社，1994年。
② 王国维：《古史新证》，北京：清华大学出版社，1994年。

团之间曾发生过长期斗争，史称夷夏之争。夷夏之争既是东西文化的斗争，同时也是东西文化交流与传播的一个重要途径。在夷夏之争中，夏人先王禹的有关史迹必然会流布到东方地区，为殷人所了解、知悉和传述。因此，殷人所述禹的史迹应是相当可靠的，没有理由加以怀疑，更没有理由予以否定。

三、西周春秋时代关于禹的传述

西周时代，周人对禹的传述稍多，常见于《诗》《书》。在可以确定为作于西周的文献中，对禹有如下一些记载：

《诗·小雅·信南山》："信彼南山，维禹甸之。"

《诗·大雅·文王有声》："丰水东注，维禹之绩。"

《诗·大雅·韩奕》："奕奕梁山，维禹甸之。"

《书·立政》："其克诘尔戎兵，以陟禹之迹。"

《书·吕刑》："禹平水土，主名山川。"

《逸周书·商誓》："在昔后稷，惟上帝之言，克播百谷，登禹之绩。"

这六条材料虽均属西周作品，但制作年代有先后之别。《逸周书·商誓》虽出于战国魏襄王墓，但文句古奥，佶屈聱牙，用词如"百姓里居（君）"一类，雷同于《尚书·酒诰》，宜为西周初年之作。此篇所谓"登禹之绩"云云，是说后稷（周人先祖）按照上帝的教导，播种百谷，取得了禹那样的丰功伟绩。显然，这里所说"上帝之言"，是指后稷所怀抱的一种精神或信念，而不是指上帝同禹之间有什么必然联系，自然不可用为禹是天神的证据。《书·立政》，据《史记·鲁周公世家》，乃周初时周公所作。此篇所谓"陟禹之迹"，意为整饬甲兵，循着禹的足迹前进。《书·吕刑》，据《史记·周本纪》，作于西周中叶周穆王时。此篇所谓"禹平水土，主名山川"，"名"非动词，为名词，应如顾先生所释，解为禹平治水土，主管名山大川。至于《大雅》《小雅》诸篇，则作于周宣王前后。其中，《信南山》和《韩奕》中的"维禹甸之"，甸训为治，意为终南山和梁山为禹所平治；《文王有声》中的"维禹之绩"，是说由于禹的丰功伟绩，四方得以攸同。

上引六条西周文献，属于周初的有两条，即《逸周书·商誓》和《书·立政》。此两条中未见神化禹的痕迹，可知西周早期对禹的传述，仍然与夏商一样，是把禹作为人王来看待的，保持了传说中的基本史实。周人兴起于"西土"，自西徂东而克殷，是继夏商之间夷夏之争后的又一次夷夏之争，以"用夏变夷"而告终，所以西周初年周公常自称"有夏"①"区夏"②，意在表白其继承夏人之志。显然，周人是完全知悉夏人所述先王禹的史迹的。另外四条材料属于西周中叶到晚期，明显地带有神化禹的气息。而开其风气之先者，当属周穆王时的《吕刑》一篇。周穆王时，"王道衰微"，"文武之道缺"③，为了征伐犬戎，"远绩以成名"④，于是采用夸大以至神化禹功的办法，借助于禹的声望，来为"我有夏"即周人控制四方诸侯张本，由此开始掀起了神化禹的浪潮。西周晚期《大雅》《小雅》对禹的神化般称颂，正是接其踵者，而又继长增高。这一事实说明，禹从人到神的演变，是从西周中叶始揭其序幕的，完全是人为的结果。关于这一点，顾颉刚先生等对于禹的天神性起于西周后期的分析，确乎是颇有根据的。不过，我们说西周中叶以后对禹的神化，是指从那时开始周人为禹披上了一件神化的外衣，却并不等于说历史上的禹原本是神不是人，更不等于说历史上没有禹这位夏之先王。

春秋时代对禹的神化传述，除了难以确定成书地域、年代和作者的《山海经》以外，主要保存在《诗经》《左传》和《国语》等史籍中，而且大多数神化禹的言论出自周人，也从一个侧面证实了由周人首开神化禹的风气之先这个事实。如《诗经·鲁颂·閟宫》所说"奄有下土，缵禹之绪"，这里的"下土"即相对于上天而言，"奄有下土"而"缵禹之绪"（继禹绪业），自然是把禹当作了上天派下来的神。鲁为周公之后，《鲁颂》是春秋时周人（鲁人）的庙堂祭祀之诗，在庙堂诗里公然宣称禹为天神，足可以见到当时受此神化观念浸染的程度已经相当深刻。《左传》昭公二十九年记载蔡墨答魏献子问时说："土正曰后土……共工氏有子曰句龙，为后土……后土为社。稷，田正也，有烈山氏之子曰柱，为稷，自夏以上祀之，周弃亦为稷，自商以来祀之。"后土即是句龙，句龙即是禹，《国语·鲁语上》说"后土能平九土"，正可以证实这一点。这显然是在共工与鲧的有关神化的分合过程中产生的一种神话，在这个神话中，禹的原型早已面目全非，神话更加复杂化了。蔡墨为周人，"凡、蒋、邢、茅、胙、蔡，周公之胤也"⑤。由此可见，春秋时代的周人，仍然是神化禹的浪潮的推波助澜者。

①《尚书·君奭》《尚书·立政》，十三经注疏本，北京：中华书局，1980年。
②《尚书·康诰》，十三经注疏本，北京：中华书局，1980年。
③ 司马迁：《史记·周本纪》，北京：中华书局，1959年。
④ 左丘明：《国语·周语》，上海：上海古籍出版社，1978年。
⑤《左传》僖公二十四年，十三经注疏本。

尽管从西周中叶开始掀起了神化禹的浪潮，波及广泛，影响长久，然而禹确曾是夏代先王这一基本史实却并没有被神化浪潮所淘洗殆尽，它不但顽强地保存下来，而且还流传广泛，在《左传》《国语》以及诸子书中均常见征引。当然，由于神化浪潮的长期冲击，此时关于禹的各种传述，往往已是人神杂糅，神话与史实纠缠一体，以至难以缕析。如果我们不加梳理分辨，把史实从神话中剥离出来，就很容易把史实当成神话，从而抹杀那些上古时代曾经真实发生过的基本历史事实。

为疑古派学者所津津乐道，引为"禹为天神"结论的一个重要证据，是《国语·鲁语下》记载的孔子的一段话，其文曰：

> 仲尼曰："丘闻之，昔禹致群神于会稽之山，防风氏后至，而禹戮之，其骨节专车。"

又曰：

> 仲尼曰："山川之灵，足以纪纲天下者，其守为神，社稷之守者为公侯，皆属于王者。"

这段材料所讲的基本史实，是"禹致群神于会稽之山"。据群书及注家所释，"会稽之山"即是"涂山"。"禹致群神于会稽之山"，即是禹致群神于涂山。对此事件，《左传》哀公七年记载：

> 禹合诸侯于涂山，执玉帛者万国。

显然，两书所记，实为一事，《国语》所说的"群神"，就是《左传》所说的"诸侯"。对此，《韩非子·饰邪》也有明确记载，其文曰：

> 禹朝诸侯之君（禹使诸侯之君来朝）会稽之上，防风之君后至，乃而禹斩之。

可见，《国语》所说"群神"，实为"诸侯"或"诸侯之君"，并不是指天神。称诸侯之君为群神，乃是出于当时的王者"既是政治领袖，又是群巫之长"[1]的政治制度，犹如《山海经·大荒北经》称诸侯之君为"群帝"，《尚书·吕刑》则称之为"群后"，而《墨子·兼爱下》又称之为"群封君"一样，所指均为人王，而绝不是天神。

---

① 陈梦家：《商代的神话与巫术》，《燕京学报》1930 年。

在疑古派学者看来，既然《国语·鲁语》说"禹致群神"，又说"山川之灵足以纪纲天下者，其守为神"，那么禹的天神性便由此一望而知。但是，这种看法却完全忽略了古代社会的特点，而仅仅注意到了文献记载的表象。在古代社会，由于各国之君、各族之长在其生前主持所在国、族的各种祭祀礼仪，把持天地人神之间的交往，就像《国语·楚语》所记重、黎"绝地天通"一样，"既为政治领袖，又是群巫之长"，俨然成为上天在人世间的代言人，因而其身后被传为神，传为国、族的神一般的守护者，此即所谓"山川之守"。诸侯之君所以被后人传为"群神""群帝"，原因即在乎此。由此可见，"禹致群神"之说，其实是"禹合诸侯""禹朝诸侯"史实的神话化；禹"主名山川"之说，其实是禹为诸侯之长史实的神话化。所以《国语·周语》、屈原《天问》均称禹为"伯禹"，伯即诸侯之长的意思，而《史记·夏本纪》称禹为"帝禹"，也是强调禹为万国共主。不言而喻，这些材料所揭示出来的基本史实，是群巫与群巫之长、各国之君（诸侯）与诸侯之长之间多元一体的分层次、有主从的结构关系，这是史实的实质所在。假如只看到裹在史实以外的外衣，却没有洞悉内在于其中的实质，自然就大错特错了。

孔子"不语怪力乱神"（《论语·乡党》），"敬鬼神而远之"（《论语·雍也》），充满了人文主义的精神和智慧。上引《国语·鲁语下》记载的孔子这段话，既不见于《论语》，也不见《孟子》《荀子》以及其他先秦诸子引用，难以证明是否属实。即令真是孔子之言，也如《鲁语》所记孔子所说"丘闻之"，即孔子听说过有这件事，乃是孔子转述传闻之语，并不是他自己的认识。不过由此却可以看出，春秋时代流传的关于禹迹的传说，比起夏、商、西周时代，的确已增饰不少，裹在禹身上的神化外衣愈益厚重，以致连多闻阙疑的孔子也加以引用，正表现出一时之风气。

《论语》中谈到禹的地方不多，约有三处，其中《泰伯》谈到禹两处，《尧曰》谈到禹一处。《泰伯》谈论禹，其一为：

子曰："巍巍乎！舜、禹之有天下也而不与焉！"

这是称颂舜、禹的"无为而治"，如《论语·卫灵公》："子曰：'无为而治者，其舜也与！'"正可与此互证。《论衡·语增》："舜承安继治，任贤使能，恭己无为而天下治。故孔子曰：巍巍乎舜、禹之有天下也而不与焉。"可谓正解。

《泰伯》中谈到禹的另一处稍详，其文曰：

子曰："禹，吾无间然矣。菲饮食而致孝乎鬼神，恶衣服而致美乎黻冕，卑宫室而尽力乎沟洫。禹，吾无间然矣。"

这里的"无间然"，意为没有隔阂。这里的"鬼神"，是指先祖的神主，即《礼记·祭法》所载"庶人庶士无庙，死曰鬼"，也即《论语·为政》所说"非其鬼而祭之，谄也"中的"鬼"，它是古代祖先崇拜的产物，古代社会普遍存在这种信仰，一直延及近世而不衰，不属于天神一类神话范畴。孔子说禹"致孝乎鬼神"，孝指子对父应取的态度、言行，即所谓孝顺，按照孔子自己的话来说，就是"无违"，也就是"生事之以礼，死葬之以礼，祭之以礼"（《论语·为政》），"三年无改于父之道，可谓孝矣"（《论语·里仁》）。可见禹"致孝乎鬼神"，是指禹致孝其祖考，而非致孝乎天神。《说苑·反质》据此言之曰"古有无文（朴实无华）者，得之矣，夏禹是也。卑小宫室，损薄饮食，土阶三等，衣裳细布"，所说的禹完全不带神话色彩，可以说是对孔子这段话的正解。

《尧曰》谈到禹，是在谈论尧命舜、舜命禹时提到的。尧命舜的内容主要是"天之历数在尔躬，允执其中"，这是指"古者圣王既临天下，必变四时，定律历，考天文，揆时变，登灵台以望气氛"（《说苑·辨物》）而言，又说"舜亦以命禹"，命词当与尧命舜之词同样内容。

从《论语》记载的上述内容看，孔子是把禹作为夏之先王和人伦楷模加以颂扬的。以孔子之博学，"夏礼吾能言之，杞不足征也；殷礼吾能言之，宋不足征也"（《论语·八佾》），所传述的禹必然是从先代流传下来的，属于他"能言之"之列，因而是相当可信的。

四、战国诸子关于禹的传述

战国诸子书中颇有言及禹者。一方面，由于战国时代人文主义精神大弘扬，人们纷纷从神的羁绊中挣脱出来，本着人文精神重新审视古史，因此诸子书中对禹的传述，大多洋溢着人文主义气息，从人世间的社会关系或人与自然的关系等角度加以论说。另一方面，战国踵接春秋而来，文化是连续发展演变的，因此有关禹的神话仍然在继续流传。在这种多元文化并存的情形下，从哪一个角度来选取引述有关禹的传说，这在诸子之间并不是完全一样的。大体说来，儒家的引述最少神性，墨家的引述带有较为浓厚的神话气息，道家的引述亦少神性，法家的引述也是少于神性，杂家的引述则人神杂糅。

此外，屈原《天问》记载上古神话传说极多，不过都是作者以提问方式对传统的神话进行质疑，既不表示作者本人相信这些神话，也不表示当世人们相信这些神话，相反却正是对这些神话大表怀疑的标志。《山海经》记载上古神话传说更是丰富，不过其作者非一，取材地域非一，成书年代非一，被认为是"古之巫书"①，堪称集上古各个地域神话传说之大成的书，好比一座神话传说资料库，所存入的资料未必就是存入者的看法。这两部书中所记载的禹的神话，基本上是可以找到历史原型的，表明所谓禹的天神性，其实不过是后人在史实基础上的附会和添加。从这个意义上看，神话的确是"层累地构成的"，后起的神话叠加在早存的史实之上。

下面，我们通过简略引录诸子书中有关禹的记载，来分析战国时代禹迹的流传情况。

（一）儒家

《孟子·滕文公下》：

当尧之时，水逆行，泛滥于中国，蛇龙居之。民无所定，下者为巢，上者为营窟。《书》曰："洚水警予"，洚水者洪水也。使禹治之。禹掘地而注之海，驱蛇龙而放之菹，水由地中行，江、淮、河、汉是也。险阻既远，鸟兽之害人者消，然后人得平土而居之。

文中，除受大一统观念影响将禹治水的业绩扩大到全中国而外，对禹并未加以任何神化。值得特别注意的是，文中仅说禹治水，而将"平土而居之"之绩归诸其他的人们，这不啻是对西周中叶形成的"禹平水土，主名山川"神话的否定。《孟子》书中谈及禹的地方约有十处，其中有五处谈论禹治水，一处谈论禹启之事，另四处谈论其他方面，没有一处涉及神事。

《荀子·成相》：

禹有功，抑下鸿，辟民除害逐共工。北决九河，通十二渚，疏三江。禹傅土，平天下，躬亲为民行劳苦，得益、皋陶、横革、直成为辅。

---

① 鲁迅：《中国小说史略》，上海：上海古籍出版社，1998年。

"抑"，释为堙①，或释为遏②。"鸿"，同洪。"抑下鸿"是指堙卑增高，使洪水归下。"逐共工"，属于神话传说，"共工"二字为"鲧"字的缓读，急读即为"鲧"。③鲧为禹父，何以伐之？这个传说不见于较早时期的文献，最早见于《山海经·大荒西经》"禹攻共工之山"，《海外北经》和《大荒北经》又说"禹杀共工之臣相柳（繇）"，后来演化为禹伐共工。除《荀子·成相》外，《荀子·议兵》以及《战国策·秦策》也载有这个传说，反映了战国时战争规模空前扩大形势下人们的一种心理状态，应属晚出之说。至于决河疏江等说法，则与《孟子》大同。

（二）墨家

《墨子·尚贤中》：

虽天亦不辨贫富、贵贱、远迩、亲疏，贤者举而尚之，不肖者抑而废之……然则亲而不善以得其罚者谁也？曰若昔者伯鲧，帝之元子，废帝之德庸，既乃刑之于羽之郊，乃热照无有及也，帝亦不爱……然则天之所使能者谁也？曰若昔者禹、稷、皋陶是也。

墨子崇尚天志、明鬼，建有宗教组织，因此在《墨子》书中有较浓的神话气息是不足为怪的。《墨子·明鬼下》说"察看山川鬼神之所以莫敢不宁者，以佐谋禹也"，禹同样扮演的是天神角色。《墨子·非攻下》说禹伐三苗是"天命殛之"，也属神话。可见墨子较多地采取了西周春秋以来禹的神话。不过，《墨子》书中却也并不是一味渲染禹的神性，有的记述也从人的角度释禹，如《兼爱中》述禹治水就与儒家基本相同。墨子出身工匠，他的思想比较接近下层民众，尤其崇尚禹的劳动者形象，他说"禹亲自操橐耜而九（引者按：'九'同'鸠'）杂天下之川，腓无胈，胫无毛，沐甚雨，栉疾风，置万国。禹，大圣也，而形劳天下也如此"，故而"使后世之墨者，多以裘褐为衣，以枝桥为服，日夜不休，以自苦为极。曰：'不能如此，非禹之道，不足谓墨'"④。在这种心态和行为方式的支配下，墨子把禹的形象推向极致，使禹人性神性兼具，当可理解。

---

① 闻一多：《天问疏证》，上海：上海古籍出版社，1986年。
② 王先谦：《荀子集解》，北京：中华书局，1988年。
③ 顾颉刚、童书业：《鲧禹的传说》，载《古史辨》第7册（下）。
④《庄子·天下》引墨子语。

（三）道家

《庄子·天运》载老聃曰：

黄帝之治天下，使民心一……尧之治天下，使民心亲……舜之治天下，使民心竞……禹之治天下，使民心变，人有心而兵有顺，杀盗非盗，人自为种而天下耳。

道家主张"清虚以自守，卑弱以自持"，"以虚无为本，以因循为用"[①]，不主张社会变革，政治上反对阶级斗争，主张"愿天下之安宁以污民命，人我之养毕足而止"（《庄子·天下》）。反对战争，不主张改变传统农村公社的现状及其道德观。老子说："小国寡民，使民有什佰之器而不用，使民重死而不远徙，虽有舟舆无所乘之，虽有甲兵无所陈之，使民复结绳而用之，甘其食，美其服，安其居，乐其俗，邻国相望，鸡犬之声相闻，民至老死不相往来。"（《老子》八十章）因而对"使民心变""兵有顺"的禹颇有微词，不以为然。《庄子·人间世》记载"禹攻有扈，国为虚厉，身为刑戮，其用兵不止，其求实无已"，对禹的攻伐征战持反对和批判的态度。对于禹的治水业绩，《庄子·秋水》说"禹之时，十年九潦而水弗为加益"，基本上给予肯定。不论道家对禹是持肯定还是批判态度，总之把禹作为人王加以看待并传述则是肯定的。

（四）法家

《韩非子·五蠹》：

禹之王天下也，身执耒锸以为民先。股无胈，胫无毛，虽臣虏之劳不若于此也。

法家主张耕战，重农抑商，以此富国强兵，因此对禹治洪水、有利耕稼的业绩自然会加以充分肯定。此篇还说："中古之世，天下大水而鲧、禹决渎。近古之世，桀、纣暴乱而汤、武征伐。今有构木钻燧于夏后之世者，必为鲧、禹笑矣；有决渎于殷周之世者，必为汤、武笑矣。然则今有美尧、舜、禹、汤、武之道于当今之世者，必为新圣笑矣。"法家"不期修古，不法常可"，主张"世异则事异"，"事异则备变"（《韩非子·五蠹》），借用禹决渎治水的典故来与当世主张"守先王之道"的儒家相比较，嘲笑和批判那些食古不化

---

① 司马迁：《史记·太史公自序》，北京：中华书局，1959年。

的儒者。从韩非的论述中，可以清楚地感觉到他强烈的历史进化观，清楚地看到他是把禹作为中古之世确曾存在过的历史人物予以论说的。《韩非子》书中还有数处谈及舜禹禅让（《十过》《说疑》）、禹传子启（《外储说》），以及"禹朝诸侯之君会稽之上"（《饰邪》）等，其中均无神化之迹，与法家所一贯倡导的务实精神相符合。

（五）杂家

《吕氏春秋·慎人》：

> 夫禹遇舜，天也。禹周行天下，以求贤者，事利黔首，水潦川泽之湛滞壅塞可通者，禹尽为之，人也。

从学术流派来说，杂家驳杂不纯，《吕氏春秋》就是杂采古今各种传说、神话、故事、学说等集而成书的。此篇赞扬禹"人也"，仁者人也，显然体现了儒家礼贤下士的思想。关于禹治洪水，《吕氏春秋·乐成》说："禹之决江水也，民聚瓦砾。事已成，功已立，为万世利，禹之所见者远也，而民莫之知，故民不可与虑化举始，而可以乐成功。"对禹极力称赞，而将禹与民对立起来，这又体现了法家所倡"圣人之治民，度其本，不从其欲，期于民利"（《韩非子·心度》）的治民观念。《吕氏春秋·爱类》又说："禹于是疏江决河，为彭蠡之障，乾东土，所活者千八百国，此禹之功也。勤劳为民，无若乎禹者矣！"这种观念则与墨家相类。在这些论说中，虽有夸张渲染，但可以清楚地看到禹是人不是神。但在《知分》中，则又对禹加以神化处理："禹南省，方济乎江，黄龙负舟，舟中之人五色无主。禹仰视天而叹曰：'吾受命于天，竭力以养人。生，性也；死，命也，余何忧于龙焉？'龙府首低尾而逝。"在《吕氏春秋》其他篇章里，还可以见到诸如此类神化禹的传述，因文繁，不再引述。

除以上所析诸子书外，《考工记》《管子》等书中也涉有一些关于禹的材料，但差不多同于上述材料，这里不再论列。

以上略举并分析了儒、墨、道、法、杂五家关于禹的传述，从所引五家之言可见，战国时代关于禹的传述主要包括四个方面的内容：①禹堙洪水，或疏江决河；②攻伐征战，治理天下；③舜禹禅让，禹传子启；④鲧禹故事，山川鬼神。在四个方面的内容里，除了第四个方面为墨、杂两家所传天神外，其他三个方面均极少甚至根本没有神化禹的痕迹。这表明，在弘扬人文精神的战国时代，诸子多抛弃了西周中叶到春秋时期神化禹的传统，大体上恢复了禹作为人王的本来面目。

与上文所论夏商时代和西周早期传述禹的材料相比，战国诸子对禹的传述不但事类更多，叙述更详，还多出了一些内容，如舜禹禅让、禹传子启等；也改变了一些说法，如禹堙塞洪水变成了疏江决河等。这种情况表明，在上千年的历史发展中，有关禹的各种传述是随着时代和风气的变化而不断演变的，尽管其中最基本的材料是前后一贯的。

不过，我们对古史传说材料的分析不能仅仅停留在时序方面，只从时代先后来考虑，还应当从空间关系入手，考虑材料的地域性来源问题，只有将两方面的分析结合起来，才能更深刻地揭示问题的实质。如果我们只是简单地以时序作为标准，以为凡是晚出材料必然出于伪作，那就很有可能把保存在民间或周边地区的丰富材料一概抹杀。历史事实表明，由于历次王朝代兴而引起过中原民族的大迁徙，夏商之际、商周之际都有不少原来活跃于中原黄河流域的民族退出中原地区，迁徙到周边，致使大量古史传说材料随之转移，从中原消失而不传。这种情况，就是孔子所说"天子失官，学在四夷"①，亦即刘歆所说"礼失而求诸野"②。从这种认识出发，只要我们对战国时代新出现的一些有关禹的传述材料的来源地域稍稍留意，立即就会发现，它们多是来源于不同地域的。例如：孟子成长的鲁地古为东夷所居，至周初才成为鲁公伯禽的封地；荀子、韩非、吕不韦所从来的三晋之地原为戎狄所居，又是故"夏墟"的所在③，周初唐叔分封其地后，长期与戎狄相邻④；宋为商裔；老、庄思想则产自南方江淮地区，那里古为南蛮的所在。在夏商周的历次改朝换代之际，都有大量前朝遗民及其与国之民四向迁徙，于是使他们关于禹的各种传述材料得以在周边地区保存下来，到战国时代，随着战争的加剧，文化交流也不断加强，这些材料才被各地诸子引述于所著书中，才得以在交流中相互引用。这样看来，一些看起来似乎是晚出新增的古史材料，其实早就在各地流传，只是形成文本较晚罢了。当然，对待这类材料必须十分审慎，不能一概而论。

至于有关禹的传述随时代风气的变化而演变，这确实是历史事实，不过万变不离其宗，当中的基本历史事实并没有质的变化，变化的部分主要是一

① 《左传》昭公十七年，十三经注疏本。
② 刘歆：《移让太常博士书》。
③ 《左传》定公四年，十三经注疏本。
④ 参见《国语·晋语》。

些具体细节和评论阐释。试想，在诸子间互相批判、激烈争辩的情况下，假如有人毫无根据地伪造古史，怎么可能不遭到其他众多学派的指责和批驳呢？诸子书中引证上古传说极为丰富，大多并未被诸家指为伪作，这种情况本身就说明那些材料的真实性乃是为诸家所公认的。不可能设想，相互对立的诸子百家竟会携起手来共同作伪。而且，尽管诸子间所引证的一部分材料有所出入，但多是为强调传说的某一侧面而从不同角度加以取用的，为的是从传说中找到有利于证成自家学说的材料和根据。《韩非子·显学》说"孔子、墨子俱道尧、舜，而取舍不同，皆自谓真尧、舜"，可是却并不指斥对方为伪。这说明，诸子间引述的出入，在于对原始材料的取舍不一和阐释不一，而不是伪作所致。此外，诸子引述的材料取自不同的传本，又有地域间的差异，出现互有出入的情况也是在所难免的。这表明，战国诸子所引述的有关禹的事迹，大多有着真实的历史依据，而禹曾是历史上真实存在过的一位人王，也由此得到了再次证实。

文化交流

品群密不可分的关系等情况，很容易看出它们具有几个明显的特点：第一，数量多，达到近百件（片），在商代中国首屈一指。第二，形体大，尤以金杖、金面罩为商代中国黄金制品之最。第三，种类丰富，为北方系统各系所不及。第四，均与实用器或装饰用品无关，而与大型礼仪、祭典和祭祀仪式有关，或与王权（政治权力）、神权（宗教权力）和财富垄断权（经济权力）的象征系统有关。①

三星堆文化黄金制品中最重要的种类是金杖和金面罩。这两种制品的文化形式在商代中国的其他任何文化区都绝无发现，即令在以三星堆遗址为代表的整个古蜀文化区也是绝无仅有。这种情况应当特别引起我们的重视。此外，数尊金面青铜人头像和数十尊青铜人头像、立人像、跪坐人像、顶尊人像、鸟足人像、神坛、神殿以及各种青铜面具、神树、眼形饰等，也与金杖、金面罩相同，都是为商代中国包括古蜀文化区所仅见。根据笔者对金杖、金面罩的起源、形制、功能体系、象征系统和艺术风格等方面所做的比较研究，这几件金面罩原来应是粘贴在青铜人头像面部之上的。有学者进一步认为，三星堆文化的金杖、金面罩等文化形式，很有可能是通过古代印度地区和中亚的途径，从古代的西南夷道、蜀身毒道、滇缅道，经云南、缅甸、印度、巴基斯坦、阿富汗等地区，采借吸收了西亚近东文明的类似文化因素，而由古代蜀人按照自身的文化传统加以改造创新而成的，它们反映了商代中国西南与南亚、中亚和西亚古代文化之间的交流关系。②

关于三星堆文化的黄金制品，还有一些问题需要提出讨论，这里仅扼要讨论金面罩与青铜人头像的关系，以及耳饰、腕饰、脚镯等问题。

据发掘报告，三星堆一号祭祀坑出土金面罩 1 件，二号坑出土金面罩 2 件，另在二号坑出土的 4 尊青铜人头像面部覆盖（粘贴）有金面罩。学术界普遍认为，三星堆青铜人头像的脸庞原来都可能覆有金面罩，只是大部分已损毁。③这个问题还可以进一步深入探讨。从出土的 3 件金面罩本身，目前还

文明的史迹：先秦、巴蜀及南丝路历史研究（先秦史卷）

① 段渝：《商代蜀国青铜雕像文化来源和功能之再探讨》，《四川大学学报》1991 年第 2 期。
② 详见段渝：《巴蜀是华夏文化的又一个起源地》，《社会科学报》1989 年 10 月 19 日；《古蜀文明富于世界性特征》，《社会科学报》1990 年 3 月 15 日；《商代蜀国青铜雕像文化来源和功能之再探讨》，《四川大学学报》1991 年第 2 期；《论商代长江上游川西平原青铜文化与华北和世界古文明的关系》，《东南文化》1993 年第 2 期；《支那名称起源之再研究——论支那名称本源于蜀之成都》，《中国西南的古代交通与文化》，成都：四川大学出版社，1994 年。
③ 林向：《三星堆青铜艺术的人物造型研究》，《中华文化论坛》2000 年第 3 期；6R-FTyiecote, A History of Metallurgy, 1976；林向：《三星堆青铜艺术的人物造型研究》，《中华文化论坛》2000 年第 3 期。

无从分辨出它们各自原来粘贴在哪种型式的青铜人头像脸部，所以还无法判定是否每一型式每一尊青铜人头像脸部原来都被覆以金面罩。

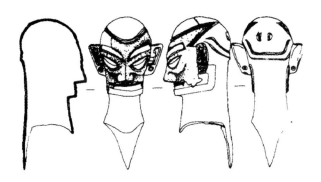

图五　三星堆金面罩铜人头像（K2②：214）

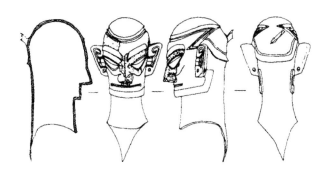

图六　三星堆金面罩铜人头像（K2②：137）

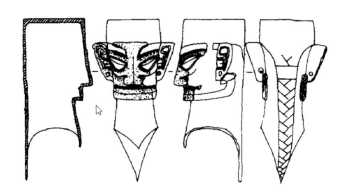

图七　三星堆金面罩铜人头像（K2②：115）

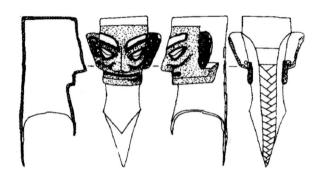

图八　三星堆金面罩铜人头像（K2②：45）

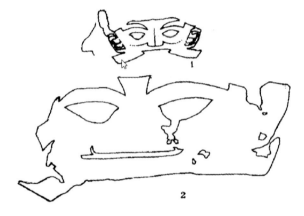

1

2

图九　三星堆金面罩（1.K1：282，2.k2③：147）

　　从二号坑出土的 4 尊戴有金面罩的青铜人头像分析，可以分作 A、B、C 三型（发掘报告分作 A、B 两型，每型各 2 尊），A 型 2 尊，B、C 两型各 1 尊。A 型（K2②：214，k2：137）为戴金面罩青铜圆头型人头像（图五、六）。B 型（K2②：115）为戴金面罩青铜长脸型人头像（图七）。C 型（K2②：45）为戴金面罩青铜长方脸型人头像（图八），面像与青铜大立人像（K2②：49、150）相同，而与 B 型有别。这三型戴金面罩青铜人头像，在与各自型式相同但未戴金面罩的青铜人头像中都只占有很小甚至极小比例，如 C 型头像共有 37 尊，但戴金面罩者只有 1 尊。至于除此三型以外的其他各型青铜人头像，则均未发现戴金面罩的痕迹。这是否意味着只有这三型青铜人头像当中的某几尊才覆有金面罩，而其他则否呢？或是由于人头像的制作有早晚之别，而其粘贴金面罩的习俗因时而异了呢？这个问题目前还没有可供进一步分析研究的材料，只能存疑不论，留待来者。

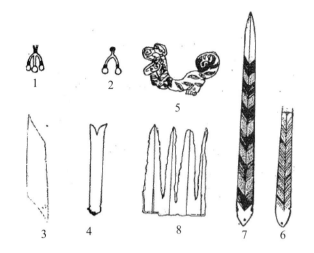

1、2. 金果枝；3、4. 璋形金箔饰；5. 虎形金箔饰；6、7. 鱼形金箔饰；
8. 金箔四叉形器

图一〇　三星堆黄金制品

　　三星堆黄金面罩在两耳垂部留有穿孔，戴金面罩青铜人头像以及其他各种青铜人头像、人面像和立人像，都在两耳垂留有穿孔，显然是作为佩戴耳饰之用的，但耳饰的实物迄无发现。不过，从三星堆金杖平雕图案中的人头像（图四）和玉璋（k2②：201-4）阴刻图案中的人像（图一一）上，可以知道三星堆文化至少有两种耳饰形制：一种是铃形耳饰（金杖、玉璋），铃身有两道弦纹，另一种是双环形（或套环形）耳饰（石璋）。由于这几种人像、人头像均为写实之作，所以它们佩戴的两种耳饰原也应有实物存在，惜已损毁无存，自然也就无从知道原物是用黄金还是青铜或是其他金属材料制成。

　　从形状上看，三星堆铃形耳饰和双环形耳饰均不同于燕山南麓夏家店下层文化的喇叭形耳饰和长城以外北方草原的双环叠压形耳饰，也绝不同于太行山以西黄河东岸的穿珠式耳饰，而是自身发展起来的一个系统。

　　三星堆的腕饰和脚镯见于青铜大立人像（图一二），双手腕各戴腕饰三个，素面无纹饰，双脚踝处各戴方格形脚镯一个。由于不是原物，所以无从获知腕饰和脚镯的原物是用什么材料制成的。不过，青铜立人像的腕饰较粗，显然与刘家河臂钏不同系，而青铜立人像的脚镯，则在北方诸系统中绝未见到。由此可以知道，三星堆的腕饰和脚镯也是与北方诸系统没有关系的。

文明的史迹：先秦、巴蜀及南丝路历史研究（先秦史卷）

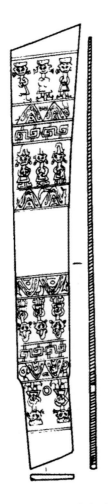

图一一　三星堆金璋
（K2②：201-4）

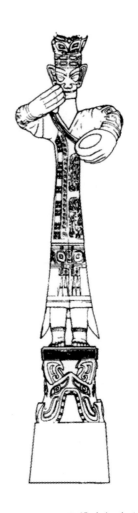

图一二　三星堆青铜大立人
（K2②：149、150）

以上分析讨论说明，与北方诸系统相比较，不论从种类、形制还是从功能、象征意义上看，三星堆文化的黄金制品都是自成一系的，完全看不到有受北方诸系统影响的任何迹象。这一结论，将有助于从一个重要侧面来阐明三星堆文化与商文化平行发展的历史事实。

三、南北系统的技术异同

从技术特点上看，商代中国黄金制品的北方诸系统与南方系统之间有不少共同点，但也有若干差异。

黄金多以自然金，即生金的形态存在。①中国古代将金矿分为沙金和山金两种类型，沙金有"水沙中"淘洗的沙金和"平地掘井"开采的沙金两种，山金则有残积、坡积沙金矿床、古沙金矿床和脉金等三种。早期的采金技术，一般都是"沙里淘金"②，也有学者认为应是利用地表的天然金块③。不管哪一种采金方法，都必须将自然金先行熔化或熔合，此后才能制器或进一步施以各种加工。自然金不可能不经熔炼，那种认为用铅杵将金沙锤成颗块是没有根据的。④这表明，商代中国黄金制品的南北系统，都是在掌握了黄金开采技术和自然金熔炼技术以后兴起的。

从黄金的熔炼方面看，黄金的熔点为 1 063 ℃，比纯铜的熔点 1 083 ℃稍低，而比青铜的熔点要高。商代已是青铜时代的高级发展阶段，它是在掌握了纯铜冶炼术的基础上发展而来的。在二里头遗址三区发现的一件铜锛⑤，含铜 98%，几乎接近纯铜⑥。在郑州二里冈铸铜遗址和同一时期的湖北盘龙城铸铜遗址均发现了炼铜原料铜矿石或孔雀石（氧化矿物）⑦，在湖南石门皂市相当于从二里冈到晚商的遗址内还发现过不少铜块⑧，殷墟发掘中也常常发现孔雀石，其中最重的一块达 18.8 公斤⑨。在广汉三星堆祭祀坑中，曾出土大量翻模铸范用的泥芯（内范）及青铜熔渣结核，遗址内还出土大量厚胎夹砂坩埚⑩，证明当地曾有大型青铜器铸造中心，并意味着三星堆文化已达到首先炼出金属铜、锡，再将金属铜、锡同炉而冶的青铜时代高级阶段⑪，表明早已掌握了纯铜冶炼技术，为黄金熔炼准备了温度和技术条件。因此，商代中国南北系统均已掌握了黄金熔炼技术，这是毫无疑问的。安阳殷墟和广汉三星堆均出

① 6R-FTyiecote, A History of Metallurgy, 1976.
② 北京钢铁学院《中国古代冶金》编写组：《中国古代冶金》，北京：文物出版社，1978 年，第 95 页；夏湘蓉、李仲均、王根元：《中国古代矿业开发史》，北京：地质出版社，1980 年，第 298、302-304 页。
③ R-F-Tyiecote, A History of Metallurgy, 1976.
④ 华觉民：《中国古代金属技术——铜和铁造就的文明》，郑州：大象出版社，1999 年，第 450、451 页。
⑤ 中国科学院考古研究所二里头工作队：《河南偃师二里头遗址三一八区发掘简报》，《考古》1975 年第 4 期。
⑥ 中国社会科学院考古研究所：《新中国的考古发展和研究》，北京：文物出版社，1984 年，第 324 页。
⑦ 廖新民：《郑州发现的一处商代居民与铸造铜器遗址简介》，《文物》1957 年第 6 期；湖北省博物馆：《盘龙城商代二里冈期的青铜器》，《文物》1976 年第 2 期。
⑧ 高至喜、熊传新：《湖南商周考古的新发现》，《光明日报》1979 年 1 月 24 日。
⑨ 刘屿霞：《殷代冶铜术之研究》，《安阳发掘报告》1933 年第 4 期。
⑩ 陈显丹：《论广汉三星堆遗址的性质》，《四川文物》1988 年第 4 期。
⑪ 段渝：《四川通史》第 1 册，成都：四川大学出版社，1993 年，第 105 页。

土了金块，均是将自然金熔化后铸成块状的，确凿无疑地表明了这一事实。由此还可以看出，中国早期黄金制品的制作，是在进入青铜时代以后，而不是以前。

在黄金制品的最早阶段，一般是直接将沙金在坩埚中熔化后铸成小件饰物，经过相当的发展后，才有可能进一步发展出捶制技术。这一点，已为玉门火烧沟夏代黄金"鼻饮"、耳环均非捶制品的情况所证实。平谷刘家河出土的金笄，从器表及断面观察，似为铸件。[1]同出的两件臂钏系用 0.3 厘米的金条制成。与金笄相比，有可能金臂钏是先将沙金熔化铸成金条后，将两端捶成扇面形，然后弯曲而成的。同出的金箔残片则表明已掌握了捶制技术。昌平雪山村和平谷刘家河出土的喇叭形金耳饰亦当为铸件，其制作方法当与夏家店下层文化出土的同形青铜耳饰相同。喀左和尚沟出土的两端扇面形金臂钏，其制作方法应同于刘家河，先铸造而后施以捶打。至于安阳殷墟和藁城台西发现的金叶和金箔，则均为捶打后切片而成，台西金箔还出现了模压云雷纹的技术，在工艺上比上几例均更成熟一些。可见，北方诸系统在技术上都已超过了黄金制品的初期阶段，但发展不平衡，燕山南北以范铸为主，商文化及其亚区以先范铸后捶制为主。显然，商文化的发展水平更高。

与北方诸系统相比，南方系统三星堆文化的黄金制品在技术和加工工艺发展上显得水平更高一些，制作也更为精湛。比如金杖，根据其长度和直径计算，其金皮的展开面积为 1 026 平方厘米。如此之大的金皮，又捶制得如此平整、伸展，在那一些时代实属罕见，说明三星堆文化的时期蜀人对黄金良好的延性和展性等物理性能已有了充分认识。除捶制外，三星堆黄金制品还较多地运用了包卷、粘贴、模压、雕刻、镂空等深加工工艺和技术。再从金杖表面的平整度和光洁度分析，当时可能还运用了表面研光工艺。它们无疑是中国古代黄金加工工艺和技术充分发展的科学结晶。

三星堆文化黄金制品的制作技术和加工工艺，有一些是商代北方系统所没有的，如雕刻、镂空、包金等技术，在北方系统的黄金制品中还没有发现。北方系统中包金的最早实例，目前所见资料似为浚县辛村西周早期卫墓所出矛柄和车衡端的包金以及兽面饰包金和铜泡。[2]这种情况似可说明，商代北方系统的黄金制品在技术和工艺水平上逊色于南方系统三星堆文化。这与北方系统尤其商文化高度发达的青铜器制作技术和工艺形成了强烈的反差。而这

① 北京市文物管理处：《北京市平谷县发现商代墓葬》，《文物》1977 年第 11 期。
② 郭宝钧：《浚县辛村》，北京：科学出版社，1964 年，第 61 页。

种差异，很大程度上是由黄金制品在南北系统中的功能差异所决定的。

四、南北系统的功能差异

从南北系统各自出土的黄金制品看，它们在功能上的差异是一目了然的。

在北方诸系统中，燕山南麓和长城以外北方草原地区的两端扇面形金臂钏系统、喇叭形金耳饰系统，以及太行山以西黄河东岸的穿珠式金耳饰和黄金"弓形饰"（疑为弓形头饰）系统，其黄金制品的唯一功能在于人体装饰。考虑到这些黄金制品多半从相同种类的青铜制品脱胎而来，因此可以基本论定，它们是作为那些相同种类青铜制品的艺术补充被加以看待、加以使用的。当然，从另一个角度上看，也可以认为它们是相同种类青铜艺术的新发展。但不管怎样，它们的功能是人体装饰，属于生活用品，所反映的是审美观念，而不是意识形态观念。不过，从价值观上看，由于黄金制品的出土量普遍少于相同种类青铜制品的出土量，而且年代也较之为晚，因而就有可能反映了这几个系统已把黄金视为稀世之珍那样一种新的价值取向。

安阳殷墟和藁城台西属于金箔系统。在这个系统中，黄金制品虽是新出之物，但不论其作用还是地位都远在青铜制品之下。殷墟和台西的金箔均出土于墓葬，从出土位置看，这些金箔均是充作墓内大器或漆器上所附饰件之用的，既不在墓的中心位置，更无法与墓内形制丰富、制作精良而洋洋大观的各式青铜制品相比。而且，台西墓地中出土金箔的 M14，其墓主属于中下层统治者阶级，其身份是"巫医"[①]，相反，在大型墓内却无黄金制品出土，这也证明黄金制品的地位远在青铜制品之下。

事实上，商文化区出土黄金制品的数量是十分稀少的，绝大多数商墓内都没有黄金制品出土，就连生前地位十分显赫的殷王武丁之妻妇好的墓内，也没有发现黄金制品，而在殷王室的文字档案甲骨文中，也全然没有关于贡纳、掠夺或使用黄金的片言只字。这种现象，无疑意味着商文化对于黄金持一种比较冷漠的态度，其价值取向并不倾向于黄金，而是倾向于富于传统的青铜。

与北方诸系统形成鲜明对照的是，黄金制品在南方系统三星堆文化中具有极高、极优越的地位，其地位甚至超乎青铜制品之上。关于这一点可以从

---

① 河北省文物研究所：《藁城台西商代遗址》，北京：文物出版社，1985 年，第 146-149 页。

对金杖、金面罩功能的分析中获得足够清楚的认识。[①]在三星堆文化这个神权政体中，金杖是国家权力的象征物，代表着实际的政治权力，是集神权（意识形态权力）、王权（政治权力）和财权（经济垄断权力）为一体的最高权力的象征。而在商文化中，象征国家最高权力的是用青铜制成的"九鼎"。在三星堆文化中，即使是用青铜制成的各级统治者即所谓"群巫"的头像，也要在面孔上覆以金面罩来显示其高贵和尊崇。而在商文化中，黄金只配充作木器一类的附属饰件。由此不难看出两者之间重要的系统差异。十分明显，商文化和三星堆文化对于青铜与黄金的不同价值取向，恰恰是两个不同文化系统的不同价值观念的不同反映。

最后需要指出，商文化与三星堆文化之间的上述差异，并不表示两者文明发展水平的高低，只是反映了两者价值取向的不同。在"国之大事，在祀与戎"[②]的时代，人们赋予黄金和青铜不同的文化内涵和价值，是完全可以理解的，尤其不同文化之间所存在的这种差异，更无足怪。因此，商代南北系统黄金制品的功能差异，其实质是价值取向和价值观念的差异。而这种差异，是由系统间不同的价值取向和价值观念所决定的。

文明的史迹：先秦、巴蜀及南丝路历史研究（先秦史卷）

---

① 详见段渝：《商代蜀国青铜雕像文化来源和功能之再探讨》，《四川大学学报》，1991 年第 2 期；《论商代长江上游川西平原青铜文化与华北和世界古文明的关系》，《东南文化》1993 年第 2 期；《政治结构与文化模式——巴蜀古代文明研究》，上海：学林出版社，1999 年，第 83-141 页。
② 《左传》成公十三年，十三经注疏本。

08

上古牦牛考

牦牛是一种高山高原耐寒动物，具有重要的经济价值。对于活动居息在高山高原地区的人类群体来说，牦牛又是重要的交通运输工具，被誉为"高原之舟"。中国西部山原莽莽，尤其青藏高原的地理位置和气候条件，极为适合牦牛生存，因而成为世界牦牛分布的中心地带。在青藏高原的东侧，即今四川甘孜、阿坝地区，以及沿雅砻江、岷江上游地区往南，一直到金沙江上游和中游地带，几乎整个横断山纵谷，古代均有牦牛分布。

一、说牦

牦牛，藏语称为 Yag。在古代汉语中，牦牛的牦字，有犛、氂、犪、牻、旄、髦、犛等多种书写方法，这几个字虽然意义相通，但并非没有差异，音读也不完全一样。殷周甲骨文和金文中目前尚未发现从牛的这几个字，但殷卜辞中有"兑方"，应释为犛，通髦（详后）。如此说来，早在商代，牦牛就已见诸中原王朝的文献记载了。

犛，《说文·牛部》说道："犛，西南夷长髦牛也。从牛，𠩺声。凡犛之属皆从犛。"段玉裁注说："此牛名犛牛，音如狸。"

氂，《说文·牛部》说道："氂，犛牛尾也。从犛省，从毛。"段玉裁注云："古注皆云旄牛尾也。旄牛即犛牛，犛牛之尾名氂。"

犪，《说文·牛部》说道："犪，强曲毛也，可以箸起衣。从犛省，来声。"段玉裁注云："箸同褚，装衣也。"《汉书·王莽传》："以氂装衣。"颜师古注云："毛之强曲曰犪，以装褚衣，令其张起也。"段玉裁曰："按此氂皆犪之误。刘屈氂亦当本作屈犪。犪谓强屈毛也。"《说文》既谓犪字"从犛省"，《王莽传》又谓"用氂装衣"，可知犪字从氂演化而来，亦与犛牛之尾（氂）有关。

牻，《说文·牛部》："牻，古文犪省。"其义与犪同。

旄，《说文·𠂆部》："旄，幢也。从𠂆，毛声。"幢，据《释名》《广雅》《尔雅》《毛传》等，即古代的翳字和纛字，幢字为晚出字。段玉裁云："旄是旌旗之名。汉之羽葆幢，以犛牛尾为之，如斗，在乘舆左𫘤马头上。用此知古以犛牛尾注竿首，如斗童然。故《诗》言'干旄'，言'建旄'，言'设旄'……以犛牛尾注旗竿，故谓此旗为旄，因而谓犛牛尾曰旄，谓犛牛曰旄牛，名之相因者也。《禹贡》两言'羽、旄'，《周礼》'旄人''旄舞'，皆谓犛牛尾曰旄也。"可见，犛字早出，旄字则因用犛牛尾注于旗杆首而来，为晚出字，旄字本义则为犛牛尾。

髦，《说文·髟部》释为"髮"，意为"髮中豪者"[1]。《史记·货殖列传》"西近筰马、旄牛"，《西南夷列传》则写作"筰马""髦牛"，《汉书·地理志》引作"西近邛、筰马、旄牛"。旄牛"背、膝及胡、尾皆有长毛"[2]，与髦义近，故假髦为旄。《诗经·小雅·角弓》毛传曰："髦，夷髦也。"郑玄笺云："髦，西夷别名。"实指旄牛羌。可见，髦、旄字义相通。

髳，见于《尚书·牧誓》，为"西土八国"之一。《说文段注》云："《诗》髦即《书》髳。"髳、髦既通，髦又通旄，则髳字与旄字义通。《尚书·牧誓》记有"羌、髳"，《后汉书·西羌传》亦记有"羌、髳"，髳指旄牛羌，可见二字相通。不过，髳字仅在族称上与旄字相通，在其他意义上则不可混同。

至于牦字，则为《说文》所无。段玉裁云："髮之秀者曰毛。"《释文》云："毛中之长豪曰髦。"《周礼·既夕》注曰："今文髦为毛。"可见毛为髦的假借字。髦既通旄，牦字从牛从毛，意为长毛之牛，即是牦牛。由此可见，较之上文分析诸字，牦字最为晚出。在古代文献中，牦字始见于秦时编写的《吕氏春秋》，也足见它是后起字。

在上述诸字中，古代常用来作为牦牛称谓的，有犛、氂、旄三字，髦、髳二字则主要使用在对族群（旄牛羌）的称谓方面，牦字在古代使用较少，而在现代汉语中则普遍使用。

二、夏商周三代王朝关于牦牛的文献记载

（一）夏王朝有关牦牛的记载

早在有关夏代的历史文献中，牦牛就已见诸记载。在《尚书·禹贡》中，有两处讲到贡献"羽、毛"。这里的"毛"，通"旄"，实指牦牛尾。《史记·夏本纪》在引述《禹贡》时，这两处的"毛"均写作"旄"，《集解》引孔安国曰："旄牛尾也。"《正义》说："西南夷常贡旄牛尾，为旌旗之饰，

---

① 《说文段注》卷 2 引玄佛书音义。
② 《山海经·西山经》郭璞注。

《诗》《书》通谓之旄。"又说:"《诗》云'建旐设旄',皆此牛也。"可见,毛、旄义通。由此可知,早在夏王朝初创之际,边裔民族就已开始向中央王朝贡献旄牛尾了。

关于《禹贡》的成书年代,曾是一个颇有争论的问题。过去学术界对此问题主要有四种说法:西周前期说,春秋说,战国说,汉代说。不久以前,考古学界根据对《禹贡》"九州"篇所记载的生态环境状况进行考古学比较研究的成果,提出了不同时代说,认为其中的"九州"篇所记生态环境,反映的是公元前第 2000 年间的情况,从而认为《禹贡》"九州"篇的蓝本当出自商朝史官对夏代的追记。[1]我们也认为,从《禹贡》所记贡献丝织品的地域同古史的参验比较来分析,《禹贡》"九州"本出公元前第二个千年即夏商之际的看法,是最为接近历史实际的。[2]由此可以说明,《禹贡》"九州"篇中关于夏王朝时边裔民族向中央王朝贡献旄牛尾的记载,应是可靠的史实,可谓信而有征。

(二)商代甲骨文中的"兑方"

从现存历史文献考察,在有关商王朝的文献资料中,似乎还没有见到关于牦牛的文字记载,但这并不等于说商王朝没有同牦牛发生任何关系,更不等于说商王朝不知牦牛为何物。实际上,在殷墟甲骨文中,就有"兑方"的记载,兑,释为髳、髦,"兑方"即是"髳方",也就是商代"旄(髦)牛羌"所建方国。

据于省吾先生研究[3],殷墟甲骨文中,兑字屡见,作𦍩、𦍨、𦍪、𦍫、𦍬等形。王襄释为羌(《簠考》征伐三四),叶玉森"疑为蒙字"(《集释》四·六一),唐兰认为"即《说文》死字古文之吊"(《天考》四〇)。于省吾先生则释为髳,认为兑为古国,乃是《牧誓》所载"西土八国"中的髳。

矛字于金文屡见。从字形上分析,商器《殷簋》铭文作𥎢,周器《毛公鼎》铭文作𥎨,均与商代甲骨文兑字极似,为其所为变,故兑当读若矛。兑、髳二字,不仅音近,而且义近。任乃强先生认为:"古时人用西藏高原特产的牦牛毛染色作缨,为刀、矛、马辔、车盖和节麾的装饰,称之为旄,

---

① 邵望平:《禹贡"九州"的考古学研究》,《考古学文化论集》,北京:文物出版社,1989 年,第 11-30 页。
② 段渝:《黄帝、嫘祖与中国丝绸的起源时代》,《中华文化论坛》1996 年第 4 期。
③ 于省吾:《甲骨文字释林·释兑》,北京:中华书局,1979 年,第 15-16 页。

为髦。"①极是。据《说文·髟部》："髟，长发弃众也，从长彡。"段玉裁注谓："彡，犹毛也。"上文已经考证，毛为髦的假借字，其义与旄、犛相通，亦与任乃强先生的考释相合。由此可见，犛字为兑字的后起变体之繁文，其初则本作兑，此点与于省吾先生的考证也是一致的。按犛字，"字亦与氂通"②，此二字主要使用在对族群的称谓上，均指旄牛羌，即《诗经》《尚书》所载的"西夷"。

以上分析表明，在商王朝时，旄牛羌已经明确见诸史载，并与商王朝发生了若干和战关系，是一个同商王朝具有颇多交流往返关系的族群和古国。后人所谓旄牛羌始见于秦献公时的说法，未能追根溯源，自然不可取信。

（三）西周文献中的"旄""犛""氂"

西周一代的文献，较之夏、商二代，传世者稍多，内容亦稍丰富，因而在西周文献中，有关牦牛的记载也就更为明确。

周初文献《尚书·牧誓》记载武王伐纣：武王"朝至于商郊牧野，乃誓。王左杖黄钺，右秉白旄，以麾"。《释文》引马融曰："白旄，旄牛尾。"孙星衍《尚书今古文注疏》疏曰："马注见《释文》。云'旄，旄牛尾'者，《说文》作'氂'，云：'氂牛尾'也。古字通。"《史记·周本纪》集解引孔安国曰："钺，以黄金饰斧。左手杖钺，示无事于诛；右手把旄，示有事于教令。"从这里可以看出，周武王时中已开始把旄牛尾用于庄严肃穆的礼仪场合，以"示有事于教令"。这是古代文献中关于旄牛尾用于中原王朝礼仪场合的首次记载，足见中原王朝对牦牛尾的欣赏和重视。

武王所用的旄牛尾，史籍均明确说是白旄牛尾，表明可能来源于西北甘青地区。根据有关资料，白牦牛在我国并不多见，即使在整个青藏高原也是少见的。如，西藏黑河牦牛，白牦牛仅占 8%；青海大通牦牛，白牦牛不到 3%；而甘肃天祝草原的牦牛，则以白色为主，黑牦牛甚少；其他地区的牦牛基本上都是黑牦牛。从白牦牛资源的分布情况看，周武王时的白牦牛尾，其来源当与甘青地区有关。

《尚书·牧誓》还记载："及庸、蜀、羌、髳、微、卢、彭、濮人"。孔安国《传》曰："八国皆蛮夷戎狄。羌在西。蜀、叟、髳、微在巴蜀。卢、彭在

① 任乃强：《1959.1 致四川民族调查组的信》，见李绍明编著：《羌族历史问题》，阿坝州地方志编纂委员会、阿坝州史志学会，1998 年，第 120、121 页。
② 孙星衍：《尚书今古文注疏》，北京：中华书局，1986 年。

西北。庸、濮在江汉之南。"《史记·周本纪》正义曰:"髳音矛。"又引《括地志》云:"房州竹山县及金州,古庸国。益州及巴、利等州,皆古蜀国。陇右岷、洮、丛等州以西,羌也。姚府以南,古髳国之地……有髳州、微、濮州、泸府、彭州焉。"孙星衍《尚书今古文注疏》疏曰:"髳者,《后汉书·西羌传》:'武王克商,羌、髳率师会牧野。'字亦与氂通。"这里所称的髳,即前文所分析的牦牛羌。任乃强先生认为:"《说文》解羌为'西戎牧羊人',大概古以牧羊的民族为羌,牧牦牛的民族为氂。"①有一定道理。髳本为羌族的一支,分化出来后称为髳,合而言之为羌,分而言之曰氂,即所谓旄牛羌。由此可见,旄牛羌曾参与武王伐纣,为西周王朝的建立立下了汗马功劳。

以上分析表明,在夏、商、周三代时期,中原王朝同西部的旄牛羌都有比较密切的政治、经济和文化等交流往还关系。这不但揭示了牦牛对于三代王朝所具有的特殊的意义和作用,而且还进一步揭示了由西部通往中原的道路在先秦时代已经全然开通,历经夏、商、周三代王朝,千余年间经久不衰的历史事实。

---

① 任乃强:《1959.1致四川民族调查组的信》,见李绍明编著:《羌族历史问题》,阿坝州地方志编纂委员会、阿坝州史志学会,1998年,第120、121页。

09

中国西南地区海贝和象牙的来源

从中外古文献的研究中，我们发现先秦时期中国西南与缅甸、印度和中亚就已存在以商业活动为主要内容的交通线。事实上，从对考古新资料进行分析的角度看，商周时代中国西南与印度的交通就已经明确存在了，并且通过印度至中亚、伊朗和西亚的交通线，吸收采借了近东文明的若干因素。[①]

一、商代三星堆海贝的来源

1986 年夏，四川广汉三星堆遗址一、二号祭祀坑出土大批青铜人物雕像群、动植物雕像群、黄金制品、玉石器、海贝和象牙。三星堆出土的海贝中，有一种环纹货贝，日本学者称为"子安贝"，大小为虎斑贝的三分之一左右，中间有齿形沟槽，与云南省历年来发现的环纹货贝相同。这种环纹货贝，只产于印度洋深海水域[②]，既不产于近海地区，更不产于江河湖泊。地处内陆盆地的三星堆出现如此之多的齿贝，显然是从印度洋北部地区（主要指孟加拉国湾和阿拉伯海之间的地区）引入的。

诚然，中国古文献中多见贝的记载，如《逸周书·王会篇》讲道："具区文鼋，共人玄贝，海阳大蟹。"在《左传》等文献里，也可见到楚国富有贝的记载。不过，《左传》等文献里虽然记载江、淮产贝，但是江、淮所出贝，乃是蚌壳，而非海贝，不可混为一谈。我们是否可以根据文献的记载，就可以判定三星堆祭祀坑出土的海贝原产于南中国？对此，不少学者持审慎态度，也有学者断然说产自中国，认为海贝原产于华南。对此，仔细参订文献，并

[①] 关于中国西南古蜀文明通过缅印至中亚、西亚的交通线，吸收采借近东文明因素的问题，可参看段渝：《商代蜀国青铜雕像文化来源和功能之再探讨》，《四川大学学报》1991 年第 2 期；《论商代长江上游川西平原青铜文化与华北和世界古文明的关系》，《东南文化》1993 年第 2 期，本文不再赘述。

[②] 熊永忠：《云南古代用贝试探》，《四川文物》1988 年第 5 期；王大道：《云南出土货币概述》，《四川文物》1988 年第 5 期。笔者曾在伦敦就环纹货贝的产地问题请教过这种贝壳的印度销售商，他们都说产于印度洋。

非没有疑义。海贝，多是深海产物，尤其白色的齿贝产于印度洋深海水域，乃是不争的事实。中国古籍里确实讲到南海附近产贝，但对产贝一说要具体分析。殷墟甲骨文和一些史册中所谓产贝之地，其实多是中原的贝从那里输入，而那里本身并不产贝，只是从那里进口引人，并由此输往中原，故中原人以为是那里所产。在9—10世纪阿拉伯人所著《中国印度见闻录》①中，说到广州是从海上引进海贝的输入点，即是从海岛或沿海国家和地区进口海贝的集散地，说明大批海贝有赖进口，可是中国史籍却多误以为广州一带产贝，可见是将海贝的进口地和集散地误为原产地。也有另一种情况，古代中国视周边一些地区为属国，以附属国视之，故将其所产物品视为中国所产。比如"交广"连称，便把交趾（今北越）纳入中国领土的范围之中。而交趾、日南相近，多见海贝，通过交趾入广州，海贝便被视为产于交广，这样也就混淆了其原产地与集散地的区别。

在印度洋北部地区，一直流行以齿贝为货币的传统。《通典》卷九三"天竺"条记载说"西与大秦、安息交市海中，或至扶南、交趾贸易，多珊瑚、珠矶、琅玕。俗无簿籍，以齿贝为货（币）"。《旧唐书·天竺传》也说道："天竺以齿贝为货（币）。"元人汪大渊《岛夷志略》"朋加喇"条记载道："铸银钱为唐加，每个钱八分重，流通使用，互易贝八子一万五百二十有余，以权小便民，良有益也。"所谓"朋加喇"，即孟加拉国的对音。此书还谈到，许多地方如"罗斛""暹罗""大乌爹""放拜"等，都以海贝为货币。这些地方，虽不能确指，但均在印度洋地区，属于南亚次大陆或东南亚靠海的某些地方。根据《岛夷志略》，印度洋面上的马尔代夫也是以海贝为货币的。此书"北溜"条说道："地产贝贝八子，海商每将一舶贝八子下乌爹、朋加喇，必互易米一船余，盖彼番以贝八子权钱用，亦久远之食法也。"北溜，故地在今马尔代夫群岛的马累。北溜国以贝为货币，还见于明人马欢《瀛涯胜览》，此书"溜山国"条记载道："海贝八，彼人采积如山，罨烂其肉，转卖暹罗、榜葛喇等国，当钱使用。"明人巩珍《西洋番国志》"溜山国"条也说："出海贝八，土人采积如山堆，罨待肉烂，取壳转卖暹罗、榜葛喇等国代钱使。"暹罗，为今泰国。榜葛喇，即《诸蕃志》所述的鹏茄罗国，求之声类，当即孟加拉国，亦即《岛夷志略》所述的朋加喇。英国人哈维所著的《缅甸史》，引用唐大中五年（851年）波斯旅行家至下缅甸的记载，说道："居民市易，常用海贝巴以为货币。"

---

① 穆根来、汶江、黄倬汉译：《中国印度见闻录》，北京：中华书局，1983年，第15页。

海贝巴，即海贝八①，今云南仍然称海贝为海贝巴（贝八）。

东印度和缅甸亦富齿贝。唐人樊绰《蛮书》卷十《南蛮疆界接连诸番夷国名》记载："小婆罗门，与骠国及弥臣国接界，在永昌北七十四日程，俗不食牛肉，预知身后事。出齿贝、白虫葛、越诺布。"文中"出齿贝"一句，今本作"出见齿"，四库馆臣不知"见齿"为何物，所以在校注时说："按此句未详。"吴承志《唐贾耽记边州入四夷道里考实》卷四则说："《南夷志》云：'小婆罗门国出具齿、白蜡、越诺。'出具齿、白蜡，当作'出瑱玉、象齿、珀蜡'。《明一统志》：'孟养土产珑拍、碧瑱。'《缅甸国志》云：'孟拱产宝石、碧玉、翡翠、琥拍，又出国象、鹿茸。'《滇南杂志》云：'琥珀以火珀及杏红为卜，血珀、金珀次之，蜡珀最下。'瑱玉、象齿、珀蜡，谓碧玉、象牙、火珀、杏红、血拍、金珀及蜡珀。"究竟什么是"见齿"？实则所谓"见齿"，乃是今本《蛮书》在转抄过程中出现的讹误，"见"字是"贝"字之讹。而"具"字也是"贝"字之讹。"贝齿"这个名称，见于杜佑《通典》卷一九三《天竺国传》，《本草纲目》卷四六引《别录》，百衲本《太平御览》亦写作"贝齿"。足证"见""具""贝"三字形近而讹，而以"贝"字为确。可见所谓"贝齿"，其实是"齿贝"的倒文。至于小婆罗门国的所在之地，历来多有歧义，陈序经《骠国考》认为在骠国西北，当今印度的曼尼普尔一带，岑仲勉亦主此说，向达《蛮书校注》则以为在今东印度阿萨姆南部一带。②不管其间分歧如何，总之，小婆罗门国属于在东印度和缅甸地区内的古国，则无歧义。

中国西南地区出土来源于印度地区的白色海贝，并非只有四川广汉三星堆一处，其他地方还多有所出。例如云南大理地区剑川鳌风山的 3 座早期墓葬中出土有海贝，其中 M81 出土海贝 43 枚，M155 出土海贝 1 枚，M159 出土海贝 3 枚。这座早期墓的碳-14 年代为距今 2 450±90 年（树轮校正），约当春秋中期至战国初期。③昆明市文物管理委员会在 1979 年底至 1980 年初发掘的呈贡天子庙战国中期的 41 号墓中，出土海贝 1 500 枚。④云南省博物馆 1955 年至 1960 年发掘晋宁石寨山古墓群（年代从战国末至西汉中叶），有 17 座墓

① 李家瑞：《古代云南用贝币的大概情形》，《历史研究》1956 年第 9 期。
② 赵吕甫：《云南志校注》，北京：中国社会科学出版社，1985 年，第 323—324 页。按（唐）樊绰所作《云南志》，自名《蛮志》，宋以后则多称《蛮书》《云南志》《云南记》《南夷志》等。
③ 云南省博物馆：《剑川鳌风山古墓发掘报告》，《考古学报》1990 年第 2 期。
④ 昆明市文物管理委员会：《呈贡天子庙滇墓》，《考古学报》1988 年第 4 期。

出土海贝，总数达 149 000 枚。①四川地区，最早出现海产品是巫山大溪遗址，但其来源不得而知。岷江上游茂县石棺葬内，亦出土海贝、蚌饰等海产物。②云南大理、楚雄、禄丰、昆明、曲靖珠街八塔台和四川凉山州西昌的火葬墓中，也出土海贝。③这些地区，没有一处出产海贝，都是从印度地区引入的。将这些出土海贝的地点连接起来，正是中国西南与印度地区的古代交通线路——蜀身毒道。

不过，三星堆出土的海贝，却并非由云南各处间接转递而来，不是这种间接的、有如接力一般的关系。纵观从云南至四川的蜀身毒道上出土海贝的年代，除三星堆外，最早的也仅为春秋时期，而三星堆的年代早在商代中、晚期，差不多要早上千年。再从商代、西周到春秋早期的这 1 000 年间看，云南还没有发现这一时期的海贝。不难看出，三星堆的海贝，应是古蜀人直接与印度地区进行经济文化交流的结果。而这类未经中转的直接的远距离文化传播，通常很难在双方之间的间隔地区留下传播痕迹，通常是直接送达于目的地。因为无论对于传播一方还是引入一方来说，这些文化因素都是十分珍贵的，否则远距离传播便失去了意义。正如经由印巴次大陆传入古蜀地区的青铜雕像和金杖等文化因素，也未在云南境内留下任何痕迹，而是直接达于成都平原一样。这种现象，文化人类学上称之为"文化飞地"。

三星堆出土的海贝，大多数背部磨平，形成穿孔，以便将若干海贝串系起来。这种情形，与云南历年出土海贝的情形相同。三星堆海贝，出土时一部分发现于祭祀坑坑底，一部分发现于青铜尊、罍等容器中，这也与云南滇池区域青铜时代将贝币盛装于青铜贮贝器里的现象一致。云南汉晋时期、南诏、大理时期、元明清时期，几乎商道附近均使用贝币，如《新唐书·南诏传》记载："以缯帛及贝市易，贝之大若指，十六枚为一觅。"《马可波罗游记》说昆明一带"用白贝作钱币，这白贝就是在海中找到的贝壳"，又说大理"也用白贝壳作钱币"，"但这些贝壳不产在这个地方，它们全从印度来的"。马可波罗所说的白贝壳，其实就是白色齿贝。云南历史上长期用齿贝为货币，是

① 云南省博物馆：《云南晋宁石寨山古墓群发掘报告》，北京：文物出版社，1959 年；《云南晋宁石寨山第三次发掘简报》，《考古》1959 年第 9 期；《云南晋宁石寨山第四次发掘简报》，《考古》1963 年第 9 期。

② 四川省文物管理委员会：《四川文物考古工作三十年》，载《文物考古工作三十年》，北京：文物出版社，1979 年。

③ 云南省博物馆：《云南古代文化的发掘与研究》，载《文物考古工作三十年》；王大道：《云南出土货币初探》，《云南文物》1987 年第 12 期；四川省博物馆等：《四川西昌市郊小山火葬墓群试探记》，《考古与文物》1981 年第 1 期。

受印度的影响所致，彭信威、方国瑜、张增祺先生等①，都主张这种意见。成都平原深处内陆盆地的底部，从来不产齿贝，因此齿贝为货币，必然是受其他文化的影响所致，而这种影响，必然也同齿贝的来源地区密切相关，这就是印度。需要指出的是，齿贝对于商代的古蜀人来说，主要是充当对外贸易的手段，可以说是古蜀王国最高神权政体的"外汇储备"。古蜀人与南亚、东南亚地区的商品贸易以齿贝为媒介的情形，恰与三星堆文化所包含的其他南亚文化因素的现象一致，绝非偶然。不仅如此，从中原商文化使用贝币，而商、蜀之间存在经济文化往来尤其青铜原料交易的情况②，以及三星堆古蜀王国从云南输入青铜原料等情况分析③，古蜀与中原和云南的某些经济交往，也是以贝币为媒介的。

二、商周时期成都平原象牙的来源

在三星堆一号祭祀坑内，出土了13支象牙；在二号祭祀坑内，出土了60余支象牙，纵横交错地覆盖在坑内最上层。一号祭祀坑里，还堆积着3立方米上下的较大型动物的骨渣，全部被打碎，经过烟火燔燎。这些较大型动物的骨渣，有可能是大象骨骼之遗。三星堆青铜制品中最具权威、高大无双的二号坑青铜大立人——古蜀神权政体的最高统治者蜀王的形象，其立足的青铜祭坛（基座）的中层，也是用四个大象头形象勾连而成的。更加令人不可思议的是，成都金沙遗址出土象牙的重量，竟然超过1吨。

据有关史籍记载，中国南方地区历来产象。《国语·楚语上》记载说道："巴浦之犀、牦、兕、象，其可尽乎？"《山海经·海内南经》记载道："巴蛇食象，三岁而出其骨，君子服之，无心腹之疾。"《山海经·中山经》也说："崌山，江水出焉……其兽多犀、象，多夔牛。"《诗经·鲁颂·泮水》记载说："憬彼淮夷，来献其琛，元龟、象齿，大赂南金。"《左传》定公四年、僖公十三年，也提到楚地有"象齿"。《尚书·禹贡》则称荆州和扬州贡"（象）齿"。这些文献记载的产象之地，多为长江中下游以南地区，唯"巴浦"与"岷山"，有的学者以为是指巴蜀地区，故认为古巴蜀产象。巴浦在何处呢？《国语·楚

---

① 彭信威：《中国货币史·前言》，上海：上海人民出版社，1958年；方国瑜：《云南用贝作货币的年代及贝的来源》，《云南大学学报》1957年第12期；张增祺：《战国至西汉时期滇池区域发现的西亚文物》，《思想战线》1982年第2期。

② 段渝：《政治结构与文化模式——巴蜀古代文明研究》，上海：学林出版社，1999年，第395-409页。

③ 金正耀等：《广汉三星堆遗物坑青铜器的铅同位素比值研究》，《文物》1995年第2期。

语上》"巴浦之犀、耗、兕、象，其可尽乎？"句下韦昭注云："今象出徼外，其三兽则荆、交有焉。巴浦，地名。或曰巴，巴郡。浦，合浦。"巴浦，应如韦昭自己的解释，是一个地名，而不是巴郡与合浦的连称。巴郡地在今嘉陵江以东地区，合浦地在今广西南部沿北部湾的合浦县东北，两地相隔万里，何以能够连称！况且，《国语》此言出自楚灵王之口，时当公元前 529 年，为春秋中叶。可是巴郡之设，时当秦灭巴以后，为战国晚期，而合浦之纳于汉家版图，是在汉武帝元鼎六年（前 111 年）。早在春秋中叶的楚灵王，哪能知道晚于他数百年以后的巴郡、合浦等地名？显然可见，巴浦绝不是指巴郡和合浦郡。而且韦昭自己也明言"今象出徼外"，分明不是说巴郡产象，当然更不是指蜀地产象。联系到《尚书·禹贡》荆、扬二州产象齿的记载，以及《左传》所说楚地多象齿等情况来看，巴浦这个地方，大概是指靠近古荆州的荆南之地，这也与楚灵王所指相合。《山海经·中山经》提到岷山多象，按《汉书·地理志》，岷山是指今岷江上游地区，但是考古资料却并没有显示出岷江上游产象的任何迹象。《华阳国志·蜀志》说崛山有"犀、象"，不少人以这条材料作为崛山产象的证据。但是，犀产于会无金沙江谷地，象则未闻①，二者均非岷江上游所产。我们从岷山山区的气候条件而论，岷山为高山峡谷的干寒地区，根本不适应大象生存，要说那里产象尤其是富产群象，无论如何是没有道理的。何况，在岷山山区的考古发掘中并没有发现象牙、象骨和象牙制品。所以，岷山产象的说法，当属向壁之论。至于《山海经·海内南经》所说"巴蛇食象"，据《离骚》《淮南子》等来看，也是指古荆州之地，与古梁州的巴蜀之巴无关。②由此可见，关于古代成都平原产象的说法是缺乏根据的，三星堆和金沙的大批象齿不是原产于当地的大象牙齿。事实上，发现象牙和象牙制品的地点，同大象生存的地区，二者之间不一定具有必然的联系，并不必然就是同一地点，正如青铜器的出土地点未必就是青铜原料的产地一样。

古地学资料表明，新石器时代成都平原固然森林茂密，长林丰草，然而沼泽甚多，自然地理环境并不适合象群的生存。至今为止的考古学材料还表明，史前至商周时代成都平原虽有许许多多的兽类，然而诸多考古遗址中所发现的动物遗骨遗骸，除家猪占很大比重外，主要还有野猪、鹿、羊、牛、

---

① 常璩著，刘琳校注：《华阳国志校注》，成都：巴蜀书社，1984 年。
② 关于"巴蛇食象"传说与古代巴人的关系问题，可参考段渝：《巴人来源的传说与史实》，《历史研究》2006 年第 6 期。

狗、鸡等骨骼，除三星堆祭祀坑和金沙遗址外，没有一处发现大象的遗骸、遗骨，更谈不上数十成百支象牙瘗埋一处。足见三星堆和金沙遗址的象牙必定不是原产于成都平原蜀之本土。

诚然，新石器时代至商周时代以三星堆文化和金沙遗址为代表的古蜀文明曾经远播于渝东鄂西之地，岷江上游也是构成早期蜀文化的渊源之一。但是，无论在渝东鄂西还是岷江上游地区，数十年来的考古调查和发掘都未曾发现盛产大象的情况，其周邻地区亦然。这种情况表明，这些地区还不是文献所记载的产象之地，因而也谈不上由当地土著部落向蜀王进献象牙或整象的问题。至于段成式《酉阳杂俎》前集卷十六所谈到的"今荆地象，色黑，两牙，江猪也"，则不仅文献晚出，而且也是指荆南之地，几乎与闽粤之地相接。不难看出，三星堆和金沙的巨量象牙也不可能来自所谓渝东鄂西、岷江上游之地，更与荆南闽粤之地无关。

商代的华北曾经盛产大象，河南古称"豫州"，即与"服象"有关。据《吕氏春秋·古乐》的记载，商末周初，东方江淮之地象群众多，后被驱赶到江南。文中这样说道："周成王立，殷民反。……商人服象，为虐于东夷。周公遂以师逐之，至于江南。"所谓"服象"，即驯服大象，使其服役，犹如今之印度、缅甸服象。《孟子·滕文公下》也载有周公驱逐服象的商人的史迹。文中说道："周公相武王，诛纣伐奄，三年讨其君，驱飞廉于海隅而戮之，灭国者五十，驱虎、豹、犀、象而远之，天下大悦。"从《尚书·禹贡》《诗经》《左传》及诸史《地理志》等分析，周公率师将服象的商人远逐于"江南"，远离黄河流域，则象群是南迁到了荆南、闽、粤之地，秦代所置"象郡"大约便与此有一定关系。《汉书·西域传·赞》说汉武帝通西域后，外域的各种珍奇宝物充盈府库，其中，"钜象、师子、猛犬、大雀之群，食于外囿，殊方异物，四面而至"，表明大象来源于外域，属于"殊方异物"之类。先秦黄河流域有象，殷墟甲骨文有象字，河南为豫州，文献里有象牙及象牙制品，考古也发现有象牙制品。关于此点，徐中舒先生和郭沫若先生均早已有过精深考证和论述。[①]但在周初，周成王"驱虎、豹、犀、象而远之，天下大悦"，至汉代而视象为"殊方异物"，由外域进贡中华朝廷。据竺可桢先生研究，汉代气候业已转冷[②]，黄河流域的气候已不适应大象生存。无论史籍还是考古资料，均

---

① 郭沫若：《中国古代社会研究》（1930），北京：人民出版社，1964年，第179-180页；徐中舒：《殷人服象及象之南迁》，载《中央研究院历史语言研究所集刊》，1930年，2本1分。

② 竺可桢：《中国近五千年来气候变迁的初步研究》，《考古学报》1972年第1期。

不曾有成批殷民逃往或迁往蜀中的任何蛛丝马迹，更不曾有服象的殷民移徙蜀中的丝毫痕迹。何况殷末时，蜀为《尚书·牧誓》所载参加周武王的诸侯大军，在商郊牧野誓师灭商的"西土八国"之首，协助武王灭纣翦商，而后受封为"蜀侯"，与殷民不共戴天。服象的殷民逃往任何地方，也绝不会自投罗网，投往其域中。而商王武丁时期，即在相当于三星堆祭祀坑的年代上下，甲骨文记载商王"登人征蜀"，商、蜀之间还在汉中地区相互置有森严的军事壁垒。[①]此情此景之下，商王朝自不可能赐象与蜀，何况卜辞和史籍中也全然没有这方面的片言只字之载。可以知道，三星堆的象牙，也同样不曾来源于中原商王朝。

云南西南部以及以西的缅甸、印度地区，自古为大象的原产地。不少人以为云南各地均产大象，其实是莫大的误会。汉唐时期的文献对于云南产象的记载，仅限于其西南边陲，即古哀牢以南的地区，这在常璩《华阳国志·南中志》和樊绰《蛮书》里有着清楚的记载。而在云南东部、东北部，即古代滇文化的区域中，以及在云南西部，即滇西文化的区域中，古今均无产象的记载。考古发掘中，无论在滇文化区域还是滇西文化区域中，也都未曾发现数十支象牙瘗埋一处的情形。而古蜀文化与云南的关系，主要是与滇文化和滇西文化的关系，与云南西南部并无何种关联。由此可知，三星堆和金沙遗址的象牙，也与滇文化区域和滇西文化区域无甚关系。

以上分析表明，商代三星堆遗址的象群遗骨遗骸，以及三星堆和金沙的象牙，既不是成都平原自身的产物，也不来自与古蜀国有关的中国其他古文化区。揆诸历史文献，这些象群和象牙是从象的原产地印度地区引进而来的。

《史记·大宛列传》记载张骞西行报告说："然闻其西（按：此指'昆明'，在今云南大理之西）可千余里，有乘象国，名曰滇越。"滇越即印度古代史上的迦摩缕波国，故地在今东印度阿萨姆邦。[②]《大唐西域记》卷十《迦摩缕波国》记载道："迦摩缕波国，周万余里。……国之东南，野象群暴，故此国中象军特盛。"《史记·大宛列传》还说："身毒……其人民乘象以战。"《后汉书·西域传》也说："天竺国，一名身毒，……其国临大水，乘象以战。……土出象、犀……"大水即今巴基斯坦境内的印度河。[③]根据古希腊文献的记载，古印度难陀王朝（前362—前321年）建立的军队中，有2万骑兵、20万步兵、2000

① 段渝：《四川通史》第1册，成都：四川大学出版社，1993年，第45页。
② 汶江：《滇越考》，《中华文化史论丛》1980年第2辑。
③ 夏鼐：《中巴友谊的历史》，《考古》1965年第7期。

辆战车、3 000 头大象，孔雀王朝（前 321—前 185 年）的创建者月护王拥有一支由 9 000 头战象、3 万骑兵、60 万步兵组成的强大军队[①]，这和中国古文献的记载相当一致。汉唐之间中国古文献极言印度产象之盛，说明即使从汉武帝开西南夷到东汉永平年间永昌郡归属中央王朝后，印度象群的数量之多，仍然令中国刮目相看。《史记》和《后汉书》等文献所数称的"大水"（今印度河），正是辉煌的印度河文明的兴起之地。考古发掘中，在印度河文明著名的"死亡之城"摩亨佐·达罗废墟内，发现了曾有过象牙加工工业的繁荣景象，还出土不少有待加工的象牙，以此并联系东印度盛产大象的情况，以及三星堆祭祀坑内成千枚来自印度洋北部地区的海贝，可以说明三星堆和金沙遗址出土的大批象牙是从印度地区引进而来的，而其间的交流媒介，正是与象牙一同埋藏在三星堆祭祀坑中的大量贝币。

三、南方丝绸之路：先秦中国西南的国际交通线

古蜀文化在西南地区的空间分布十分广阔，《华阳国志·蜀志》记述道："其地东接于巴，南接于越，北与秦分，西奄峨蟠。"在蜀的西南即所谓西南夷之地，古称南中，"南中在昔盖夷越之地"[②]，分布着大量濮越人的群落。《史记·大宛列传》正文说："昆、郎等州皆滇国也。其西南滇越、越巂则通号越，细分则有巂、滇等名也。"可见蜀地"南接于越"，即与南中之地包括永昌、滇越等夷越直接相连。这正是蒙文通先生所论证的包括汉之益州、永昌、越巂等在内的蜀之南中。[③]商周时代，在以三星堆文化为重心的古蜀文明的强劲辐射和促动下，南方丝绸之路沿线滇、黔地区相继产生了青铜文化，社会复杂化程度日益加深，酋邦组织形成，推动了中国西南地区文化的演进，以三星堆青铜大立人为中心、分层级的青铜人物像群结构，展示出来的历史事实就是西南地区各族在古蜀文明旗帜下的文化互动与交融。[④]由于古蜀文明的吸引力和凝聚力，先秦中国西南地区的文化从分散的后进状态逐步走向文明，初步形成了西南夷政治和文化的一体化状态，对秦汉时代西南民族地区纳入中华文化大家庭起到了十分重要的作用。而古蜀在西南地区的文化辐射和影

---

① 引自 R. 塔帕尔：《印度古代文明》，林太译，杭州：浙江人民出版社，1990 年，第 50 页；刘建、朱明忠、葛维钧：《印度文明》，北京：中国社会科学出版社，2004 年，第 74 页。

② 常璩著，刘琳校注：《华阳国志校注·南中志》，成都：巴蜀书社，1984 年。

③ 蒙文通：《巴蜀古史论述》，成都：四川人民出版社，1981 年，第 2、3 页。

④ 段渝：《商代蜀国青铜雕像文化来源和功能之再探讨》，《四川大学学报》1991 年第 2 期。

响，基本上就是沿着南方丝绸之路展开的。

从四川经云南至缅印地区的南方丝绸之路在中西文化的早期交流中具有显著的地位，尤其在中国文明初期，扮演着十分重要的角色。春秋以前，中国西北方面的民族移动尚不剧烈，由西北地区民族的迁徙所带动的一些民族群团的大规模迁徙还未发生。据西史的记载，欧亚民族的大迁徙发生在公元前七八世纪。当公元前七八世纪之际，欧亚大陆间的民族分布大致是：西梅里安人在今南俄一带，斯基泰人（Scythian，或译作西徐亚人）在西梅里安人稍东之地，索罗马太人（Sauromathae）在里海之北，马萨及太人（Massagetae）自黠嘎斯（Kirghiz）草原至锡尔河（Sir Daria）下游，阿尔其贝衣人（Argippaei）在准噶尔及其西一带，伊塞顿人（Issedones）在塔里木盆地以东，阿里马斯比亚人（Arismaspea）在河西一带。[1]这一时期中国与中亚的联系还存在较大隔阂，所以经中国西北方面以及经北方草原方面的对外文化交流存在更多的困难。战国至汉初，由于匈奴和西羌分别封锁了河西走廊和北方草原地带，致使西北和北方的中西交通仍受阻隔。而在中国西南方面，由于西南夷很早就已是蜀的附庸。[2]商周时期古蜀王作为西南夷诸族之长，长期控制着西南夷地区，"以坟山为畜牧，南中为园苑"[3]，古蜀与西南夷诸族之间的关徼常常开放，因此从西南夷道出境外，由此至缅、印而达阿富汗、中亚再至西亚和地中海，实比从西北和北方草原西行更容易。张骞从西域探险归来后向汉武帝报告时指出："大夏去汉万二千里，居汉西南。今身毒国又居大夏东南数千里，有蜀物，此其去蜀不远矣。今使大夏，从羌中，险，羌人恶之；少北，则为匈奴所得；从蜀宜径，又无寇。"[4]这表明通过他的实地考察，得知不论从西北还是从北方草原地区出中国去中亚，都不但路途遥远，而且沿途环境险恶，民族不通，极为困难，只有从西南地区出中国去印度到中亚，才是一条既便捷又安全的道路。张骞，汉中城固人，亦即蜀人[5]，深知西南夷道上蜀与南中诸族的历史关系，所以说"从蜀宜径，又无寇"，可以由此打通中国与外域的关系。把张骞在中亚所见"蜀物""蜀贾"，同蜀贾在次大陆身毒和在东印度阿萨姆滇越从事商业活动等情况联系起来分析，可以清楚地看出，先秦和汉初蜀人商贾在印度和中亚从事丝绸、"蜀物"等长途贸易，必然是通过

---

① 参考方豪：《中西交通史》，长沙：岳麓书社，1987年，第47、48页。

② 方国瑜：《中国西南历史地理考释》上册，北京：中华书局，1987年，第15页。

③ 常璩著，刘琳校注：《华阳国志校注·蜀志》，成都：巴蜀书社，1984年。

④ 司马迁：《史记·大宛列传》，北京：中华书局，1959年。

⑤ 陕西城固先秦时期属蜀，直到东汉，仍"与巴蜀同俗"，见《华阳国志·南中志》《汉书·地理志》。

蜀身毒道进行的。

除西南夷道这条主要线路外，南方丝绸之路还包括从四川经云南元江下红河至越南的红河道，还包括从蜀经夜郎至番禺（今广州）的牂柯道，经由此道发展了西南与东南沿海地区的关系。《逸国书·王会篇》记载商代初年成汤令伊尹为四方献令之词，其中有位于"正南"的"产里、百濮"，即在东南沿海至南海一带的族群。香港南丫岛曾出土典型的三星堆文化牙璋，三星堆祭祀坑里的部分海贝也来自南海，表明早在商代，古蜀文明就已经与南海地区发生了文化联系和交流。由此看来，中国西南与东南亚濮系民族之间的联系，其交通应沿红河步头道和盘江进桑道等线路往还进行。而东南亚、南海与中国西南地区的海贝、牙璋等文化交流，也是通过红河道、盘江道和蜀、黔、桂、粤牂柯道相互往返联系的。中国东南沿海地区的有肩石斧、有段石锛等文化因素西渐进入缅印，则经由西南夷地区西行而去。可见，南方丝绸之路在古代文明初期确曾发挥了重要作用，不愧为古代亚洲以至欧亚大陆的文化交流大纽带。李学勤先生最近指出："三星堆的重要性当然不止在于海贝的存在，只有将这一遗址放到'南方丝绸之路'的大背景中，才有可能深入认识其文化性质及历史意义。'南方丝绸之路'是中国通向东南亚、南亚的通道，它的价值和作用应当站在世界史的高度上来考察。以往在商代晚期的都邑殷墟，曾经看到一些有关线索，例如，三十年代发掘的小屯 YH127 坑中的'武丁大龟'，生物学家伍献文先生鉴定为马来半岛所产；八十年代我在英国剑桥大学收藏里选出的一片武丁卜甲，经不列颠博物院研究，龟的产地也是缅甸以南。再有 YH127 坑武丁卜甲碎片粘附的一些织物痕迹，台湾学者检验认为是木棉。另外，越南北部出土的玉牙璋，形制纹饰特点表明与三星堆所出有密切联系，已为学者周知。"[①]李学勤先生所举出的若干证据以及对中国西南早期国际交通地位的认识，确为精辟之论。

通过南方丝绸之路，中国西南地区的民族和文化与域外进行交流和互动，沟通了中国西南的早期对外关系，在中国与欧亚之间的友好交流史上，写下了不朽的篇章。南方丝绸之路，使中国认识了世界，也使世界认识了中国，在世界文明史上具有非常重要的意义。

---

① 李学勤：《〈三星堆研究〉第二辑〈三星堆与南方丝绸之路青铜文化研讨会论文集〉序》，《三星堆研究》第二辑，北京：文物出版社，2007 年，第 1-2 页；《商代通向东南亚的道路》，《学术集林》卷一，上海：远东出版社，1994 年。

| 10 |

渝东长江干流青铜文化的几个问题

——兼论渝东与川东渠江流域青铜文化的关系

古代巴国的青铜文化，由于长期以来缺乏比较系统的实物资料而一直未能获得更多的研究。近年来川渝地区以及三峡地区考古工作的全面开展，为巴国青铜文化的研究提供了资料和条件。但由于巴国历史与疆域变迁的复杂性，使巴国青铜文化的许多问题还有待于深入探讨。本文根据渝东长江干流的考古发现，结合相关历史文献资料，对这一地区青铜文化的有关问题进行初步探讨，就教于海内外专家学者、博学通人。

一、渝东长江干流青铜文化的初现

商周时代，早期青铜文化开始在今重庆渝中区以东长江干流地区萌芽，重庆万州中坝子遗址出土的铜鱼钩和铜镞[1]，便是文明要素的点点曙光，昭示着早期文明的起源。

不过，在商周时代，由于渝东长江干流地区在整体上尚处于从史前向文明、从酋邦向国家过渡的历史阶段，同时该地区复杂的地理环境分隔了各族群各村落之间的沟通、联合和政治上文化上的扩张，并且这一时期该地区长期受到来自西面的古蜀文化和东面的楚文化的较强压力，所以它自身的文明要素十分脆弱，其文化与政治成果难以充分扩展，以致严重影响了它自身文明起源的历史进程。可以说，渝东长江干流地区是在步履蹒跚之中走进了它的青铜时代的。即使到了战国时代，该区域内的一些地点不断制作青铜器，如在万州麻柳沱 I 区发现的青铜钺、刀削、镞和柳叶形剑的石范（图一）[2]，以及在其他遗址如新浦遗址、石地坝遗址等发现的石范等，但均为造型简单

① 西北大学考古队、万州区文物管理所:《万州中坝子遗址发掘报告》,《重庆库区考古报告集(1997卷)》,北京:科学出版社, 2001 年。
② 重庆市博物馆、复旦大学文博系:《万州麻柳沱遗址考古发掘报告》,《重庆库区考古报告集(1999卷)》,北京:科学出版社, 2006 年。

的小型铜器，乃由各地自行制造，铸铜工业规模小而分散，因而抑制了该区域青铜器铸造业的发展。①这种情况意味着该地族群的分散性，它所表明的是这样一个历史事实，即：在春秋战国之际拥有发达青铜文化的赫赫巴国南移长江干流以前，渝东长江干流地区还没有产生出一个能够聚合区域内各族政治力量，并使区域政治一体化的强有力的统治权力中心。②

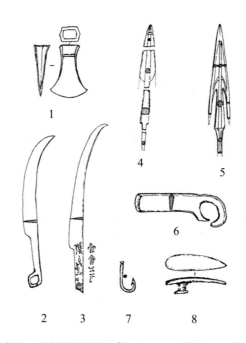

1. 钺（T210D2③:17）；2. 刀削（T210D2⑦:7）；3. 刀削（T215②:11）；4. 镞（H6:09）；
 5. 镞（H8:09）；6. 凿（T128⑨:74）；7. 鱼钩（T126⑤:04）；8. 带钩（T127⑥:37）

图一　东周时代遗存出土铜器

二、云阳李家坝青铜文化的兴起

东周时期，由于巴国文明的南移、进入与推动，巴地的青铜文明达到全盛时代。属于这一时期的考古学文化遗存充分表明了这个事实。

1997年和1998年，四川大学历史文化学院考古系、云阳县文物管理所对重庆市云阳县李家坝遗址先后进行了较大规模的发掘，发现了从商周至汉初的大量文化遗存[①]，获得了引人注目的丰富成果，尤其是东周时期大量巴文化墓葬的发现[②]，对于东周时期渝东长江干流巴地青铜文明兴起的研究具有十分重要的意义。

云阳李家坝遗址位于长江北侧支流澎溪河东岸一级台地，距南面的长江仅数十公里。该地海拔高度为140~148米，遗址面积约60万平方米，商周和东周时期巴人的文化遗存主要分布在坝区前缘的第Ⅰ、Ⅱ发掘区。1997年在李家坝遗址发掘出土40座东周时期的巴人墓葬、多座房屋基址、3座陶窑以及大量遗物，1998年发掘出土45座东周时期的巴人墓葬、44个灰坑、2座房屋基址、5条灰沟以及大量遗物。

李家坝的两次发掘均出土大量青铜器（图二）。青铜器大多数出土于墓葬，少量出土于文化层。第一次发掘出土各式青铜器65件（其中可复原59件），第二次发掘出土各式青铜器169件，共计234件，在渝东长江干流可谓空前的发现。出土的青铜器基本为范模铸造，兵器均为双范合铸。按用途和性质分类[③]，有兵器、饪食器、酒器、乐器等，以兵器的数量为最多。属于兵器类的主要有剑、矛、钺、斧、戈、箭镞、刮刀、削等，属于饪食器的主要有鍪、鼎等，属于酒器的主要有杯、壶、勺等，属于乐器的仅有铃。青铜器大多制作精美，兵器如剑、矛、戈上常铸有虎、人头、人形、水鸟、蝉、手臂纹、心形纹、云雷纹等凹线纹饰图案，也有浅浮雕加阴刻线的纹饰图案，斧和钺上有各种几何形凸线纹饰图案，显示出比较精熟的青铜器制作技术和高超的工艺水平。

三、渝东长江干流青铜文化的性质、来源和族属

除李家坝而外，在渝东长江干流地区迄今还没有发现成片密集分布的成熟形态的青铜文化。以此而论，李家坝青铜器群自然可以作为渝东长江干流

---

① 四川大学历史文化学院考古系、云阳县文物管理所：《云阳李家坝遗址发掘报告》，《重庆库区考古报告集（1997卷）》，北京：科学出版社，2001年；四川大学历史文化学院考古系、云阳县文物管理所：《云阳李家坝遗址发掘报告》，《重庆库区考古报告集（1998卷）》，北京：科学出版社，2003年。

② 四川大学历史文化学院考古系、云阳县文物管理所：《云阳李家坝东周墓地发掘报告》，《重庆库区考古报告集（1997卷）》，北京：科学出版社，2001年；四川大学历史文化学院考古系、云阳县文物管理所：《云阳李家坝巴人墓地发掘报告》，《重庆库区考古报告集（1998卷）》，北京：科学出版社，2003年；罗二虎：《峡江巴文化寻踪——重庆云阳李家坝遗址1997年发掘记略》，《中华文化论坛》2003年第2期。

③ 四川大学历史文化学院考古系、云阳县文物管理所：《云阳李家坝巴人墓地发掘报告》，《重庆库区考古报告集（1998卷）》，北京：科学出版社，2003年。

巴地青铜文化的代表。

李家坝遗址的早期，相当于中原的西周时期，上限可到商代晚期。这一时期的主要遗迹有房屋建筑、灰坑、墓葬、水沟、泥条等。房屋建筑可分为半地穴式建筑和地面建筑两类。地面建筑的全貌已不能确知，仅发现在斜坡上分布的大量柱洞。在柱洞的分布范围内没有发现居住面，仅发现少量陶片，推测房屋应属干栏式结构建筑。早期墓为浅竖穴土坑墓，随葬品为陶器和石器。遗址内出土的遗物主要是陶器、石器和兽骨等。早期遗迹说明，在商周时期，那里还是一个人群不多、居住分散的小型聚落。然而到了遗址的晚期即东周时期，李家坝一带演变成为一个大规模的聚落，出现大片密集分布的墓葬，墓葬内随葬有大批精美的青铜器，这对于上一个阶段（商周时期）的较薄文化层堆积和零星墓葬来说，不啻是一个跨越式的大跃进。这种变化，尤其是该地区成熟形态的青铜文化的出现和兴起，从迄至当前的各种资料分析，它不是当地自身文化的创造，而应与春秋末战国初巴国从汉水流域南移长江干流，东与楚国数相攻伐，西与蜀国争城夺野有着直接关系。

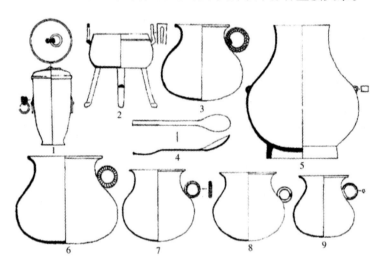

图二　重庆云阳李家坝墓葬出土青铜器

在李家坝遗址的早期遗存中没有发现青铜器，聚落也呈现为一般性村落的形态，没有表现出任何早期文明的因素。从遗址早期到晚期，其间也没有出现青铜器发生与演变的任何迹象。因此，东周时期（其实主要是战国时期）这里出现的大批青铜器，就不会是当地文化在自身基础上的创造。尽管从某些因素上看，李家坝遗址的文化特征一脉相承，但这却不能说明其青铜文化的发生、发展和演变。从墓葬内出土青铜器的形制和年代分析,不管是第一期还是第二期墓葬内出土的青铜兵器,均多与川西平原出土的同类器相似,而川西平原的蜀式兵器有着清楚的发展演变序列。同时,李家坝墓葬在形制上和构筑技术上也与川西平原蜀墓具有相当多的相似之处。[①] 由此看来,李家坝巴人青铜兵器与川西平原蜀文化有着某种深层关系。

李家坝巴人墓葬表现出墓主之间还没有形成严格的层级制度这样一个特点,它从一个十分重要的侧面显示了当地巴人的社会与政治组织的构成情况。根据墓坑和葬具的规模,李家坝墓葬大体上可分为大、中、小三类,半数以上的墓葬无葬具。在两次发掘的 85 座墓葬中,仅有 40 座发现木质葬具,以单椁、单棺和一棺一椁为主。有葬具的墓葬形制一般较大,有的有二层台。这些现象似乎表现出层级或等级之分。但是,有的无葬具的墓坑具有熟土二层台,而大、中、小型墓内出土的器物尤其青铜器的数量相差不多,并未显示出其间具有明显的尊卑贵贱之分,意味着墓主生前的政治经济地位没有太大差别,说明这是族群的公共墓地。这样的墓地形态所揭示的是,东周时代这里是一个还没有达到国家水平的酋邦的聚落。

将李家坝墓葬同重庆涪陵小田溪先后发掘清理的战国中晚期巴国王族宗室墓葬相比较[②],可以看出,不论在墓葬形制、器物规格方面,还是在墓葬及遗物所反映出来的严密有序的等级制度方面,李家坝墓葬显然都无法与涪陵小田溪墓葬同日而语。这表明,李家坝墓葬与巴国王室及其宗室或家族没有关系,不是后者的文化遗存。从葬俗方面看,李家坝墓葬明显反映出流行早期杀殉习俗的特点,而这种习俗在小田溪墓葬完全没有反映,可见同样与姬姓的巴国王族统治者集团无关。

《后汉书·巴郡南郡蛮传》记载:"廪君死,魂魄世为白虎,巴氏以虎饮人血,遂以人祠焉。"用这段记载来对照李家坝墓葬的一些现象,很容易认为李家坝遗址所流行的杀殉遗俗以及青铜器上的虎纹,是该族群为廪君后代的证据,或认为因廪君死后化为白虎,其后代祭祀廪君,遂以白虎为图腾。对此,我们应该进行深入细致的分析。

首先,从考古记录来说,李家坝墓葬所发现的现象是把人头葬入墓内,

----

① 四川省博物馆等:《四川涪陵地区小田溪战国土坑墓清理简报》,《文物》1974 年第 5 期;四川省文物考古研究所等:《涪陵市小田溪 9 号墓发掘简报》,《四川考古报告集》,北京:文物出版社,1998 年。

② 《左传》哀公四年,十三经注疏本。

族群，而是南郡内的族群。因此，《华阳国志·巴志》不叙廪君故事，是极有道理的。而位于今渝东长江干流的云阳县，秦汉时并属巴郡之朐忍县，与南郡无涉。这就说明，云阳李家坝墓葬的族群应属汉之巴郡蛮，与南郡蛮不同。可见，李家坝墓葬并不是廪君后代的文化遗存。

最后，所谓图腾（totem），是说族群与自然界的有机物或无机物之间具有某种出生的关系，确切地说，是某族群把某种或某些有机物或无机物作为自身族群的来源。如易洛魁的鹰氏族把鹰作为图腾，就是说鹰氏族是鹰的后代，以此来区分氏族之间的血缘关系。但是廪君传说则与此完全不同，不是廪君来源于白虎，而是廪君死后化为白虎。很明显，这个传说根本不是关于图腾的传说，它同图腾恰恰相反，不是人来源于动物，而是动物来源于人。可见，用图腾来解释李家坝墓葬的杀殉现象，未免牵强，难以凭信。

至于李家坝究竟是哪一族群的聚落遗址，可以肯定地说，它是巴地八族中板楯蛮的聚落遗址。《华阳国志·巴志》"朐忍县"下记载："大姓扶、先、徐氏，荆州著名，《楚记》有'弜头白虎复夷'者也。"秦汉巴郡之朐忍县，即今重庆云阳县。朐忍县的扶、先、徐等大姓，均为板楯蛮，即所谓"白虎复夷"。据《华阳国志·巴志》记载，秦昭王时，因板楯蛮射杀白虎有功，昭王"乃刻石为盟，要复夷人顷田不租，十妻不算"。至汉初，板楯蛮因在楚汉之争中从高祖定秦有功，"高祖因复之，专以射白虎为事，户岁出賨钱口四十，故世号'白虎复夷'，一曰板楯蛮，今所谓'弜头虎子'者也"。可见，从先秦到汉代，今云阳县地一直是板楯蛮的活动地盘。既然如此，那么云阳李家坝遗址又何尝不是板楯蛮的文化遗存呢？

根据以上分析，可以将李家坝遗址的性质综括说明如下：

第一，从李家坝墓葬出土的大量青铜兵器来看，这个聚落表现出显著的军事性质。古代亦兵亦农，寓兵于农。由此可见，李家坝遗址在东周时是巴国治下的一个地方性族群聚落，这个族群还处于以血缘关系为纽带的酋邦制发展阶段。

第二，李家坝出土的青铜兵器多与蜀式兵器相近，却没有自身的发展演变序列，说明它的青铜文明或其上源与川西平原蜀文化有着比较深刻的关系。

第三，以李家坝青铜器为代表的渝东长江干流巴国青铜器多与蜀式青铜器相近，这同两个因素有关，首先导源于商周和春秋时代巴、蜀地域的毗邻。商周时代，蜀的北境在汉中西部，而巴国位于汉中东部，两地长期毗邻，文化上必然存在交流和互动，发生影响，所以它们在许多文化因素上得以近似。

其次，川东嘉陵江以东地区和渝东长江干流地区虽为巴地，但在春秋末战国初巴国进入以前，却长期属于蜀国的政治势力范围。随着春秋末战国初巴国从汉中南迁长江干流，进入鄂西渝东，成为这一区域的统治者，巴地八族于是成为巴国的治民[1]，李家坝族群正是这样的族群之一。同时，由于巴国进入带来成熟的青铜文化，所以这个地区制作的青铜器自然会带有更多的蜀文化风格特征，而这种风格的青铜器大量流布到其踪迹所至以及政治势力所至的区域，李家坝青铜器就是其中之一。另有一种可能是，巴国进入川峡地区后，由于没有足够的能力为巴地各族制作青铜器，因而雇佣蜀人的流动匠人即战国时代流行的所谓"铸客"到巴地进行青铜器制作，所以这个时期巴地的青铜器十分接近于蜀式青铜器。当然，这种可能性还需要得到相应的材料才能证实。

第四，战国时期的李家坝一带既不是姬姓巴国王室或巴王族的中心聚落，也不是廪君蛮的聚落，而是板楯蛮的活动地域。

第五，李家坝青铜器尤其青铜兵器在渝东长江干流非常具有代表性，它反映出东周时代这片地域青铜文明的兴起，是同频繁而激烈的战争与时俱来的。李家坝第二期墓葬大量出现的楚文化因素，正是清楚地反映了《华阳国志·巴志》和《水经·江水注》所说"巴楚数相攻伐"的时代背景。

四、渝东长江干流与川东渠江流域青铜文化的关系

1999 年和 2003 年，四川省文物考古研究所等单位对四川省宣汉县罗家坝遗址进行发掘，获得了大批重要材料[2]，初步揭示了渠江流域青铜文化的基本情况。

罗家坝遗址位于宣汉县城北约 45 公里处，海拔约 340 米。遗址位于近似半岛的三江一级台地上，三面被河环绕。罗家坝遗址的地层可分为 11 层，依据地层叠压关系和出土器物的形制，发掘者将罗家坝遗址分为早、中、晚三期，其中第 9～11 层为新石器时代晚期。出土陶片以夹细砂红褐陶为主，夹细砂灰陶、黑陶、红陶次之。纹饰有绳纹、网格纹、附加堆纹、戳印纹、篦

---

[1] 四川省文物考古研究所：《通江县雷鼓寨遗址试掘简报》，《四川考古报告集》，北京：文物出版社，1998 年；雷雨、陈德安：《巴中月亮岩和通江雷鼓寨遗址调查报告》，《四川文物》1991 年第 6 期。

[2] 北京大学考古文博学院三峡考古队等：《重庆忠县洽甘井沟哨棚嘴遗址发掘简报》，《重庆三峡库区考古报告集（1997 卷）》，北京：科学出版社，2001 年。

点纹、绞纹、篮纹等。器形有花边口沿罐、折沿罐、喇叭口罐等。从陶器形制和纹饰的比较分析，罗家坝陶器同四川东北部新石器时代遗址出土的陶器比较近似，其中喇叭口沿罐、折沿罐与通江雷鼓寨遗址和巴中月亮岩遗址的陶器相似[①]，也与峡江流域重庆忠县哨棚嘴一期[②]、奉节老关庙下层[③]有着较为密切的联系，同时与陕西西乡李家村文化[④]、城固单家咀遗址[⑤]等有着一定的关系，在内涵上也比较接近[⑥]。

渠江是嘉陵江的支流，先秦时嘉陵江以西主要是蜀地，嘉陵江以东大部分为巴地。罗家坝遗址所在地的中河与后河在宣汉北汇入州河，州河在渠县北小桥镇与巴河相合汇为渠江，是渠江的支流。罗家坝出土的陶器与位于其北而同处于渠江水系的通江雷鼓寨、巴中月亮岩等遗址所出同类器相似，这三处遗址出土的陶器又与位于其北的汉中所出陶器十分接近。据《汉书·地理志》，汉中东部在历史时期为巴地。可见，从汉中向南直到嘉陵江以东和渠江流域，史前时期亦应为巴地。罗家坝陶器又与峡江流域所出陶器有关，与时代稍晚的陕西城固宝山商周遗址[⑦]有一定的关系，而宝山遗址又与湖北宜昌路家河遗址有着密切关系。可见，以嘉陵江以东和渠江流域为中心，同类陶器的分布大致上呈南北向发展，它们应与巴地先民的迁徙和文化流布有关。从先秦史的角度来看，嘉陵江上游及以东地区包括渠江流域，有可能就是史前巴地先民文化的集中分布地区，而后渐次向其南北流布，而主要流布方向是向南。在考古学上，喇叭口沿罐、折沿罐等是有可能从汉中东部向南渐次分布到嘉陵江上游和渠江流域地区的，说明巴地先民的文化大体上是呈历时性连续分布状态的。这种分布状态，有可能反映了史前至历史时期居于巴地的这支先民的文化来源和走向。

罗家坝遗址的中期以第4~8及30多个墓葬为代表，属战国中晚期。出土的青铜器以兵器为主，主要有钺、剑、矛、削、镞等（图四），生活用具有鍪、釜、甑等（图五），生产工具主要有锯、凿等。所出的青铜兵器均为东周时期

① 吉林大学考古系、四川省文物考古研究所：《奉节县老关庙遗址第三次发掘》，《四川考古报告集》，北京：文物出版社，1998年。
② 陕西省考古研究所：《陕西西乡李家村新时期时代遗址》，《考古》1998年。
③ 唐金裕：《汉中地区新时期时代遗址调查简报》，《考古与文物》1981年第1期。
④ 四川省文物考古研究所、达州地区文物管理所、宣汉县文物管理所：《四川宣汉罗家坝遗址2003年发掘简报》，《文物》2004年第9期。
⑤ 西北大学文博学院：《城固宝山——1998年发掘报告》，北京：文物出版社，2002年。
⑥ 段渝：《略谈罗家坝遗址M33的时代和族属》，《四川文物》2004年第1期。
⑦ 西北大学文博学院：《城固宝山——1998年发掘报告》，北京：文物出版社，2002年。

川东和渝东地区常见的器形，青铜矛上的巴蜀符号也常见于川东和渝东出土的巴式兵器，青铜錾、釜甑同样为常见的巴式器物。根据文献的记载，罗家坝遗址所在的渠江流域，正是先秦时期板楯蛮分布的中心区域。可见，罗家坝遗址应为板楯蛮的文化遗存。[①]罗家坝遗址各期文化的连续性发展演变，从物质文化的角度反映了板楯蛮和嘉陵江、渠江流域文明起源与形成的进程。

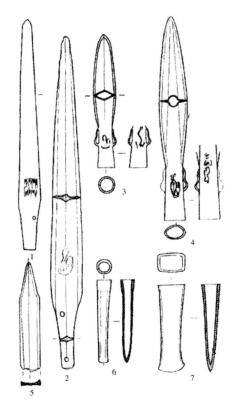

图四　四川宣汉罗家坝墓葬出土青铜兵器

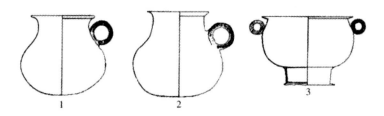

图五　四川宣汉罗家坝墓葬出土铜錾、釜、甑

① 常璩著，刘琳校注：《华阳国志校注·巴志》，成都：巴蜀书社，1984年。

五、从渝东到川东——战国时期巴国青铜文化的西移

从遗迹、遗物看，四川宣汉罗家坝遗址的文化面貌虽与重庆涪陵小田溪墓葬具有一定共性，但存在比较明显的差异。它们在文化主体上的相似性，表明均属古代巴文化的范畴，其间的差异性则意味着它们属于古代巴文化的不同分支。四川宣汉罗家坝墓葬出土器物与重庆云阳李家坝战国墓所出器物之间具有更多的共同点，其他文化遗迹也比较明显地显示出两者之间更多的共性，而均与涪陵小田溪墓葬有着较多的差异（图六）。把这种异同关系同古代文献的有关记载相比勘，可以看出形成这种异同关系的原因所在。

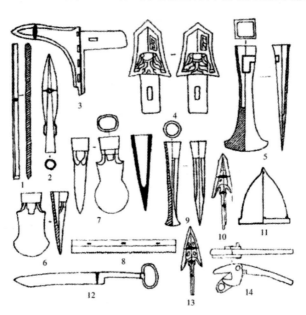

图六　重庆涪陵小田溪 9 号墓出土铜器

根据《华阳国志·巴志》的记载，今涪陵是巴国先王的陵墓所在地。小田溪墓葬出土 14 枚一架的编钟以及錞于等规格较高的器物，应与此有关。而板楯蛮的分布主要在嘉陵江、渠江流域和渝东长江干流今云阳一带。《后汉书·巴郡南郡蛮传》和《华阳国志·巴志》记载，渝水（今嘉陵江、渠江）和长江干流的朐忍（今云阳）均为古代板楯蛮的生息繁衍之地，有共同的文化。而渝东南涪陵郡虽有板楯蛮，但却"多獽、蜑之民"，固然与板楯蛮共属一个大的巴文化圈，但因分支不同而存在着若干差异。这些异同关系反映在考古学文化上，必然就是我们今天所见川东渝东诸考古遗存之间主体文化相

同情况下的具体差异。

从川东北地区嘉陵江、渠江流域和渝东长江干流青铜文化均属同一文化即板楯蛮的文化这个现象分析，在先秦时期，从大巴山西缘往南至长江干流，再沿长江干流往东直到三峡入口的西边，即从四川东北部嘉陵江流域延及渝东长江干流的大河两岸地带，主要是板楯蛮的分布地区。战国以前板楯蛮已长期在这片地区活动、生息、繁衍，但还没有进入青铜时代。而到春秋末战国初，这片地区突然兴起成熟的青铜文化，自然不会是在当地土著即板楯蛮文化自身的基础上创造出来的，而是巴国青铜文化移入的结果。

战国时代巴国的青铜器，在渝东长江干流和川东嘉陵江流域的多处地点有所发现，如渝东长江干流地区的云阳李家坝、万州中坝子、涪陵小田溪，嘉陵江流域的宣汉罗家坝等地。其中，李家坝第一期墓葬青铜器最早，为春秋战国之交和战国早期，是四川盆地东部及渝东长江干流出现的年代最早、分布最为密集的青铜器群；李家坝第二期为战国中期，小田溪和罗家坝为战国中期到晚期。从嘉陵江以东到渝东长江干流地区青铜器的分布及其年代关系来看，这个地区青铜器是从李家坝第一期溯江西上发展的。战国时代巴地青铜文化这种分布态势，恰恰与巴国从三峡溯长江西上进入川渝的年代和路线相吻合。

巴国进入渝东川东后，虽面临西面蜀国的攻伐，但最大的威胁仍然是来自于东面楚国军队的沿江西进，"巴楚数相攻伐"，所以巴国的武装力量主要部署在渝东长江干流一带。因而，考古学上发现的巴国青铜器大多数集中分布在这个地区，而渝西至川东地区很少发现巴国青铜器。到战国中叶，楚国为了西拒秦国，奋力西上夺取大片渝东巴地。战国中期忠县崖脚墓地的19座典型的楚国墓，表明其时已成楚国版图。而这时位于忠县下游的云阳李家坝第二期墓地有大量楚文化因素，表现为巴文化与楚文化并存，实际上应是在楚国版图内的巴文化，因为此时云阳已成楚地。在这个时期，巴国青铜器的发展方向向西转移，主要集中分布在靠近江州的涪陵，和江州以西的川东地区嘉陵江、渠江流域，宣汉罗家坝青铜器应与这种情况有关。而 20 世纪 50 年代发掘的四川巴县冬笋坝和广元昭化宝轮院战国末秦代之际的巴人船棺葬及其大批青铜器，则与巴国灭国后其"劲卒仍存"有关。[①]从巴国青铜器沿江西上又北折进入嘉陵江这一现象，不难看出巴国军队迫于楚国兵锋之逼，从

---

① 常璩著，刘琳校注：《华阳国志校注·巴志》，成都：巴蜀书社，1984 年。

（一）东山嘴建筑群的结构与演进

喀左东山嘴建筑群呈现出来的形制演进和规模变化，首先应引起充分注意。考古地层关系表明，现在所发掘的建筑群址，遗迹早晚有所变化，不是同一时期建筑起来的。遗址西翼石基址叠压在房址 F1 活动面之上，南部圆形台址也是在处于黄土堆积层的多圆形基址废弃后，又在黄土层上新建成的石圈形台址。[①]据严文明先生分析，遗址南部有三个圆圈套在一起，只有一个较完整，余皆只剩半圆形弧，很像是发生了打破关系，显然不属于一个时期。据他分析，整个建筑群址的发展历史和布局，大概是最初只在北半部有方形的泥土房子或地面，墓葬亦属此期。到下一个时期，出现石头镶边，中间立了一些石头的小方框，南半部的圆形台子此时也出现了。后来祭坛又经扩大，北半部筑起了大方框，周围放置彩陶筒形器和玉器饰件，南部仍然是圆形台子。[②]俞伟超先生亦有近似看法。[③]

根据东山嘴遗址建筑群的地层关系分析，遗址的变化发展可分为两个时期。第一个时期规模狭小，建筑简陋；第二个时期本身可再分为两个阶段，第一阶段只是初具祭坛规模，第二阶段则发展成为一个规模很大的祭祀中心。

在第一个时期，整个东山嘴唯一的人工建筑物，是位于遗址西侧北部，迭压在西翼石墙基和铺石下面的房址。另在石建筑基地下发现的多处红烧土面，亦属此期，但无任何证据能够证明是建筑物遗迹。房址 F1 为半地穴式，有证据表明当时四壁为经火烧过的两层草拌泥涂墙。这座房址的性质，根据房址东墙中部向外凸出做成的一个十分规整的长方形坑的结构，以及坑底填压小石块、一层黑灰烧土和一件磨光甚精的石斧等现象来看，应与祭祀活动有关。房址内未见出有其他遗物，也可以说明这一问题。同一时期，在遗址南部尚有一简陋墓葬，无随葬品。

房址的性质和墓葬的简陋，可以证明这一时期的东山嘴，仅仅是作为一个史前部落的祭祀场所使用的。这座半地穴式草拌泥墙房屋，即是这个部落用以祭祀的神庙。这种最初的神庙，与史前部落人口的稀少、礼仪的简陋、祭祀内容的单调等情况，不无相合。诸如此类简陋而狭小的神庙建筑，在有关史前世界各地的神庙发展的考古资料中，往往可以见到。史前西亚欧贝德

---

① 郭大顺、张克举：《辽宁省喀左县东山嘴红山文化建筑群址发掘简报》，《文物》1984 年第 11 期。
② 俞伟超、严文明、张忠培等：《座谈东山嘴遗址》，《文物》1984 年第 11 期。
③ 俞伟超、严文明、张忠培等：《座谈东山嘴遗址》，《文物》1984 年第 11 期。

文化时期的神庙，早期均极简陋，仅是泥墙茅屋。[1]具有十八个地层的埃利都神庙，只是从第十六层开始，才有了完整的神坛。[2]史前埃及的宗教建筑，较早时期是用晒干的泥砖垒砌而成，宫殿的支柱不过也只是用纸草捆做成[3]，享殿亦只是用芦苇和木杆结扎做成的拱顶形建筑。[4]比较而言，喀左东山嘴第一时期这座半地穴式神庙，也是属于较早时期的宗教建筑形式，其规模只能够容纳一个部落的祭祀礼仪活动。

东山嘴建筑群址的第二时期，发生了惊人的变化。从建筑规模看，遗迹几乎遍布整个山嘴。从建筑形制看，与第一时期已完全不同，面目全非。它不再是单纯的一座半地穴式草拌泥墙神庙，而成为气势宏大的大型组合式石砌祭坛建筑群。但这一变化不是一下子发生的，它大体包含前后两个发展阶段，在经历了一个深刻的变革过程后，最终形成了比较完备规整的体系，发生了本质变化，有着重要意义。

第一阶段所发生的变化，主要表现在建筑形制方面。过去的半地穴式草拌泥墙神庙被淹没了，而代之以石砌的祭坛。宗教建筑形制上的变化，使用建筑材料的不同，都说明这是一场深刻的变革。两者之间的基本关系，不是继承，而是变革。这场变革也深刻地反映在出土陶器上。

东山嘴遗址所出陶器，第一时期仅在 M1 人骨架的胸腹部发现大块泥质红陶和黑陶，只能复原一件泥质黑陶体。第二时期出土的大量陶器，从钵盆类来看，主要是泥质红陶，少量为泥质灰陶，与第一时期的黑陶相异。第二时期出现的陶器，虽有红山文化的一般特征，如钵、盆、瓮、小口罐、器身饰压印"之"字纹、底饰席纹的夹砂直筒形罐等。但器内彩的盖盆、无底筒形器、镂孔瓶形器、泥质黑陶圈足器、三足小杯，以及深朱、方格纹的出现，都为一般红山文化遗址包括东山嘴第一期所不见或少见[5]，而与牛河梁、[6]阜新胡头沟[7]、凌源三官甸子[8]等遗址出土相近。根据从考古学层位理论发展而

① V.G.Childe, Man makes himself, New York, 1936.
② 世界上古史纲编写组《世界上古·史纲》上册，北京：人民出版社，1979 年。
③ V.G.Childe, Man makes himself, New York, 1936.
④ 汉尼希、朱威烈：《人类早期文明的"木乃伊"——古埃及文化求实》，杭州：浙江人民出版社，1988 年。
⑤ 郭大顺、张克举：《辽宁省喀左县东山嘴红山文化建筑群址发掘简报》，《文物》1984 年第 11 期。
⑥ 辽宁省文物考古研究所：《辽宁牛河梁红山文化"女神庙"与积石冢群发掘简报》，《文物》1986 年第 8 期。
⑦ 方殿春、刘葆华：《辽宁牟新县胡头沟红山文化玉器墓的发现》，《文物》1984 年第 6 期。
⑧ 李恭笃：《辽宁凌源县三官甸子城子山遗址试掘简报》，《考古》1986 年第 6 期；高美璇、李恭笃：《辽宁凌源县三官甸子城子山红山文化遗存分期探索》，《考古》1986 年第 6 期。

来的人类学理论的"年代—区域原则"（age-area principle），一个形式的空间分布越广，其年代就越久远。也就是，广为分布的文化要素要比其分布受到限制的文化要素的历史更悠久。[①]由此判断，东山嘴第二时期陶器中有相当部分与分布于老哈河流域的红山文化陶器相同，也与东山嘴第一时期 M1 人骨架胸腹部上的红陶片相同，均为发生年代较早，使用年代延续较长。而东山嘴遗址第二时期陶器不同于老哈河流域红山文化遗址所出以及东山嘴第一时期所出的那部分，则发生年代较迟，与遗址第二时期的发生年代一致，也与牛河梁、胡头沟三官甸子遗址大体一致。陶器形制的深刻变化，一方面反映了辽西大凌河流域红山文化形成了新的地方类型，另一方面则反映了在西辽河流域范围内所发生的剧烈的社会变动。以祭坛取代神庙，和以石砌建筑取代半地穴式草拌泥墙建筑，都是作为这一剧烈社会变动的结果而产生的。

从第一阶段同时出现方、圆两种形制的祭坛来看，以上所说社会变动，很有可能是基于两个或两个以上的部落（因为遗址南翼三个相连的圆形基址的形成年代，早于靠近中部那个单独的石圈形台址）联合行动所导致的结果。两种形制祭坛的连续使用年代相当长久，可达五百年上下[②]，说明这几个部落确已成功地联合起来，形成新的社会组织。而最初的联合，则应源于对东山嘴祭祀圣地的改造。第一阶段石砌建筑规模不大，对此也是一个很好说明。

在第二阶段，石砌建筑规模不断扩大。位于遗址南半部中轴线上的圆形祭坛增加，东西两翼形成长条石带。遗址中部第一阶段始建的小方形石坛扩大成为中心大方形祭坛，周围也新建了九个较小的方形祭坛。北部的两翼也分别建起了两道南北走向、相互对称的石墙，石墙外又堆砌起大面积的护坡。这样，最终形成一个遍布山嘴的石建筑群。如此宏大的规模，实由第一阶段的两种祭坛发展而来，确切地表明其间的联合已达到高度稳定，并在稳定联合的基础上走向了统一。

特别应该指出的是，第一阶段的小方形祭坛，在第二阶段不仅规模扩大，成为整个建筑群中最大的祭坛，而且它还俨然居于全部石砌建筑的中心部位，其他建筑则环绕它周围逐渐发展起来，这一现象表明，这个方形大祭坛，显然是东山嘴建筑群的核心建筑，它应该就是主祭坛。也就是说，在联合走向统一的过程中，使用方形祭坛的部落居于主导地位。稍加探讨还可发现，使

① P.K.Bock, Modern Cultural Anthropology, New York, 1979.

② 北京大学考古系碳十四实验室：《碳十四年代测定报告（六）》,《文物》1984 年第 4 期。

用方形祭坛的部落其实一开始就具有领导作用，并越来越表现出作为联合统一体的核心的发展趋势。

考古材料表明，世界各地祭坛的起源，最初几乎无一不是方形。根据古代埃及和西亚文明中祭坛的形状和面积，考古学界普遍认为，最早的祭坛是从普通的桌子演变而来的。[①]在巴比伦古城遗址中发现的祭坛，是用土坯制作的方形祭坛。埃及的祭坛，也常常用花岗岩或玄武岩建成巨大的方形建筑。公元前二世纪古希腊为供奉宙斯和雅典娜所建祭坛，也是由一个边长和高度分别为 400 码的高大方台构成。古代玛雅文明和阿兹台克文明，祭坛也往往是巨大的方形建筑。[②]其他形制的祭坛，如圆形、多足支撑形等各种形制，均由较早时期的方坛派生演变而来。英国索尔兹伯里著名的斯通亨奇史前环形巨石建筑群，是否是祭坛，尚有争议，即使是祭坛也不是最早的形制。据此推断，喀左东山嘴的祭坛，年代最早的必为第一阶段形成的中心方坛。但其形制来源看来还找不到源于方桌的证据，倒有可能与原先神庙的长方形基址有关。圆形祭坛可能是从方坛派生演变而来，因此居于较次要的地位。这就是说，使用方坛的部落，从一开始就是起着中心作用的。后来所发生的以它为中心的一系列形制演进，进一步表明了其地位的日益巩固，证明了这一格局所保持的长期稳定性。

其他一些情况所提供的证据也可表明，方形祭坛无论最初还是最终，一直都居于中心地位，是东山嘴全部祭坛中的最高级别。例如，方形石坛基址底部中间的烧土面上，分布有玉磺和石弹丸各一件，西北角和东墙基北端各有骨料一件，南墙中段紧贴墙壁发现双龙首玉璜一件。这些遗物出于基址底部烧土面上，无疑是最早即第一阶段兴建方坛时放置于内的。其中的双龙首玉璜有特别重要的意义，它与牛河梁、阜新胡头沟和凌源三官甸子等遗址均在石砌墓的墓地中心部位出土玉器有相同的性质，反映了社会等级、权力观念的存在，标志着已经具备"礼"的雏形。[③]而同一阶段遗址南部的多圆形圆坛，则未出现这些象征权力的器物，表明它所处于的从属地位。

第二阶段，南部新建起来的圆形祭坛上开始放置由小型裸体女神即象征丰饶和生育女神的雕像和意义尚不明确的中型着衣女神像所组成的女神像

① 《世界文物》，北京：北京燕山出版社，1988 年。

② Noman Hammond, Ancient Maya civilization, Cambridge University Press, 1982Kent V. Flannery, ed, Maya subsistence, 1982.

③ 孙守道、郭大顺：《论辽河流域的原始文明与龙的起源》，《文物》1984 年第 6 期。

是先有方形、长方形，而后才有圆形。并且第一、二号两座积石冢使用石质材料一致，建筑方法大同。而三号冢所使用的建筑材料的石质和色彩均不与一、二号相同。从排列方式上看，与喀左东山嘴亦有惊人的相似之处，方形冢在中，长方形冢和圆形冢在其两翼。说明方形冢不仅级别高于长方形冢和圆形冢，而且建筑年代也要稍早于后两者。在后两者中，圆形冢的年代应当更晚于长方形冢。因此，牛河梁积石冢的形制演进，也与喀左东山嘴祭坛相同，圆形从方形演化而来。由此可见大凌河流域红山文化墓葬形制的一般演进方式。

第三号积石冢年代较晚于一、二号冢的另一证据是，喀左东山嘴的圆形祭坛，只是石砌圆圈形台，不分层次叠起成阶梯形，属于较早的圆坛形制。古代西亚、埃及的早期祭坛，亦不分层迭起。埃及第三王朝伊姆荷太普为法老左塞建造的第一座金字塔，是阶梯形式。[①]但这座梯级形金字塔，是从第一、二王朝的长方形建筑改进而成。[②]我国浙江省余杭瑶山的一处良渚文化祭坛，是一座三重方形土台。[③]其最中心一台为红色土台，第二重为围沟填灰色土，最外一重为黄土台，台面原铺砾石。此祭坛虽为三重，但似乎仅中心红色土台隆起，其余两重只是筑法及用料不同，并未形成明显的迭层。整个形制为方形，足见属于较早时期的祭坛。而成都羊子山清理的一座三级四方形土台[④]，其始建年代的上限已属商周之际[⑤]，故其形制又与上述祭坛有些区别，不便比较。可见，牛河梁三号圆形冢应当从前两者发展而来。但三座积石冢的基本性质和功能则相一致，均为以墓葬而又兼具祭坛。这与埃及金字塔的作用，大体相似。

至于石棺墓群，从凌源三官甸子城子山墓葬周围高大的石围墙和阜新胡头沟玉器墓群被石围圈所环绕等情形看，内涵与牛河梁积石冢和喀左东山嘴石祭坛一致，亦带墓祭性质，同属于一个墓葬与祭坛兼具的文化连续统一体，只是形制稍有差别罢了。

在这个文化连续统一体中，存在着清晰明确的等级与层次关系。上文指出，牛河梁的三座积石冢，是以二号冢为中心发展起来的。其冢群内部结构，二号冢中央是一单独的大型石椁墓，一号冢则清理出15座成群密集

① G.Mokh Tar, General history of Africa, vol・Ⅱ, 1981, P170, plate5. 5, plate, 1. 3, Paris.
②《世界文物》，北京：北京燕山出版社，1988 年。
③ 浙江省文物考古研究所：《余杭瑶山良渚文化祭坛遗址发掘简报》，《文物》1988 年第 1 期。
④ 四川省文物管理委员会：《成都羊子山土台遗址清理报告》，《考古学报》1957 年第 4 期。
⑤ 林向：《羊子山建筑遗址新考》，《四川文物》1988 年第 5 期。

排列的墓室，往往两墓共用一壁；三号冢的清理情况，据《简报》所述，在表层积石中暴露出三具人骨架，似无墓室。各冢葬式，二号墓由于早年经严重破坏，仅在扰土中发现一段人骨、少量红陶片和猪、牛骨，椁室的随葬品早已荡然无存。二号冢内 M4 为仰身直肢式，余皆二次葬。各墓均出有数量不等、形制不一的玉器。三号冢则无任何随葬品。从各种结构看，位于中心部位的二号冢中央既为单独大型石椁墓，墓主地位当然应高于内含多室且普遍为二次葬的一号冢。而一号冢的地位又高于无墓室，无随葬品的三号冢。二号冢 M1 虽未出随葬品，但当是后来被盗一空所致。"从附属小墓出土多件包括玉雕猪龙、勾云形玉佩、马蹄状玉箍等大件精美玉器看，此类中心大墓当有更大、种类更多、制作更精美的玉器随葬。"[1]因此，二号冢墓主的身份和地位，必定是牛Ⅰ积石冢群中的最高者，而此冢亦是主冢。一号冢内仰身直肢葬与二次葬，及其与三号冢的无墓室的差别，以及其间随葬品的或多或少或无，则显示出在主冢之下，它们各自地位的高低、等级的不同等显著差别。

阜新胡头沟玉器墓群的结构层次亦大致如此。M1 不仅是一单独墓葬，而且随葬玉器十分丰富。M2 则是多室墓共只有三件玉器随葬。凌源三官甸子墓葬群，大墓在墓地中心位置，随葬有丰富的玉雕饰品。小墓不仅坑穴短窄，石棺砌筑也极为简陋，随葬品一无所有。很明显，墓葬制度上的分级分层，实质上反映了社会制度的分级分层，反映了阶级的分化。

至于牛河梁女神庙，已由其所在山丘顶部的地形位置和它结构的复杂、设计的精巧、建筑的高超，以及其中所供奉的具有主从关系的神统，活生生地折射出一个世俗社会等级分明的君统和它超乎一切之上的权力结构。再联系到位于女神庙附近，范围南北 175、东西 195 米，由石砌围墙围绕的类似城堡的方形广场——它极有可能是一个集政治和宗教于一体的大型集会场所和礼仪中心——这一点就更加清楚了。

牛河梁积石冢、女神庙，喀左东山嘴祭坛，以及凌源三官甸子和阜新胡头沟石棺墓，向我们展示了一个以神权为中心和主要发展脉络的连续统一体中分级制结构的大概轮廓，证明一个同时具有宗教和世俗权威的权力中心已经形成。

辽西发现的多处积石冢、石坛和石棺墓等遗址，以牛河梁积石冢群规模

① 孙守道、郭大顺：《牛河梁红山文化女神头像的发现与研究》，《文物》1986 年第 8 期。

最大，最为集中，在一二平方公里内密集分布而又排列规整有序。同时，结构复杂、殿堂高大、层次分明的女神庙又与作为大型政治宗教集会中心的广场建筑项背相接，处于中心最显著位置。它们显然居于这个分级制结构中的最高级别。其他规模稍小的祭祀遗址则分散各地，连续分布的空间范围达 50 平方公里，显然分属于这个分级制结构中各个较低的级别。以牛河梁为中心建立起来的礼仪中心网络，再清楚不过地表明了社会中实际存在的等级制分层结构，体现了这个结构所赖以建立的社会基础和阶级实质，说明了当时已经发生并形成了的严重的阶级分化和阶级统治这个基本事实。

由上可见在西辽河流域以大凌河为主的地域范围内，距今五千多年前，确已存在一个以复杂的宗教神权为特征的政治结构和社会组织系统。直接构成这个神权政治结构和社会组织系统的空间构架，仅以当前所进行的有限发掘和初步研究而言，大约在五十平方公里范围内是连续性构成的。即以五十平方公里而言，作为一个神权政治中心的空间构架，规模已经不能算小。西周春秋时代的分封制，按周制有"百里之封""七十里之封"和"五十里之封"等不同等级，前两者为大封，后者为小封。[①]西周初年楚国熊绎受封以"子男之田"，为小封，封以五十里的有限领地。[②]周初之大封如齐、鲁、晋等国，亦只"封或百里，或七十里"。而商、周两代的所谓"千里王畿"，也实由若干地域范围十分有限的方国所共同构成。即与文明时代的苏美尔城邦和希腊城邦制国家相比，西辽河流域这个神权政治中心的规模，也是比较大的。如果从"红山诸文化"[③]的角度来看，西辽河流域红山文化还有其他类型，其连续分布的空间范围更加辽阔。在很大程度上我们不能不认为，以大凌河流域的牛河梁积石冢、女神庙，东山嘴石砌建筑群，以及凌源三官甸子和阜新胡头沟石棺墓群当作为神权结构的空间构架中不同层次的支撑点所连接起来的政治实体，是孕育、发源和生长在西辽河流域的辽阔大地之上的，它不愧为是从红山诸文化中发育生长出来，而又凌驾于红山诸文化之上的一个灿烂的早期文明中心。

应该指出，目前还没有进一步的证据能够把全部红山诸文化都毫无例外地置诸以牛何梁、东山嘴等为中心的神权政治构架之内，但是至少可以认为，

文
明
的
史
迹
：
先
秦
、
巴
蜀
及
南
丝
路
历
史
研
究
（
先
秦
史
卷
）

---

① 参见《礼记·王制》《史记·十二诸侯年表·序》。

② 司马迁：《史记·楚世家》《孔子世家》，北京：中华书局，1959 年；《左传》昭公二十三年，十三经注疏本。

③ 苏秉琦：《辽西古文化古城古国》，《文物》1986 年第 8 期。

拥有共同文化内涵（如石犁招、之字纹彩陶器、陶等）并且空间连续性分布特征非常显著的这一共同地域，是直接孕育这个神权政治实体的广阔而深厚的土壤，大致也是这个神权政治中心可能实施权威的直接和间接的地域范围。它们的空间构架可从两个方面加以理解。一是从平面结构方面看，是一种中心与边缘的关系；一是从垂直结构方面看，是一种高级与低级的关系。平面与垂直两种关系，说明了这个神权政治实体在空间上的广延性和分级性。从发展年代上看，以大凌河流域为中心分布区域的红山文化，可能存在早晚的差别。相当于红山文化后期的牛河梁、东山嘴等祭祀遗址，似乎又属于较晚的一个类型，充分证明它们是在红山诸文化的基础上发展起来的。而牛河梁、东山嘴遗址的年代，均同时持续了大约五百年，又充分说明了这个政治实体在时间序列上所达到的高度稳定性。空间上的连续性和时间上的稳定性，无可非议地说明，作为一个神权政治中心，这个政治实体在其权力实施范围内，已经建立起稳定的统治秩序，从而进入了稳步发展的统治状态。而其他处于边缘和不同层次的各个次级中心及其支撑点，则是这个高级权力中心在各地进行统治的坚强基础和有力支柱。

说明上述神权政治结构已经形成的另一个重要证据，是玉龙的出现。根据出土玉龙的形制演进序列，最早的玉龙形象是猪首，内蒙古赤峰市巴林右旗羊场出土的一件[1]和辽西牛河梁一号积石冢出土的二件即是。后来猪首逐渐演化成眼呈形、背上起鬣而弯曲上卷的龙首形象，内蒙古翁牛特旗三星他拉村发现的一件即是。[2]玉龙的猪首形象，表明它产生在农业发展的基础之上。用玉雕琢而成，加工精美，又表明手工业的专门化分工达到较高程度。对于农业和手工业两者的占有，则表明凌驾于社会之上的政治权力的形成。作为这种政治权力物化形式的玉龙，是这种政治权力的宗教性神权的外在表现形式。《易经·文言》所说"见龙在田，天下文明"，是对龙与文明关系的较早和较恰当的说明。中原三代的盛衰兴亡，无一不与神龙息息相关[3]，从一个侧面反映出神权与王权的关系。从龙的分布范围与年代关系看，中原的龙极有可能是从北方草原传播而去的。从流以溯源可以看出，远远早于夏代纪年范围的西辽河流域红山文化所出现的玉龙，其基本功能当与中原王朝无大差异，也是作为政治权力的标志和象征物而存在的。由此可见，以玉龙为外在形式

---

① 孙守道：《三星他拉洪山文化玉龙考》，《文物》1984 年第 6 期。

② 翁牛特旗文化馆：《内蒙古翁牛特旗三星他拉村发现玉龙》，《文物》1984 年第 6 期。

③ 参见《史记·夏本纪》《史记·周本纪》。

的政治结构，已经超出史前部落制结构的水平。

　　值得注意的是玉龙的空间分布情况。考古资料说明，具有与玉龙同样技术和特征的玉器，在西辽河流域至少已发现十余处，其分布范围恰与已知的红山文化分布区域相一致。[①]这无疑是以上关于神权政治结构范围论述的有力证据。此外，牛河梁一号积石冢 M4：2、3 出土的两件龙形玉饰，龙首形象为猪龙；东山嘴中心大方祭坛出土的一件双龙首璜形玉饰，龙首形象略带猪首形而又有所变化，两者之间明显地存在年代早晚的承袭关系。这一年代早晚关系，与公布的碳十四测定年代和树轮校正年代数据的早晚差距，恰相吻合。[②]这就确切表明，牛河梁作为西辽河流域神权政治结构内的高级权力中心，发源最早，地位最高东山嘴作为这一神权政治结构内的次级中心，其权力则是从牛河梁高级中心发源出来的，是牛河梁中心的派生物。而阜新胡头沟玉器墓群中未出玉龙，却出有与玉龙鬣部颇有关系的勾云形玉饰；凌源三官甸子石棺墓的中心墓内，也出有一件双猪首玉饰（此件玉饰的双猪首，尚不具备猪龙的特征），说明它们又是作为再次一级的权力中心而产生的。由此可见，玉龙毫无疑义是西辽河流域红山文化权力中心的一个重要的外在形式，政治权力在这里是通过神权来加以表达的。即是说，三个不同层次神权的集中和统一，事实上象征着社会组织形式和政治权力的集中化和统一化，而社会组织形式和政治权力的集中化和统一化，则标志着一个早期国家——实行神权政治的宗教国家的产生和形成。与玛雅文明在举行宗教仪式的中心建立巨大的石砌建筑，以此表示他们社会的统一[③]等情况，大体相同。

四、西辽河流域早期国家的形成

　　上面我们通过对西辽河流域红山文化积石冢群、女神庙、女神雕像群、祭坛群和石棺墓群、玉龙等的发生、发展和演变关系，以及这一文化连续统一体的空间分布形态等方面的分析，初步研究了西辽河流域早期文明的政治特征及其在宗教形式上的表现，从而揭示出一个以宗教神权政治为主要发展脉络和结构框架的权力中心的存在，说明了这个早期国家内部统治网络的基

---

① 孙守道：《三星他拉洪山文化玉龙考》，《文物》1984 年第 6 期。

② 牛河梁的碳十四测定年代数据，较早的距今 4 975±85 年，树轮校正 5 580±110 年，较晚的距今 4 995±110 年，树轮校正 5 000±130 年。东山嘴石砌建筑群址的碳十四测定年代距今 4 895±70 年，树轮校正 5 485±110 年。取较早值，牛河梁早于东山嘴。

③ LS 斯塔夫里阿诺斯：《全球通史——1 500 年以前的世界》，上海：上海社会科学院出版社，1988 年，第 507 页，吴象婴、梁赤民译。

本结构。以下通过在这个早期国家中起主导作用的权力的性质、权力运用的程度（包括深度和广度）等方面，对它的实质进行分析。

关于国家的实质，马克思主义经典作家已经指出："国家是文明社会的概括，它在一切典型的时期毫无例外地都是统治阶级的机器，并且在一切场合在本质上都是镇压被压迫被剥削阶级的机器。"[①]从这一论述出发进行分析，西辽河流域的早期国家，同样也是建立在阶级剥削和压迫基础之上的，是一个在宗教神权外衣掩盖下实行阶级统治的机器。

根据现代考古学家和人类学家对世界各地早期国家形成的各种材料所进行的研究和归纳，最早形成的原生国家，几乎无一例外地都属于实行神权政治的宗教国家。英国著名考古学家柴尔德（V. G. Childe）认为，最早出现的国家，即适应组织贸易或灌溉等要求而出现的集权化的统治权力，就是神权国家。当社会的意志通过一个首领或国王来表达时，他不仅被授予了道德的权力，而且被授予了强制的力量，使他能够制裁不服从管教的人。[②]在经济方面，考古资料表明，奢侈品大多集中在神庙、宫殿、王陵和生产它们的手工业作坊当中，说明披着"国家宗教"外衣的统治阶级把剩余产品的绝大部分据为私有财产。由于劳动分工和剩余产品集中掌握在神权统治阶级手中而形成的阶级冲突，导致早期国家的产生和形成。美国著名人类学家怀特（L. A. White）则认为，宗教与国家作为一个整体，宗教的作用在于使国家权力合法化，并充分运用宗教那超自然的惩罚权力来支持国家权力。这种特殊的机构，便是宗教国家。[③]

对于早期宗教国家的特征，美国新进化论派著名人类学家塞维斯（E. R. Service）有独到研究。在《国家与文明的起源》一书中，塞维斯论述说，早期神权政治国家通过带有积极意义的制裁和宗教环境进行有效的统治，而使世俗力量成为不必要。他认为："各种古典形式有一个我们绝不可低估的特征，即一种彻底的神权政治性质，这种组织的经济和政治方面的全部职能都被其神权方面所掩盖或兼并。正如霍卡特具有说服力地指出的那样，一条灌渠的建造并非以'功利'为目的，同时神庙的建造也不是以'宗教'为目的，两者都是有效的、实用的和必要的，并且两者都可看作具有相同的宗教仪式意义。显然，

---

① 恩格斯：《家庭、私有制和国家的起源》，《马克思恩格斯选集》第四卷，北京：人民出版社，1973年，第 172 页。

② V.G.Childe, Man makes himself, New York, 1936.

③ Leslie A White, The evolution of culture, New York, 1959, P301.

看得见的利益和加强神权政治的其他形式能够保证其统治巨大的群体而不用像常规那样求助于暴力强制。因此，国家作为建立在世俗力量基础上的镇压机构，与文明的最初发展并没有衔接关系。"①除开其中关于宗教国家无须借助于暴力强制因而与世俗国家无关的论点外，塞维斯关于早期国家实行"彻底的神权政治"的论述，对我们研究早期国家的特点，是有启发意义的。

我们看世界各古代文明发源地早期国家的考古材料所表明的事实，几乎均为神权政治国家。无论在西亚、埃及、爱琴文明，还是古代玛雅、奥尔梅克、安第斯文明，均有高大的神庙，或雄伟的祭坛。西亚乌鲁克文化拥有众多巍峨的神庙，有的是泥砖建筑，有的是石庙，几乎所有神庙都高耸在城市的中心部位。每一城邦都有"神堡"，包括市神和其他神的一些庙。古代埃及进入文明时代后用石料取代泥砖作为祭坛的建筑材料，并大大加以扩充，成为有等级的金字塔。玛雅和奥尔梅克文明中，则常常可以见到类似金字塔般高大巍峨的石砌建筑群。它们都是宗教神权政治的象征，标志着披着国家宗教外衣的王权的形成。对此柴尔德从神权起源的角度分析说："神是一些魔力的人格化、植物的死亡和再生，播种和收获等戏剧化的重演，可能一度被当作为强使农作物苗壮生长的魔术礼仪来举行。那些演员，在象征麦粒及其魔术性的生产力量时，即被认为是一位控制了魔力的神明，人类寻找出来作为强制之用的魔力，会被人格化成为一个须加以帮助和须加以安抚的神明。在历史尚未开始之前，社会即已把它的集体意志、它的共同希望和恐惧，具体化成了这个被它尊为领土之主的虚构人物。"②正因如此，这个在神权外衣掩盖之下的王权，才能无偿占有剩余产品，才能使广大人民为其建造规模巨大的各种复杂的礼仪性建筑，才能使人民强制性地服从。

中国先秦三代亦有发达的神权政治，把阶级统治的国家实质掩藏在神秘的宗教外衣之下，但形式与其他古代文明有所不同。商代的神权观念主要表现在商王借助于甲骨卜辞与上天沟通。各种复杂的祭祀礼仪，华丽繁缛的青铜器纹饰，也都突出地体现了神权政治观念。商代已出现"君权神授"观念，见于《尚书·商书》诸篇。殷纣王在大难将临时，还自称"我生不有命在天"。③周武王克殷，以"小邦周"取代"大国商"，周公谓此王朝代兴为"皇天上帝，

---

① E.R 塞维斯：《国家和文明的起源》，纽约，1975 年，第 307 页。转引自乔纳森·哈斯：《史前国家的演进》，北京：求实出版社，1988 年，第 66-67 页。

② V.G.Childe, Man makes himself, New York, 1936.

③《尚书·西伯戡黎》，十三经注疏本，北京：中华书局，1980 年。

改厥元子"①。周初的青铜器铭文中，也多有"受天大命"之类的词句。早期蜀文化中举世罕见的青铜雕像群②，其象征意义同样也是至高无上的神权。这些不过都是王权借助于神权的惩罚权威来行使国家权力，或代表神所赋予的神圣使命来行使王权。毫无疑问，行使这些强制性权力的实质手段，乃是充分而有效地运用暴力。

西辽河流域红山文化所显示出来的社会形态，与上述各古代文明有着共同的基本特征。牛河梁积石冢群、女神庙，东山嘴石砌祭坛群，各地有主从层次关系的玉器墓群，其宏构巨制，规模庞大，都无不反映出强迫民众服从一个集中统一的政治权力中心的事实，表明了政权的集中化统一化并被加以充分运用。而这个集权中心在其社会组织系统和政治结构诸方面所处处充满着的神秘王国气氛，正是一切原生的早期国家所普遍具有的特征。西辽河流域红山文化，它的主体成分和绝大多数要素都是土生土长的。虽也部分地含有一些仰韶文化的特征，但这是文化交流所致，不能据以否定它是一个原生的早期国家。

从大型礼仪性建筑的规模这一角度，分析一个社会是达到了早期国家水平还是处于史前酋长制状态，应从几个方面入手分析。第一是其所反映的行使权力的范围和程度，第二是是否达到专业化生产，第三是大型礼仪建筑工程的作用和目的性。③

我们在上文论述过的以牛河梁为中心、分布范围至少达五十公里的这样一个文化连续统一体，以及组成这个构架的各个层面，对于权力行使的广度和深度已作一比较详细的说明。各种大型石砌建筑、复杂的神庙殿堂、精美的玉器和栩栩如生的大型女神雕像群，也充分证明了社会分工所达到的专业化生产水平。而专业化分工所必备的基础，是农业已发展到足以提供足够的食物来维持一大批脱离食物生产的手工业者队伍、建筑队伍、运输队伍、采石队伍和早期的艺术师等。这就表明，统治者确已控制了劳动分工，控制了人民的剩余劳动及其产品，将其变为私有财产。

另一方面，把大量劳动力集中投入使用于修建礼仪性工程，却不是投入有益于社会生产和公众生活的公共工程如水利、道路等，也反映了权力运用的性质。对此现象，唯一合理的解释，只能认为这个权力中心是在强烈地炫

① 《尚书·召诰》，十三经注疏本，北京：中华书局，1980年。

② 四川省文物管理委员会、四川省文物考古研究所等：《广汉三星堆遗址一号祭祀坑发掘简报》，《文物》1987年第10期；《广汉三星堆遗址二号祭祀坑发掘简报》，《文物》1989年第5期。

③ J.哈斯：《史前国家的演进》，北京：求实出版社，1988年，第165-188页，罗林平等译。

耀宗教那至高无上的权威。同时也意味着，在宗教神权的庇护下，世俗间的王权已达到充分合法化。这里充分暴露了这种唯一运用于宗教意识形态的大型劳动工程的强制性、非自愿性。如果劳动工程是自愿性的、自觉的，那就首先应当使用于对公众利益有作用的一些事业上。例如灌溉，最早大河流域的灌溉都是人们之间自愿采取的小规模联合与协作来完成，史前埃及最早的灌溉系统和史前安第斯文明的灌溉系统，均由一些家庭至多是个体生产者的小集体建造和管理①，当时还没有出现由一个集权的中心所强制性建造的大规模水利工程。虽然应该指出，酋长下也有一些公共建筑是为宗教服务的，但规模一般不大。现在所见的一些史前建筑，如著名的复活节岛史前巨石人像就是如此，每一代酋长立一石像，累代相继，以至成为如今巨大的石雕人像群。然而每一代的建筑规模并不大，无须投入多少劳动力。又如，英国索尔兹伯里斯通亨奇史前巨大的圈形建筑群，也不是同一时期建筑起来的，而是经过先后五百年，经历了三个时期，逐渐建筑而成的。何况这一史前建筑的用途，极有可能是服务于天象观察，还不是单一的宗教性建筑。②由此可见，在同一时期内集中大量人、财、物力修建与社会生产和公众生活无直接利益关系的大型纯宗教性建筑群，不可能出于自愿劳动，只能是一个披着宗教外衣的政治权力集团有目的地强迫广大被统治阶级所进行的强制性劳动。从剩余劳动被无偿占有这个方面看，也可以看出早期国家的形成，证明这个早期国家确是统治阶级掌握并玩弄神权，以有效地实施阶级统治的机器。

由上可见，西辽河流域这个政治实体，无论是其统治权力的性质，还是其行使权力的程度和范围，都已达到与史前酋长制有着本质区别的新阶段，因此它毫无疑问是一个早期国家。

五、结语

通过对西辽河流域红山文化所达到的社会发展阶段的研究，不仅使我们从中看到一个早期国家的基本构架及其演进，更重要的是认识到它还包含着深刻的理论意义。

从上一世纪美国著名人类学家摩尔根（Lewis H. Morgan）在美洲印第安人中发现典型的母系氏族，并于1877年发表其名著《古代社会》以后，许多

---

① W.A.哈维兰：《当代人类学》，上海：上海人民出版社，1987年，第228-229页，王铭铭等译。
②《世界文物》，北京：北京燕山出版社，1988年。

人类学、考古学和历史学家都根据摩尔根发现和阐释的原始社会发展阶段模式，确信继婚姻形态的杂交时段后，产生的第一个社会是母系氏族社会，在母系氏族社会之后的社会发展阶段是父系氏族社会。与此相应的则是从母权制到父权制的先后发展顺序。由于世界各地主要是西欧，如奥地利维多伦多夫、意大利格里马尔迪、法国布拉桑普伊等洞穴，以及苏联加加里诺、科斯坚基、马利塔·布列季等地发现旧石器时代的妇女雕像，均为突出女性特征和性器官，故被多数学者断定为属于母系氏族宗教信仰的产物。新石器时代的女性雕像，在北非、小亚细亚沿海地区、爱琴群岛、巴尔干半岛、比利牛斯半岛、法兰西、英格兰以及斯堪的那维亚等地，也多有发展，其特征在技法上与旧石器时代的妇女雕像相近，因而也被断定为母系氏族社会的女神形象和女神崇拜。[①]而新石器时代末叶出现在西亚欧贝德后期文化(Ubaid Culture Ⅳ)[②]，埃及涅伽达文化阿姆拉遗址（Amra，Nagada Culture）[③]，以及其他一些地方的泥、石、象牙等男性雕像，则被认为是父系社会的崇拜对象。从原始社会单线进化的发展阶段论来看，母系与父系、母权与父权的前后相继，似乎由此得到了证实。

　　但是，一个多世纪以来的人类学调查和研究，以及广泛而深入的考古发现与研究，却不断地显现出与上述序列并不合拍的大量实例和实证性材料。当代大多数人类学家虽然并不否认有母系社会存在，但却并不认为母系与父系之间具有必然的前后相继的发展阶段关系。而所谓母权，在历史上也从未构成过一个独立的社会权力发展阶段，难以断定历史上有一个完全由妇女掌权的阶段存在。相反，在相当多的母系社会里，妇女地位虽较高，受到人们尊重，但权力却由男子掌握。而在摩尔根所亲自调查并据以得出母权制结论的北美易洛魁人的部落中，妇女占有重要地位的情形，乃是一种特殊形态，并且这种情形还不是易洛魁社会的原始社会形态。[④]因此，关于妇女雕像必然是母权制象征这一命题，其基本理论和论据就失去了坚实可靠的经验材料基础，其结论自然就大成问题。

　　史前时期世界各地所发现的女性雕像，绝大多数都不是分层次成体系的拟人神结构。尽管从女性雕像的起源看，与社会尊重妇女有一定关系，但从

---

① C.A.托卡列夫：《世界各民族历史上的宗教》，北京：中国社会科学出版社，1985 年，魏庆征译。

② 世界上古史纲编写组：《世界上古史纲》上册，北京：人民出版社，1979 年。

③ H.Frankfort, The birth of civilization in the Near East, plate·Ⅲ, 1954 London.

④ 童恩正：《摩尔根模式与中国的原始社会史研究》，《中国社会科学》1988 年第 3 期。

新石器时代始以生育女神象征农业上的丰饶崇拜和地母崇拜，却与妇女社会地位的高低没有必然联系，它仅仅是从生育意义出发来象征农作物的生长和收获的。因此这类妇女雕像尤其注重突出女性器官和生育功能，被称为"地母"。这种实例在民族志资料中比比皆见，即使在易洛魁人的部落中，也是如此。①尤其是西辽河流域红山文化所发现的大、中、小三类女神雕像，仅有喀左东山嘴的两件无头裸体孕妇小雕像代表丰饶女神，中型和木型的两类则看不出与农业崇拜有什么直接的关系。特别是牛河梁女神庙主室内不同部位发现的大型女神雕像群，照我们看来，已具国家崇拜的意义。三类女性雕像所构成的神统，犹如众星拱月，群神拥戴主神的主从层次关系十分明显，也表明已初步完成从多神向一神的转化。从多神向一神的发展，是人类生产形态进步、社会结构演进的历史反映，两者之间基本上是同步发展起来的。从多神到一神，从多神平等到一神独尊，形成分层分级的神权结构，其实就是世俗间从平等到阶级分化和君主独尊的社会结构的反映。何况，红山文化所显示出来的神权政治结构，表明存在着一个脱离社会生产的特殊的权力阶层，它能够无偿地占有在专门化分工基础上形成的一大批各种手工业者、运输工人、建筑工人、采石工人和艺术师以及能够为其提供食物以维持生计的农民阶级的剩余劳动和剩余产品，并能随心所欲地予以支配。如果没有一个集权的机构来统一地、充分地、有效地行使权力，就不可能统一支配，调动各种人、财、物力，取得如此巨大的文明成就。

可见，西辽河流域红山文化的社会发展阶段，已远远超出母系社会的发展水平。而且按照本文的推论，牛河梁积石冢群等墓葬内那些级别甚高的死者，很有可能是男性，而不是史前母系社会虽受尊重却并不掌握实际权力的女性人物。积石冢的建筑规模可以说明这一点。假如可以进行比拟的话，那么，正如古代埃及金字塔并不因为当时盛行女神崇拜而被断定为妇女的墓冢和祭地一样，红山文化积石冢也不能因为同样原因而被轻率地断定为妇女的墓冢和祭地。这就再次证明了女神雕像与母系社会并无必然的联系这个观点。诚然，历史上确也不乏妇女执国政的例子，如我国古代著名的"西王母"国，日本古代的邪马台女王等，但由于与本文主题无关，故不引证论说。

按照恩格斯关于"国家是文明社会的概括"的理论，西辽河流域的早期神权政治国家当然应该是对其早期文明社会的概括。按照传统的观点，文明

---

① 乔治·彼得·穆达克：《我们当代的原始民族》，四川省民族研究所印，1980年，第202页，童恩正译。

社会的主要物质文化特征是文字、城市、金属器、大型礼仪建筑、伟大的艺术、贸易等。但是，西辽河流域的早期国家，至少迄今为止，尚未发现文字、金属器等，城市的有无也还难以断定。而此三者，被一些学者认为是文明时代不可缺少的物质文化标志。近来，一些学者根据红山文化所出现的大量玉器，提出"一部玉器史的研究，正是探讨中华民族文明史的一个过程"[1]，是中国文明史的研究课题之一。杨伯达先生在研究中国古代东方沿海崇尚玉器部落的分布后认为，"很有希望找到从石兵器向铜兵器过渡的玉兵器阶段"[2]。著名考古人类学家张光直先生，根据西汉成书的古代文献《风胡子》对中国上古以石、玉、铜、铁质料作为兵器的递进发展阶段的概括提法，指出："风胡子这个分期法，知之已久，但它在历史现实中有多大基础，是现在才能看得出来的。"这段话有两点值得注意，其一是把古史分为石、玉、铜、铁四个阶段，大致相当于传统古史的三皇（轩辕、神农、赫胥）、五帝（黄帝）、三代（禹）和东周四个阶段。其二是将这四个阶段的进展变化与政治力量相结合。这两点都很正确地将中国古代文明演进的经过的本质变化撮要出来了。西方考古学讲石器时代、铜器时代、铁器时代，比起中国来缺少一个玉器时代，这是因为玉器在西方没有在中国那样重要。玉器时代在中国正好代表从石器到铜器的转变，亦即从原始社会到国家城市社会中间的转变阶段。[3]我们认为，考古学上时代的分期，正确表述了社会生产力发展和技术进步的水平。玉器的制作，从选矿、采矿，到加工、成形，从形态构思到成品的艺术表现，都反映出所达到的社会生产力发展和技术进步水平已超越了石器时代。因此，玉器时代的提出，就有十分重要的意义。而且，即便是中国青铜时代鼎盛时期的商王朝，其玉器也同青铜器处于同样重要的地位。何况，与红山文化玉器共存的伟大物质文明成就，还有足以与西亚、埃及和玛雅、印加文明比美的巨大的礼仪性建筑群和伟大的艺术。这些都充分显示了西辽河流域早期文明的特点，证明它确是一个以神权政治为特征的原生形态的早期国家。

由此便引出一个发人深省的问题：文明起源的途径究竟是只有一条，还是多条？文明形成的模式究竟只有一种，还是多种？看来，正如文明起源的"一元论"和"多元论"的争辩一样，这个问题对于我们还确实是一个值得深

① 孙守道：《论中国史上"玉兵时代"的提出——红山文化玉器研究札记》，《辽宁文物》1983 年。
② 杨伯达：《中国古代玉器面面观（上）（下）》，《故宫博物院院刊》1989 年第 1 期、第 2 期。
③ 张光直：《谈"琮"及其在中国古史上的意义》，《文物与考古论集》，北京：文物出版社，1986 年。

入探讨的课题。本文只是提出这一问题。至于它的正确解决，则是我们今后必须努力的一个方向。

后记

　　本文完稿后，始见《光明日报》1989 年 12 月 23 日发表之《辽西红山文化遗址又有惊人发现》一文。据称，最近在牛河梁首次发现"我国史前具有金字塔性质的巨型建筑"。又，"围绕牛河梁又陆续发现大型积石冢群址 20 多处。其中一座中心大墓，出土成果丰硕。墓内发现一具完整的男性骨架，墓葬的主人当为首领人物"。这些发现的确激动人心。尤其中心大墓发现的男性骨架，完全证实了本文对积石冢群性质的推论，更加有力地证明红山文化女神雕像群与母系社会没有关系，因而不能据以认为是史前时期。此外，据文称，美、法、日、印等国学者的"共同观感是，辽西红山文化遗址是可与埃及金字塔、印度河莫亨觉达罗古文明相比的世界性发现"。这与本文对西辽河流域红山文化社会进化阶段的认识和评价，是相当一致的。是以为幸也，且以为后记。

| 12 |

良渚文化玉琮的功能和象征系统

　　关于良渚文化玉琮的用途、功能和象征系统等问题，长期以来，学术界对此争论甚烈，远未达成共识。梳理起来，产生分歧的根本原因主要集中在这几个方面：一是对古代典籍的认识和理解，以及结合运用具体的考古资料进行分析；二是对单件文物分析与墓葬整体分析相结合进行的整体研究；三是将墓葬资料与文化背景结合起来加以综合分析。一言以蔽之，多数分歧在于对材料、理论和方法的理解与把握。这里将尽量准确地把握这几个方面进行分析。

一、对文献所载玉琮功能和象征系统的分析

　　在古代，玉琮与玉璧往往是密切联系在一起使用的。关于玉琮、玉璧的用途、功能和象征系统，在中国古代典籍尤其是礼书里有不少记述，其中尤以《周礼》的记载具有代表性。《周礼·春官·大宗伯》记载：

　　以玉作六瑞，以等邦国：王执镇圭，公执桓圭，侯执信圭，伯执躬圭，子执谷璧，男执蒲璧。以禽作六挚，以等诸臣：孤执皮帛，卿执羔，大夫执雁，士执雉，庶人执鹜，工商执鸡。以玉作六器，以礼天地四方：以苍璧礼天，以黄琮礼地，以青圭礼东方，以赤璋礼南方，以白琥礼西方，以玄璜礼北方。皆有牲币，各放其器之色。

　　这段记载是对国家政体、社会分层和宗教祭祀等三个方面的基本礼仪的描述，这三个方面的礼制比较完整地反映了国家的基本制度。"以玉作六瑞，以等邦国"，所说的是天下共主与诸侯这样一种政治体制，这显然是以西周以来中原王朝的政体为蓝本加以系统化整理出来的。"以禽作六挚，以等诸臣"，所说的是诸侯国的社会与政治分层，这是以西周以来的政治体制和社会分层为蓝本加以系统化整理出来的。"以玉作六器，以礼天地四方"，所说的是王朝的祭祀礼仪和制度，这是以西周以来的祭祀礼仪为蓝本加以系统化整理出来的。《周礼》的成书年代，学术界大多认为是战国时代。不过，成书年代与

原始材料的形成年代不可混为一谈。《周礼》中的一些基本制度应来源于西周，如王与邦国这样一种国家体制构架，是西周所独有的，夏、商王朝或秦汉时期都不是这种共主制的政治体制。但是，《周礼》关于用玉进行祭祀的材料还是取材十分久远的。殷墟卜辞中有"豊"字，王国维《释礼》考释说："古者行礼以玉，故《说文》曰'豊，行礼之器'，其说古矣。"[1]在史前考古和夏商周考古中，璧、琮、圭、璋、琥、璜等"六器"的器形多数已发现，不过至今没有发现以此"六器"所形成的组合关系，说明历史上可能并没有所谓"以玉作六器以礼天地四方"的制度，"六器"不过是对玉器组合加以系统化整理或理想化设计而编制出来的。

文明的史迹：先秦、巴蜀及南丝路历史研究（先秦史卷）

从上述分析可知，不同色质、不同形制的玉器，其功能和象征系统也不同。"六瑞"的功能在于体现政治体制，象征着中央王朝与诸侯国的统属关系，不同器形代表着不同的政治权力。"六器"的功能在于体现祭祀礼仪，象征着对天地和四方的贯通，即如《说文》所说的"以玉事神"，代表着宗教礼仪或意识形态权力，也就是神权。由此看来，璧、琮、圭、璋、琥、璜等"六器"是神权的象征物，它们与王权的象征物在内涵上有着重要区别。

对于《周礼·春官·大宗伯》记载所用玉的材料究竟取材于何时何地，我们姑且可以暂置不论，但文献所说的完全是已经进入了国家与文明时代的社会的情况，而不是前国家阶段即处于史前时期的酋邦制社会的情况。因此，用《周礼·春官·大宗伯》关于"六器""礼天""礼地"之制去比附史前酋邦的用玉情况是不适合的。杨建芳先生在《玉琮之研究》一文中也认为，所谓"六器""礼地"之说，"绝非新石器时代晚期的制度"[2]。

关于玉琮的功能和象征意义，古籍中还有另一种说法，认为琮是"宗后"所用的重器。《考工记·玉人》记载：

> 驵琮五寸，宗后以为权；大琮十有二寸、射四寸、厚寸，是谓内镇，宗后守之……瑑琮八寸，诸侯以享夫人。

所谓"宗后"，就是"宗子"，亦即宗法制中大宗[3]的夫人，也是分封制中诸侯的夫人。宗后以不同形制的琮为权、为内镇，诸侯亦以琮作为享献宗后

---

① 王国维：《观堂集林》第1册卷六，北京：中华书局，1959年。

② 杨建芳：《玉琮之研究》，《考古与文物》1990年第2期。

③ 所谓宗子，《诗经·大雅·板》曰"大邦维屏，大宗维翰，怀德维宁，宗子维城"，可知乃大宗之谓。参见《左传·桓公二年》《礼记·丧服小记》《礼记·大传》等记载。

的瑞器，可见琮是贵族妇女中地位最尊贵者的标识，象征着宗后的高贵与尊崇。不过，与"以玉作六器，以礼天地四方"相同，这仍然是以西周制度为蓝本加以理想化整理出来的系统，并非夏商周三代、更不是新石器时代实际存在的用玉制度。

关于《周礼》中所记载的用玉制度，夏鼐先生曾经这样分析过："书中关于六瑞中各种玉器的定名和用途，是编撰者将先秦古籍记载和口头流传的玉器名称和它们的用途收集在一起，再在有些器名前加上形容词使成为专名，然后把它们分配到礼仪中的各种用途去，这些用途，有的可能有根据，有的是依据定义和儒家思想硬派用途。这样他们便把器名和用途，增减排比，使之系统化了。"[1]夏鼐先生的看法无疑是正确的。

以上分析说明，《周礼》以及其他一些礼书中的用玉制度，包括琮、璧的功能及其象征系统，是后世主要根据西周制度加以理想化系统化整理出来的，我们自然不能完全根据礼书的说法来分析琮、璧的实际用途、功能及其象征系统。

即令《周礼》等礼书可以作为分析的线索，但仍有一些重要问题难以解决。我们知道，《周礼》等礼书源出中原文化系统，在它们成书的时代，中原早已是高度发展的古代文明社会，国家形态也日益成熟。尤其是西周社会已形成壁垒森严的等级制，即所谓"天有十日，人有十等，下所以事上，上所以共神也。故王臣公，公臣大夫，大夫臣士，士臣皂，皂臣舆，舆臣隶，隶臣僚，僚臣仆，仆臣台。马有圉，牛有牧，以待百事"[2]。显然可见，倘若要用根据国家与文明社会的用玉制度所整理出来的材料来理解并阐释仍处于史前酋邦制阶段的良渚文化的用玉情况，是大有问题的。良渚文化与中原古文化并非属于同一个文化系统，要用中原文化来解释良渚文化的用玉情况，也是大有问题的。更何况，长江下游文明起源的进程在良渚文化之后出现了间断，也就是说，良渚文化与夏商周三代不论在文化序列上还是在时空位置上都不是连续发展的。因此，不能完全用带有西周制度影子的《周礼》等礼书的记载作为分析良渚文化玉琮、玉璧的用途和功能等的主要依据和基础。分析良渚文化玉琮、玉璧，必须主要从良渚文化本身出发。

---

① 夏鼐：《商代玉器的分类、定名和用途》，《考古》1983 年第 5 期。
②《左传》昭公七年。并参看《左传》桓公二年所载师服论国家等衰（差）。

二、良渚文化玉琮的考古学分析

良渚文化大墓出土的玉琮、玉璧、玉钺，主要存在于反山墓地、瑶山墓地和寺墩墓地。

反山墓地共出土玉琮 21 件，其中 M12 出土最多，达 6 件，M15、M19、M22 没有出土琮，其余各墓出土 1~4 件不等。玉璧共出土 130 件，其中 M14 出土 26 件，M20 出土 43 件，M22 出土 3 件，M23 出土 54 件，其余各墓或出土 1 件，或出土 2 件，或没有出土璧。玉钺出土 5 组，分别出自 M12、M14、M16、M17、M20 等五座墓内。[1]瑶山墓地出土玉琮 8 件，其中 M2 出土 2 件，M7 出土 2 件，M9 出土 1 件，M10 出土 3 件，其余各墓均不出土琮。[2]瑶山 M12 曾经被盗，传出土于该墓的玉琮有 7 件。瑶山墓地没有玉璧出土。玉钺共出土 6 件，M3、M10、M9、M7、M2、M8 各出土 1 件。[3]寺墩墓地先后发掘的五座墓葬中[4]出土大量玉琮，其中，M3 出土 32 件，M1 出土 5 件，M4 出土 1 件（征集 10 件），M5 出土 2 件。寺墩墓地出土的玉璧中，M3 出土 24 件，M4 出土 1 件（征集 10 件），M5 出土 1 件（征集 6 件）。玉钺出土共 10 件，M3 出土 3 件，M1 出土 2 件，M5 出土 5 件（征集 1 件），M4 征集 1 件。[5]

关于玉琮的用途和功能，学术界众说纷纭，莫能相一。据林华东先生统计，有关见解达 23 种之多[6]，其中在学术界有着较大影响的观点主要有"祭祀天地的礼玉""玉殓葬"和"中国古代宇宙观与通天行为的象征"等。

不少学者认为玉琮是祭祀天地的礼玉，这种意见的主要根据是《周礼·春官·大宗伯》记载的"以苍璧礼天，以黄琮礼地"，理由是"璧圆象天，琮方象地"。但用《周礼》记载的所谓"六器"之说来阐释良渚文化玉器的用途和功能，无论在时空位置还是文化系统上都是不合适的，对此，上文已有

---

① 浙江省文物考古研究所：《反山——良渚遗址群考古报告之二》（上），北京：文物出版社，2005 年。

② 浙江省文物考古研究所：《瑶山——良渚遗址群考古报告之一》，北京：文物出版社，2003 年。

③ 浙江省文物考古研究所：《余杭瑶山良渚文化祭坛遗址发掘简报》，《文物》1988 年第 1 期。

④ 南京博物院：《江苏武进寺墩遗址的试掘》，《考古》1981 年第 3 期；南京博物院：《1982 年江苏常州武进寺墩遗址的发掘》，《考古》1984 年第 2 期；江苏省寺墩考古队：《江苏武进寺墩遗址第四、五次发掘》，见《东方文明之光——良渚文化发现 60 周年纪念文集》，海口：海南国际新闻出版中心，1996 年。

⑤ 寺墩墓葬征集玉器的情况，见林留根：《试论良渚文化的内部分层与社会结构》附表一，见《东方文明之光——良渚文化发现 60 周年纪念文集》，海口：海南国际新闻出版中心，1996 年，第 268 页。

⑥ 林华东：《良渚文化研究》，杭州：浙江教育出版社，1998 年，第 372-376 页。

分析。同时，"六器"中的玉璋、玉琥，不论在良渚文化的遗址还是墓葬中均从未发现。而对于以璧、琮配套以礼天地之说，在反山墓地就有 M15、M19、M22 等三座墓没有出土琮，而在瑶山墓地根本就没有玉璧出土，可见认为良渚文化的琮、璧是礼天地的礼玉之说不足为据。此外，良渚文化玉琮本源于玉镯，其"外方"是逐步演化的。据杨建芳先生对玉琮形制的分类，良渚文化玉琮几乎全部是中央为一圆筒，外侧边缘有四个（或更多）等距的长方凸起。琮的"内圆外方"，其"内圆"承袭了镯的特点，"外方"乃是为了使琮外侧长方凸起上的阴刻神人面或神兽面（二度空间）取得浮雕立体效果（三度空间），而将弧面改变为折角的结果。四个直角并连，便成为名副其实的"外方"①。并且所谓"赤璋""玄璜"等色质，也是考古中没有发现过的，在先秦古籍里也无记载。可见，认为玉琮是祭祀天地的礼玉的说法，还缺乏必要的坚实证据。

"玉殓葬"是由汪遵国先生率先提出来的。②在其论文里，作者主要是列举和分析了良渚文化墓葬所出玉器，并以《周礼·春官·大宗伯》"以苍璧礼天，以黄琮礼地"的记载作为玉琮和玉璧是祭祀天地的礼器的证据。但对于"玉殓葬"，则除了引用《周礼》"疏璧琮以殓尸"一语而外，没有对所称良渚文化以玉器随葬是"玉殓葬"的理由予以说明或论证。有学者对此提出了质疑。③前面已经论证，以《周礼》所说"琮璧祭祀天地"来阐释良渚文化墓葬中随葬玉器的用途和功能是没有时空根据的，而且，不论反山、瑶山还是寺墩墓地，玉琮和玉璧都出土在墓葬里，而不是出土于祭祀遗迹或与祭祀有关的遗迹里。因此，要说玉琮和玉璧是祭祀天地的礼玉，理由不充分。虽然寺墩 M3 的肢骨和随葬的部分玉琮、玉璧和石斧有火烧的痕迹，但仅仅据此就断定良渚文化墓葬随葬玉器为"玉殓葬"，证据还显薄弱。相反，在良渚文化的绝大多数墓葬里，包括寺墩的其他四座墓和反山、瑶山的所有墓葬里的随葬玉器，都没有发现火烧的痕迹。倘若以火烧肢骨和玉器作为"玉殓葬"的证据，那么除寺墩 M3 以外，其他所有良渚文化墓葬都不是"玉殓葬"。况且，寺墩 M3 内也只是随葬的一部分玉琮、玉璧和石斧有火烧的痕迹，而其他多数的随葬玉器却并没有发现火烧的痕迹。既然如此，"良渚文化'玉殓葬'"之说又如何说起呢？

① 江遵国：《良渚文化玉殓葬述略》，《文物》1984 年第 2 期。
② 江遵国：《良渚文化玉殓葬述略》，《文物》1984 年第 2 期。
③ 王明达：《反山良渚文化墓地初论》，《文物》1989 年第 12 期。

至于由张光直先生所提出的玉琮的"内圆外方"形制，象征着"天圆地方"，因而玉琮是中国古代宇宙观与通天行为的很好的象征物①之说，证据也是不足的。已有学者指出，藏于大英博物馆的一件玉琮，其被视为"内圆"的射面外缘就略呈方形，惟其四角稍作委角而已。在寺墩 M3 出土的玉琮中，如 M3：5、M3：7、M3：35、M3：32、M3：25 等，以及中国国家博物馆、台湾故宫博物院收藏的高大玉琮，射面外缘也作委角的方形。②可见，说因玉琮的形制"内圆外"，所以象征着"天圆地方"，这种看法还缺乏有力的证据。而且，在良渚文化的墓葬内出土不少小件玉琮，有的出土位置同玉钺相邻，应是玉钺的挂饰，而多数小件玉琮与玉管、玉珠、玉坠或玉璜伴出，它们应是这些装饰品的构件或附件，同祭祀天地完全没有关系。

分析出土遗物的性质，不仅要分析器物本身，更要分析它们的出土位置，并将二者结合起来分析才有可能切合实际。从反山墓地看，其随葬品布满"棺床"之上，少者数十件，多者数百件，其放置部位各墓基本相同，即头上方是冠帽上的玉饰件，胸腹部放置玉琮，一侧放置玉钺，腿脚部多放置玉璧和石钺，陶器置于脚下，各部位都有较多的玉管珠类饰件（图一）。

瑶山墓地的随葬玉器，其放置位置与反山大体相同。瑶山 M7 出土玉器 148 件（组），放置位置是：头顶置三叉形器和锥形器，头部西侧有冠状玉饰，腹部置玉琮，玉钺置于东侧，玉镯置于两侧，玉管、珠等散见于大玉器之间（图二）。寺墩墓地随葬玉器的放置则有所不同，寺墩 M3 随葬方柱形玉琮 32 件，其中除 1 件置于死者头部正上方外，其他均围绕在人骨架周围，24 件玉璧除最大的 1 件置于胸腹部之上外，其余分置于头前脚后，部分压在头和脚的下面（图三）。可以看出，良渚文化墓葬随葬玉琮的放置位置至少有两种：一种是反山和瑶山墓地，玉琮放置在死者的胸腹部；另一种是寺墩墓地，玉琮主要围绕在墓主周围。这两种不同的放置方式，应当出自三个方面的差异：一是时间差异，反山和瑶山墓地同属于良渚文化中期偏早阶段，而寺墩墓地则属于良渚文化晚期；二是空间差异，反山和瑶山墓地位于太湖以南区，而寺墩墓地则属于太湖以北区；三是政治单位差异，反山和瑶山墓地属于一个酋邦集团，寺墩墓地则属于另一个酋邦集团。这三个方面的差异导致反山、瑶山墓地与寺墩墓地之间出现玉琮随葬方式的不同应当是不足为怪的。

---

① 张光直：《谈"琮"及其在中国古史上的意义》，见《文物与考古论集》，北京：文物出版社，1986 年。

② 林华东：《良渚文化研究》，杭州：浙江教育出版社，1998 年，第 378 页。

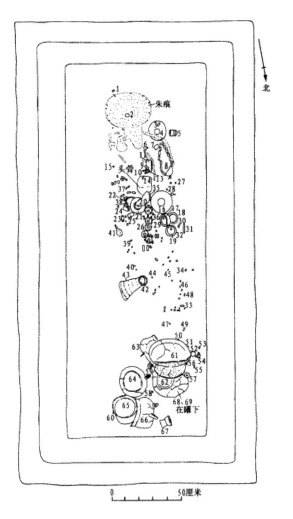

1、3、9、10、14、28—30、38、48—50、54、56. 管；2. 嵌玉圆形器；4、16、

21. 璧；5. 带盖柱形器；6、15、32、51、55、58、60. 鼓形珠；7、25. 柱形器；

8. 璜串；11. 冠状器；13. 扁球形隧孔珠；17—19、22. 镯形器；20. 璜；23. 鱼；

24、52. 卵孔端饰；26. 圆牌；27、36、68. 串饰；31、33. 锥形器；34、39、

53. 珠串；35、37. 管串；40、44—47. 粒；41. 嵌玉囊形器；42、43. 不明嵌玉漆器；

57. 纺轮；59. 琮式管；61. 陶豆；62、64. 陶罐；63. 陶鼎；65、66. 陶甗鼎；

67. 陶过滤器；69. 长管

（图中随葬品未注明质地者均为玉器）

图一　反山 M22 平面图

称此为龙的形象。[①]另有学者认为，如果将张陵山 M4：2、草鞋山 M198：1、寺墩 M4：1、福泉山 M4：12、M6：23、瑶山 M7：13、M9：12 的兽面纹加以比较，就可以看到它们与"神徽"的兽面十分接近，或多或少地显示着猪首的特征，那么兽面的原形就应是猪，而兽面就是神化了的猪龙头部的形象[②]。这些分析虽然注意到了对兽面的观察和比较，却忽略了把兽面与兽爪联系起来对它进行分析和比较。不少学者已经指出，连接在兽面前肢上的兽足是三爪鸟足，而不是兽趾。因此，要把三爪鸟足阐释为猪趾或虎趾等兽趾，其实是难以相互吻合的。若要把兽面的前肢阐释为鸟纹，同样也是难以相互吻合的。但是，如果我们认为它是兽面、兽前肢与鸟爪的复合形象，那么这一系列矛盾就可以迎刃而解了。基于这些理由，我们认为与其把"神徽"的下半部分予以指实，倒不如从古人的模糊思维特征出发，把它看作是具有飞翔能力的"神兽"为好。而恰好在"神兽"的两旁，就刻有飞翔的鸟，这正是"神兽"在天空遨游飞翔的表现。

把"神徽"的上下两部分综合起来看，我们认为，它是先祖神灵骑在神兽上遨游巡视的图像，所表现的是先祖神灵的巨大威力和先祖神灵对现世人间所具有的巨大保护力量。因此，"神徽"其实应是良渚文化族群的保护神或庇护神的象征。

正因为"神徽"是保护神的象征，所以"神徽"被广泛地雕刻在良渚文化玉器上，不仅在良渚文化玉器的重器琮、璧、钺上雕刻这类图像，而且在冠状器、半圆形冠状器、三叉形器、柱形器、琮式锥形器等上面也雕刻着这类图像，即使在玉制装饰品镯、璜、牌以及装饰品构件管、琮式管等表面也同样雕刻有这类图像（图一一）。可见，这类图像所寓含的消灾弭祸、保佑吉祥的意义是十分明显的。由此可以推论，刻有保护神图像的重器玉琮，是良渚文化宗教活动时虔诚奉祭神灵时所用的法器。而作为随葬品，从它的出土位置可知，放置在死者双手可及的胸腹部，仍然保持着虔诚奉祭的姿势，象征着死者仍在祈求神灵的保护。因此，作为随葬品，玉琮被赋予着禳灾祈福、镇墓压胜的功能。

① 马承源：《中国青铜器》，上海：上海古籍出版社，1986 年。
② 林华东：《良渚文化研究》，杭州：浙江教育出版社，1998 年，第 291、293 页。

1. M7：43　2. M7：46　3. M10：21

图一一　瑶山墓地出土玉管

四、玉琮功能和象征系统的演变

　　必须指出的是，不论良渚文化的玉琮还是雕刻在玉琮上的"神徽"图像，都不是一成不变的，都有一个发展演变的过程。大致说来，玉琮最初源于手镯[1]或玉臂圈[2]，江苏张陵山出土的镯式琮，是良渚文化最早的玉琮。到良渚文化中期，从瑶山、反山墓葬出土的玉琮看，玉琮的形制已趋规范化，以内

① 王巍：《良渚文化玉琮刍议》，《考古》1979 年第 2 期。
② 李学勤：《论新出大汶口文化陶器符号》，《文物》1987 年第 12 期。

圆外方为主，单节居多，少数为 2~5 节。到良渚文化晚期，从江苏武进寺墩、草鞋山、上海青浦福泉山墓葬出土的玉琮看，已发展出多节的长玉琮，其中寺墩出土的一件就有 15 节之多（M3：6），另有一件高达 33.5 厘米（M3：26）。可见良渚文化玉琮的发展演变趋势是由矮到高，由单节到多节。而雕刻在玉琮上的"神徽"，其发展演变趋势却与琮体的复杂化变化趋势恰恰相反，不是越来越趋于复杂，而是越来越趋于简化。"神徽"从良渚文化中期的复杂形态演变到晚期，大多已简化为仅存两个表示眼睛的圆圈和表示嘴巴的凸横档，有的连表示眼睛的圆圈都被略去，羽冠则多已不存，或仅以一两道长横棱来代替（如草鞋山 WCM199：1），有的"神徽"甚至简化到难以辨识其面目的地步。这种变化似乎表明，玉琮琮体的功能与刻于其上的"神徽"的功能发生了逐步分离的趋势，"神徽"的镇墓功能越来越趋于淡化，而玉琮琮体象征财富和权力的功能则越来越突出，越来越强化。

由上可见，最初的玉琮从玉镯演变而来，玉琮琮体主要是作为"神徽"的物质载体。由于玉为"石之美者"，因而选择玉琮为"神徽"的载体，所倚重的主要是"神徽"的镇墓功能，还谈不上财富与权力的象征。其后，玉的价值被进一步认识，随葬玉琮的精美程度于是成为衡量镇墓作用大小的尺度。再后，随着随葬玉琮的增多，玉的财富象征意义和权力象征意义就被随之赋予，并被愈益加以突出和强化，而"神徽"的镇墓功能也就随之越来越被淡化。这说明，玉琮的功能和象征意义是与时而变的，我们应当从发展演化的角度对它加以分阶段认识，而不可一概而论，对它进行一成不变的阐释。

以上分析表明，把良渚文化玉琮看作国家缔造者的神化形象，或看作象征王权、神权和整个统治阶级的重器，甚至看作古代"中国"观念产生的渊源所在，都未免牵强。正如安志敏先生所说，如果过于夸大玉琮的作用，是不符合考古学的实证要求的。[1]同样，这也是不符合历史学"论从史出、史论结合"的基本原则的，同时也不符合良渚文化本身所反映出来的实际情况。

良渚文化是"玉琮时代"[2]，即酋邦社会的时代，它与青铜时代以"九鼎"为政权象征的中原国家[3]和以金杖及青铜雕像为象征的古蜀国家[4]社会还相

---

① 安志敏：《良渚文化及其文明诸因素的剖析——纪念良渚文化发现六十周年》，《考古》1997 年第 9 期。

② 张光直：《从商周青铜器谈文明与国家起源》，见《中国青铜时代》二集，北京：生活·读书·新知三联书店，1990 年，第 126 页。

③ "九鼎"的政权象征性，见《左传》宣公三年。

④ 段渝：《商代蜀国青铜雕像文化来源和功能之再探讨》，《四川大学学报》1991 年第 2 期。

去一段不小的距离。虽然，玉器和青铜器都是某种社会和政体的物化表现，都被赋予了与其社会形态相应的象征意义。但正如前面所分析的那样，就其内涵而言，它们所分别象征的政体，其实不论在社会的集中化程度、复杂化水平还是强制性权力运用的深度和广度方面，都有着本质的区别，难以相提并论。

良渚文化玉琮的功能和象征系统

13

三星堆文化与夏文化

夏商时代，在秦岭以南、横断山纵谷以东的长江上游地区，以今成都平原广汉三星堆为中心，分布范围北达陕南汉中，东至长江三峡，南临古代南中，西及横断山东麓的古蜀王国，是一个神权与王权高度结合、实行神权政治的古代王国。[①]古蜀王国虽然僻处西南腹地，在地理上同黄河流域中原地区相距遥远，具有悠久的始源、独特的文明模式和文化类型；但并非与黄河流域中原地区相互隔绝，恰恰相反，古蜀文明不论同夏文明还是商文明都有着千丝万缕的联系。历史文献表明，在从史前向文明演进的时期，黄帝、颛顼、大禹等中国古史传说中的英雄人物都同古蜀有着深刻的联系。[②]在夏代，古文献记载"后桀伐岷山"，考古资料也显示出三星堆古蜀文化与二里头文化具有某些关系，应与蜀、夏均为帝颛顼后世的历史渊源有关。

三星堆文化是在自身高度发达的新石器文化的基础上，在文明诸要素不断产生的基础上，主要吸收了中原夏、商文明和长江中游文明的若干文化因素以及其他地区的文化因素，从而最终形成的高度发展的古代文明，确切见证了中国文明"多元一体"格局的形成和发展过程。

蜀、夏同源，是帝颛顼之后的不同分支，由此而使蜀、夏在文化上有不少内在联系，这在考古资料上可以得到比较充分的证明。

一、蜀与夏：帝颛顼之后的两支亲缘文化

从古史传说看，黄帝、昌意、乾荒、颛顼是发源于西北地区的一支文化，后来黄帝和颛顼先后入主中原，成为黄河中游地区的主宰者，其文化也成为构成早期中原文化的渊源之一。

---

① 段渝：《商代蜀国青铜雕像文化来源和功能之再探讨》，《四川大学学报》1991 年第 2 期。
② 参见《史记·五帝本纪》《华阳国志·蜀志》等史籍，并见东汉熹平二年《胸忍令景云碑》有关"禹石纽、汶川之会"的记载。东汉熹平二年胸忍令景云碑现藏重庆中国三峡博物馆。参见段渝：《首邦与国家起源：长江流域文明起源比较研究》附录《大禹传说的西部底层》，北京：中华书局，2007 年，第 446-463 页。

由黄帝和帝颛顼的东迁，可以知道，两位古史上的帝与后来成都平原的蜀文化，其间关系可以经由两条途径相联系。其一是由西北至岷江上游达于成都平原，即由颛顼的母系蜀山氏所在之地南出岷江河谷至蜀文化的腹心之地。其二是从中原经长江中游溯江西上达成都平原，即由颛顼入主中原后所建之都帝丘①（今河南省濮阳市），南下长江与蜀文化相沟通。这两条途径，在考古学上均有若干证据，足以证明黄帝、颛顼与巴蜀文化关系的存在。

考古学已证实，四川广汉三星堆文化古城遗址是夏商之际至商末古蜀王国的都城。三星堆遗址的年代则可上溯到距今 4 700 年前。三星堆遗址在考古分期上分为四大时期。第一期属于新石器文化，第二期以后进入文明时代。第一期属于宝墩文化范畴，第二期则有一组新文化因素，与第一期显然不同，从考古学上证实了有新文化的进入并成为三星堆文化的主人和当地的统治者。这种显著的文化变易，不仅表现在出土陶器的陶质陶色上，在陶器形制上的变化也引人注目。在属于这一时期的新型陶器组合中，包含有二里头文化（夏文化）的因素，如陶盉、高柄豆，以及铜牌饰。这些文化因素出现在三星堆二期，充分表明它们是作为这支新文化的一部分入居三星堆的。换言之，这些夏文化的因素是三星堆二期主人带进的，是三星堆二期新型文化的组成部分之一。

据邹衡先生研究，陶盉是夏文化的礼器之一，《礼记·明堂位》所谓"夏后氏以鸡彝"，"鸡彝"即形态仿自鸡的一种陶盉，所以二里头文化的陶盉往往捏出眼睛。②三星堆遗址出土的陶盉，也恰在封口处捏出眼睛，并在钣金上刻划横斜相同的纹路。两者细部的相似，以及二里头陶盉在形态上早于三星堆陶盉等情况，说明三星堆文化二期与中原二里头夏文化存在某种内在的联系。③三星堆陶盉从二期到四期一直存在并发展演变，说明这种联系的必然性和深刻性。李学勤先生指出，在商代及其以前，蜀与中原便有文化上的沟通，从考古上看，蜀、夏同出于颛顼的传说绝不是偶然的。④这一论述确有根据。可以说，蜀与夏是帝颛顼之后的两支亲缘文化。

笔者认为，三星堆二期至四期文化的主人是古史传说中的鱼凫氏。鱼凫氏的来源，正好与《山海经·大荒西经》所载颛顼所化的"鱼妇"（即鱼

---

① 参见《左传》昭公十七年，十三经注疏本。
② 邹衡：《夏商周考古学论文集》，北京：文物出版社，1980 年。
③ 孙华：《巴蜀文物杂识》，《文物》1989 年第 5 期。
④ 李学勤：《〈帝系〉传说与蜀文化》，《四川文物》"三星堆古蜀文化研究专辑"，1992 年。

凫）有关。此篇所说"风道北来……是为鱼妇"，即从神话学的角度反映出鱼凫氏的来源。而"颛顼死即复苏"，更从这一古人特有思维方式的角度，反映出鱼凫在成都平原建立蜀王国的史迹，表明鱼凫氏与颛顼有着千丝万缕的联系。

颛顼是夏文化早期因素的来源之一，禹为其后，夏启又为禹后。因此，三星堆二期出现的若干夏文化因素，正是对鱼凫氏蜀文化与颛顼关系的一个极好说明。鱼凫氏来源于岷江上游，岷江上游正是蜀山氏之所在，为颛顼母家的居所。其地新石器文化也受到西北甘青地区古文化的若干影响，这种现象应与古史传说所谓"昌意娶蜀山氏女，曰昌仆，生高阳"[①]有关。可见，三星堆文化所反映的蜀山氏与昌意（乾荒）和颛顼的关系，两者是恰相一致的，而年代则有早晚之别，从而证明黄帝和帝颛顼与蜀的关系是千真万确的史实，不能轻易否定。

二里头夏文化与三星堆文化相联系的另一途径是长江。徐中舒先生早就指出，四川新繁水观音遗址出土的陶鬶、陶豆，与湖北、河南、安徽、江苏出土的后期黑陶，可以说是一系的宗支。从这些陶器的分布，可以清楚地看出古代四川与中原地区的联系，其主要道路是沿江西上的。[②]长江三峡地区的考古发掘和研究也一再证实，在三峡地区长江沿岸，三星堆蜀文化遗存同二里头夏文化遗存是交互分布的。这种现象无疑是对两者关系的重要说明。

二、三星堆文化中二里头因素的来源

三星堆文化是因三星堆遗址而命名的。[③]学术界曾将三星堆遗址的文化遗存分为四期，时代从新石器时代晚期至商末周初。[④]后来，有学者把三星堆遗址的遗存分为三期，其中的第二期称为三星堆文化，年代大致为中原的二里头文化时期到殷墟文化第一期，把三星堆遗址的第三期遗存称为十二桥文化，时代为殷墟文化第一期至第三期。[⑤]再后来，有学者把成都平原的先秦考古学文化分为宝墩文化→三星堆文化→十二桥文化→上汪家拐遗存，其中三星堆

① 司马迁：《史记·五帝本纪》，北京：中华书局，1959年。
② 徐中舒：《论巴蜀文化》，成都：四川人民出版社，1981年，第4-6页。
③ 四川省文物管理委员会等：《广汉三星堆遗址》，《考古学报》1987年第2期。
④ 陈显丹：《广汉三星堆遗址发掘概况、初步分期——兼论"早蜀文化"的特征及其发展》，载四川大学博物馆等编：《南方民族考古》第2辑，成都：四川科学技术出版社，1990年。
⑤ 孙华：《试论广汉三星堆遗址的分期》，载四川大学博物馆等编：《南方民族考古》第5辑，成都：四川科学技术出版社，1993年。

文化又被分为三期，年代为距今 3 700 年左右至殷墟文化第二期。[①]2009 年桂圆桥遗址发现后，学术界又提出成都平原的考古学文化序列为"桂圆桥文化（距今 5 100—3 460 年）→三星堆一期（宝墩）文化（距今 4 600—4 000 年）→三星堆文化（距今 4 000—3 100 年）→三星堆四期文化（十二桥）文化（距今 3 100—2 600 年）"。[②]另有学者认为，"金沙遗址发现后被纳入十二桥文化。金沙遗址出土了大量青铜器、金器、玉器、石器、象牙等，它们不仅风格与三星堆的同类遗物相同，而且表明该文化与三星堆文化具有相同的知识系统和价值系统。从这个角度看，二者或许同为三星堆文化"[③]。这就是说，三星堆文化的年代，应是距今 4 000—2 600 年。这个分析是很有道理的。

二里头文化，是以河南偃师二里头遗址为代表，以豫西晋南为主，分布范围及于豫东、冀南的一支考古学文化，绝对年代约为距今 3 900—3 500 年。[④]多数学者认为，二里头文化就是夏文化。

在三星堆遗址二期即三星堆文化的形成期，出现了一组新的文化因素，其中与二里头文化相关的有陶盉、陶高柄豆等。那么，是否可以如有些学者所说的那样，三星堆文化中那些二里头文化因素，是单独从二里头文化直接传入的呢？对此，有必要做些分析。

我们知道，二里头文化的面貌有其特征，有一组区别于其他考古学文化最典型的陶器组合。在这组陶器中，作炊器的是鼎、折沿深腹罐、侈口圆腹罐等，作食器和容器的是深腹盆、三足盘、平底盆、豆、小口高领罐、瓮、缸等，另外还有澄滤器、器盖，以及鬶、爵、盉等酒器。深腹盆、甑、侈口罐等口沿下附加对称的鸡冠形钣金，是这组陶器中很有特色的风格。[⑤]

青铜器方面，二里头遗址历年来出土有不少的青铜器，包括工具、武器和礼器。工具主要是小刀、钻、锥、凿、锛、鱼钩等，造型简单；武器有镞、戈和钺，戈分为直内和曲内两种，钺有上下阑；礼器有爵和铃[⑥]，还发现背面有纽的铜牌形器[⑦]。

① 江章华等：《成都平原先秦文化初论》，《考古学报》2002 年第 1 期。
② 万娇、雷雨：《桂圆桥遗址与成都平原新石器文化发展脉络》，《文物》2013 年第 9 期。
③ 施劲松：《三星堆文化的再思考》，《四川文物》2017 年第 4 期。
④ 夏鼐：《碳十四测定年代与中国史前考古学》，《考古》1979 年第 4 期。
⑤ 中国社科院考古所：《新中国的考古发现和研究》，北京：文物出版社，1984 年，第 212、213 页。
⑥ 中国科学院考古所二里头工作队：《偃师二里头遗址新发现的铜器和玉器》，《考古》1976 年第 4 期。
⑦ 文物编辑委员会编：《近十年河南文物考古工作的新进展》，《文物考古工作十年（1979—1989）》，北京：文物出版社，1991 年，第 179 年。

根据二里头文化的陶器组合的特点，我们再来看它在三星堆文化中所占的比重，就很容易看出，二里头文化的典型陶器组合并没有在三星堆文化中出现。换句话说，三星堆文化中的一些二里头文化的陶器形制，只是零星地、不成组合地出现，二里头陶器组合中多数的典型器物如鼎、爵等并没有出现在三星堆文化当中。相反，三星堆文化的陶器组合是按自身的发展序列有序演进的。这表明，尽管三星堆文化中出现了二里头文化的某些陶器形制，但二里头陶器却并没有在三星堆陶系中占据重要地位，更谈不上占据主导地位。

三星堆文化中出现的两件铜牌饰，图案、形制与二里头出土的文物极为相似，应与二里头文化有关。但二里头出土的青铜爵、曲内戈以及青铜工具等，则不见于三星堆中。而三星堆青铜文化的主体代表是后来的大型雕像群，这在二里头文化中是绝对没有的。这也可以表明，尽管三星堆文化中发现了二里头文化的某些青铜器形制，但二里头文化的青铜器却并没有在三星堆文化中占据重要地位，更谈不上占据主导地位。

三星堆遗址出土的陶器种类较多，据统计，复原的器形有罐、高柄豆、圈足豆、鸟头把勺、盉、圈足盘、平底盘、瓮、器盖、喇叭形器、碟、瓶、杯、碗、壶、纺轮、网坠等 20 多种，每种又有不同的类、型。[1]其中可见到的与二里头文化有关的只有盉、高柄豆、觚，而且并不是所有的高柄豆都与二里头有关。可见，在三星堆陶器种类上，二里头因素所占比例很小，不到7%，不占主导地位。

从陶器功能上认识，三星堆文化自身的陶器组合是全方位的，炊器、食器、饮器、日常用器、器盖、器座等，形成完整的功能体系。但其中的二里头文化陶器则没有形成完整的功能体系，只是零散的、个别的，高柄豆只能盛装少量食品，盉则只能盛水或酒，或作加温水、酒之用，觚仅能作饮酒之器，这三种功能不仅根本构不成一个族群所需陶器的功能体系，而且就每一种来说，也完全没有组合配套器物，可见其功能之片面。就陶盉而论，它只是盛酒之器，应有一群相应的酒器组合与之配套，才能形成一个带有文化性的酒器组合。我们看三星堆文化的酒器，从酿酒之器高领大罐，到盛酒之器瓮、缸、壶，到舀酒之器鸟头把勺，再到饮酒之器平底束颈瓶形杯等[2]，应有尽有，形成了完整的酒器组合及功能体系，这与其中仅见陶盉、陶觚的二里

---

① 四川省文物管理委员会等：《广汉三星堆遗址》，《考古学报》1987 年第 2 期。
② 林向：《蜀酒探原》，载《南方民族考古》第 1 辑，北京：四川大学出版社，1987 年。

头文化因素情形，是决然不同的。可见，三星堆文化中的二里头文化因素，从功能体系中看是极度缺乏且极不全面的。

从以上分析来看，二里头文化因素不但没有在三星堆文化中占据主要地位，相反却居于很次要的地位，同时它自身也并没有形成组、群的集合关系，没有形成文化特质集结（文化丛）和功能体系。这几种文化因素，只有把它们与三星堆文化充分结合时，才能形成完整的组、群关系和功能体系。

显而易见，试图从陶器的角度来论证三星堆文化中的二里头因素是由夏商之际迁入成都地区的夏遗民所带来，这种观点没有得到考古材料的有力支持。况且，三星堆文化的形成期（三星堆遗址二期）相当于二里头文化二期，而这个时代比夏商之际（相当于二里头文化四期）早了足有 200 年，怎么可能说较早的事物是由较晚的事物造成的呢？

要从陶器方面分析一支新型文化的形成，应该且必须看这支文化形成时期新出现的全部陶器组合，即把新出现的陶器看成一组完整的文化特质集结，而不仅仅看其中的一种文化因素。对于三星堆文化来说，也必须如此，就是要看在它的形成时期（即三星堆遗址二期）同时新出现了哪些陶。从公布的资料看，三星堆遗址二期新出现的器物，有喇叭形大口罐、陶盉、高柄豆、平底束颈瓶、圈足盘、器盖、瓿、杯、碗、盘等。①这些陶器形成一个比较完整的组合及功能体系，不能把其中的某几件从中剥离出来指认为属于另一支文化。由于这组陶器是同时新出现的，功能体系也是完整的，所以，这一组完整的陶器组合才是三星堆文化形成时期的特色要素。换言之，只有把这一组陶器作为一个完整的组合，才能证明从三星堆遗址一期到三星堆遗址二期发生变化的原因，才能说明一支新型文化进入三星堆地区，改变了当地原先的文化面貌。显然，作为一组完整的陶器组合，三星堆文化形成期的这组富于特色的陶器，绝不是直接来源于二里头文化的。

如前文所述，三星堆文化的开创者是鱼凫，那么，在三星堆文化形成期所出现的这一组陶器组合就应当是鱼凫带入的。而鱼凫为帝颛顼所化，与夏同源，所以在鱼凫文化中有夏文化的某些色彩是完全可以理解的，是不足为奇的。我们有什么充分的理由一定要去把这支完整的文化肢解开来呢？

蜀与夏既然是帝颛顼之后的两支亲缘文化，就肯定有某些内在的文化联系。三星堆文化中所包含的二里头文化因素，正是这种关系的生动体现。

---

① 四川省博物馆：《广汉三星堆遗址》，《考古学报》1987 年第 3 期；陈显丹：《广汉三星堆遗址发掘概况、初步分期》，载《南方民族考古》第 2 辑，成都：四川科学技术出版社，1990 年。

不过，尽管蜀、夏同源，文化上具有相关性，但既已别为支系，其发展地域有异，政治单位也不同。蜀在西南立国称雄，夏在中原建立王朝，因而在文化上必然具有相当差异。三星堆文化与二里头文化在主体文化面貌上的差异，正是二者别为支系、独立发展、自成体系的生动体现。夏王朝作为中原之主，以九鼎象征至高无上的国家政权；蜀为西南雄长，则以金杖象征王权，表明已别为一方之主，政体不与夏同。但是，即令如此，帝颛顼文化的传统特征仍顽强地在蜀地持续不断地传承下来，终鱼凫王朝之世，即从三星堆文化的形成期直到它的衰亡，始终未曾间断。这种现象，正是中华文明"多元一体"的生动体现。

三、文献所载夏末的蜀、夏关系

有学者认为，文献所载"后桀伐岷山"是三星堆文化形成的原因，即三星堆文化是夏文化取代三星堆遗址文化第一期的结果，亦即三星堆文化是由所谓夏遗民创建形成的。

"后桀伐岷山"见于古本《竹书纪年》，其文曰："后桀伐岷山，岷山女于桀二人，曰琬、曰琰。桀受二女，无子，刻其名于苕华之玉，苕是琬，华是琰。"屈原《天问》："桀伐蒙山，何所得焉？"蒙、岷一声之转。《韩非子·难四》"是以桀索崏山之女"，崏与岷通。《左传》昭公四年"夏桀为仍之会，有缗叛之"，昭公十一年，"桀克有缗以丧其国"，缗、岷音通。顾颉刚先生曾经认为，夏桀所伐岷山当为有缗氏，地在汉山阳郡东缗（今山东省金乡县），与蜀无关。[1]但年湮代远，事属渺茫，以此盖棺定论，似嫌仓促。《管子·山权数》"汤以庄山之铜铸币"，庄山即汉严道（今四川省荥经县）铜山，《史记·佞幸列传》记载汉文帝"赐邓通严道铜山得自铸钱"，即指此。夏末商初成汤在严道采铜铸币固不足信，但与夏桀伐岷山之说一样，总是事出有因，有文献为据，且均将年代上推至夏末，也不能说毫无根据，而成向壁虚构之言。

据徐中舒先生研究，夏商之际，夏民族由于遭殷人打击而大举迁徙，其中一支逾西北而远徙。[2]在迁徙过程中，必然会留下文化交流和传播之迹，也会与沿途民族和古国发生战事。古本《竹书纪年》所记夏末的蜀夏关系，应

---

① 顾颉刚：《论巴蜀与中原的关系》，成都：四川人民出版社，1981年，第49-51页。

② 徐中舒：《夏史初曙》，《中国史研究》1979年第3期。

与这些情形有关，而与三星堆文化的形成没有直接关系。

四、大禹与蜀、夏关系

古蜀的重要发源地之一是岷江上游地区，古蜀上的三代蜀王蚕丛、柏灌、鱼凫均来自岷江上游，而相争于成都平原这块膏腴之地，最终由鱼凫王取得胜利，在今四川广汉三星堆建立古蜀王都，开创了灿烂的古蜀文明。可以说，古蜀文明的兴起与岷江上游有着不可分割的血肉联系。

禹兴于西羌，生于石纽，其地即在今岷江上游。禹兴西羌之说始于先秦，禹生石纽的传说反映着古代的历史实际[1]，这些都是出自古代羌人的传说。禹兴西羌和禹生石纽，实际上是同一个传说中的大概念和小概念的关系。西羌既指族系，又指西羌的分布地域，是大概念；石纽则指西羌居住地域内的一个具体地点，是小概念。《华阳国志》记载岷江上游广柔县境为大禹圣地，"夷人营其地，方百里不敢居牧。有过，逃其野中，不敢追，云畏禹神，能藏三年，为人所得，则共原之，云禹神灵佑之"[2]。《水经·沫水注》也说："（广柔县）有石纽乡，禹所生也。今夷人共营之，地方百里，不敢居牧。有罪逃野，捕之者不逼，能藏三年，不为人得，则共原之，言大禹神所佑之也。"文中的夷人是对少数民族的泛称，这里则指岷江上游的氐羌族群。岷江上游氐羌族群对禹顶礼膜拜，奉为神明，大概同景云碑所记述的"禹石纽、汶川之会"有直接的因果关系。这种对禹崇拜敬畏达到极致的现象，除在这个地区外，在中国其他地区是没有的。由此不难知道，岷江上游确乎同禹具有民族和文化上深厚渊源。而岷江上游古为羌人居域，因此显而易见，禹兴西羌是岷江上游羌人的传说。

虽然，古羌人南下从遥远的古代就已开始，比大禹时代更加久远的马家窑文化已经南下进入岷江上游，但西北高原却没有大禹兴于其地的历史记载。换句话说，没有任何证据能够指认禹兴西羌的传说是由甘青地区的马家窑文化南下带来的。从众多史籍关于禹生石纽的一致记载来看，只有把禹的出生地放在四川西北的岷江上游和涪江上游区域，才是符合历史实际的。唯因如此，禹生石纽的传说才可能在古蜀之地长期保留下来。及禹长大后，东进中原，开创夏王朝，随禹东进的羌人也就转化为夏王朝的主体民族。于是，禹

---

① 李学勤：《禹生石纽说的历史背景》，《大禹与夏文化研究》，成都：巴蜀书社，1993年。
②《续汉书·郡国志》"蜀郡广柔县"下刘昭注引，今本佚此段文字。

兴西羌、禹生石纽的传说，也随东进开创夏王朝的羌人定居中原而在中原长期保留下来。所以，蜀地和中原都保留了相同的传说文献来源的地域不同，传说却完全一致，恰恰说明它既是"真传说"①，又是真史实，而原因就在于它们同出一源的文化底层。

从所有关于禹生石纽和禹子启生于石的文献记载来看，禹、启与石的这种出生关系，在全中国范围内只被指认为两个地区，一个是古蜀岷江上游地区，一个是中原河南嵩山地区。其他地区关于禹的传说，比如禹娶涂山、禹合诸侯等，均与禹的出生传说无关。这就十分清楚地说明，大禹与石这种特殊的出生关系传说，乃是古蜀和中原地区同出一源的共同文化因素，是古蜀和中原文化最深厚的底层。

从禹生岷江上游的石纽，到禹东进中原，《逸周书·世俘》记载"崇禹生开（按：开即启，夏启之谓）"，反映了禹从古蜀东进中原的史迹，所以才可能仅在古蜀和河南流传这些传说。

另一方面，在古蜀和中原地区流传禹、启生于石同样性质的传说，除禹东进中原这一因素外，还有更加深刻的文化史背景，那就是古蜀和中原夏王朝的主体民族均为帝颛顼后代。作为夏王朝开创者的禹，同样也是帝颛顼的后代，他从古蜀岷江上游东进中原河南嵩山，均在帝颛顼后代各分支之间活动；这些地域又同属上古时代的"西戎"之地，具有共同的文化底层，所以相同的传说得以在中国西部这一大片地域间长期保存和流传。

黄帝为其子昌意娶蜀山氏女，生子高阳，高阳东进中原建都立业，和禹生石纽，东进中原开创夏王朝，这两段远古传说的文化史意义，并不仅仅在于可以据此确定帝颛顼和大禹两位中国古史上的著名人物均出生在古蜀地区；更重要的是，透过这些古史传说，可以看出黄帝、帝颛顼文化和大禹文化西兴东渐的历史，看出中国古史传说中所蕴含的丰富而深厚的西部文化底层。从黄帝、嫘祖、昌意、帝颛顼时期中国西部、古蜀地区同中原地区的关系，到大禹时期古蜀与中原的关系，可以看出中国古史中的西部底层是经过了不同的历史时期，层累地积淀起来的，它们便是中国西部文化的原生底层。这一原生底层在中国历史上自始至终发挥着极为重要的作用，成为中华文化和华夏文明最重要的标志和里程碑。

正因为古蜀在中国古史的原生文化底层中占有如此重要的地位，所以我

① 顾颉刚：《论巴蜀与中原的关系》，成都：四川人民出版社，1981年，第37页。

们不能不说，古蜀地区是中华文明重要的起源地之一，对中华古文明的缔造做出了不可磨灭的重要贡献。

从大禹与古蜀的关系，到大禹开创夏王朝，这一历史进程揭示出古蜀文明对于早期中国文明诞生、发展的重要贡献，有着重要的学术价值和意义。

14

三星堆与盘龙城

三星堆文化植根于长江上游成都平原，发育于新石器时代，兴起于夏商时代，延续到春秋初期。其空间分布范围，大致上北达汉中城固一线，南及滇中，西连岷山，东至三峡，而其影响所及还要广阔得多，对先秦以至秦汉时期四川盆地及周边的文明演进产生了深远影响。盘龙城遗址兴起于长江中游江汉平原，对商时期的江汉平原乃至殷墟及后来的长江中游文化都产生了广泛的影响。可以说，三星堆与盘龙城都对长江流域的文明化进程起到了重要的推动作用。本文仅对三星堆和盘龙城城市文明和政体架构以及文化关系进行概略比较，以期有助于长江流域文明化进程的深入研究。

一、城市文明

三星堆古城面积 3.6 平方公里，周围遗址面积 12 平方公里。盘龙城遗址包括城址、大型建筑与墓葬等高等级遗存，盘龙城遗址范围 1.1 平方公里，城垣内面积 7 万多平方米。[①]

三星堆文化时期的城市包括三星堆古城、成都市金沙遗址、十二桥遗址以及其他遗存，从城市史的视角看，三星堆文化无疑是典型的城市文明。就城市起源模式而言，三星堆城市聚合形成的主要因素是神权，成都则以王权和工商业为形成发展的主要因素。在商代古蜀王国的政治结构中，三星堆是蜀王之都，是古蜀王国的权力中心和首位城市；以金沙遗址和十二桥遗址为核心形成的早期成都，是三星堆古蜀王国的次级权力中心和次级城市。它们与古蜀分布在其他地点的不同层级，共同建构起商代古蜀文明权力系统和政治系统的空间构架、层级组织及早期城市体系，其核心为三星堆王都。[②]

根据《盘龙城》发掘报告，盘龙城遗址年代范围大体上是从二里头文化晚期到殷墟文化第一期，绝对年代约当公元前十六世纪至前十三世纪。[③]盘龙

① 张昌平、孙卓：《盘龙城聚落布局研究》，《考古学报》2017 年第 4 期。
② 段渝：《巴蜀古代城市的起源、结构和网络体系》，《历史研究》1993 年第 1 期。
③ 湖北省文物考古研究所：《盘龙城：1963—1994 年考古发掘报告》，北京：文物出版社，2001 年。

文明的史迹：先秦、巴蜀及南丝路历史研究（先秦史卷）

城遗址是以城垣及宫殿区为核心，周边分布有墓葬、手工业作坊以及普通居址等不同遗存的大型聚落。[1]盘龙城城垣大体呈方形，东、西城垣宽近290米，南、北城垣宽约260米。学术界认为，盘龙城聚落经历了形成、繁盛和衰落三个阶段：第一阶段的中心聚落在王家嘴，第二阶段在王家嘴北面兴建夯土城垣，随后在城垣内形成宫殿区，第三阶段宫殿区被废弃，中心聚落转移到宫殿区以北杨家湾南坡。[2]在第一阶段，盘龙城初步形成为一个商文化据点。在第二阶段，盘龙城发展成为周边聚落如江陵荆南寺、黄梅意生寺等的统治中心。这一阶段兴建的城垣和宫殿，一方面是作为高于地区各聚落的统治中心界域的标志，另一方面则是出于防御和保护的需要，相当于一座政治军事堡垒。第三阶段盘龙城虽然在局部上仍有一些发展，但原有的一些聚落已被废弃，直至消亡。

三星堆蜀国王都和成都城市（金沙、十二桥）的聚合形成模式，与盘龙城完全不同。三星堆城市聚合形成的核心因素是神权，而盘龙城的形成跟商文化南下获取长江流域的铜矿资源等战略物资直接相关，是商文化的直接进入，主要与经济领域的资源获取和政治领域的军事防御、保护有关。而古蜀由三星堆王都和成都城市（金沙、十二桥）构成的早期城市体系则完全不见于盘龙城。

三星堆文化的城市文明是由其庞大而复杂的层级组织架构所决定的，作为次级城市的金沙在商周之际发展成为首位城市，这是三星堆文化的演进和继续发展，所以三星堆城市文明非但没有消亡，相反却持续发展成为覆盖整个四川盆地的城市群。[3]盘龙城则是一座单体城市，而且随其政治势力的消长而发生权力中心的变动，其表现形式即是中心聚落的几次转移，以致最终在殷墟一期以后消亡不存。

二、政体架构

三星堆祭祀坑内出土的大批各式青铜人物雕像，它们的服式、冠式、发式各异，显示了不同族类的集合。它们所展示出来的图景，是以作为古蜀群巫之长的青铜大立人为中心，以作为西南各族首领的青铜人头像为外围所形

① 中国社会科学院考古研究所：《中国考古学·夏商卷》，北京：中国社会科学出版社，2003年，第231—234页。
② 张昌平、孙卓：《盘龙城聚落布局研究》，《考古学报》2017年第4期。
③ 段渝：《巴蜀古代城市的起源、结构和网络体系》，《历史研究》1993年第1期。

成的有中心、分层次的人物像群，象征古蜀王国以宗教掩盖政治，以文化代替暴力，使控制合法化的现实情况，展现出三星堆神权在跨地域政治社会中的强大统治。①

　　三星堆一、二号祭祀坑出土的青铜人物雕像（图一）有好几种形制，各式之间存在着服式、冠式和发式上的若干区别。服式上，有左衽长袍、对襟长袍、右衽长袖短衣、犊鼻裤等，各不相同。冠式上，有兽面（或花状齿形）高冠、平顶冠、双角盔形冠等区别。发式上，有椎结、辫发、光头等区别。不论从人类学还是从中国古代文献对古代民族的识别标准来看，衣、冠、发式都是区分族别的最重要标志，此外还有语言、饮食等。三星堆文化的语言和饮食今已难以详考，但就其衣、冠、发式而言，一、二号坑出土的青铜人物雕像群明显地表现了不同族类的集合。证之史籍，不难看出这些族类包括氐羌和西南夷诸族。

图一　三星堆二号坑出土的喇叭座顶尊跪献青铜人像

　　根据结构分析，这些雕像所代表的社会地位至少有两个层级。二号坑所出连座通高 260 厘米、与真人大小基本一样的头戴兽面高冠的青铜大立人像，衣襟前后均饰带翅龙纹，双手前伸围抱，做手握象牙状，可以肯定是群像之长、一代蜀王，即古蜀王国的最高政治领袖，同时又是主持宗教礼仪活动的神权领袖，即群巫之长、一代大巫师。第二个层级是各式人头雕像（图

---

① 段渝：《政治结构与文化模式：巴蜀古代文明研究》，上海：学林出版社，1999 年，第 108–121 页。

二），其间看不出有明显的高低贵贱之分，它们共置一处，无主次之别，意味着地位基本没有差别。各坑人像与礼器共存的情况，表现出众多族类举行共同祭祀礼仪活动的情景。这个青铜雕像群结构的核心，便是青铜大立人。[①]

同一时期三星堆文化的空间分布，除三星堆遗址及其周边区域而外，从考古文化上显示出来的还有成都金沙和十二桥遗址商代文化层、羊子山土台、指挥街遗址、新繁水观音遗址、雅安沙溪遗址、汉源和石棉商代遗址和遗存、重庆忠县㳇井沟遗址、汉中城固青铜器群、渝东鄂西成片分布的三星堆文化因素，以及《华阳国志·蜀志》所记载的岷江上游的蜀文化等一大片连续性空间，它们不论在文化面貌还是文化内涵上都同属于三星堆文化，它们与三星堆文化的关系，是三星堆文化结构框架中各个层面和各个支撑点同文化中心的关系。

图二　三星堆一号坑出土的象征古蜀国巾帼人物的青铜人头像

盘龙城的层级组织结构，目前在考古资料上还不能说是完全清楚的。盘龙城的权力中心在不同时期有所转移，第一阶段出现高等级建筑和青铜兵器，第二阶段既有高等级权贵的精美青铜器、城址、宫殿，也有一般性居民的聚落遗存，第三阶段同样有高等级遗存、高级权贵的青铜器和一般性居民的聚落遗存。但目前资料似乎还没有显示出在盘龙城遗址内曾经存在过统治集团内部的不同层级，而在遗址内的高等级文化遗存之间也还看不出有大的等级差异。不过，从长江中游商文化的分布看，盘龙城作为商王朝在长江中游的

---

①　段渝：《商代蜀国青铜雕像文化来源和功能之再探讨》，《四川大学学报》1991 年第 2 期。

统治中心，其规格高于分布在周边的其他商文化聚落。以此看来，长江中游的商文化聚落群在政治上应有两个层级，第一个层级是作为地区高级统治中心的盘龙城，第二个层级是盘龙城周边的商文化聚落，它们在盘龙城高级中心的统率下，一道构成商王朝南土的统治体系。

三星堆文化主要是在自身新时期文化高度发达的基础上，主要吸收了中原商文化的因素，同时也吸收了长江中下游的相关文化因素，从而形成的高度发展的古代文明。盘龙城则不同，盘龙城本身就是中原文化二里头、二里冈文化南下的产物，盘龙城兴建的目的不在于占领该地[①]，而是把该地作为掠取铜矿资源和其他资源的中转站或者说是资源集散地。因此，盘龙城与三星堆在城市性质和功能上是完全不同的。

三星堆和盘龙城都出土了大量青铜器，三星堆青铜器主要出土于"祭祀坑"，盘龙城青铜器主要出土于墓葬。其间区别主要在于，三星堆古蜀王国是彻头彻尾的神权王国，青铜器大量用于祭祀；而盘龙城出土的青铜器大量的属于礼器，只有少量与宗教相关的器物，如绿松石黄金龙、青铜面具等，表明了二者政体性质的差别。

三、文化关系

江水上下，一苇可航。无论从历史文献还是考古资料看，长江上游文化与长江中游文化一直有着较为密切的关系。

在巫峡以东的西陵峡长江干流两岸，甚至远达江汉平原的西边，夏商时代分布着若干属于三星堆文化的遗存，出土了许多三星堆文化的遗物，它们是古蜀文明从成都平原沿江东下、东出三峡、连续分布的结果，也是三星堆文化分布空间的极东界限之所在。西陵峡两岸的三星堆文化集结，表现在文化形态上，是三星堆文化所特有的夹砂灰陶系，陶器以圜底罐、小平底罐、尖底杯、尖底钵、长柄豆、陶盉、豆形器、鸟头柄勺等器物组合群（图三）。表现在数量上，几乎占据了西陵峡地区夏商时期文化遗存一、二期的主要物质遗存地位。其分布范围，上接巫峡地区的三星堆文化遗存，下达江汉平原西部的江陵荆南寺。这些文化遗存，均具有与三星堆文化相近的发展演变进程。湖北省考古学界普遍认为，这种文化无论与鄂东以盘龙城为代表的中原文化相比，还是与鄂西以沙市周梁玉桥为代表的江汉土著文化相比，都迥然

---

① 施劲松：《江汉平原出土的商时期青铜器》，《江汉考古》2016 年第 1 期。

有异，明显是受到了以三星堆遗址为代表的早期蜀文化的影响。[1]

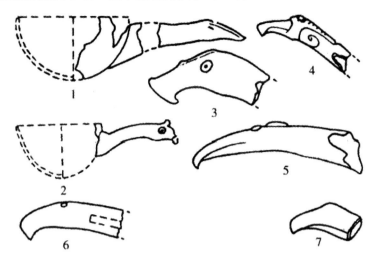

图三　三星堆文化鸟头形陶器

　　三星堆古蜀王国的东部边缘，是在渝东鄂西之际，即长江三峡的夔门、巫山之间。[2]考古学上，在成都平原到川中丘陵、渝东平行岭谷，再东出三峡直到鄂西宜昌地区的长江干流两岸，从二里头时期开始直到商周之际，三星堆文化因素已经在这片广阔地域内形成空间连续分布状态。渝东鄂西的大多数三星堆文化遗存，都属于一般性居址或地点，在鄂西出土了标志古蜀王国鱼凫王权统治的鸟头柄，有可能是古蜀王国镇抚其东界的官员驻节之地。

　　在二里头文化（相当于夏代后期）前后，渝东鄂西之际的社会和文化进化速度较为缓慢，程度较为浅显，土著文化都是新石器文化，总体上尚未进入文明。在这个时候，已经达到高度发展的古蜀文明向渝东连续分布，进行扩张，势如破竹，不可阻挡，在当地难以遭遇强大的军事抵抗，所以基本上未见军事壁垒一类考古遗迹。在这种情形下，文化接触和交流的环境比较有利于蜀，因此古蜀文化的东部边缘，就主要发挥了其文化交流的功能，商文化的若干因素，就是经由长江走廊，源源不断地从长江中游传播到长江上游成都平原的三星堆古蜀王国。

　　例如，三星堆青铜器吸收了通过长江中游传入的青铜器的某些因素，尤

① 王劲：《对江汉地区商周时期文化的几点认识》，《江汉考古》1983 年第 4 期；杨权喜：《略论古代的巴》，《四川文物》1991 年第 1 期；郭德维：《蜀楚关系新探》，《考古与文物》1991 年第 1 期。
② 徐中舒：《论巴蜀文化》，成都：四川人民出版社，1982 年，第 99 页。

其是青铜容器。青铜容器不论在商文化还是盘龙城，都是作为礼器使用的，亦即所谓宴飨之器，青铜鼎、尊、罍等重器不但作为煮肉和盛酒的器物在庙堂使用，而且还是政治权力和宗教权力的象征物。三星堆文化的青铜容器尊、罍，在形制上与长江中游同类器物有不少相似之处，如青铜尊的高圈足、肩上的立鸟及器身的纹饰等，显然是从长江中游传入，而三星堆出土的一件龙虎尊，与长江下游安徽阜南出土的龙虎尊相似，也应是通过长江中游获取的。

不过，三星堆文化并不是把青铜尊、罍用作盛酒之器，而是用以盛放物件尤其是贵重之物，功能完全不同。如三星堆出土的青铜尊内就盛放着海贝，而不是酒液。意味着三星堆文化没有接受商文化的礼制，而仅仅借用了器物的形制。在政治权力和宗教权力的象征性上，三星堆文化与"藏礼于器"这种中原文化的理念和行为，是完全不同的。三星堆文化中至今未发现任何形式的鼎，也表明了其权力象征物与盘龙城商文化间的区别。

小结

文明没有优劣，只有发展模式和发展方向的不同，以及发展程度和发展水平的差异。三星堆文化作为地域性特征十分明显的文明，其独特的文明发展模式、发展水平、政体架构以及规模等均与商文化体系中的盘龙城有着显著的差异，这种差异主要来源于二者不同的文化系统。虽然如此，不论三星堆文化还是盘龙城，都在中华文明的大框架内共同对推进长江流域文明的演进起到了十分重要的作用，则是确定无疑的。

E.R.塞维斯在《文化的演进》①中，从文化人类学角度提出文化演进的"种系发生进化的非连续性原则"和"进化的地域非连续性原则"，商代长江中游和长江上游青铜文明的相继兴起，即表现出同样情形。在商代早中期，作为商文化在长江中游的重要分支，盘龙城堪称其时长江流域最辉煌的青铜文明，对长江中游早期文明的形成和文明化进程起着引领作用，带动了地区文明的演进。殷墟一期以后，随着盘龙城的消亡，长江中游的文明进程变得迟缓，而三星堆青铜文明则在这个时期在长江上游勃然兴起，成为商代中晚期长江流域最灿烂的古代文明。

---

① E.R.塞维斯：《文化的演进》，黄宝玮等译，北京：华夏出版社，1991 年，第 33-34 页。

| 15 |

略论古蜀与商文明的关系

商文明高度发达而且开放性十分强。有商一代，商王朝在政治上与黄河流域和长江流域各个方国发生并保持着程度不等的广泛联系，文化上则在吸收各地优秀文化的同时，向各地作强劲辐射，因而不但大大扩展了商王朝的版图范围，还极大地拓宽了商文明的分布空间，使它盛极一时，成为世界古代文明史上最辉煌、最有影响力的文明之一。

在商王朝政治扩张和文明辐射的强烈冲击下，深居西南腹地的古蜀王国不能不与它发生深刻的联系，不能不对它做出强烈的回应。

然而，要深入研究商王朝与古蜀王国的关系，却存在着相当大的困难。由于文献不足征，商蜀关系的研究从来就是先秦史和考古学研究的一个难点。虽然早在殷卜辞里，就有商王朝与古蜀关系某些方面的记载，但由于卜辞过于简略，加上历史文献的阙载，所以学者们对殷卜辞中关于商蜀关系内涵的解释有着不同的理解和说法。而其解读也主要集中在对古蜀地理方位的考释方面，对商蜀之间的政治关系、经济往来和文化交流等具体内容则颇少论及。20 世纪，学者们曾根据四川新繁水观音和彭县竹瓦街出土的青铜器资料，论说商末周初蜀文化所受商文化的影响[1]，不过亦仅限于对青铜器形制花纹等方面的认识。近年由于三星堆青铜文明的重大考古新发现，才使人们从根本上改变了从前对古蜀所谓蛮荒无礼乐的陈旧看法。学术界充分认识到，商代的古蜀王国，原来是一个拥有大型城市、灿烂青铜文化和文字（符号）的高度发展的文明古国。最近一个时期以来，学术界根据三星堆文化的考古新材料重新认识古蜀与商文明的关系，在青铜文化的研究方面取得了若干成果，多认为三星堆青铜礼器与商文明有着密切的关系。然而在两者的政治与经济关系的研究方面，仍然是多付阙如，至多亦仅具体而微发论，这不能不说是一

---

① 王家祐、江甸潮：《四川新繁、广汉古遗址调查记》，《考古通讯》1958 年第 8 期；四川省博物馆：《四川新繁水观音遗址试掘简报》，《考古》1959 年第 8 期；王家祐：《记四川彭县竹瓦街出土的铜器》，《文物》1961 年第 11 期；四川省博物馆等：《四川彭县西周铜器窖藏》，《考古》1981 年第 6 期；冯汉骥：《四川彭县出土的铜器》，《文物》1980 年第 12 期。

大缺憾。本文拟从甲骨文、考古资料和文献资料相结合的角度，试对古蜀与商文明的政治经济关系进行初步探讨，以此就教于海内外博学君子。

一、殷墟甲骨文中的蜀

殷商时代，在秦岭以南、横断山纵谷以东的长江上游地区，以今成都平原广汉三星堆为中心，分布范围北达陕南汉中，东至长江三峡，南临古代南中，西及横断山东麓的古蜀王国，是一个神权与王权高度结合，实行神权政治的古代王国。①古蜀王国虽然僻处西南腹地，在地理上同黄河流域中原地区相距遥远，自身具有悠久的始源、独特的文明模式和文化类型，但并非与黄河流域中原地区相互隔绝，恰恰相反，古蜀文明不论同夏文明还是商文明都有着千丝万缕的联系。历史文献表明，在从史前向文明演进的时期，黄帝、颛顼、大禹等中国古史传说中的英雄人物都同古蜀有着深刻的联系。②在夏代，古文献记载"后桀伐岷山"③，考古资料也显示出三星堆古蜀文化与二里头文化具有某些关系，应与蜀、夏均为帝颛顼后世的历史渊源关系有关。④在殷商时代，古蜀与商王朝的关系虽然罕见于历史文献，但却多见于殷墟甲骨文，考古资料也有不少根据可资佐证。

关于殷卜辞中蜀的地理位置，向有争议。唐兰考释甲骨文中的"巴方"和"蜀"，认为均在四川境（引者注：即今四川和重庆境）⑤。董作宾认为"约

---

① 段渝：《商代蜀国青铜雕像文化来源和功能之再探讨》，《四川大学学报》1991年第2期。

② 参见《史记·五帝本纪》《华阳国志·蜀志》等史籍，并见"东汉熹平二年胊忍令景云碑"有关"术禹石纽、汶川之会"的记载。东汉熹平二年胊忍令景云碑现藏重庆中国三峡博物馆。参考段渝：《酋邦与国家起源：长江流域文明起源比较研究》附录《大禹传说的西部底层》，北京：中华书局，2007年，第446-463页。

③ 古本《竹书纪年》记载："后桀伐岷山，岷山女于桀二人，曰琬、曰琰。桀受二女，无子，刻其名于苕华之玉，苕是琬，华是琰。"屈原《天问》："桀伐蒙山，何所得焉？"蒙、岷一声之转。《韩非子·难四》："是以桀索岷山之女"，岷与岷通。《左传》昭公四年"夏桀为仍之会，有缗叛之"；昭公十一年"桀克有缗以丧其国"，缗、岷通读。顾颉刚先生认为，夏桀所伐岷山当为有缗氏，地在汉山阳郡有缗（今山东金乡县），与蜀无关。但年湮代远，事属渺茫，以此盖棺定论，似嫌仓促。《管子·山权数》"汤以庄山之铜铸币"，庄山即汉严道（今四川荥经）铜山。《史记·佞幸列传》记载汉文帝"赐邓通严道铜山得自铸钱"，即指此。夏末商初成汤在严道采铜铸币固不足信，但与夏桀伐岷山之说一样，总是事出有因，有史献为据，且均将年代上推至夏末，也不能毫无根据而成向壁虚构之言。参见段渝：《四川通史》第1册，成都：四川大学出版社，1993年，第43页。

④ 段渝：《三星堆文化与夏文化》，《中国文物报》2000年8月2日。

⑤ 唐兰：《天壤阁甲骨文存考释》，北平：辅江大学，1946年。

当今之陕南或四川境"①，岛邦男认为约在陕西东南商县、洛南附近②。郭沫若认为"乃殷西北之敌"③。胡厚宣认为在山东泰安南至汶上。④陈梦家先是认为约在殷之西北、西南，后又释蜀为旬，以旬在山西新绛西。⑤童书业则认为巴、蜀原本都是汉水上游之国，春秋战国时才南迁入川。⑥徐中舒在其享有盛誉的论文《殷周之际史迹之检讨》中，认为巴、蜀均南土之国，殷末周文王经营南国，巴蜀从此归附。⑦

确定殷卜辞中蜀的地望，关键在于确定卜辞中与蜀相关的一系列方国的地望。与蜀同在一辞的，有羌、缶等方国，羌为西羌，古今无异词。缶，卜辞中屡与"我方"发生关系。我方，据卜辞"乙未[卜]贞：立事于南，右比我，中比舆，左比🔲"（《掇》2.62），地在舆、曾之西，均为南国。曾在汉水中上游，见于周成王时铜器《中甗》铭文。位于曾国之西的"我方"，其地当在汉水上游附近，因此缶地亦当在汉水上游。缶，应即文献中的褒。古无轻唇音，读褒为缶。褒即夏代褒姒之国，地在汉中盆地故褒城。殷卜辞记"伐缶与蜀"（《粹》1175），又记"缶罘蜀受年"（《乙》6423），显然两国地相毗邻。缶既在陕南，则蜀亦当在此，殆无疑义。

但陕南之蜀并非独立方国，它是成都平原蜀国的北疆重镇，是蜀地的一部分，故亦称蜀。蜀在早商时期就已日渐强大，三星堆巨大的古城即建筑于早商，足见当时蜀国实力之强。到商代中叶，古蜀王国已形成强盛国家，其时蜀国疆域甚广，北及汉中。汉中盆地近年所出商代晚期的青铜器群中⑧，蜀式三角形援无胡直内戈占全部兵器的 84%以上，另有青铜人面具、兽面具、陶尖底罐等也是古蜀文化的产物，都是古蜀文化向北连续分布的结果，说明汉中曾是蜀境。当地出土的蜀戈之多，说明是蜀的北方军事重镇。可见，殷卜辞中的商蜀关系，实际上记载的就是双方在各自边境接壤地带所发生的一系列和战事件。

殷卜辞中所见商、蜀关系，有如下数条：

① 董作宾：《殷代的羌与蜀》，说文月刊，1942（3.7）。
② 岛邦男：《殷墟卜辞研究》，台北：鼎文书局，1975 年，第 378-383 页。
③ 郭沫若：《卜辞通纂》，北京：科学出版社，1958 年，第 119 页。
④ 胡厚宣：《殷代之农业》，《甲骨学商史论丛：第二集》，成都：齐鲁大学国学研究所，1945 年。
⑤ 陈梦家：《陈代地理小记》，《禹贡》第 7 卷第 6~7 期合刊；《殷墟卜辞综述》，北京：中华书局，1988 年，第 295 页。
⑥ 童书业：《古巴国辨》，《文史杂志》1943 年第 2 期。
⑦ 徐中舒：《殷周之际史迹之检讨》，《中央研究院历史语言研究所集刊》7 本 2 分册，1936 年。
⑧ 唐金裕等：《陕西省城固县出土殷商铜器整理简报》，《考古》1980 年第 3 期。

（1）□寅卜，㱿贞，王并人正蜀　　　　　　　（《后》上 9.7）

（2）丁卯卜，㱿贞，王敦岳于　　　　　　　　（与）蜀（《粹》1175）

（3）贞，𤉢弗其𠭯羌、蜀　　　　　　　　　　（《铁》105.3）

（4）丁卯卜，共贞，至蜀，我又　　　　　　　（有）事（《纂》547）

（5）癸酉卜，我贞，至蜀无祸　　　　　　　　（《乙》811）

（6）癸巳卜，贞，旬在蜀　　　　　　　　　　（《库》1110）

（7）贞，蜀不其受年

　　王占曰，蜀其受年　　　　　　　　　　　（《乙》6422）

（8）岳罘蜀受年　　　　　　　　　　　　　　（《乙》6423）

（9）……㞢蜀……　　　　　　　　　　　　　（《乙》7194）

（10）□蜀御□　　　　　　　　　　　　　　　（《铁》1.30.6）

（11）……蜀射三百　　　　　　　　　　　　　（《铁》2.3.8）

（12）庚申卜，母庚示蜀不用　　　　　　　　　（《南明》613）

以上十二辞可分五类。（1）至（3）辞是商王征蜀。（4）至（6）辞是商王（？）至蜀、在蜀。（7）至（10）辞是殷王卜蜀年，卜蜀祸。（11）辞是蜀向商王朝提供服役（？）。（12）辞是商人用蜀人为祭祀牺牲。

从卜辞看，蜀与商王朝和战不定，是国际关系，而不是方国与共主的关系。第一类战争卜辞意义明确，无须深述。后四类则需要分析。

据陈梦家《殷虚卜辞综述》，凡卜辞中所见"才（在）某""至某"之例者，即作为殷商方国，对商王室有五种义务：卜其年则当有入贡其谷物的义务；参加商王室征伐多方的战役；入龟于王室；来其牛马等；载王事。[1]通观上列卜辞，很难认为古蜀对商王朝有这些义务。

卜辞中虽有商王卜蜀年，但绝无蜀入谷于商的记载，应为商觊觎蜀年之辞。虽蜀有龟，且多良龟[2]，却绝无蜀入龟于商的记载。第（4）辞"至蜀"，应为"我方"至蜀，不是商王至蜀，故第（5）辞"我贞（'我方'提供的贞人）"，卜问是否至蜀无祸。第（9）辞㞢蜀，是诅咒蜀人之辞。第（10）辞蜀御，也并非如有的学者所说是蜀向商提供御手。御者祀也，为攘灾除祸之祭。[3]此辞残，全辞不明。第（11）辞亦残，无法确定是否为蜀向殷王室提供射手。第（12）

---

① 陈梦家：《殷虚卜辞综述》，北京：中华书局，1988年，第316页。

② 参见《山海经·中次九经》。成都平原考古亦可充分证实。

③ 杨树达：《积微居甲文说》，上海：上海古籍出版社，1986年，第30、31页。

辞是卜问是否用蜀人作为祭祀母庚的牺牲，证明了商王室捕捉蜀人为人牲的事实。除这些而外，卜辞中完全没有蜀入卫、来牛马、参加征伐多方的战役以及载王事等记载。

据《尚书·酒诰》，商王朝将其征服的方国均纳入"外服"体制，"越在外服：侯、甸、男、卫、邦伯"，邦伯即方伯，方国之长。"侯，为王斥侯也。""甸，治田入谷也。""男，任也，任王事。""卫，为王捍卫也。"[1]按生产区域和地理方位[2]，如果蜀国被商王朝征服，纳入商王朝的外服体制，那么蜀的班次和职贡应当为男服，治田入谷，贡献于商王朝。但卜辞的记载却不能支持这种推测。并且，卜辞对蜀绝不称方。而卜辞所见之蜀，均在蜀之北疆重镇陕南地区，不是蜀的中央王朝所在地。可见蜀王不是殷代外服方伯，蜀国并没有成为商王朝的外服方国。

从对考古资料的分析中，我们可以得出同样结论。三星堆早期蜀国都城，总面积 3.5~3.6 平方公里，大于作为早商都城的偃师商城（总面积 1.9 平方公里）[3]，而与商代前期都城郑州商城的面积相比亦稍大（郑州商城总面积 2 平方公里以上）[4]。按照商王朝的内、外服制度和匠人营国之制[5]，王都必定大于方国之都，故卜辞屡称商都为"大邑商"。夏商西周时代方国都城遗址的面积，均远远小于夏商周王都。湖北黄陂盘龙城是方国都城，总面积仅 7 万平方米。[6]山西夏县东下冯方国城址，南垣约长 400 米，余三垣不清[7]，总面积甚小。可见，方国都城无不小于王都，这是三代定制，不能逾越[8]。但蜀都却不仅大于早商都城，也大于中商都城。如将蜀国纳入商代外服体制，显然是严重逾制，在当时根本无法想象。这种情形清楚地表明，蜀国都制与商王朝都制分属于两个不同的政权体系，二者在政治上平行发展，相互之间不存在权力大小的区别。由此不难看出，蜀国没有成为商王朝的外服方国，这与殷卜辞中绝不称蜀为方是恰相吻合的。

虽然如此，古蜀文明还是明显地受到了商文明的深刻影响。古蜀文化青

---

① 孔晁注：《逸周书·职方》，上海：商务印书馆，四部丛刊初编本。

② 关于商代外服制的生产区域和地理方位等问题，请参阅徐中舒《论西周是封建社会》一文，载《历史研究》1957 年第 5 期。

③ 黄石林、赵芝荃：《偃师商城的发现及其意义》，《光明日报》1984 年 4 月 4 日。

④ 河南省博物馆：《郑州商代城址发掘报告》，《文物资料丛刊：第 1 辑》，北京：文物出版社，1977 年。

⑤ 《尚书·酒诰》《周礼·考工记》，北京：中华书局，十三经注疏本，1980 年。

⑥ 湖北省博物馆等：《盘龙城一九七四年度田野考古记要》，《文物》1976 年第 2 期。

⑦ 东下冯考古队：《山西夏县东下冯遗址东区、中区发掘简报》，《考古》1980 年第 2 期。

⑧ 《左传》隐公元年，北京：中华书局，十三经注疏本，1980 年。

铜礼器中的尊、罍等形制，玉石器的圭、戈等形制，大都来源于商文化，反映了其间经济文化的交往。

二、商、蜀和战与资源贸易

商代中叶，古蜀三星堆文明走向极盛，与商文明平行发展，比肩而立。这种形势，从当时全中国范围内各大地域文化与商文明的力量对比来看，都是十分特殊的，在整个商代历史上也是极为罕见的。

商王朝经过数代苦心经营，到武丁在位时，"朝诸侯，有天下，犹运之掌也"[①]，对黄河流域中下游地区的统治，近乎取得绝对权力，但对长江流域则不然。在长江中游今湖北黄陂盘龙城，有商王朝的城邑，在遗址中出土 159 件殷商青铜器（二里岗期），器形分为 29 种，其中有大量钺、戈、矛等兵器[②]。在湖南宁乡曾出土数以百计的商代晚期青铜器，其中一些青铜器铸造极为精美，较之中原同时代器物，有过之而无不及，以致有学者认为是湖南就地铸造的，其青铜铸造技术已超过中原地区。[③]在江西新干大洋洲出土了四百多件青铜器[④]，虽然其中一些器物颇受商文明影响，但主要是地方风格，不能说是商文明的亚型，表明那里存在一支较强的地域文明。这种形势说明，商王朝在长江中游的政治扩张并不十分顺利，颇有阻力。至于长江上游和西南地区，情况则更为复杂。

长江上游、西南地区以蜀为泱泱大国，殷卜辞中已见有蜀的记载，其是一个有实力、有影响的地域性政治实体和文明。陕南汉中地区的考古发现还证实，古蜀又是一支富于实战能力的强大军事力量。尤其广汉三星堆青铜文明的发现，更显示出古蜀王国具有鲜明个性的青铜文明特点，而它的青铜文明，在主体方面并不是商文明所能涵盖的。由三星堆极宏富、极辉煌的青铜文明，可知当时的蜀必然是一个拥有相当广阔地域的大国，也是一个握有相当丰富资源的大国。商中叶时，蜀的北境在汉中，这已由汉中城固出土的铜器群[⑤]所证实。[⑥]蜀的东境在长江三峡之东，这也由大量考古材料

① 《孟子·公孙丑上》，北京：中华书局，十三经注疏本，1980 年。
② 湖北省博物馆：《盘龙城商代二里岗期的青铜器》，《文物》1976 年第 2 期。
③ 夏湘蓉、李仲均、王根元：《中国古代矿业开发史》，北京：地质出版社，1980 年，第 203 页。
④ 江西省文物考古研究所等：《江西新干大洋洲商墓发掘简报》，《文物》1991 年第 10 期。
⑤ 唐金裕等：《陕西省城固县出土殷商铜器整理简报》，《考古》1980 年第 3 期。
⑥ 段渝：《论商代长江上游川西平原青铜文化与华北和世界古文明的关系》，《东南文化》1993 年第 2 期。

所证实。①而蜀的南方是广袤的南中之地，三星堆祭祀坑出土的数十尊西南夷青铜人头像，已表明南中是蜀的附庸。②因此，如果从地域广阔的视角看，蜀拥有长江上游和上中游之交，北至陕南、南至南中的广阔地域。虽然它的腹心之地只有成都平原一块，但由于根基深厚，基础广博宏阔，触角伸出很长，支撑点密集、深广而牢固，所以能够强大到极致，以致敢于起而与商王朝相抗衡。

就资源的几方面而论：

在农业资源方面，黄河中、下游主要是旱作农业区，商代是温暖气候，农产量应当不错。但商都殷墟积聚了巨量人口，需要消费巨量粮食。并且，商王室上下和朝内外大小官员又大量饮酒"作长夜之饮"，"腥闻在上"③，也需消耗大量粮食作为原料。而商王朝都城殷墟所在地区是有名的沁阳田猎区，不可能提供巨量粮食满足其需要。所以商王经常为农业收成担忧，卜辞中常见"卜年"之辞，这就意味着商王朝时感面临人口压力与粮食短缺矛盾所造成的严重威胁。

古蜀王国的中心成都平原是一个不算很大的冲积平原，现在面积充其量不超过 9 500 平方公里，古代开发有限，并没有达到这个水平。假如仅凭成都平原的农业资源，是绝不可能造就出也不可能支撑起一个敢于同商王朝相抗衡的强大政治实体的。但是，蜀自三星堆二期即夏代以来，长期奉行沿江东进的政策，大力向东方扩张，占有川中、四川盆地东部之地，又东出三峡，据有夔、巫之地，其扩张冲击波一直推进到西陵峡以东的江陵荆南寺，前锋几乎快触及江汉平原。这些地区不是商王朝的统治区，甚至不是商王朝的争夺区，加之文明程度较低，不能抗衡古蜀三星堆文明的强劲扩张之势，因而成为蜀国北疆汉中盆地和汉沔嘉陵江经济区的战略大后方。古蜀王国西南的南中广大地区也是蜀的战略大后方。那里稻作农业相当发达，资源极其丰富，是商王朝的政治势力和军事力量不能触及之地，但却长期为蜀所控临。上述三个农业发展区域——成都平原经济区、汉沔嘉陵江经济区、南中经济区，共同支撑起了古蜀文明的基础。三星堆古蜀王国都城之所以有巨大的城圈、庞大的人口和复杂的政治宗教机构和辉煌的文明，就在于它植根于它所统治的

---

① 段渝：《论早期巴文化——长江三峡的古蜀文化因素与"早期巴文化"》，《巴渝文化：第 3 辑》，重庆：西南师范大学出版社，1994 年。
② 段渝：《商代蜀国青铜雕像文化来源和功能之再探讨》，《四川大学学报》1991 年第 2 期。
③《尚书·酒诰》，北京：中华书局，十三经注疏本，1980 年。

广阔地域的富足农业资源之上。商代长江流域气候较之现代更为温暖，是稻作农业较理想的经营地区，收成相当丰厚，到汉代寒冷期这里尚且能够"无冻饿之人"，"无凶年忧"①，商代更应如此，所以才会引起商王朝的觊觎。由此可见，长江上游、西南地区农业资源的富足，使蜀能够供养大量非食物生产者，培育一个复杂的政治组织及其庞大的分级制体系，从而创造出灿烂的古代文明。

在战略资源方面，尤其青铜原料方面，中原无锡，可开采的铜矿也少。商王朝的青铜原料究竟来自何方，学术界还没有取得一致意见。翦伯赞认为来自长江上游西南地区②，石璋如认为就在河南商王朝本土③，但均苦于没有确据而不能论定。近年来安徽、江西发现了古铜矿，有证据表明商代已在那里进行开采。如此看来，商王朝的青铜原料，可能大多来源于长江流域。作为商王朝南土据点的湖北黄陂盘龙城④曾出土孔雀石⑤，或许可以表明盘龙城的功能之一，就是扮演维护长江流域"金锡之道"的兵站的角色。殷墟 5 号墓的部分青铜原料，已经科学测试证实来源于云南。⑥这表明，除长江中游而外，商王朝青铜原料的另一个重要来源地是长江上游。

商王朝要获取长江上游云南地区的铜、锡、铅矿料，就非得首先跨越蜀国不可，或者通过蜀国，让蜀起中介作用。不管采取哪种形式，总之在商王朝从云南获取青铜原料的过程中，不可避免地会与蜀发生各种关系。

古蜀国青铜原料的来源，同样并不在成都平原蜀的腹心地区。川西高原汉之严道（今四川荥经）地区，那里古有铜山，汉文帝"赐邓通严道铜山，得自铸钱，邓氏钱布天下"⑦，铜矿资源相当丰富，《管子·山权数》所称"汤以庄山之铜铸币"，庄、严同义，庄山之铜即指严道铜山。这意味着严道铜山是蜀国青铜原料的产地之一。除此而外，川西高原的灵关（今四川芦山）、徙（今四川天全）、青衣（今四川雅安），以及南中北部川西南山地的邛都（今四川西昌）、朱提（今四川宜宾、云南昭通）等地，也是蜀国铜矿资源的来源地。⑧但是，以上产铜地区却并无产锡的记载，因此，蜀的大部分青铜原料必然来于

---

① 班固：《汉书·地理志》，北京：中华书局，1962 年。
② 翦伯赞：《中国史纲：第 1 卷》，上海：三联书店，1950 年，第 207 页。
③ 石璋如：《殷代的铸铜工艺》，《"中央研究院"历史语言研究所集刊》26 本，1955 年。
④ 江鸿：《盘龙城与商朝的南土》，《文物》1976 年第 2 期。
⑤ 中国古代冶金编写组：《中国古代冶金》，北京：文物出版社，1978 年，第 5 页。
⑥ 中国科技大学科研处：《科研简报：第 6 期》，1983 年 5 月 14 日。
⑦ 司马迁：《史记·佞幸列传》，北京：中华书局，1959 年。
⑧ 司马彪：《续汉书·郡国志》，北京：中华书局，1965 年。

其他地区。据科学测试，蜀国青铜器的铅料来自云南[1]，而蜀国青铜器同云南青铜器的合金成分又十分接近。由此看来，云南是蜀国青铜原料的主要来源地之一。

商王朝和蜀国都要在云南取得青铜原料，必然就会因此而发生关系。但对于这些关系，历史文献完全没有记载，只有上引《管子·山权数》记有"汤以庄山之铜铸币"一语，透露出商王朝在蜀地取铜的一丝信息。这条材料并非完全不可靠。商代有铜贝是考古学上的事实，不但中原发现过，山西发现过，而且三星堆祭祀坑也曾出土 3 枚。虽然说早商成汤时期商在蜀取铜不大可能，但如果说商中叶商王朝在蜀取铜却并非不可能。既然商中叶武丁时可以在蜀国以南的云南取铜，那又为什么不可能在蜀地取铜呢？问题其实不在这里，而在商王朝以什么方式，通过什么途径在蜀、滇取铜。这个问题的实质，是要回答商、蜀关系的问题。

显然，蜀国因控制了南中而拥有富足的铜、锡、铅资源，三星堆祭祀坑出土西南夷形象的青铜人头像已充分证实南中广大地区为蜀所服，而三星堆青铜原料多来自云南，这是不成问题的。另一方面在历年的云南考古中，都几乎没有发现商文化的影响之迹，这就表明商王朝对云南的关系不是直接而是间接的。商王朝要获取云南的青铜原料，只能通过蜀国。从殷墟卜辞和汉中考古可以知道，商王朝并没有征服蜀国，蜀也不是商的臣属方国。在这种情况下，为了获取蜀国以南云南地区的青铜原料，商王朝必须而且只能采用贸易方式，通过蜀为贸易中介的途径来取得青铜原料；甚至有可能直接与蜀进行贸易，从蜀人手中获取青铜原料。这应当就是《管子》所说"汤以庄山之铜铸币"的本来面目。可见，商、蜀之间的铜矿资源贸易，是形势使然。

从可能性上看，不论商还是蜀都有比较发达的贸易系统，而共同的贸易中介物是海贝即贝币。这种贝币在商、蜀地域内都有大量发现，其背部磨平穿孔，以便串系，进行交易。贝币为商、蜀之间的铜矿资源贸易提供了双方通用的等价商品，使双边贸易成为可能。殷卜辞中有"至蜀""在蜀"的卜辞，也许就和铜矿贸易有关。

从商文化对蜀文化的影响来看，它主要体现在礼器上而不是兵器上。这意味着商王朝的军事力量并没有能够深入蜀地，而是它的礼制深入了蜀地，这是和平的文化交流的结果。如果联系到商、蜀双方的青铜原料贸易来看，

---

[1] 金正耀等：《广汉三星堆遗物坑青铜器的铅同位素比值研究》，《文物》1995 年第 2 期。

商王朝礼制对蜀文化的影响应是随着贸易而来的，这正是文化交流的重要途径之一。

以上分析表明，有商一代，商王朝始终未能征服蜀国，也没有能够控制蜀国以南南中地区的铜矿资源。由于商王朝缺乏青铜原料资源，而对于富产青铜原料资源的南中地区又鞭长莫及，所以只能仰给于控制了南中资源的蜀。因而，为了保证青铜原料来源渠道的畅通，商王朝必须容忍一个强大的蜀国在它南边恣意发展——既然不能摧毁它，那就只能利用它。这也是三星堆文明得以雄踞西南的重要政治经济原因之一。

三、商与蜀的文化交流

固然，古蜀文明的诸要素，从总体上说来是独立产生的，是组成中国文明的若干个区域文明之一，并非中原文明的分支和亚型。然而由于历史的、地理的、民族的、文化的各种因素，也由于未曾间断的和战关系，古蜀文明同中原文明之间却存在着相互影响和文化渗透，直至出现文化趋同以至文化交融实属历史发展的必然。

就青铜器而论，虽然古蜀青铜文化自成一系，具有鲜明的个性和特征，但其中不仅可以见到中原青铜文化的明显影响，而且有许多礼器本身就直接仿制于中原青铜器。比如，三星堆青铜人头像双耳所饰云纹，青铜神人大面像鼻、额之间上伸的夔龙纹饰，青铜神树上的夔龙等，都是中原青铜器常见的纹饰，而为古蜀所采借。又如，三星堆出土的青铜尊、罍和玉戈等青铜礼（容）器和玉锋刃器，也完全仿制于中原文化。再如，三星堆出土的陶高柄豆、陶盉，其形制同样渊源于中原文化。

三星堆出土的青铜爬龙柱形器上的，是以古蜀文化采借中原文化龙的形象制作而成的。这尊青铜龙，与华夏龙似是而非。它头顶有一对长而弯的犄角，又有一对小犄角，下颌长有胡须。其特征，除具龙的造型特征外，又明显地像一只张口怒目的神羊，与红山龙、华夏龙迥然异趣。这些同中有异、异中有同的特点，表明三星堆是以山羊为原型之一，综合采纳了华夏龙的形态特征，整体结合而成的龙，可谓之"蜀龙"。它反映了飞龙入蜀的初始情况，同时也说明古蜀也是"龙的传人"之一，并对文化交流、融合和传播，起了不可忽视的作用。

文化交流一般是在互动的状态下进行的，两种或两种以上文化的交流总是表现为交互感应的关系。中原文化与周边各种文化的关系，就是这种交互感应、交互作用的关系，因此才逐渐形成中华文化的整体面貌和传统。中原文化与古蜀文化的关系也是如此，不能例外。

反映在考古学文化上，青铜无胡式三角形援蜀式戈和柳叶形剑，便是蜀文化赠予中原文化的礼品。蜀戈首先发源于蜀，年代在商代前期。[①]到了商代中后期，作为古蜀文化连续性分布空间和蜀国北方屏障与商文化西南政治势力范围交接地带的陕南汉中，出现了这种无胡蜀戈。其后，到商代晚期，这种戈型又继续向北流布，以至今天在中原和殷墟续见出土。柳叶形剑的发源和流传也是这样。最早的柳叶形青铜剑，出土于成都十二桥（2 件）、广汉三星堆（1 件）。到殷末周初，陕南、甘肃等地才有这种剑型出现。它们反映了古蜀文化与中原文化之间互动的、交互感应的关系。

在古文字方面，固然古蜀地区与中原"言语异声，文字异形"[②]，"蜀左言"[③]，古文字自有源流，自成体系，字体、结构、音读均与汉语古文字不同[④]。但是从广义上看，古蜀文字不论是方块表意字还是表形字，都确定无疑地属于象形文字系统，都肯定是从具有形、音、义三要素的象形文字发展而来。这尽管和世界古文明初期任何一个古文字系统相同，然而由于古蜀文字从其起源孳乳时代直到战国秦汉时代，虽经历了上千年的发展演变，其基本结构却依然未变，保持着象形文字系统的鲜明特征——这又明显区别于苏美尔、埃及等文字系统，而与汉语古文字具有相当的共性。中原文字尽管也有分合重组的发展演变史，但是，"即便是形声字，也还是要借用字形来表达其音，而不必另制音符，所以汉字完全属于象形文字系统"[⑤]。古蜀方块表意字脱胎于象形字而存其风骨；古蜀符号中的声符也是从意符演变而来的，未另制音符。这正是古蜀文字与中原文字的共同基础所在。

李学勤先生指出，我国先秦古文字中，除汉字外唯一可以确定的，只有巴蜀文字。[⑥]徐中舒先生很早就曾指出，巴蜀文字与汉字在构成条例上具有一定的共同基础；而它们的分支，则当在殷商以前。[⑦]李复华、王家祐先生认为，

① 杜乃松：《论巴蜀青铜器》，《江汉考古》1985 年第 3 期；林春：《巴蜀的青铜器与历史》，李绍明、林向、徐南洲主编：《巴蜀历史·民族·考古·文化》，成都：巴蜀书社，1993 年，第 164-173 页。
② 许慎：《说文解字·叙》，上海：上海古籍出版社，1981 年。
③ 扬雄：《蜀王本纪》，严可均辑：《全上古三代秦汉三国六朝文》，北京：中华书局，1958 年。
④ 段渝：《巴蜀古文字的两系及其起源》，《考古与文物》1993 年第 1 期。
⑤ 徐中舒：《汉语古文字字形表·序》，成都：四川人民出版社，1981 年。
⑥ 李学勤：《论新都出土的蜀国青铜器》，《文物》1982 年第 1 期。
⑦ 徐中舒：《论巴蜀文化》，成都：四川人民出版社，1992 年，第 7 页。

巴蜀方块字可能就是夏代文字。①这些分析判断，不能说没有一定道理。正因为巴蜀文字同中原文字有一定的共同基础，而古蜀人与中原炎黄文化有着某种历史上的不可分割的关系，所以文化交流能够畅达，文化融合能够进行。也正因为如此，所以蜀中才有可能仅在统一于中原后不久，便很快涌现出一大批如司马相如、扬雄、王褒、严君平、犍为舍人等饮誉中华的大文学家、大哲学家和大语言文字学家。

在早期城市方面，成都平原城市的起源模式、网络特点以至结构功能等方面，与中原城市区别甚大。尽管如此，古蜀城市起源、形成和发展的步伐却与中原城市是大体一致的。②这显然是受到某种共同因素的制约，但其中最主要的是黄河流域和长江流域政治经济形势的连锁演变，使城市在发展过程中出现若干趋同的促动因素，从而成为中国城市演变的共同基础。

除此而外，人群往来、民族迁徙、战争和平、信息交往等，都对古蜀文明与中原文明的交流、传播以至趋同发展，起了重要作用。在多种因素的交互作用下，古蜀文明与中原文明才最终合流；成为积淀在中华文化传统中的若干基本成分之一。

文
明
的
史
迹
：
先
秦
、
巴
蜀
及
南
丝
路
历
史
研
究
（
先
秦
史
卷
）

---

① 李复华、王家祐：《关于"巴蜀图语"的几点看法》，《贵州民族研究》1984 年第 4 期。
② 段渝：《巴蜀古代城市的起源、结构和网络体系》，《历史研究》1993 年第 1 期。

| 16 |

略论巴、蜀与楚的文化交流关系

以古代文化区而论，在长江上游和中游地区，依次分布着蜀文化、巴文化和楚文化。它们以长江为依托，同时向大江南北作辐射发展，北与黄河文化，南与滇文化和岭南文化交错衔接而相互影响、激荡和融合，对中国文明的起源形式和发展尤其是长江流域的大规模开发做出了重要贡献。对它们的相互关系加以研究，将有助于深刻了解长江文化的发展与演进，切实把握长江经济开发带的历史与现实。

巴蜀文化植根于长江上游。它们兴起于夏商时代，强盛于春秋战国，延续到两汉之际。巴文化与蜀文化原本是两支文化，由于长期的交流与融合，到春秋战国之际已是可分而不可分，造就了悠久而深厚的共同地域传统。巴蜀文化的空间分布，大致上北达秦岭，南及滇中，西连岷山，东至荆楚，而其影响所及还要广阔得多，向北伸入甘南，向南透入缅印，向东达于两广，几乎覆盖了古代整个西南夷地区，对西南的经济繁荣和文化发展产生了深刻影响，发挥着持久的地域凝聚力。[1]

楚文化崛起于长江中游江汉之间。它滥觞于西周，勃兴于春秋，盛极而衰于战国。[2]在楚文化极盛之时，东并吴越，西连巴蜀[3]，南卷扬越，地半天下，浸染了南中国半壁河山。它经济昌盛，文赋纷华，堪与中原文化相匹。当秦末楚汉之际，虽楚已灭，然而"楚虽三户，亡秦必楚"[4]，显示出顽强而持久的生命力和强劲的历史穿透力。

从文化史的演进而言，不论巴蜀文化还是楚文化，其辉煌成就都绝不是一蹴而就的。它们既"筚路蓝缕"，艰难开创，又兼包并容，博采众家之长，均具显著的文化开放特点。大致说来，长江上游的巴蜀文化对楚文化的早期

---

① 段渝：《四川通史》第 1 册，成都：四川大学出版社，1993 年。
② 张正明：《楚文化史》，上海：上海人民出版社，1987 年。
③《淮南子·兵略》谓楚地"西包巴蜀"，不确，应为西连巴蜀。此说与《荀子》所说楚地"汝颍以为险，江汉以为池"的实录性描述不符，当从《荀子》。《淮南子》作于楚地，时代既晚于《荀子》，对楚又情有独钟，因而对楚地广远的夸张，事在情理之中，不可从。
④ 司马迁：《史记·项羽本纪》，北京：中华书局，1959 年。

发展影响甚大，而楚文化则以它特有的豪放之气反溯长江上游，给中晚期的巴蜀文化以较大影响。相反与相成，促进了巴蜀文化和楚文化的进步和繁荣，成为长江上、中游文化蓬蓬勃勃向前发展的重要推动力量。

一、江汉巫文化的滥觞

楚文化最神奇的部分，莫过于它那五光十色、扑朔迷离的巫文化。《汉书·地理志》记载：

> （江汉）信巫鬼，重淫祀。而汉中淫失枝柱，与巴蜀同俗。汝南之别，皆急疾有气势。江陵，故郢都，西通巫、巴，东有云梦之饶，亦一都会也。

巫、巴之地，便是古代长江流域巫鬼文化的发祥兴起之地。由于这个地区曾在古代长江流域的文化交流中占着特殊位置，所以它就成为联系巴蜀文化与楚文化精髓的神秘力量之所在。

何为巫鬼，历来众说纷纭，莫衷一是。其实所谓巫鬼，是指民间所崇奉的先祖神主，即所谓"鬼主"。古代除王公卿大夫可以宗庙祭祖外，民间概不可以立庙祭祖，《礼记·祭法》"庶人庶士无庙，死曰鬼"，就是指此而言。川东巴人"家家养乌鬼"[①]，乌鬼即巫鬼，乌、巫音近义通。据《新唐书·南蛮传》，云南金沙江流域乌蛮，"大部落有大鬼主，百家则置小鬼主"[②]。周去非《岭外代答》则说："家鬼者，言祖考也。"说明所谓巫鬼，不过是民间所崇奉的先祖神主，即在家中自立先祖神主，以求保佑和庇护。

称先祖之灵为鬼，并不是长江流域特有的文化风尚，中国各地多有此习。《论语·为政》说："非其鬼而祭之，谄也。"表明中原和齐鲁文化亦以庶人庶士的先祖之灵为鬼，这同《礼记·祭法》的有关记载是一致的。但是除长江流域外，黄河流域民间所谓的鬼，并不称为巫鬼，这就显示了两种文化的区别，同时也证明，兴起于巫、巴之地的对于先祖神主的崇拜形式，当有其特殊内容，以致人们不得不用"巫鬼"（巫地之鬼）予以特别界定。《汉书·地理志》说江汉"信巫鬼，重淫祀"，以过于隆重的仪式来祭祀先祖神主之灵，大概就是巫鬼信仰有别于中原齐鲁鬼信仰的特点之所在。

---

① 杜甫：《戏作俳谐体遣闷》。
② 欧阳修等：《新唐书·南蛮传》，北京：中华书局，1975年。

古代长江三峡、江汉地区、嘉陵江流域等地是巫鬼文化的渊薮。除《汉书·地理志》以外，其他史籍亦有记载。《淮南子·人间》载："荆人鬼。"《晋书·地理志》载："大率荆人率敬鬼。"《华阳国志·李特雄期寿势志》说嘉陵江流域賨人"俗好鬼巫"，鬼巫为巫鬼的倒文，而长江三峡巴人"家家养乌（巫）鬼"①。这些记载表明，巫鬼文化在长江上、中游之交长期风行，盛而不衰。

巫鬼文化发祥于巫、巴之地，它的兴起与古代川东和长江三峡巴地的濮人有关，原是当地濮人的一种文化风尚。川东嘉陵江流域和长江三峡，古为濮人所居。扬雄《蜀都赋》说"东有巴賨，绵亘百濮"，賨人属于百濮民族系统。《华阳国志·巴志》"阆中有渝水，賨民多居水左右，天性劲勇"，渝水为嘉陵江，是賨人（板楯蛮）的世居之地。川东至长江三峡，也是濮系民族的累代居息之所。《蜀都赋》说"左绵巴中，百濮所充"，可见一斑。《华阳国志·巴志》所载分布在川东和三峡的獽、夷、蜑等族，也都属于濮人的不同支系。《世本》说"廪君之先，故出巫诞"②，巫诞正是巫、巴之地濮系民族的一支③。而这些族系，据《华阳国志·巴志》"（巴）其属有濮、賨、苴、奴、獽、夷、诞之蛮"，均属巴文化的不同分支。可见，从地域与民族分布的关系来看，巫鬼文化起源于川东和长江三峡的濮系巴人，应当是没有疑问的。

史称嘉陵江和长江三峡的巴人自古就发展了巫鬼文化传统。《汉书·地理志》说："汉中淫失枝柱，与巴蜀同俗。"所谓汉中淫失枝柱，是说汉中之地信巫鬼、重淫祀之习太盛太过，与汉文化大相径庭。所以颜师古注说："失读曰洸。柱音竹甫反。枝柱，言意相节却，不顺从也。"汉中淫失枝柱，却与巴蜀同俗，足见汉中信巫鬼、重淫祀之风是来源于巴人的。汉中的东部原为巴地④，《华阳国志·巴志》说巴地"北接汉中"，是以秦汉的汉中郡置论的，先秦则不如此。《史记·苏秦列传》"汉中之甲，乘船出于巴，乘汉水而下汉，四日而至五渚"（并见《战国策·燕策一》），《索隐》云："巴，水名，与汉水近。"既然船出巴水而下汉水，表明巴水在汉水上游。《水经·沔水注》则记载汉中之东有大量称为巴的古地名，亦证明其地古为巴地。汉中东部入于楚境，则在春秋末叶巴国举国南迁以后。《史记·秦本纪》"秦孝公元年（前361年），河山以东强国六，……楚自汉中，南有巴黔中"，汉中及其以南的故巴

① 杜甫：《戏作俳谐体遣闷》。
② 范晔：《后汉书·巴郡南郡蛮传》，北京：中华书局，1965 年。
③ 段渝：《四川通史》第 1 册，成都：四川大学出版社，1993 年，第 253–254 页。
④ 蒙文通：《巴蜀古史论述》，成都：四川人民出版社，1981 年，第 9–27 页。

地才全部成为楚国版图的一部分。因而，"汉中淫失枝柱，与巴蜀同俗"，并不是来于巴文化从外部对汉中文化的播染，而是存于汉中本土的巴人巫鬼文化传统的连续发展，这与汉中以南嘉陵江流域賨人"俗好鬼巫（巫鬼）"①的文化传统是恰相一致而又互为照应的。由此可见，在汉中这块后来的楚地上，其"信巫鬼，重淫祀"的文化风俗，来源于古代巴人的巫鬼文化传统，而不是楚人所固有。

川东长江三峡巫、巴之地的巫鬼文化，源于濮系巴人，这一传统源远流长，文献可以概见。樊绰《蛮书》卷十引《夔府图经》记载："夷事道，蛮事鬼。初春，鼙鼓以道哀，其歌必号，其众必跳，此乃樊瓠白虎之勇也。"所谓樊瓠白虎，是指濮夷的廪君蛮。廪君为巴氏之子，相传死后化为白虎。"巴氏以虎饮人血，遂以人祠焉。"②廪君被称为蛮，信巫鬼，重淫祀，所以《夔府图经》记载"蛮事鬼"，其来源十分古远。《蛮书》又载："巴氏祭其祖，击鼓为祭，白虎之后也。"这种方式当为淫祀的内容之一，它同"其歌必号，其众必跳"的道哀仪式是一致的。《太平寰宇记》卷 137 记载："巴之风俗，皆重田神，春到刻木虔祈，冬则用牲解赛，邪巫击鼓以为淫祀，男女皆唱竹枝歌。"虽然所记的是祭日神，但是"邪巫击鼓以为淫祀"，却显然是巫鬼文化的内容之一，其形式与巴氏祭祖恰好相同，表明这种祭祀与巫鬼崇拜有关，当从巫鬼文化发展演化而来。

巴人的巫鬼文化在古城西南地区有着广泛影响，西南夷当中的濮系民族多受此风浸染，巫鬼崇拜长期风行，盛而不衰。《华阳国志·南中志》载夜郎牂柯风俗，"俗好鬼巫，多禁忌"。《后汉书·夜郎传》记载为"俗好巫鬼禁忌"，一方面可见鬼巫确为巫鬼的倒文，另一方面则说明夜郎巫鬼风尚之盛。《后汉书·邛都夷传》载：邛人"俗多游荡，而喜讴歌，略与牂柯相类"。所说与牂柯相类，即指"俗好巫鬼禁忌"。《华阳国志·南中志》记载，四川西南与云南东北之间"自僰道至朱提"之地，"俗妖巫，[惑]禁忌，多神祠"，亦奉巫鬼崇拜。这些族系，均属古代濮系民族系统。夜郎为"濮夷"③。邛都与夜郎同类。④其地多有"濮人邑""濮人冢"⑤，表明属于濮系民族。僰道至朱提为僰

① 常璩著，刘琳校注：《华阳国志校注·巴志》，成都：巴蜀书社，1984 年。
② 范晔：《后汉书·巴郡南郡蛮传》，北京：中华书局，1965 年。
③ 常璩著，刘琳校注：《华阳国志校注·南中志》，成都：巴蜀书社，1984 年。
④ 司马迁：《史记·西南夷列传》，北京：中华书局，1959 年。
⑤ 常璩著，刘琳校注：《华阳国志校注·蜀志》，成都：巴蜀书社，1984 年。

人分布之区，僰为濮人，以声类求之，"僰，蒲北反"①，蒲、濮双声叠韵，音近相通。《史记·货殖列传》和《汉书·地理志》所说的"滇僰"《华阳国志·南中志》正作"滇濮"，证实僰人属于濮系民族。这些濮系民族，有的在夏商之际即已在当地定居，如邛都②，有的在殷末以前从川东长江一带迁入，如僰人，因而其巫鬼崇拜必与巫、巴之地远古的巫鬼文化有关。至于夜郎，地近巴蜀，与巴蜀的早期关系较为密切③，其巫鬼文化则当是受早期巴文化的播染而来。

西周春秋时代，江汉地区多百濮，文献屡见。但江汉之濮却不是楚人，楚人的主要民族成分是屡见于《左传》《国语》和《史记》的"荆蛮""楚蛮"，春秋时代与百濮同时活跃在江汉地区，族类判然有别，这在史籍中是区分得清清楚楚的。以西周末叶楚蚡冒"始启濮"（《国语·郑语》）为开端，楚国"开濮地而有之"（《史记·楚世家》），大批濮人群落纷纷迁徙。到战国时代，楚地已无濮人，楚国境内的居民主要已是群蛮诸部和汉东的扬越，不见濮人的踪迹，所以孟子说楚人是"南蛮鴃舌之人"（《孟子·滕文公》），而《后汉书》也"南蛮"与"西南夷"（濮越系、氐羌系）给予清楚的区分，是有其理由的。

既然巫鬼文化起源于巫、巴之地的濮系巴人，而楚人非濮，那么"西通巫、巴"的江汉地区"信巫鬼，重淫祀"，必然就是来源于巴人，当是信而有征。

巴地文化自古充满神秘色彩。《山海经·海内南经》记载：

夏后启之臣曰孟涂，是司神于巴。人请讼于孟涂之所，其衣有血者乃执，是请生，居山上，在丹山西，丹山在丹阳南，丹阳，巴属也。

司神于巴，是主管巴地诸神。巴地诸神众多，既有男神、女神，又有动物神、山神。诸多神灵，需要人间的巫师进行上下交通，于是巫咸、巫即、巫肦、巫彭、巫姑、巫真、巫礼、巫抵、巫谢、巫罗"十巫"便应运而生，降居"灵山"，从此升降，交游人神。④灵山即是巫山。《说文·玉部》："灵，巫也，以玉事神。"江汉之间楚人谓巫为灵⑤，巫，巴之间的巫山、巫师、神

① 《史记·西南夷列传》正义。
② 段渝：《四川通史》第1册，成都：四川大学出版社，1993年，第258、259页。
③ 方国瑜：《中国西南历史地理考释》上册，北京：中华书局，1987年，第10页。
④ 袁珂：《山海经校注·大荒西经》，成都：巴蜀书社，1992年。
⑤ 王逸：《楚辞章句》，长沙：岳麓书社，1983年。

灵，正是其语源上的字根所在。灵山，原指巫山山脉之一段，在嘉陵江流域阆中之东，为巴人中的板楯蛮（賨人）累世所居之地，又称"仙穴山"①。由此亦可看出，川东及长江三峡一带的神秘巫风，乃是兴起于巴地，而后顺江东下，东出三峡，滥觞于江汉之间的。

盛传于世的《楚辞》，也多取材于巴山巫峡之间绮丽迷幻的巫文化。《水经·江水注》引袁山松《宜都记》说："屈原有贤姊，闻原放逐，亦来归，喻令自竟，全乡人冀其见从，因名秭归。"秭归以西便是巫山，而秭归古为巴地，屈赋中之所以随处流溢着巫文化的神奇色彩，巴人的巫文化当是其来源之一。宋玉赋中的一些篇章，也由于巴地巫文化的吸引，而流露出对"巫山之女，高唐之姬"的无限思慕之情，当非偶然。②

楚地民间乐器以鼓为主③，统治者的乐队里也有不少鼓。从考古发掘看，楚人的鼓约可分作四类：第一类是悬鼓，第二类是手鼓，第三类是建鼓，第四类是鹿鼓。④目前所知道的楚鼓、大多数为战国时代。鼓主要用于乐舞，是武舞的重要伴奏乐器。楚的武舞，《左传》庄公二十八年记有"万"舞，即是"大舞"⑤"干戚舞"⑥。这种舞除以鼓为主要乐器外，还用戈、矛等兵器为道具。湖北荆门战国楚墓所出"大武兵"戈⑦（又释"兵避太岁"戈⑧），便是楚国武舞所用道具。而这些又都是承巴文化之风而来的，其上源便是古老的巴渝舞。

巴渝舞首创于嘉陵江流域的板楯蛮，殷末巴人之师伐纣，"歌舞以凌殷人，前徒倒戈，故世称之曰：武王伐纣，前歌后舞也"⑨。《史记·司马相如列传》载《上林赋》即说到"巴俞采蔡"，巴俞即指巴渝舞。巴渝舞是典型的武舞。左思《蜀都赋》谓其"执杖而舞"，杖即兵杖。《宣武舞歌》辞曰"乃作《巴俞》，肆武士，剑弩齐列，戈矛为之始"，《上林赋》又说其"金鼓迭起，铿锵铛鞳，洞心骇耳"，《汉书·礼乐志》亦记载巴渝舞有"鼓员"三十六人。可见，以戈矛为道具，以鼓为主要乐器，乃是巴渝舞的特征。而周武王伐纣所

---

① 《太平寰宇记》卷八六引《周地图记》。

② 段渝：《四川通史》第1册，成都：四川大学出版社，1993年，第233、234页。

③ 参见《楚辞·九歌》。

④ 张正明主编：《楚文化志》，武汉：湖北人民出版社，1988年，第383、384页。

⑤ 《初学记》引《韩诗》。

⑥ 《大戴礼记·夏小正》，十三经注疏本。

⑦ 王毓彤：《荆门出土的一件铜戈》，《文物》1963年第1期。

⑧ 李学勤：《"兵避太岁"戈新证》，《江汉考古》1991年第2期。

⑨ 常璩著，刘琳校注：《华阳国志校注·巴志》，成都：巴蜀书社，1984年。

作"大舞武"，此舞的动作便直接模仿于巴渝舞。[1]至汉初，汉高祖将巴渝舞移入宫廷，长期流传。

楚国的武舞，以戈为道具，以鼓为乐器，反映了上承巴渝舞的历史事实。荆门出土的用于楚武舞的铜戈，上铸神人双耳珥蛇，左手操龙、右手操双头怪兽，左足踏月，右足踏日，胯下乘龙的图像，显然表现的是巴人古老的神话传说。同墓所出巴式剑，也为此提供了证明。表明楚人的大武舞是由巴人导演的。[2]

其实楚国的巫舞，也同样与巴人有关。王逸《楚辞章句》："楚国南郡之邑，沅湘之间，其俗信鬼而好祠，其祠必作歌乐鼓舞，以乐诸神。屈原见俗人祭祀之礼，歌舞之乐，其词鄙俚，因为作《九歌》之曲。"沅湘之间，指巴黔中之地[3]，历史上深受巴文化浸染，巴王子灭于楚襄王后，巴子五兄弟的逃难之地，正是巴黔中[4]，可见巴文化原本在这里就具有相当深厚的基础。沅湘之间信鬼而好祠，与巫、巴之地"信巫鬼，重淫祀"毫无二致；而其祠必作歌乐鼓舞，又与巴氏祭祖"击鼓为祭"，"其歌必号，其众必跳"[5]恰好相同。显然可见，楚国所谓"巫舞"，究其原委，实为巴人的祭祀乐舞。王逸所说"其俗信鬼而好祠，其祠必作歌乐鼓舞，以乐诸神"，又"其词鄙俚"，恰好是对巴人"信巫鬼，重淫祀"的正解。从这里也不难看出，江汉之间的巫风，完全是承袭巴人的巫鬼文化而来。

战国时代的巴文化与楚文化，大量相互渗透影响，可是当中影响至深至远的，还是巴地巫文化对楚风、楚辞的影响，一直持续演变到近世，而物质文明间的相互影响却早已随着汉代文化的大扩展而化于无形。川东和长江三峡之间大量的原生巫文化，早在楚文化形成以前就已发展起来，形成传统，那里正是巴地文化的所在。战国以后此间至江汉之际、沅湘之间巫风盛行，其根源在巴，本源于巴地古老巫风的流溢、播染和蔓延，以致在中国文化史上形成了一个颇引人注目的巫文化圈，传奇甚多，来源甚古，与众不同。这种情形，不论在研究巴文化、楚文化还是巴、楚文化交流以及长江文化中，都值得学术界同仁充分注意。

---

① 汪宁生：《释"武王伐纣前歌后舞"》，《历史研究》1981 年第 4 期。
② 俞伟超：《"大武"兵铜戚与巴人"大武"舞》，《考古》1963 年第 3 期；《"大武"舞续记》，《考古》1964 年第 1 期。
③ 蒙文通：《巴蜀古史论述》，成都：四川人民出版社，1981 年，第 12—22 页。
④ 梁载言：《十道志》。
⑤ 樊绰：《蛮书》卷十。

至于巴、楚文化的交流及其共同基础，笔者在《论巴楚联盟及其相关问题》一文中已有分析论述[1]，这里从略。

二、蜀与楚

史称楚祖祝融出自帝颛顼一系。《史记·楚世家》载："楚之先祖出自帝颛顼高阳。"楚之同姓屈原《离骚》开宗明义说："帝高阳之苗裔兮，朕皇考曰伯庸。"《山海经》中有三处明确讲到祝融世次，其中两条所记与《天问》和《史记·楚世家》相合，《海内经》所记的一条则为后起的传闻，另当别论。[2]

祝融的发祥，同夏后氏的兴起有关。《国语·周语上》载："昔夏之兴也，融降于崇山。"韦昭注云："融，祝融也。崇，崇高山也。"古无嵩字，崇高山即今嵩山，在今河南登封。《左传》昭公十七年又记载："郑，祝融之虚也。"郑为今河南新郑，《汉书·地理志》也说："今河南之新郑，本为辛氏火正祝融之虚也。"祝融一系于五帝夏代之际兴起于崇、郑之间，属于中原文化圈内的部族，后来逐渐向东向南迁徙。《国语·郑语》所载"祝融其后八姓"，夏商时代大体就分布在益河中下游以南，逶迤而东，至于近海。

《山海经·海内经》所载"祝融降处于江水"，《海外南经》所称"南方祝融"，以及《管子·五行》《越绝书》《淮南子·天文》等把祝融同南方炎帝紧密相连，均出于春秋以后楚国在江汉崛起，战国时代地半天下之时兴起的说法，其基本历史内容表达的是祝融后代在南中国长江流域的开发，而不是也不能作为祝融起源于南方的证据。其实所谓炎帝，在春秋时代以前的古史传说系统里，也是发祥于黄土高原的，这就是《国语·晋语》所说"炎帝以姜水成"。楚祖祝融即令与炎帝有关，也只能证明祝融一系发源于黄土高原，恰是南方起源说的反证。

楚文化兴起于江汉之间，成形于春秋时代，它的空间分布同南方炎帝、祝融传说的流布范围大致重合，也表明这种传说是伴随着楚文化在长江流域的扩张和推进而传布广远的，自不能与楚文化的起源形成混为一谈，更不能与祝融的发祥兴起同日而语。

无独有偶，古史传说中蜀人的先祖，也同帝颛顼有关。《大戴礼记·帝系》载："黄帝……娶于西陵氏之子，谓之嫘祖氏，产青阳及昌意。青阳降居泜水，

---

① 段渝：《论巴楚联盟及其相关问题》，《楚学论丛》第 1 集，《江汉论坛》1991 年增刊。
② 段渝：《山海经中所见祝融考》，《山海经新探》，成都：四川省社会科学院出版社，1986 年，第 203–216 页。

昌意降居若水。昌意娶于蜀山氏,蜀山氏之子谓之昌濮氏,产颛顼。"(《史记·五帝本纪》同)《山海经·海内经》也载:"黄帝妻雷祖生昌意,昌意降处若水,生韩流,韩流……取淖子,曰阿女,生帝颛顼。"郭璞注云:《世本》云:颛顼母,浊山氏之子,名昌濮。"郝懿行疏曰:"浊、蜀古字通,浊又通淖,是淖子即蜀山子也。"《吕氏春秋·古乐》也说:"帝颛顼生自若水。"这些史籍,《世本》《帝系》《吕氏春秋》《史记》代表黄河流域中原文化,《山海经》代表长江流域南方文化。南北两系史籍一致确认帝颛顼为蜀山氏之子,生于古若水(今川西北至西南之雅砻江,为金沙江支流),蜀山氏(蚕丝氏先代)乃是帝颛顼的母家,可见古蜀史的上源与帝颛顼有关,这是古代史家的共识,不容置疑。

古蜀文化据长江上游之地,临横断山脉之侧,兴起于夏商时代之间。它的上源,既有川北绵阳边堆山新石器文化因素[1],又有岷江上游早期蜀文化因素,后者的创造者即是蚕丝氏,在古史传说里,与蜀山氏息息相关。在古蜀文明中心的广泛三星堆遗址内,出土中原二里头夏文化的陶盉、玉璋,可以看出古史传说并非虚妄,而蜀、夏同出于颛顼的传说并不是偶然的。[2]

史称早期蜀史上有蚕丝、柏萝、鱼凫三代蜀王。[3]蚕丝为蜀山氏之后,柏濩来历不详,鱼凫则为颛顼所化。《山海经·大荒西经》记载:"有鱼偏枯,名曰鱼妇。颛顼死即复苏。风道北来,天乃大水泉,蛇乃化为鱼,是为鱼妇,颛顼死即复苏。"这反映出鱼妇与颛顼有直接的传承关系。郭璞注引《淮南子》说:"后稷垅在建木西,其人死复苏,其中为鱼。"今本《淮南子·地形篇》大同小异:"后稷垅在建木西,其人死复苏,其半鱼在其间。"其事、其地均与《山海经·海内南经》记载的在建木西的人面鱼身的氐人国如出一辙,当是鱼凫氏来源的又一传说。妇、凫一声之转。三星堆一号坑出金杖图案上的人、鱼、鸟,恰恰表现出"颛顼死即复苏""是为鱼妇(凫)"这种上古人们关于人类与动物的相互转化观念[4],表明鱼凫氏也是颛顼后代。

蜀祖、楚祖同出帝颛顼之后,两者的文化上源具有相关性,但在发展过程中产生越来越大的差异,鱼凫王以后,蜀地统治者为杜宇,杜宇之后为开明,出现了两次王朝更兴。固然早期蜀文化的一些因素仍然传承下来,但统治者的民族成分已判然有异。楚则不同。虽然楚祖祝融吴回三世孙穴熊之后,

① 中国社会科学院考古研究所四川工作队等:《四川绵阳市边堆山新石器时代遗址调查报告》,《考古》1990年第4期。
② 李学勤:《〈帝系〉传说与蜀文化》,《四川文物》1992年《三星堆研究专辑》。
③ 参见扬雄:《蜀王本纪》。
④ 段渝:《四川通史》第1册,成都:四川大学出版社,1993年,第34页。

"其后中微，或在中国，或在蛮夷，弗能纪其世"[1]，但是从楚祖重、黎、吴回直到鬻熊、熊绎却是一脉相传，楚国也没有出现为他人夺取王政的事件，楚文化亦未曾因为此类政治事件而出现中断。因此，尽管蜀、楚的早期历史文化具有相关性，但其流向却并不一致。

蜀人自古僻处西南，岷江流域是其根源所在。楚人则自黄河流域而长江流域，是从中原文化圈中分化出来，西周时代才世居南土，为诸夏视若蛮夷的。因此，即令在古史传说里蜀、楚同源异流，两者后来所发展出来的文化也差别颇大，无论反映在文献还是考古发掘资料上，这都是清晰可辨的。

尽管如此，但从最广泛的意义上认识，同帝颛顼有关的绝大多数远古族系，在夏商时代就相继衰亡灭绝了，所剩两系，均在长江流域，这就是蜀与楚，这种情况足以令人深思。蜀在长江上游，居江水之源[2]，楚在长江中游，居南国之中，对于长江中、上游的开发做出了不朽贡献。战国时代蜀、楚文化在某些方面的近似，尤其楚地居民大量迁入蜀中，除当时的文化交流和其他原因外，是否与蜀、楚先代的相关性有一定关系，值得深入探究。

作为帝颛顼之后的两支，蜀文化和楚文化分别在长江上、中游的长期发展以及两大文化区的形成，对于中国古史系统的构筑产生了巨大作用。以南方系统为中心的《山海经》，看来就是以蜀、楚雄踞长江流域的局面为根据写成的，《世本》《帝系》等中原文化所传古史中的两系，主要根据之一也在于此。表明中国古史传统的形成，与南北文化的差别有关。而古史传说中黄帝之后的两系分别向黄河流域和长江流域的发展，使得中国文明初期的南北文化既具多元性，又具统一性，也表明古史传说有其真实性、合理性，不能一概否定。这是从蜀、楚古史传说的关系中得到的一点启示。

三、东进与西上

蜀、楚两地，江水上下，一苇可航。在夏商时代，当熊氏一系的楚国先祖还在中原地区徘徊之时，早期蜀文化已顺江东下，播于"楚蛮"之地。这时，江汉地区尚无以楚国为主体的楚文化。为学者所盛称的先楚文化，乃是江汉土著文化，即史籍所谓"荆蛮""楚蛮"的文化，其时尚处在新石器时代晚期的发展阶段。

① 司马迁：《史记·楚世家》，北京：中华书局，1959年。
② 岷江在宋元以前的古籍中，均被作为长江正源。

考古学证据表明，在相当于中原二里头文化的时期，长江三峡之东就已出现了若干成组成片分布的早期蜀文化因素。在宜昌中堡岛、宜都毛溪套、红花套、向家沱，以及秭归朝天嘴、鲢鱼嘴等地点，发现既有别于当地土著文化，又有别于中原二里头文化的遗存，主要有夹砂灰陶，器类为罐、灯座形器、大口瓮等，尤其出土了鸟头柄勺，几乎与广汉三星堆遗址所出雷同。这些早期蜀文化因素在三峡以东分布，不是单个出现，而且成组、群地出现，各组、群之间又表现为集合关系。这就意味着，三星堆文化的东向拓殖，已经扩张到了长江三峡之东。而这种东进拓殖和扩张，并不是文化的自然流动，它是三星堆文化的发展战略之一，同三星堆文化的北上和南下战略是紧密联系在一起的。[①]当时川东鄂西还处在新石器发展阶段，自然不能抗拒三星堆文明强劲的辐射力。

蜀文化沿江东进的历史，古代文献也有迹可循。《水经·夷水注》载："夷水，即佷山清江也。水色清照，十丈分沙石。蜀人见其澄清，因名清江也。"清江古名盐水，后又称夷水，称为清江则是蜀人所起别名，竟成正名，表现出蜀文化对三峡以东所具有的强烈影响。《太平寰宇记》"清江县"下记载："磨嵯山本在黔州界，极高，蛮依为巢穴，颇为边患。蜀王击之，屡获神助，故所在祀之。"不但可见清江曾为蜀壤[②]，而且还反映了蜀王亲征三峡之东，战胜楚蛮，将其纳入蜀文化势力范围的事实。联系考古资料来看，蜀文化的东进扩张，是与蜀王的东征同时发生的，因而在三峡以东的早期蜀文化遗存中发现标志蜀王神权的鸟头柄勺，并不奇怪。征服与文化扩张同时进行，恰是古代文化传播最普遍的情形。

三星堆文明青铜人物雕像的重要特点，据巴纳先生分析，在于倒置的上下眼睑、隆起的眼球和方形下颌，而这些特点在战国时代楚墓出土的木俑和楚帛画上的十二动物轮廓图上可以看到。[③]巴纳先生认为这反映了楚文化对蜀文化的影响，可是他忽略了三星堆文化的时代和楚文化形成的时代。如果把巴纳先生的传播方向倒转过来，则与两支文化的年代相符，同时也与上述三星堆文化的陶器在三峡以东成组、群地集合分布的情形相符。[④]

① 屈小强、李殿元、段渝：《三星堆文化》，成都：四川人民出版社，1993 年，第 609-615 页。
② 徐中舒：《论巴蜀文化》，成都：四川人民出版社，1981 年，第 98、99 页。
③ 巴纳：《对广汉埋藏坑青铜器及其他器物之意义的初步认识》，《南方民族考古》第 5 辑，成都：四川科技出版社，1993 年。
④ 段渝：《支那名称起源之再研究》，《中国西南的古代交通与文化》，成都：四川大学出版社，1994 年，第 126-162 页。

蜀文化的东进，不仅在三峡以东造成了深刻久远的影响，而且也扩展了它自身的视野，增加了它与长江流域诸文化和中原文化相互联系、交流的机会，对它自身的发展也有重要意义。三星堆遗址出土的中原文化风格的青铜礼器，有的便是经由长江中游溯江传入的。①新繁水观音出土的陶鬶、陶豆，在形制上略同于湖北、安徽、江苏出土的后期黑陶，川东忠县涂井沟也出有黑陶制品，与湖北天门、京山、宜昌有密切联系，其主要入川道路即是沿江西上②。由此可见，文化的相互接触和碰撞，总是表现为互动关系，因而才有文化交流，即使东进征服楚蛮的蜀文化，也丝毫不能例外。

西周时代，蜀文化的发展方向由东进转变为南下，"以南中为园苑"③，东进势头明显减弱。即便如此，蜀文化在川东和三峡仍保有相当影响，"巴亦化其教而力务农"④，同时也与江汉地区正处于滥觞形态的楚文化保持着相当接触。湖南省博物馆曾收集到一件无胡蜀戈，戈内部有"楚公蒙秉戈"铭文⑤。"蒙"为"为"字之异，楚公蒙即熊咢之子熊仪⑥，是为若敖，当周宣王之时⑦。若敖在楚国历史上是一位著名人物，"筚路蓝缕，以启山林"⑧，以艰难创业名垂楚史。若敖手持的蜀戈，铭文为楚人加刻⑨，一方面可见蜀文化对形成期的楚文化有所渗透和影响，另一方面也表现了蜀、楚先公先王作为帝颛顼后裔之两系的文化相关性。

春秋中叶以后，楚文化进入勃兴时期，急剧发展，猛烈扩张，在向南向北大发展的同时，也奋力西上。这个时候，蜀文化对东方的影响已日益减弱，转而"雄张僚、僰"⑩，经营川西高原和南中。而川东和长江三峡一线的巴文化，也阻挡不了日益强盛的楚文化的凌厉进逼。所以楚文化不但突入川东巴地，还进一步深入川西蜀地的某些地方，留下不少文化遗迹。四川荣经、青川等地春秋战国时期的古墓群中，楚文化因素清晰可辨⑪，便是这段历史的真

① 李学勤：《商文化怎样传入四川》，《中国文物报》1989 年 7 月 21 日。
② 徐中舒：《论巴蜀文化》，成都：四川人民出版社，1981 年，第 4、5 页。
③ 常璩著，刘琳校注《华阳国志校注·蜀志》，成都：巴蜀书社，1984 年。
④ 常璩著，刘琳校注《华阳国志校注·蜀志》，成都：巴蜀书社，1984 年。
⑤ 高至喜：《"楚公蒙"戈》，《文物》1959 年第 12 期。
⑥ 郭沫若：《两周金文辞大系图录考释》（四），北京：科学出版社，1958 年，第 177-178 页。
⑦ 司马迁：《史记·楚世家》，北京：中华书局，1959 年。
⑧《左传》宣公十二年，十三注疏本。
⑨ 冯汉骥：《关于"楚公蒙"戈的伪并略论四川"巴蜀"时期的兵器》，《文物》1961 年第 11 期。
⑩ 常璩著，刘琳校注《华阳国志校注·蜀志》，成都：巴蜀书社，1984 年。
⑪ 李昭和、莫洪贵、于采芑：《青川县出土秦更修田律木牍》，《文物》1982 年第 1 期；赵殿增、陈显双、李晓鸥：《四川荣经曾家沟战国墓群第一、二次发掘》，《考古》1984 年第 12 期。

切反映。

战国早、中期，楚文化的发展达于极致，南中国几乎无处不见楚文化的渗透和影响，四川新都蜀王大墓也有楚文化影响之迹[1]，是毫不足怪的。但是，蜀文化并没有因此成为楚文化的外府或附庸，也从来没有成为楚文化的分支或地方类型，是可以肯定的。新都木椁墓是一代蜀王之墓，不论其墓葬形制还是青铜器组合方式，都是蜀的文化特质，与楚文化并无共同之处。[2]至于其中某些青铜器在风格上类似于楚文化，有的应是受到了楚文化的影响，有的则是由于道一风同的缘故，同一时代流行相似的器形和艺术风格，很难设想是蜀国输入或仿造的楚国青铜器。[3]因为蜀文化本身也处于青铜文化的中兴期，有其自身传统的，并且比楚文化早得多的青铜文化及其礼制和艺术形式。这些，可以从成都平原及其周边地区发掘的战国墓葬，如大邑五龙墓、蒲江东北墓、成都百花潭中学 10 号墓、绵竹清道墓以及成都市区近年来发掘的一系列墓葬中，获得足够清楚的认识。

至于从"荆人鳖灵"的角度来论证蜀文化几乎等同于楚文化，从考古学上说，证据是非常缺乏的，从历史文献上看，更是不能成立。[4]关于此点，这里不再赘论。

总之，尽管战国时代楚文化对蜀文化有所渗透和影响，然而仅仅是局部性的，始终没有成为蜀文化的主流。正如西周时代蜀文化对楚文化的渗透和影响一样。

战国时代蜀、楚文化的交流之迹，可从双方在漆器、织锦等工艺上的借鉴与发挥中得到证实。令人感兴趣的是，蜀、楚漆器图案中往往可以见到相类似的神话母题，而这些神话母题又往往可以在《山海经》中寻到其渊源。对此现象，如果从楚文化影响了蜀文化的角度，或者相反，从蜀文化影响了楚文化的角度来论说，尽管有一定道理。但毋宁说，这些反映了远古文化内容的早期文化传统，之所以能够继续保留在战国时代蜀、楚两地的官方和民间文化当中，恰在于蜀、楚两者的上源均可追溯到帝颛顼后裔之两系，因而具有文化相关性的缘故。

蜀、楚关系中，见于文献记载的双方战争，只有《史记·楚世家》和《六

---

① 四川省博物馆、新都县文物管理所：《四川新都战国木椁墓》，《文物》1981 年第 6 期。

② 段渝：《论新都蜀墓及所出"昭之釲鼎"》，《考古与文物》1991 年第 3 期。

③ 李学勤：《论新都出土的蜀国青铜器》，《文物》1982 年第 1 期。

④ 段渝：《四川通史》第 1 册，成都：四川大学出版社，1993 年，第 63-64 页。

国年表》所载的一次："（楚）肃王四年（前 377 年），蜀伐楚，取兹方，于是楚为扞关以距之。"其战果情况，文献无征，但有可能是蜀师战胜，所以新都蜀墓中出土某些楚器。兹方在今松滋市，距楚都江陵不到 200 公里。蜀师引退后，楚师才前出扞关（今重庆奉节）设防。从这次战役可以看到，战国时代蜀文化对楚文化并不是仅居守势，或处于被动状态，相反倒是采取了大规模东进的态势。所以，蜀地所见楚文化的一些因素，不能仅从被动接受的角度来认识，必须结合蜀文化主动地大规模东进来考虑，才可能与当时的历史实际相符合。

　　过去的史家对于蜀师东出三峡、抵近郢都一事往往感到意外，所以在蜀、楚关系的叙述中常常略其事迹，或曲为之解。其实，这乃是由于过去史家不曾了解蜀国有过辉煌灿烂的文明史，从而低估了蜀国政治经济军事力量及其文化扩张的缘故。倘若从蜀文化对长江三峡长期保有相当影响，并一度成为当地土著文化的统治者来看，对于伴随这场战役而来的蜀文化的再度东进，就不再会感到出人意料了。

思想理论

| 17 |

古中国城市比较说，古蜀文明富于世界性特征

据《社会科学报》载，四川省社科院历史所副所长段渝近日就中国文明起源过程中城市起源问题发表见解。他认为近年据黄河中下游和长江中上游两大区域的考古工作表明，它们实际存在早期不同城市起源模式。并试以黄河区域的河南淮阳平粮台、登封王城岗、偃师二里头、山东寿光边线王等古城，与长江区域的广汉三星堆、成都十二桥和楚国早期城市等为例，比较说明。

（1）形制。黄河区域古城一般呈正方形；长江区域如成都依江山走向规划，绵亘十余里，成一狭长、曲折之形制。

（2）城郭建筑。黄河古城多以夯筑、版筑法建造城郭，长江古城则多无土城墙，仅用树枝、荆棘构成栅栏。广汉三星堆发现早期城墙，乃受中原文化影响。

（3）古城布局。黄河古城的高台建筑为宫殿基础，如平粮台、二里头，长江蜀早期高台建筑则为祭坛，如羊子山土台。但北方草原文化的高台建筑亦有为祭坛者，如红山文化石坛；中原地区高台建筑多在城内，或城中心、或城的一角。羊子山土台则在城外。中原地区土台为古城的政治中心所在，蜀土台则是祭祀中心，其宫殿基址如成都十二桥则以大型木结构。

（4）中原早期城市起源，一般是城堡雄踞于周边各聚落点之上，成为特定地域内若干聚群中唯一的政治和经济中心。而广汉三星堆古城和成都十二桥建筑群，前者是王都；后者是贸易中心。蜀早期城市结构，政治中心与贸易中心的分区建立，形成早期城市体系。这种特殊的城市起源类型，在世界文明起源时代是罕见的，与黄河流域文明不同，与古希腊的上、下城也有本质的区别。

在谈及中原地区早期城市的功能体系时，段渝说，它一般表现为政治、经济、军事等中心，有城墙为防御体系。而蜀城市体系不是集多种功能于一城，而功能是分区。三星堆作为王都，需坚固防御系统，故有永久性土城墙。十二桥则无城墙，以适应商业都市对外开放的功能。楚早期城市则具有明显的军事中心性质，其城墙则围以荆棘，又与蜀不同，均适应开疆拓土的军事

一元传播论貌似尊重考古学和人类学材料，但在认识论上是形而上学的，在历史观上则完全是唯心主义的。它无视比埃及文明起源更早的美索不达米亚文明（苏美尔），无视爱琴文明（米诺斯文明），无视印度河文明（哈拉帕、摩亨佐达罗），无视玛雅文明（墨西哥尤卡坦、洪都拉斯、危地马拉，包括奥尔梅克）和中美洲古代文明（秘鲁、安第斯），更无视完全独立起源、形成和发展起来的中国古代文明。甚至将中国文明独特的青铜器制作术、建筑术以至文字起源都归结为西方文明传播的成果，此即煊赫一时的所谓"中国文化西来说"。就其历史环境看：这种论调早已远远离开了学术探讨，与殖民主义宣传密不可分。中国学者的任务，是必须予以坚决批驳，正本清源。在这方面，我国学术理论界近年来已做了大量努力。由此可见，在世界文明起源研究上，并非不存在唯物史观与唯心史观的论争，有时甚至会上升为政治斗争。因此，坚持马克思主义唯物史观，是我们进行具体研究工作的首要条件。

在中国文明起源的研究上，事实上也存在两种历史观。自上古以来盛行于奴隶社会和封建社会的唯心史观认为，只有中原诸夏才是唯一正宗的文化民族，只有中原王朝才是中国唯一合法的王朝，只有中原一地才是中国唯一的文明中心，"天不变，道亦不变"。古代"内诸夏而外夷狄"（《公羊传》）的文明观念，"非我族类其心必异"（《左传》）的血统观念，根本上是在奴隶制政治和封建政治的支配下带有民族歧视、民族压迫和剥削性质的唯心主义历史观。这种观念流布甚为广远，在很长时期一直被奉为圭臬，视若固然。但是，中国之大，各民族文明历史之悠远，不但于古代文献中史不绝书，而且在考古资料中也斑斑可见，即令是作为先秦诸夏直接先祖的黄帝、大禹，也还是西北地区的古羌族（《陈侯敦铭文》《国语·周语》《史记·六国年表》），中原中诸夏的相当部分也源于古代羌人，而黄河文明的许多成就也直接从周边邻近区域文明传承而来。怎么可以说中国文明绝对是从中原一元起源并向四周辐射传播呢？

就材料来看，我国史前时期最后一个发展阶段新石器文化的分布是不平衡的，但并不只有中原一个中心，在燕辽、海岱、甘青、西蜀、长江中下游，均独立形成区域性文化中心，呈现出多中心和发展不平衡的特点。各古文化中心由新石器革命导致文明要素的发生，其历史进程同样也是多中心和发展不平衡的。多中心，是指各大文化独立产生文明要素，文明起源是独立的，相互间不是分支关系。不平衡，是指各古文化由于新石器文化发展的地域性差异，文明要素及其组合形式也存在差异，不呈现为同步的统一进程。例如，需要，与它吞并江汉诸国步伐一致。巴国则从未筑城墙。巴、蜀、楚等城市功能体系与中原的区别，反映了两大流域间城市起源、产生的不同途径、类型，也证明古中国文明有多个中心，多元起源地。

段渝还以三星堆为代表的蜀文明与中外其他文明的关系发表了看法。

他说，广汉三星堆出土的大型青铜雕像群，其造型中有一种高鼻深目者形象。这显然不是古四川土著居民或中原民族。如从人种学角度说明，就可以认为三星堆青铜雕像群的文化来源，与古代西亚、北非文明区有着联系。

他说，三星堆出土的青铜神树、黄金面具等，不是商代四川以至华北文明的产物。而在西亚和埃及古文明中，却都发现黄金神树和面具。从宗教和祭祀仪式角度，它们犹如同出一辙。以三星堆出土的金杖为金皮木芯铜龙头杖，据考证是表示权力的王杖。权杖不是古代蜀文明及华北商文明及至夏代的产物。中原地区从不用杖表示权力，权杖象征独占权力，是西亚的一种地方性文化传统。后被传播至世界上许多地区和国度。据西亚权杖起源和传播情形推断，三星堆权杖极有可能是由西亚或埃及，通过南亚文明区辗转传播来的。其途径有可能是沿后称为"南方丝绸之路"的"滇缅道"，由西亚到中亚经巴基斯坦、印度、缅甸、中国云南转入川西平原。三星堆金杖用金皮包卷杖身，用青铜铸成杖首，亦与西亚和埃及大量使用黄金和青铜的特点相符。同时，三星堆金杖又显示出中国北方草原及华北文明的色彩，这就是龙头形杖首。

三星堆出土的通体磨光、加工精整的小型磨制石器生产工具，正暗示它与长城以北的以细石器文化为特色的北方草原新石器文化间存在某种关系。三星堆大量夏商风格的玉质礼器又展现了它与华北地区直接的文化交流。由此可说，以三星堆代表的蜀文明的内涵绝非单一，而有多元文化来源的性质，它是一种来源广泛的复合性文明。

段渝说，总论三星堆蜀文明，是在其自身高度发达的新石器文化和文明诸要素不断产生的基础上，主要吸收了华北夏商文明因素，同时兼容并包了一些古代西亚、北非文明的因素，从而形成富于世界性特征的早期蜀文明。

青铜器最早出现在西北地区的马家窑文化，海岱之间的大汶口文化出现黄铜制品的年代也很早，而城堡则首先在中原龙山文化出现，文字在中原和海岱地区都出现很早，大型礼仪中心是在燕辽地区的红山文化中最先崭露头角，城市体系中功能分区的最早实例又首见于西南的蜀文化，如此等等。而以上诸文化，都对中国文明成就的最初创造做出了卓越的、不朽的贡献。我们并不否认当时各区域文化间的接触、交流和传播，但其统一趋势是后来才产生的。历史证明，中国文明的统一进程是随秦汉大一统帝国的建立和发展而逐渐完成的。而那种置各地各民族的文明史于历史之外的论点，把各民族自己创造自己的历史篡改成由一个中心恩赐的历史，不是唯心主义的绝对创造又是什么？

因此，在理论上，文明起源研究必须坚持实事求是的原则，以历史唯物主义为指导，才能正确说明中国文明起源的各个问题，才能正确说明中国文明与世界文明的关系。否则，对于已有的事实材料就会视而不见，甚至曲为之解。

文明起源研究是一个世界性的重大理论课题，各国都有相当部分的学者致力于这方面的研究。我们中国的马克思主义学者，要期望对这个重大理论课题有所突破，有所贡献，如不以历史唯物主义为指导，就会步西方后尘，不但不会有所成就，相反只能淹没在唯心史观之中。更为重要的是，要坚持马克思主义唯物史观，就必须以它为指南深入细致地研究文明起源理论。因为它是历史唯物主义得以建立的重要基石之一，在本质上是理论问题，而不是史料学。

唯物主义历史观与文明起源研究的理论和实践

19

古史研究的材料、理论和方法

——以巴蜀古史研究为例

按照传统史学的观点，古史的复原工作主要依靠历史文献，并建立在文献考证、辨伪、排比、取舍、分析研究的基础之上。

但是，中国上古历史，到孔子时代已"文献不足征"，后遭秦火，摧毁更重。虽经后世多方网罗，有所复出，终究不能还原；并且其中鱼龙混杂，真伪难辨，尤难缕析。要根据残缺不全且错讹严重的文献材料复原古史，显然不可能。

况且，随着时代的发展，学术思想的进步，史学观念的更新，人们已不再满足于仅仅复原已逝去的古史的面貌，而把分析、解释工作放在首位。唯有通过分析，才能把握古史的各个组成部分之间内在的有机联系；唯有通过解释，才能看清古史发展演进的阶段性、方向性和本质分析和解释，已成为古史研究、建立古史新体系的宗旨。

这样，就有两个方面的问题需要我们去解决。一方面，对古代文献必须进行认真、严谨的考订整理工作；另一方面，尽可能运用可靠的历史文献，参以其他各种资料，在有关理论的指导下，运用行之有效的方法，对古史给予合乎逻辑的新解释。

本文试以巴蜀古史研究为例，对古史材料、理论和方法问题进行扼要论述，就教于专家学者、博学通人。

一、历史文献诸问题

（一）有关巴蜀历史文献的基本情况

迄今为止还没有发现古代巴蜀自身留下的任何历史文献传世。流传于今的有关巴蜀古史的文献材料，绝大多数出于中原文献，或晚出的蜀人之作。

具体说来，涉及巴蜀古史与文化的传世文献材料，较早时期有《尚书》《逸周书》《左传》《世本》《吕氏春秋》《竹书纪年》《战国策》《山海经》等，可以确定为先秦至汉初的史籍汉晋时期则有《大戴礼记》《史记》《汉书》《帝王世纪》《越绝书》《蜀王本纪》《华阳国志》等。若加上已佚失的和晋以后的材料，不下几十种。前一类文献所述巴蜀古史，均非专门记载，绝大多数是因列国和战关系所涉而录，因之非常简略甚至片面，不能构成巴蜀古史连续演进的图画。后一类文献，《大戴》《史》《汉》等也无专卷记述巴蜀史事，但涉及蜀人先世的情况则较详。唯有《蜀王本纪》和《华阳国志》的记述，相对说来比较丰富，可以作为比较有系统的参考。

（二）有关巴蜀历史文献的传承和改造

先秦汉初有关巴蜀古史的文献材料，因角度不同，涉及范围有异，因而星星点点，林如断简残篇，仅能反映巴蜀古史的某个或某些片段。

《尚书·牧誓》记载蜀人为西土八国之一，参与武王伐纣，誓师商郊牧野，但事迹未详。《逸周书·世俘》记载武王派辛荒伐蜀，辛荒全胜而归，但此蜀为谁家之政权，并无交代。《逸周书·王会》记载成王大会诸侯于成周，巴、蜀各以其方物进献周王室。《世本》《山海经》《竹书纪年》等史籍，涉及对巴蜀先世的追溯及与黄帝、颛顼的关系，然而问题纷繁而复杂，歧异乖巧之处太多，难以遽定。《左传》记载了周初及春秋时代巴国的几件史事，主要是与楚国的关系，对蜀则未置一词。《战国策》则有专章叙述秦灭蜀的情况。

汉晋文献所述巴蜀古史，较之先秦要详细得多。其中的基本材料多因袭传抄自秦文献，另外的材料则摭拾于传闻，或史家一手改造。

《大戴礼记·帝系》是记述中国古史系统的一篇重要文献，其中记述了黄帝系统与蜀山氏的关系这个古史系统，在《史记·五帝本纪》《帝王世纪》《华阳国志》《水经注》等史籍中得到传袭。而《帝系》的材料来源则是多方面的，早于它的《世本》《吕氏春秋》《竹书纪年》，甚至尚未最终成帙的《山海经》等，都可能是《帝系》的取材之处。所以那些存在于先秦文献之间的明显矛盾，在《帝系》中得到了协调和整理。

传抄必有变异，晚出必有增删。至晋，先秦流传下来的巴蜀古史系统，内容又有变化和增添，无论《帝王世纪》，还是《华阳国志》，均如此。不仅明显地增加了若干枝节，横插进若干个后起的人王，而且在政治史上内容明显增加。如果说，先秦文献偏重世系追溯和史事记录，那么，汉晋文献则偏重政治史记载和政治关系描述，而后者多难查找凭据，臆造成分当占多数。

逐步印证、充实而能够充分展示一个社会演进情况的重大考古发现，如像三星堆遗址这类比较完整全面的体系，这种机会非常难得，在这类重大发现以前，巴蜀古史研究很难取得突破性进展。可见，考古发现也是受到许多条件制约的，也有其局限性。并且，对于今日史学的目标和宗旨来说，考古资料本身也不会提供古代人们思维、意识形态、法的观念、社会结构、功能体系等方面的成果，这些成果必须由考古学文化的研究给以提供。比如，古蜀文化的王权结构、宗教神权等成果，就是在考古学文化的理论、方法指导下获得的，对古蜀史研究起了很充实的作用。可见，就史学的深层研究来说，与考古学文化的联系更加紧密。

但是，考古资料的不断积累，毕竟对古史研究起了莫大作用，推动着古史研究的不断进步。对此，事实俱在，无须赘言。

另一方面，史学家对待考古资料，其出发点、评判眼光、资料运用及研究方法等，与考古学家不尽相同。史学家首先考虑的，一般是怎样运用考古资料去衡量文献材料，经比较而辨伪，否定、证实或补充史料，然后据以研究历史。这里一般会出现几种不同后果：一是正确地运用正确的考古资料，结果自当正确；一是错误地运用正确的考古资料，结果难免谬误；一是运用错误的考古资料，结果必然沦于谬误。在今日运用考古资料研究巴蜀古史方面，这几种情况都不同程度地存在。反过来看，考古学家在运用历史文献研究古史时，也会出现类似的情况。现状表明，要使史学与考古学达到充分、有效的结合，谈何容易！

如何运用有限的资料，取得最富成效的研究成果呢？

这个问题很难解答，每个学者都可以根据自己的经验、习惯、知识结构以及对目标的追求，做出不同的选择。根据我们有限的经验，对于如像巴蜀古史这类文献缺乏然而考古资料较丰富的研究而言，文化人类学理论和方法不失为一个重要的研究工具。

文化起源、发展、演变，文化模式、类型、结构、功能，文化传播，文化进化的动力法则等，是文化人类学的几个主要范畴和研究对象。文化人类学的所谓文化，含义广博，并不仅指思想文化，或物化形态上的文化，它还包括社会结构，制度等更深层次的领域，涉及人类行为的几乎所有方面。因此，其内涵足以包括史学和考古学的若干范畴。

文化人类学研究人类文化的起源和演变，其目的性与史学在很大程度上具有共性。但是文化人类学不仅在方法上更加灵活多样，而且领域还要宽广得多。并且，文化人类学极为注重比较研究，把一种文化或社会同其他文化或社会的各因素做单项、多项或总体比较研究，能够使人更好地把握这种文化的特征、内涵、发展方向等，所得结论也具有更加广泛的意义。

在资料来源和资料处理方面，文化人类学不仅凭藉经过认真考订的史料，还十分注重考古资料和民族志、民族史、民族学材料，其特色之一便是综合性的比较研究，因而其结论的可信程度将更高。更重要的是，文化人类学的目的、理论和方法，使它必须从更广阔的角度和更高的层次去解释历史，从中发现人类文化的异同及其原因所在。从文化演变的过程中去阐释历史进步的动力、途径、方式和目标等，能够更深入更广泛地体现历史学的目的。而单纯的史学研究即传统史学是难以达到这些目标的。

事实上，当代的许多史学家都在自觉或不自觉地应用文化人类学理论和方法研究历史。仅凭考证史料，单纯研究政治事件和人物一类传统研究，今天的多数学者已认识到其明显的局限性。以巴蜀古史研究而言，像王权结构、社会运作机制、城市起源模式、物资流动机制、内外关系、文化演进等研究，都突破了传统史学范畴，不仅在建构巴蜀古史方面，而且在解释古代巴蜀社会与文化诸方面，都取得了比过去大得多的成就。如果没有文化人类学的理论、方法指导，这些重要成果的取得是无法设想的。

文化人类学与考古学有着天然联系，可以说，考古学原本就是文化人类学的重要基础之一。考古学通过对遗址、遗迹、遗存的发现和研究，以层位学和类型学确定其年代和文化类型，因此考古学本质上是一门关于人类文化的科学，其目的与文化人类学是一致的。考古学家通过大量艰辛的工作，包括田野考古和室内整理、研究、确定文化形态和类型，这正是文化人类学比较研究的最重要基础之一。而考古学据以确定年代和类型的主要方法，也是比较研究。从这个意义上看，文化人类学的一些主要方法，应肇端或来源于考古学，两者有着不可分割的内在联系。

考古学假如仅就层位和类型学而言，还是比较微观的研究，这两种方法在于复原遗迹、遗址、遗物的年代和形貌，在此基础上达到认识文化序列和文化类型的目的。比如，三星堆考古就是如此，直接考古目的在于弄清其文化内涵、年代、分期、形貌、文化类型等。这种研究，能够知其然，却不能知其所以然。[①]从文化人类学角度看，这虽然是必不可少也相当重要的研究步

---

① 俞伟超、张爱冰:《考古学新理解论纲》,《中国社会科学》1992 年第 6 期。

骤，但毕竟不能从中认识文化结构、功能和文化进化的动力以及其他更深层的因素、法则、联系等本质。如果把对纯粹的考古研究上升到对人类行为及其过程的研究，并进而探讨文化结构和功能、文化起源与演变，那么实际上就进入了考古学文化研究范畴，也就具有了文化人类学研究的性质和意义。比如说，透过对某一组、群巴蜀考古遗物的有形形态，去研究无形的东西，例如，通过三星堆遗址出土的数十尊青铜雕像，透过这些雕像不同的衣冠发式及排列组合关系，就能看到当时中国西南的民族情况，以及古蜀国政权在权力构成方面的多元一体民族结构，还能看到古蜀文化多元性构成以及传播辐射的相当一些情况，等等。单纯的器物形态研究，显然不能认识如此广泛深层的各种关系。

必须认识到，文化人类学并非灵丹妙药，能够包医百病，它只是提供了比史学和考古学更多的方法、更普遍的理论和更多的范畴，提供了更大的舞台和更宽广的天地。而解决历史文化问题，需要史学、考古学、文化人类学以至更多的学科的有机结合，共同努力，优势互补。单纯的文化人类学是没有的，它总要以考古或史料为基本材料，或参以民族学材料，运用文化人类学的理论构架和方法论体系去解决问题。

四、结语

古史研究在我国史坛可谓源远流长，但是数千年来古史研究的中心，都是三皇五帝，而中原周边各地区各民族的古史，则往往被摒弃于古史系统之外。除史料严重缺乏外，主要原因在于长期以来中原中心论占据了绝对统治地位。在考古资料源源出土的今天，在史学研究已经冲破一元起源论束缚的今天，这种摒各地区各民族的古史于中国古史以外的现象当然不可能再继续维持下去了。近年来区域文化研究热潮的兴起和深入，便是学术界对古史研究取得的重大突破之一。

巴蜀僻处西南，被中原视为"南夷"（《汉书·地理志》），或"西僻之国，戎狄之长"（《战国策·秦策一》），长期被人认为与世隔绝，蛮荒落后。但是年四川广汉三星堆遗址"祭祀坑"的发掘，出土的大批青铜器群、青铜人物雕像、人头像、人面像、青铜神树、金杖、金面罩等，却一下子打破了这种神话，彻底改变了人们的认识，使中外学术界共同认识到古代巴蜀是一个高度发展的文明社会。这就促使学者们用新材料去重新审视古文献，当文献材料和考古本身不能解释大批新资料时，又促使学者们应用新理论和新方法去解决矛盾。于是，不仅材料新颖，理论、方法新颖，而且研究目标也在不断更新，从而使整个研究出现新气象。

如像古代巴蜀这类文献材料既少、矛盾又多但考古资料却愈益丰富的文明古国或地区，在我国何止一二！在东北、西北、西南、中南、华东、华南，在西辽河流域、黄河流域、长江流域、珠江流域，都大量存在，各地区多民族都有自己的文明史，都是自己创造自己的历史。正如苏秉琦先生所说："中国文明的起源，恰似满天星斗。虽然，各地、各民族跨入文明门槛的步伐有先有后，同步或不同步，但都以自己特有的文明组成，丰富了中华文明，都是中华文明的缔造者。"①因此，古史研究的材料，理论与方法，自然成为当前中国古史新体系建构中最迫切和最关键的问题。只要运用不断丰富的各种材料，应用新理论、新方法，并同时继承发扬我国古史研究中已被证明是行之有效的理论、方法和研究手段，就能不断取得新的成果、新的突破。

不言而喻，这一切需要从事古史研究、考古研究和各区域文化研究以及史学理论研究的大批专家的共同不懈努力与积极探索。

---

① 童明康：《进一步探讨中国文明的起源——苏秉琦关于辽西考古新发现的谈话》，《史学情报》1987年第1期。

20

儒、法之争再研究

不论就历史作用还是社会影响来看，儒、法两家都是互有短长，各存优劣的。从历史上说，固然汉初法家蒙秦灭之恶名，隐而不显，但"汉承秦制，循而未改"，乃是不可置辩的事实；而汉武帝援法入儒，虽"独尊儒术"，却是"汉家自有制度，本霸（法家）、王（儒家）道杂之"①。不难知道，外儒内法（并兼采阴阳），实为汉家制度之本色。此后各朝，大体沿之不改，而以入佛或灭佛为再起之政治风波和文化浪潮。可以看出，儒、法两家身份和地位的变化，其中的主要原因之一，在于两家是不同时代、不同条件下的产物，所适应的文化与政治环境也并不一致，因而历代对其看法不同，取用不一，期以实现的目标和价值观念也不尽一致。汉以后儒、法两家的互化与流变，再加上佛学的介入，恰好证明了这一点。所以，还是韩非说得好："世异则事异"，"事异则备变"（《韩非子·五蠹》）。儒、法两家，不都是因时而变了吗？

比较儒、法两家的政治理论，可以看到，儒家符合西周王道，法家符合战国霸道；儒家宜于守成，而法家则适于治乱。弘扬中华文化，应当兼收并蓄。

一、历史观念：儒主"法先王"，法主"法后王"

儒家学说的根本，在于推崇西周政治。孔子祖述尧、舜，宪章文、武，法则周公，其重心落在西周。孔子说过："周监乎二代，郁郁乎文哉！吾从周。"（《论语·八佾》）孟子也说："莫如师文王。师文王，大国五年，小国七年，必为政于天下矣！"（《孟子·离娄》）这都表明儒家"法先王"，追思以往，推崇西周制度。

法家与此截然相反。法家主张审时度势，"法后王"，"法今圣"，而不"法先王"。商鞅明确提出："三代不同礼而王，五霸不同法而霸。""前世不

---

① 班固：《汉书·元帝纪》，北京：中华书局，1962年。

同教，何古之法？帝王不相复，何礼之循？"这种进化的历史观，坚信"当时而言法，因事而制礼"，从而主张"治世不一道，便国不必法古"（《商君书·更法》）。

韩非继承了商鞅的历史进化观，提出"上古竞于道德，中世逐于智谋，当今争于气力"，认为历史是不断变化、不断进步的。所以，"今欲以先王之政，治当世之民，皆守株之类也"（《韩非子·五蠹》）。而"明据先王，必定尧、舜者，非愚则诬也"（《韩非子·显学》，颜师古注）。那些根本不了解古今治乱变化的人，反而竭力讴歌先王之法，颂扬先王之书，这只会加剧今世的动乱，绝不会带来任何益处。因此，"世异则事异"，"事异则备变"，"是以圣人不期修古，不法常可"（《韩非子·五蠹》），而是仔细分析研究当代面临的问题，根据现实来制订各项措施。

二、政体观念：儒言"分封"，法倡"郡县"

周武王克殷后，以"小邦周"骤胜"大邦殷"，继而周公东征，灭殷王子武庚禄父在东方的势力，攘夺了殷王朝的土地人民。为巩固新生的西周王朝，周王室大封周之宗室懿亲为诸侯，"以藩屏周"，"得以代为家"。据《左传》昭公二十八年："昔武王克商，光有天下，其兄弟之国者十有五人，姬姓之国者四十人，皆举亲也。"《荀子·儒效》又说：周公"兼制天下，立七十一国，姬姓独居五十三人焉。周之子孙苟不狂惑者，莫不为天下之显诸侯"。分封制不限于周初，终西周之世都在继续发展，如周宣王封其母弟桓公友于郑，封申伯于谢等。

分封制是一种封建领主制政体。分封制下，周王是天下最大的领主，即所谓"光有天下"。可是，分封制却没有建立起周王的绝对君权，周王实际上仍然是"天下共主"，在政治上还没有发展到统一的领土国家那样一种君主集权的程度。尽管在形式上，周王室通过"授民授疆土"的册封仪式来分封诸侯，诸侯对周王室也必须履行其封建义务（即有职有贡），但诸侯在自己的封国内却俨如天子，称王称公，拥有政治、经济、军事和法律等一切最高权力，事实上是封国以内的土地和人民的最高所有者。《左传》昭公七年说："封略之内，何非君土？食土之毛，谁非君臣？"所指就是分封制下诸侯一方大权在握的实际情况。儒家宪章文、武，法则周公，在政体观念方面就是推崇并维护西周的分封制度。

法家则不然。法家崛起于战国时代。这个时候，"王者之迹息而《诗》亡"，西周分封制已经崩溃。到战国初年，周王室早已是形同虚设，其地位与一般小国无异。春秋时代的一百余国，这时也仅存十余国，整个中国为战国七雄所主宰。而七雄的大规模兼并战争，也正在推动着中国从封建割据走向封建统一，在这种不可逆转的形势下，维护周制、重建分封，不但没有任何可能，而且从根本上说，乃是历史的倒退。

法家顺乎潮流，力倡建立中央集权的君主专制政体，力主普遍推行郡县制度。商鞅说过："百县之治一形，则从；迁者不饰，代者不（注：今本脱'饰代者不'四字。此据孙诒让校补。）敢更其制，过而废者不能匿其举。"（《商君书·垦令》）众多的县，都实行统一的政治制度，就可使人人遵从，奸官就不敢饰非，替代者就不敢更易制度，因过而贬黜的官吏就不能掩饰其错误。推行县制，由中央任免地方官员，把县变成中央的地方行政机构，而不再是独立、半独立的王国，这样就把全国的军政大权集中到了中央，从而建立起统一的中央集权政体，有利于从劫乱走向安定，从割据走向统一。韩非又进一步主张："事在四方，要在中央，圣人执要，四方来效。"（《韩非子·扬权》）进一步发展了中央集权的政治理论。

三、政治观念：儒主"世卿世禄"，法倡"不世官"

儒家主张维护西周宗法制和贵族的"世卿世禄"制。所谓宗法制，简而言之，是以血缘关系为纽带，建立贵族之间尊卑有别、上下有序的一种制度。《左传》桓公二年记载："国家之立也，本大而末小，是以能固。故天子建国，诸侯立家，卿置侧室，大夫有贰宗，士有隶子弟，庶人、工商各有分亲，皆有等衰。是以民服事其上，而下无觊觎。"这就是说，天子根据宗室血缘关系，分封子弟为诸侯，诸侯立其子弟为卿大夫，卿大夫又立其枝子为下级之卿或大夫，大夫再立其旁支为下级大夫或属大夫，由是形成层层分封的等级制度和从属关系，构筑起一个以血缘为框架而尊卑贵贱各有等差的完整的政治结构。《左传》昭公七年说："天有十日，人有十等，下所以事上，上所以共神也。故王臣公，公臣大夫，大夫臣士，士臣皂，皂臣舆，舆臣隶，隶臣僚，僚臣仆，仆臣台，马有圉，牛有牧，以待百事。"这是对基于宗法血缘关系所形成的层层从属的等级制政治结构的极好说明。

由于宗法制的实行，西周便建立起君统与宗统相结合的政权体系。《诗经·大雅·笃公刘》说："食之饮之，君之宗之。"毛传曰："为之君，为之大宗也。"宗法制实质上是西周王朝用以保证其政权代代相传，而借助于血缘宗法关系所建立的一整套政治制度。

在西周宗法制下，贵族都是世袭的统治者，称为"世族"。世族累代占有土地人民，累代垄断大小官职，由是形成累代相袭的"世卿世禄"制度。有关"世卿""嗣卿""世臣"的记载，在当时的文献里斑斑可见。在青铜器铭文中，关于子继父位的记载也比比皆是，如像"井（型）乃且（祖）""则乃且（祖）""丙（更）乃（祖）"一类铭文，都是周王令卿大夫之子继其先人为官的例子。《左传》襄公二十四年说："若夫保姓受氏，以守宗祊，世不绝祀，无国无之。"表明世卿世禄是西周政治的一大特征。

儒家以维护西周制度为己任。孔子说过："《书》云：孝乎，惟孝友于兄弟，施于有政，是亦为政，奚其为为政丁。"（《论语·为政》）儒家所传周公教导鲁公的话说道："君子不施其亲，不使大臣怨乎不以，故旧无大故则不弃也。"（《论语·微子》）孟子也说过："为政不难，不得罪于巨室"，"天下之本在国，国之本在家"。（《孟子·离娄》）孟子曾教魏惠王行周文王之政，"仕者世禄"（《孟子·梁惠王》），使贵族的官职和爵禄世代相袭。他还对齐宣王说："所谓故国者，非谓有乔木之谓也，有世臣之谓也。"（《孟子·梁惠王》）

然而在春秋时代，世卿世禄制已经出现危机。在大夫专政和"陪臣执国命"的新形势下，卿大夫"亡其姓氏""降在皂隶"一类事件，颇不鲜见。到战国时代，世卿世禄制的崩溃已成为历史发展的必然。儒家在新形势下仍然为维护旧制度奔走呼号，充分暴露出它的政治保守性特点。

法家顺应战国时代的历史潮流，并把历史趋势变成为时代现实，从而推动了历史的前进。商鞅在秦国主持变法，明令："有军功者，各以率受上爵。"[①] 凡立有军功的人，不论贵族还是平民，都可以其功劳大小获得相应的爵位。"能得爵首（甲首）一者，赏爵一级，益田一顷，益宅九亩"（《商君书·境内》）；"五甲首而隶五家"（《荀子·议兵》）。又明令："宗室非有军功论，不得为属籍。明尊卑爵秩等级，各以差次名田宅、臣妾。衣服以家次，有功者显荣，

---

① 司马迁：《史记·商君列传》，北京：中华书局，1959年。

无功者虽富无所芬华。"①宗室贵族及其子弟如无军功，就不能得到爵禄。这样，世卿世禄、世官世臣的旧制度就从国家法律上被正式否定、废除了，而代之以军功爵这种新制度。由于旧贵族垄断官职的局面的结束，就为新兴的地主阶级登上政治舞台开辟了道路。

由于列国相继使用法家人物主持变法，因而列国都先后废除了世卿世禄制，代之以新的俸禄制，从而推动了历史的全面进步。在魏国，"魏成子以食禄千钟"②。在秦国，"商君之法曰：斩一首者爵一级，欲为官者为五十石之官；斩二首者爵二级，欲为官者为百石之官"（《韩非子·定法》）。有六百石以上的高级官员，也有"斗食"的低级官吏，"岁俸不满百石，计日而食一斗二升"③。在卫、齐、燕、楚等国，也都采用了按职位高低给予官员不同数量的粮食作为年俸的俸禄制度。

列国俸禄制度的推行，使得国君对于各级官吏可以随时任免，这就大大加强了中央集权。韩非说道："明主之吏，宰相必起于州部，猛将必发于卒伍。"（《韩非子·显学》）世卿世禄的旧制度被彻底破除了。《汉旧仪》说："秦始皇灭诸侯为郡县，不世官，守、相、令、长以他姓相代，去世卿大夫。"这正是法家理论的全面实践和实现。

西周的世卿世禄制度，对于当时来说，有其合理的时代成因，它对于巩固西周的领主封建制政权曾经起过重要作用。但是随着西周的衰亡，尤其春秋时代各国内政的剧烈变化，这种制度便越来越暴露出不可克服的弱点，如导致本弱枝强、政出多门、分裂割据等，加剧了动乱的进一步增长，因而不合时宜，必须予以破除。法家顺乎潮流，力主废止世卿世禄旧制度，代之以新的爵秩俸禄制度。这有利于军令、政令的统一，对于消除割据，加强中央集权，进而实现全中国的统一，有着积极意义，产生了重要作用，所以为历代中央王朝所取法，对中国历史的影响至深至远。

四、经济观念：儒言"井田制"，法倡"坏井田"

为儒家所盛言的分封制和世卿世禄制，其基础是土地所有制的等级结构和土地的世袭领有制。

① 司马迁：《史记·商君列传》，北京：中华书局，1959 年。
② 司马迁：《史记·魏世家》，北京：中华书局，1959 年。
③ 班固：《汉书·百官公卿表》，北京：中华书局，1962 年。

西周时代,周天子名义上是全国土地人民的最高所有者,即如《诗经·小雅·北山》所说:"溥天之下,莫非王土;率土之滨,莫非王臣。"事实表明,西周时代的土地所有制实质上是封建领主所有制,土地为各级领主世袭所有。

儒家经典《礼记·礼运》讲到西周制度时,有一句十分重要的话:"天子有田,以处其子孙;诸侯有国,以处其子孙;大夫有采,以处其子孙,是谓制度。"它表明,周天子通过层层分封,把全国土地予以分割,层层领有。周王自有"千里王畿",王畿以外分封给大小诸侯。诸侯按其等级爵位,封或百里,或七十里,或五十里。诸侯又把国内土地的一部分赐予卿大夫。这些土地都由贵族世袭,代相传承。很明显,西周的世卿世禄政治结构,实是为土地的层层分封和贵族世袭领有的制度所决定的。

所有制决定分配方式。西周分封制,是把土地连同其上的人民一道封赐的,这就是文献所记载的"授土授民"。青铜器大盂鼎铭文也载有"授民授疆土"。人民被固着在土地上,"死徙无出乡",为各级领主提供力役地租。这种所有制和分配方式,集中体现在"井田制"上。

所谓井田制,从形式上看,是一种田亩制度,然而究其实质,它是一种力役地租形态。《孟子·滕文公上》对井田制说得很具体:"方里而井,井九百亩,其中为公田,八家皆私百亩,同养公田,公事毕,然后敢治私事。"公田原是农村公社的公地。私田原是农村公社成员的份地,由一夫一妇的小家庭耕种。一井之中九百亩地,八家农夫各耕一百亩。公田一百亩则由八家农夫共耕,作为农村公社的公共积累。西周建立后,把公田变为封建领主的土地,同时也把农村公社成员共耕公田的公益事务变为对封建领主提供"助耕"的力役地租。

作为一种地租形态,井田制早在西周晚期周厉王时就已发生动摇,这就是《国语·周语下》所说的"厉始革典"。它是指周厉王改变了"周公之典"所规定的"助"法,也就是力役地租,而代之以实物地租。当周宣王即位时,已是"不藉(藉者,借也,借民力以耕公田。藉即助,也就是力役地租)千亩",在周天子的公田上废止了力役地租,改行"什一而税"之制。井田制的这个重大变化首先发生在周王室"千里王畿"内部,反映了西周制度正在走向衰落。至于诸侯井田制的变化,则是在春秋年间相继发生的。

春秋时代,一方面由于农奴对助耕公田消极怠工,使得"无田甫田,维莠骄骄";一方面也由于大国争霸必须凭藉雄厚的经济实力,致使列国不得不

变革已陈旧不堪的井田制地租形式。

如齐国率先实行"相地而衰征"的新制度①，废止"籍田以力"的力役地租制度，改为根据土地成色和收获丰歉为差次来作为征收实物地租的标准。晋国于公元前 645 年"作辕田""作州兵"，②实行新的授田制，"自爱其处，不复易居"，同时向原来不存在缴纳军赋义务的"州"（被征服民族）征收军赋，使得"群臣辑睦，甲兵益多"③。鲁国在公元前 594 年实行"初税亩"④，废除力役地租，改行"履亩而税"⑤。变化最晚的是当时社会经济文化发展还十分迟缓的秦国。直到公元前 408 年，秦国才"初租禾"⑥，但后经商鞅变法，秦国改革最为彻底，终致"蚕食诸侯"，统一中国。

儒家从维护西周制度出发，反对列国的地租和赋税改革。鲁国实行"初税亩"，《左传》便持儒家论点提出批评："初税亩，非礼也。"认为只有西周的"籍田以力"才符合礼制。《国语·鲁语》记载：公元前 484 年，鲁国季康子用田赋，请冉有向孔子求教，孔子反对用田赋，声言"先王制土，藉田以力"。《左传》哀公十一年记载这件事说，孔子开始以"近不识也"为借口，拒绝季孙所托，继而他私下对冉有说，季孙用田赋是"不度于礼，而贪冒无厌"，是违背了"周公之典"。孟子也是这种态度。《孟子·滕文公》说："夫仁政必自经界始，经界不正，井地不均，谷禄不平，是故暴君污吏必慢其经界。经界既正，分田制禄，可坐而定也。"为此，他告诫滕文公说："请野九一而助，国中什一使自赋，……乡田同井。"以期全面恢复周制。当然，在领主制的崩溃已经成为不可抗拒的历史潮流的战国时代，孟子的满腔热忱，只能化作一团泡影。

法家恰恰与儒家相反，商鞅在秦主持变法，"坏井田，开阡陌"⑦，"为田开阡陌封疆而赋税平"⑧。据《通典·食货一》，由于新的土地制度和赋税制度适应了变化的形势，激励了秦人的耕战积极性，于是，"数年之间，国富兵强，天下无敌"。王充在《论衡·书解》中评论说："商鞅相孝公，

① 左丘明：《国语·齐语》，上海：上海古籍出版社，1978 年。
②《左传》僖公十五年，十三经注疏本。
③《左传》僖公十五年，十三经注疏本。
④《春秋》宣公十五年，十三经注疏本。
⑤《公羊传》宣公十五年，十三经注疏本。
⑥ 司马迁：《史记·六国年表》，北京：中华书局，1959 年。
⑦ 班固：《汉书·食货志》，北京：中华书局，1962 年。
⑧ 司马迁：《史记·商君列传》，北京：中华书局，1959 年。

为秦开帝业。"商鞅所实行的成功的经济政策，为秦的统一事业奠定了坚定的物质基础。

五、法律观念：儒言"刑不上大夫"，法倡"刑无等级"

为儒家所主张的"礼不下庶人，刑不上大夫"（《礼记·曲礼》），是成文法诞生以前用以维护并体现西周等级的一种制度。礼只施行于贵族统治者内部，对广大被统治者则实行严酷的刑罚。《荀子·富国》说："由士以上，则必以礼乐节之。众庶百姓，则必以法数制之。"表明礼与法的适用范围完全不同，其间界限森严，不可逾越。

西周有繁多的刑罚。而刑罚由贵族掌握，是按照贵族的意志来行使的，谈不上有什么定刑、量刑的法律依据，因而随意性很强，使贵族实际上可以免受刑罚。而根据"刑不上大夫"的礼制，更制定了贵族可以"赎刑"的特权。为儒家所津津乐道的《尚书·舜典》中，就有关于"金作赎刑"的记载。《尚书·吕刑》还记载了赎刑条款，证实赎刑的确是使贵族免遭刑罚的特权。中国最早的成文法典，是春秋时代郑国执政子产于公元前536年所铸的"刑书"。子产公布刑书后，遭到贵族的激烈反对。晋国的贵族叔向还给子产写了一封信，对公布刑书大加谴责。信中说："昔先王议事以制，不为刑辟（法），惧民之有争心也。……制为禄位，以劝其从，严断刑罚，以威其淫。……民于是乎可任使也，而不生祸乱。民知有辟（法），则不忌于上，并有争心，以征于书而徼幸以成之，弗可为也。……民知争端矣，将弃礼而征于书，锥刀之末，将尽争之，乱狱滋丰，贿赂并行，终子之世，郑必败乎！"[1]

从这里可以看出，原来西周的刑律是由贵族掌握操纵的，贵族通过议事来随意决定刑罚。被统治者完全不知道有些什么刑律，对刑律的适用范围、对象、量刑尺度、定罪依据等，均一无所知。一切由贵族议定，几乎没有什么准绳。贵族凭藉这种方式，使人民"不测其深浅，常畏威而惧罪"[2]，以达到可以任意支使"而不生祸乱"的目的。

尽管子产公布成文法的直接目的在于"救时"，但这一举动却开法治之先河，有着重要意义。由于公布成文法直接触动了贵族的既得利益，因此遭到贵族们的群起反对，这是丝毫也不奇怪的。

①《左传》昭公六年，十三经注疏本。
②《左传》昭公六年，十三经注疏本。

子产铸刑书二十三年后，晋国赵鞅，荀寅也效而法之，"遂赋晋国一鼓铁，以铸刑鼎，著范宣子所为刑书焉"[①]，将刑鼎予以公布。这遭到了孔子的激烈反对。孔子说道："晋其亡乎，失其度矣！夫晋国将守唐叔之所受法度以经纬其民，卿大夫以序守之，民是以能尊其贵，贵是以能守其业，贵贱不愆，所谓度也。……今弃是度也而为刑鼎，民在鼎矣，何以尊贵？贵何业之守？贵贱无序，何以为国？且夫宣子之刑，夷之鬼也，晋国之乱制也。若之何以为法？"[②]这段话清楚地表明了孔子在对待成文法上的守旧态度。他认为铸刑鼎，把人民的法律权力公之于世，人民就知道了刑法条款，贵族同时也就失去了任意处罚人民的权力，人民将再也不会尊敬贵族，这样就使贵族失去了世代用以专政的工具，因而也就失去了立国之本。孔子这番措辞激烈的话，同叔向是没有什么区别的。

孟子生活在战国之世，当时形势急剧变化，旧贵族穷途末路，多已沦落。相反，一些有作为的庶民却成了"布衣卿相"，大受国君重用。孟子身处这个时代的大变局中，却反其道而行之，一方面宣扬周文王时的"罪人不孥"，另一方面却力主对那些为国君所重用的布衣卿相动用重刑。据《孟子·离娄》："善战者服上刑，连诸侯者次之，辟草莱、任土地者又次之。"所谓善战者，是指兵家而言；所谓连诸侯者，是指纵横家而言；所谓辟草莱、任土地者，是指法家、农家而言。这几家多出"布衣"，且出将入相，很有作为。孟子声称对这几家动用重刑，按照儒家传统的"礼不下庶人，刑不上大夫"的礼法观念来看，显然是把他们排除在士大夫以外的。这就反映了他建立在贵族政治思想之上的贵族法律观念，而这种旧观念同他自身所处的新时代是不相容的。

法家与此完全相反。法家主张"一断于法"[③]，而不论亲疏、贵贱、上下、尊卑。《商君书·赏刑》说道："所谓壹刑者，刑无等级，自卿、相、将军，以至大夫、庶人，有不从王令、犯国禁、乱上制者，罪死不赦。有功于前，有败于后，不为损刑。有善于前，有败于后，不为亏法。"从这里可以看出，法家主张的"刑无等级"有两大特征：第一是法律面前人人平等（君主不在此例），第二是废除贵族（不论旧贵族还是新贵族）的赦免和赎刑特权。这两

①《左传》昭公二十九年，十三经注疏本。
②《左传》昭公二十九年，十三经注疏本。
③ 司马迁：《史记·太史公自序》，北京：中华书局，1959年。

点都是对西周以来"礼不下庶人，刑不上大夫"的彻底否定。由于破除了贵族人治，代之以国家法治，因而加强了君主集权，不但大大有助于军令、政令的统一，而且为后来战胜山东六国，实现全国大一统奠定了基础。

法家所主张的法治，是将法律公之于天下，即《商君书·定分》所谓"使天下之吏民无不知法者"，又别置"法官"作为主管吏民法律的顾问，以使天下吏民知法不犯，增进国家的安定和统治秩序的稳定。这种法律观念，一直为后来历朝历代所承袭，对于巩固国家的统一，维护社会的稳定，起到了积极的作用。

六、结语

儒、法之争是历史上常论不衰的一个课题，至今仍有重要的研究价值。尽管古往今来，不少人指斥法家"严而少恩"，推行君主专制，但是，法家在周秦之际的政治大变革中发挥过重要作用，尤其法家所主张的废分封、立郡县，废世官、制俸禄，废井田、开阡陌，废人治、立法治等政治理论及其付诸实践，推动了战国时代中国政治经济的深刻变革，促成了多民族的、统一的中华国家的形成和建立，其功绩是谁也否定不了的。而法家的这些理论精髓，在二千多年来的中国历史上也一直闪耀着熠熠光芒，至今不灭。可以毫不夸张地说，法家的政治理论，尤其其中的核心——国家理论，在中国古代史上划时代的卓越贡献，是其余百家所望尘莫及的。确如司马谈所说："虽百家弗能改也。"不管论者是否承认这一点，历史上"汉承秦制，循而不改"，以及秦汉的若干基本制度为后代所承袭，在二千年间连续发展演变的事实，都再清楚不过地表明了这一点。

法家作为一种学术思想和政治理论，从来没有聚合成为一个派别，也没有形成如像儒家那样的所谓"道统"。为后人所盛称的"法家者流"，乃汉儒所划分，始于汉初司马谈，而显于东汉班固。法家思想初源于春秋，风行于战国，盛极于秦代。汉初以后，法家因蒙前朝暴政的恶名，其理论不再显扬，更无可能发展成为一个派别。然而，法家的思想却深深渗透进汉王朝的方方面面，使西汉王朝的政体、制度、法律、政策、经济、文化、社会，上自朝廷，下至乡野，无不深受其濡染，以后历朝历代亦颇如此。至于所谓"援法入儒""外儒内法""霸、王道杂之"等，则更加清楚地说明了法家对中国政治和文化的深刻影响。

毫无疑问，在泱泱中华博大精深而源远流长的传统文化里，理应有法家的一席之地。我们绝不能因为批判了法家的专制主义，就否定它的一切合理的内核。所以我们主张，不论儒家也好，法家也好，也不论九流十家当中的哪一家，只要它是中华传统中的优秀成分，都值得我们加以继承，予以弘扬，而无须顾及历史上的门户之见和宗派纷争。

| 21 |

论孔子的音乐思想①

孔子是春秋末叶伟大的思想家和教育家。多年以来，学者们对孔子的思想已从多方面作了深刻的研究和探讨，对孔子在中国古代思想史上的地位也给予了应有的评价。然而，对于孔子在古代音乐领域内的高深造诣及其总结出来的音乐理论，对于孔子的音乐思想及其在中国古代音乐史上的地位，学术界迄今还少有专文进行系统论述。本文试就孔子的音乐理论、乐制思想以及与仁、礼学说的关系作一初步探讨，希冀博学通人雅正。

一、孔子的音乐实践及其音乐理论

孔子对音乐做过认真的研习。史载孔子学乐，同学习其他知识一样，也是"学无常师"，不仅努力向列国乐官学习，而且善于向民间歌手领教。《史记·孔子世家》记载：孔子在齐，"与齐太师语乐，闻《韶》音，学之，三月不知肉味"。其用功之深，用心之苦，于此可见一斑。《史记·孔子世家》又载："孔子学鼓琴师襄子。……师襄子曰：'可以益矣'。"在《论语》诸篇中，还记有孔子与鲁太师以及与师挚和师冕相交往的事迹。②所记太师，何晏《论语注》曰："太师，乐官名也。"太师为宫廷乐官，师为太师的省称。孔子与齐、鲁等国的乐官交往，听其演奏，向其求教，因而深得宫中音乐之妙。同时，孔子还博采民间音乐之风。《论语·述而》记载："子与人歌而善，必使反（返）之，而后和之。"这里所记的"人"，与《论语》其他篇章所记的太师、师相对而言，显然不是指宫廷乐官，而是指民间歌手。孔子与民间歌手相与而歌，听其有精妙可取之处，必使其重新歌唱，自己则节节和之。所说"和之"，是指和着别人的节奏词曲，实际也是向别人学习的一种方式。

由于对音乐的学习"不耻下问"，潜心领会，加之刻苦用功，孔子在音乐

---

① 本文为本书作者与黄晓斧合作。

② 《论语·泰伯》云："师挚之始，《关雎》之乱，洋洋乎盈耳哉！"是孔子亲见师挚，闻其奏乐。又，

《论语·卫灵公》曰："师冕见。"是孔子亲与师冕交往的记录。

上取得了颇为高深的造诣，不但善歌，还善弹琴①、击磬②、鼓瑟③，对乐舞也有深刻的研究④，特别是在作曲方面取得极大成功，达到随事赋曲的高度。《史记·孔子世家》记载：齐人遗鲁君女乐，季桓子卒受之，"三日不听政，郊，又不致膰俎于大夫"，孔子是以去鲁。临行前作歌一首，歌曰："彼妇之口，可以出走，彼妇之谒，可以死败。盖优哉游哉，维以卒岁！"这种临行作歌，信手拈来，是与他高深的音乐修养分不开的。《史记》还记载孔子作有器乐曲，名曰《陬操》⑤，《集解》引王肃曰："《陬操》，琴曲名也。"可见，孔子在音乐上的爱好是多方面的，所取得的成就也是很大的，在许多方面达到了炉火纯青的程度。

《史记·孔子世家》说："三百五篇孔子皆弦歌之，以求合《韶》《武》《雅》《颂》之音。"三百五篇即是西周、春秋时期的诗歌总集，汉人命之曰《诗经》。实际上，三百五篇所包括的《风》《雅》《颂》各篇，有的是采自诸侯国的国人之诗，有的是西周王室卿大夫的献诗，有的则是庙堂中祭祀先祖的颂诗，这些诗歌原来都是有曲相配的，并非皆由孔子谱曲而后才能弦歌之。虽然如此，先秦时代包括《诗》在内的所谓六经，都经过孔子及其弟子一再传授，在此过程中，孔子对那些已经亡佚或已改变了的乐曲，进行了一番拾遗补阙或者按其古乐原样予以校正的工夫，这也是不可否认的事实。所谓"以求合《韶》《武》《雅》《颂》之音"，指的正是这样的工作。这种求合校正之功，既体现出孔子对古代音乐的透彻研究，也表明了他在保存古代音乐文化方面所做出的重要贡献。

孔子是先秦时代打破"学在官府"、开兴办民间私学风气之先的首要人物。当时的官府之学，以学习礼、乐、射、御、书、数为主，称为"六艺"，而孔子兴办民间教育事业，所学也以六艺为主，其中亦包括音乐知识的传授。《史记·孔子世家》载："孔子以《诗》《书》、礼、乐教，弟子盖三千焉，身通六艺者七十有二人。"孔子传授弟子以乐，而其弟子又经一再相传，这对于打破音乐上的学在官府体制，促进民间音乐事业的发展无疑起了积极的作用，在

文明的史迹：先秦、巴蜀及南丝路历史研究（先秦史卷）

---

① 《史记·孔子世家》："孔子学鼓琴师襄子……师襄子曰：'可以益矣'！"可见孔子善弹琴。
② 《论语·宪问》："子击磬于卫。"是孔子善击磬之证。
③ 《论语·先进》："子曰：'由之瑟，奚为于丘之门？'门人不敬子路。子曰：'由也升堂矣，未入于室也。'"孔子认为子路（由）鼓瑟的水平不能达到其教授要求。足见孔子鼓瑟的水平是很高的。
④ 《论语·八佾》："子谓《韶》，尽美矣，又尽善也。谓《武》，尽美矣，未尽善也。"《韶》《武》皆乐舞名。孔子对其评价，足见其对乐舞有精深研究。
⑤ 司马迁：《史记·孔子世家》，北京：中华书局，1959年。

中国古代音乐史上是一划时代的重大事件。

随着孔子音乐实践的不断深入和音乐知识的逐渐积累，他开始对音乐上的若干理论问题进行了富于创造性的深刻研究和总结，对于音乐的形式、结构等问题做出了发前人所未发的精辟分析。《论语·八佾》记载："子语鲁太师乐。曰：'乐其可知也：始作，翕如也；从之，纯如也，皦如也，绎如也——以成。'"翕如，盛隆之状。从之，《史记·孔子世家》引作"纵之"，何晏《论语正义》曰"从，误，如纵，言五音既发，放纵尽其音声"，这是讲乐曲过程的发展，有如河水纵情奔流。纯如，指乐曲旋律纯静优美和谐。皦如，言其音节分明，抑扬顿挫，富于情感。绎如，指音响绎然相续而不绝。何晏《正义》说："纵之以纯如、皦如、绎如，言乐始作翕如，而成于三。"这就是说，一般乐曲的开始，都渲染以热烈的气氛，是为序曲，而在此后所展开行进的乐章中，则要在曲式的结构上达到纯如、皦如、绎如三种有机的联系，三方面不可或缺，才能使乐曲丰满和谐，抑扬顿挫，感人肺腑，以至弦歌之音不绝，乐曲也就在这样的气氛中结束。达到了这种标准，乐曲也才能算是成功之作。孔子的这一论述，是在他大量的音乐实践基础上，对音乐行进过程一般规律的概括。虽只寥寥数语，但涉及内容博大精深，既有曲式发展的阶段性问题，又有乐曲内部结构诸因素的统一问题，可谓言简意赅而旨博。更可贵的是，孔子在这里首次提出了"乐其可知也"这一音乐上的唯物论可知论命题，对于当世和后代对音乐规律的探讨产生了不可忽视的影响。所以何晏和邢昺在分别为《论语·八佾》作《注》《疏》时，都说是"此章明乐"，就是说其旨归在于阐明了音乐的一般规律。

根据《史记·孔子世家》的记述，孔子在音乐研究中，要求渐次达到"得其数""得其志""得其为人"的境界。所谓"得其数"，就是要探求音乐的一般规律。所谓"得其志"就是要探求音乐中丰富饱满的思想感情。所谓"得其为人"，就是要探求音乐中充满活力的人物形象和做人的道理。这也就是说，音乐所表现的主题，应当是丰富的、有血肉的，不仅要寄托人们的思想感情，而且要形象地再现人们的语言行动。这就注意到了音乐的生动性、形象性及其所表现的意境，说明孔子已经在探求音乐的内容与其所体现的境界之间的相互关系。与上文所论孔子对于音乐结构和形式的研究相对照，可知孔子在音乐的内容与形式的研究方面，得出了二者达到统一的深刻认识。

孔子对音乐规律和特点所给予的简洁明确的总结和论述，就目前所知的材料来看，在中国古代音乐发展史上似乎还是第一次。成书于汉代的《礼记·乐记》中某些关于音乐的基本理论，就其发展脉络来看，其实可以在孔子那里寻到其渊源。因此，不言而喻，孔子对古代音乐理论的形成和发展做出了重要的贡献，他在中国古代音乐史上的地位应当给以充分肯定。

二、乐与仁的关系

孔子研习和传授音乐，不是为了"极口腹耳目之欲"，而是"将以教民平好恶，而反（返）人道之正也"（《礼记·乐记》）。所谓人道，"子曰：仁者人也"（《礼记·中庸》），人道即仁道，其中心是仁，而"仁近于乐"（《礼记·乐记》）。可见，孔子的音乐思想，深刻地体现了他关于仁的一整套学说。

《论语·八佾》记载："子曰：人而不仁，如礼何？人而不仁，如乐何？"所说仁，"子曰：爱人"（《论语·颜渊》）。只有做到了这一点，才能近于乐，合于乐。反之，如果耽迷于骄淫之音，沉湎于宴享之乐，就非但不能合于乐，也不能合于仁。因为这种音乐不仅是淫乐，同时还是自损甚至损人之道。关于此点，《论语·季氏》记载："孔子曰：益者三乐，损者三乐。乐节礼乐，乐道人之善，乐多贤友，益矣。乐骄乐，乐佚游，乐宴乐，损矣。"有节制的即合于仁道的礼和乐，对人是有益的，而放纵于骄佚宴享之乐则属损人之乐，故于乐于仁均不能相容。这里，孔子所说的乐，是合于"爱人"之道因而体现其仁道学说的音乐，也就是要人们通过音乐的陶冶，修身养性，培养情操，从而达到与仁相合的境界。

孔子认为，音乐是实现"天下归仁"理想的重要途径。《论语·泰伯》记载："子曰：兴于《诗》，立于礼，成于乐。"何晏《正义》引包曰："兴，起也。言修身当先学《诗》。"西周春秋时代，《诗》是最重要的交际手段，"不学《诗》，无以言"（《论语·季氏》），"不为《周南》《召南》，犹正墙面而立"（《论语·阳货》），故修身须先学《诗》。"立于礼"，因为"礼者所以立身"（《论语正义》），"亲亲之杀，尊贤之等，礼所生也"（《礼记·中庸》），要分别尊卑贵贱，各有等差，从而立身，故须习礼。"成于乐"，因为"乐所以成性"（《论语正义》），"乐者乐也，君子乐得其道，小人乐得其欲。以道制欲，则乐而不乱；以欲制道，则惑而不乐"（《礼记·乐记》），通过音乐修身养性，在学《诗》习礼的基础上，使君子小人各归其所，于是便可完成修身的终极任务，达其目的，故须作乐。可见，《诗》、礼、乐是互相联系而渐次深入的三个环节，《诗》为表，礼为里，乐则是表里统一的一致性体现，反映了孔子所倡导的君子小人之间的社会分工关系这一学说。因此这样的乐，就是"乐而不乱"，合乎君子小人尊卑贵贱的社会需要。这种需要，按照孔子的意图，一言以蔽之，就是"歌乐者，仁之和也"（《孔子家语·儒行》）。

在孔子看来，他所提倡的修身养性、合于仁道的音乐，是为改造社会服务的。《论语·阳货》记载，"子曰：礼云礼云，玉帛云乎哉？乐云乐云，钟鼓云乎哉？"何晏解释说："乐之所贵者，移风易俗，非谓钟鼓而已。"能够起移风易俗作用的音乐，当然不是讲音乐所借助表现的乐器，即钟鼓等类器具及其所发出的金石之声，而是指音乐中所包含的思想及其所收效果，言其具有深刻的社会性。"移风易俗，莫善于乐"（《孝经·广要道》），因为音乐的贯彻不需要通过暴力，它只需要通过它自身的美感，就能陶冶人们的情操，移风易俗，收潜移默化之效，达"乐和民声"（《礼记·乐记》）之功，而民声相和则乐文同，"乐文同则上下和矣"（《礼记·乐记》），这样就能使民"反人道之正"。显而易见，这正是孔子"克己复礼为仁，一日克己复礼，天下归仁焉"（《论语·颜渊》）所表达的思想。

三、乐与礼的关系

孔子的音乐思想，是与礼紧密相连的。史称礼乐之制创始于周初，即所谓"周公制礼作乐"。礼乐之制，实际上是用以维护西周统治秩序的重要手段，是礼制与乐制两个方面的结合，"安上治民，莫善于礼；移风易俗，莫善于乐"（《孝经·广要道》）。对于礼乐的社会政治意义，孔子弟子子贡曾说："见其礼而知其政，闻其乐而知其德。"（《孟子·公孙丑上》）所以礼乐的存否反映了政治的清浊好坏和民心的向背情况，具有深刻的社会政治性。孔子一生以维护礼乐之制为己任，因此，他关于礼乐的思想，特别反映了他渴望恢复西周秩序的政治抱负。

春秋战国之际，"王者之迹熄而《诗》《书》灭"（《孟子·离娄下》）形势已成定局，西周以来周天子至高无上的"天下共主"地位发生极大动摇，"诸侯逾制"，成为普遍的现象，并且日益向着"陪臣执国政"①的前景演变。伴随着周室衰微、王纲解纽，出现了"礼崩乐坏"的政治现象。孔子坚决维护西周时代的礼乐之制，坚持主张恢复周天子号令天下的政治权威，大声疾呼："天下有道，则礼乐征伐自天子出；天下无道，则礼乐征伐自诸侯出。自诸侯

---

① 司马迁：《史记·孔子世家》，北京：中华书局，1959年。

出，盖十世希不失矣；自大夫出，五世希不失矣；陪臣执国命，三世希不失矣！"（《论语·季氏》）只有礼乐征伐自天子出，恢复西周时代周王一统天下的政治局面，才能称之为天下有道，因而国运才能长久。反之，礼乐征伐自诸侯出、自大夫出，甚至陪臣执国政，则统统是天下无道，所以政权不长，或十世，或五世，或三世，注定就要灭亡。孔子所说的这种礼乐，显然是为周天子服务的，是要以礼乐制度作为恢复西周统治秩序的象征。

对于"诸侯逾制"，孔子不能容忍，同样，对于卿大夫在乐制上的任何僭越，孔子也是绝对不能容忍的。《论语·八佾》记载："三家者，以《雍》彻。子曰：'相维辟公，天子穆穆'，奚取于三家之堂？"《雍》是《诗经·周颂》中的一篇，是周王室祭祀先祖时所演奏的庙堂音乐。按照西周宗法制度的规定，"诸侯不得祖天子"①，虽然鲁为周公后代，周成王曾"命鲁得郊祭文"，使"鲁有天子礼乐者，以褒周公之德也"②，《礼记》亦曰"鲁君祀帝于郊，配以后稷，天子之礼"③，但这是指"鲁以周公之故，立文王之庙也"④。因而，周王室的庙堂祭祀音乐仅仅能在鲁君祭祀文王时使用于文王之庙，不允许在其他任何场所使用。三桓既非诸侯，仅是卿大夫，本无祭祀文王的资格（参见《礼记·丧服小记》及《礼记·大传》），不能演奏《雍》乐，更不能在自己家室的堂上演奏这首乐曲，但却严重违背了乐制和礼制上的等级规定，极端僭越，使用了天子之乐，这在非常熟悉和极其推崇西周乐制、礼制及其相关规定的孔子看来，自然极难容忍，故对此痛加斥责。

春秋时代，鲁国国君自文公以后，"世从其失"，"于是乎失国"，公室微弱，"民不知君"，政逮家门。⑤三桓先是"作三军，三分公室而各有其一"⑥，继而又"四分公室，季氏择其二，二子各一，皆尽征之而贡于公"⑦，土地人民尽归三家，鲁国君反靠三家奉养贡纳，君位早已名存实亡。由是公室益弱而家室益强，礼乐征伐自大夫出。尤其是季氏一家，自鲁宣公时始，累代执国命，"政在季氏三世矣，鲁君丧四公矣"⑧，于毁坏西周礼乐之制最为激烈，不但使用了周天子的庙堂祭祀之乐于自家堂上，而且还打破了周礼所规定的

---

①《史记集解》引礼记。

② 司马迁：《史记·鲁周公世家》，北京：中华书局，1959 年。

③《史记集解》引。

④《史记集解》引郑玄说。

⑤《左传》昭公三十二年，十三经注疏本。

⑥《左传》襄公十一年，十三经注疏本。

⑦《左传》昭公五年，十三经注疏本。

⑧《左传》昭公二十五年，十三经注疏本。

乐舞行列之制。《论语·八佾》记载："孔子谓季氏八佾舞于庭，是可忍也，孰不可忍也！"佾，是表演乐舞的行列。《白虎通·礼乐篇》云："八佾者何谓也？佾，列也，以八人为行列。"《国语》韦昭《注》亦云："八人为佾，备八音也。"对于佾的使用，西周时代本有严格的等级区分。《左传》隐公五年记载："（鲁隐公）问羽数于众仲。对曰：'天子用八，诸侯用六，大夫四，士二。夫舞，所以节八音而行八风，故自八以下。'公从之。于是初献六羽，始用六佾也。"依照乐舞行列的等级规定，只有天子才能使用八佾之数，诸侯只能用六佾，故鲁隐公在安排其乐舞时，"始用六佾"。鲁为周公后裔，世守王室制度，因而在春秋初叶曾被称道为"犹秉周礼，周礼所以本也"[1]。季氏为鲁国卿大夫，按照礼乐制度规定，表演乐舞只能使用四佾之数。但季氏无视王室所定礼乐制度，使用了天子八佾的乐舞于自己的庭上，这在极力维护乐舞制度的孔子看来，自然是忍无可忍了。

孔子的乐制思想，是与其礼制思想完全一致的。《礼记·乐记》云："礼义立则贵贱等矣，乐文同则上下和矣。"又云："乐由中出，礼自外作，乐由中出故静，礼自外作故文。……乐至则无怨，礼至则无争。揖让而治天下者，礼乐之谓也。"乐制与礼制相结合，才能既使尊卑贵贱有森严的等级区分，又使这种等级区分制度化，上下揖和，无怨而不争。《论语·子路》云："名不正则言不顺，言不顺则事不成，事不成则礼乐不兴，礼乐不兴则刑罚不中，刑罚不中则民无所措手足。"《史记集解》引孔安国曰："礼以安上，乐以移风。二者不行，则有淫刑滥罚也。"《礼记·乐记》也说："礼节民心，乐和民声，政以行之，刑以防之，礼乐刑政四达而不悖，则王道备矣。"可见，不论是孔子所主张的礼制还是乐制，其目的都在于达到上下相安，既使上不滥施刑罚于下，又使下不作乱僭越于上，从而实现他所希望达到的"礼乐征伐自天子出"那样一种政治局面。

孔子晚年，已不能从事周游列国讲习礼乐的政治活动，但却念念不忘维护西周制度，因此转而"序《诗》《书》"，"追迹三代之礼"[2]，用此来寄托其政治理想。《论语·子罕》记载："子曰：吾自卫反（返）鲁，然后乐正，《雅》《颂》各得其所。"《雅》《颂》，《雅》是指《大雅》《小雅》，是在西周王畿所流行的雅乐曲式及其所填之诗；《颂》是祭祀先祖的庙堂音乐及其所填之诗，《雅》诗绝大部分出自西周卿大夫之手，《颂》诗中的《周颂》部分也作于西

---

① 《左传》闵公元年，十三经注疏本。
② 司马迁：《史记·孔子世家》，北京：中华书局，1959 年。

周。《雅》《颂》的内容多为追迹讴歌先公先王的伟业和西周的清平盛世，其曲调也是在周室中世代传诵的。所以《雅》《颂》之乐也构成西周乐制的一个重要方面。史称春秋末叶鲁哀公之时，"礼崩乐坏"，就连鲁国的太史和乐官都纷纷去鲁，浪迹四方，"太师挚适齐，亚饭干适楚，三饭缭适蔡，四饭缺适秦，鼓方叔入于河，播鼗武入于汉，少师阳、击磬襄入于海"(《论语·微子》)。在这种形势下，孔子自卫返鲁正乐。虽然正乐之作仅仅是校正曲调，并未删改诗句，但是以西周时代的《雅》《颂》音乐来校正已经或正在变化的曲调，使其恢复原有状态，却有其深刻的文化和政治内涵。《史记·孔子世家》说："三百五篇孔子皆弦歌之，以求合《韶》《武》《雅》《颂》之音，礼乐自此可得而述，以备王道，成六艺。"可见孔子正乐，一方面是为了保存古代音乐文化，另一方面则是要用西周时代的古乐来抵制春秋时代涌现出来的"新乐"，这与其"恶郑声之乱雅乐"(《论语·阳货》)的思想是首尾一贯、前后相符的。可见正乐之作也还是孔子以音乐的方式来维护西周制度的一个重要政治手段。

四、余论

孔子作为先秦儒家的创始者，他的思想不但在政治、礼制、社会伦理和教育诸方面对后世产生了极大影响，而且在音乐理论和乐制观念等方面也对后世产生了极大影响。《史记·孔子世家》记载："孔子以《诗》《书》、礼、乐教，弟子盖三千焉，身通六艺者七十有二人。如颜浊邹之徒，颇受业者甚众。"这些师事孔子的学生，后来多游散于列国之间，传播孔子的学说。《史记·礼书》记载："仲尼没后，受业之徒沈湮而不举，或适齐、楚，或入河、海。"但其中身通六艺的众多弟子，却"大者为师傅卿相，小者友教士大夫"，或"为王者师"[1]。《史记·儒林列传》记载孔子弟子的行踪，"子路在卫，子张居陈，澹台子羽居楚，子夏居西河，子贡终于齐"。这些弟子中，子夏最为闻人，其"居西河教授，为魏文侯师"[2]，"如田子方、段干木、吴起、禽滑釐之属，皆受业于子夏之伦，为王者师"[3]，传播孔子学说最为著称于世，对于音乐上的新旧替代也完全继承了孔子的思想，痛斥新乐，捍卫古乐。至于其他诸弟子的作为，亦当同于子夏，承其先师之说以行事，几无例外，孔子的乐制理论播之既广，其音乐思想必然也就传诸后世，对儒家音乐理论体系

---

① 司马迁：《史记·儒林列传》，北京：中华书局，1959年。
② 司马迁：《史记·仲尼弟子列传》，北京：中华书局，1959年。
③ 司马迁：《史记·儒林列传》，北京：中华书局，1959年。

的形成和发展产生了极为深远的影响。

　　太史公曰："孔子布衣，传十余世，学者宗之。自天子王侯，中国言六艺者折中于夫子，可谓至圣矣。"①六艺以礼乐为首，而学者宗之，以至后世中国皆就正之。以本文所论来看，孔子在中国古代音乐史上的崇高地位确实是不可动摇的。

---

① 司马迁：《史记·孔子世家》，北京：中华书局，1959年。

长江中游的史前聚落与酋邦

在长江中游史前考古与文明起源研究中，不少学者认识到，史前长江中游地区的社会分化早在屈家岭文化时期已经初步发展起来，到石家河文化时期更是愈演愈烈。从长江中游地区现已发现的近 10 座古城遗址的情况来看，它们都有高大坚固的城墙，城墙外均有宽而深的壕沟。这些城墙和壕沟的主要功能在于显示酋邦统治的巨大权威，意味着由社会分化所引起的社会复杂化已日益加剧；而城址内外的聚落、墓葬和房址所表现出来的等级状况，则从裂变和聚变两个方面表明社会分层已经日益深化。事实上，长江中游地区从屈家岭文化到石家河文化的考古记录，恰恰是我们分析史前政治组织发展演变的极为典型而生动的第一手资料，它不但可以说明长江中游史前文化的演变，而且有助于阐明在一个文化上具有互动关系的区域内，史前聚落与酋邦的分化聚变关系以及发展变化的过程和机制。本文拟从以下几个方面对此予以分析讨论。

一、城垣建筑与政治权力的集中化

文明起源时代大型城垣的修筑，一般说来可以反映集中化权力中心的存在。长江中游所发现的这几座文明起源时代的大型城垣——湖北天门石家河古城（图一）[①]、湖北荆门马家垸古城（图二）[②]、湖北江陵阴湘古城（图三）[③]、湖北公安鸡鸣古城（图四）[④]、湖北石首走马岭古城（图五）[⑤]、湖北应城门

---

① 北京大学考古系、湖北省文物考古研究所、湖北省荆州地区博物馆石家河考古队：《石家河遗址群调查报告》，《南方民族考古》第五辑，成都：四川科学技术出版社，1992；石家河考古队：《湖北省石家河遗址群 1987 年发掘简报》，《文物》1990 年第 8 期。
② 荆门市博物馆：《荆门马家垸屈家岭文化城址调查》，《文物》1997 年第 7 期。
③ 江陵县文化局：《江陵阴湘城的调查与探索》，《江汉考古》1986 年第 1 期；荆州博物馆等：《湖北荆州市阴湘遗址东城墙发掘简报》，《考古》1997 年第 5 期。
④ 荆州博物馆：《湖北公安鸡鸣城址的调查》，《文物》1998 年第 6 期。
⑤ 张绪球：《屈家岭文化古城的发现和初步研究》，《考古》1994 年第 7 期。

板湾古城①、湖北应城陶家湖古城（图六）②、湖南澧县城头山古城（图七）③、湖南澧县鸡叫城古城④，均明显属于大范围集中劳动性质的大型建筑工程。如果没有一个集中化的权力中心强有力地指挥和运作，要组织实施并完成这些工程量极为浩大的城垣建筑，几乎是不可能的。

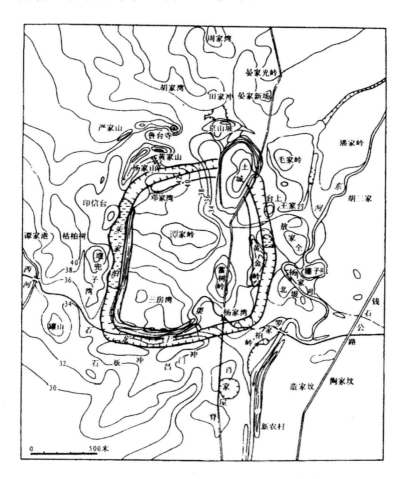

图一　湖北天门石家河古城平面图

① 陈树祥、李桃元：《应城市门板湾遗址发掘获重要收获》，《中国文物报》1999年4月4日。
② 李桃元、夏丰：《湖北应城陶家湖古城址调查》，《文物》2001年第4期。
③ 湖南省文物考古研究所：《澧县城头山屈家岭文化城址调查与发掘》，《文物》1993年第12期；
　　蒋迎春：《城头山为中国已知时代最早城址》，《中国文物报》1997年8月10日
④ 湖南省文物考古研究所：《澧县城头山屈家岭文化城址调查与发掘》，《文物》1993年第12期；
　　蒋迎春：《城头山为中国已知时代最早城址》，《中国文物报》1997年8月10日。

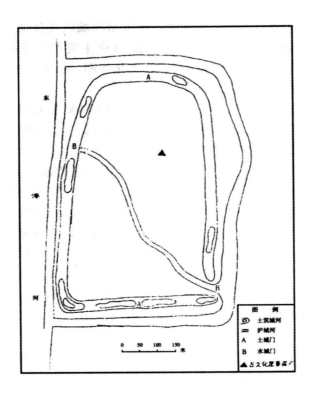

图二　湖北荆门马家垸古城平面图

　　石家河古城面积达 120 万平方米，陶家湖古城面积达 67 万平方米，其余几座古城面积大都在 10 万平方米至 20 万平方米左右。这批古城址，不仅城址面积宏阔，而且城垣高大坚厚。尤其是石家河古城，仅环壕的土方量就达 50 万立方米以上。据研究，仅修筑城垣本身就要 1 000 人工作 10 年才能完成，并且还要有 2 万至 4 万人才能供养这 1 000 人。[1]

　　根据遗迹分析，长江中游各座古城都是依靠各城自身力量独立修建的。它们能够各自独立地修筑如此高大坚厚的城垣，开掘如此巨大的土方总量，加上土方运输、工具制作、城垣施工、食物供给、组织调度、监督指挥以及再分配体制等一系列必需的庞大配套系统，表明各座古城都分别控制着足够支配征发的劳动力资源，进而表明各座古城的统治者必已统治着众多的人口，控制着各自界域内丰富的自然资源和生产资源，控制着各种各样的劳动专门化分工和各种类型的生产性经济。这就意味着各座古城人口的增长、社会规

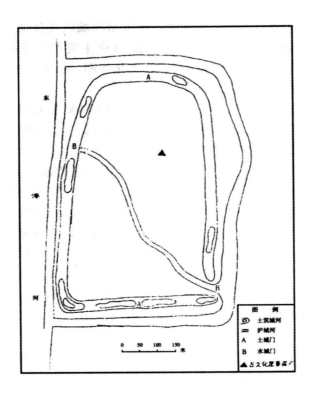

　　① 中村慎一：《石家河遗迹をめぐゐ诸问题》，《日本中国考古学会会报》第七号，1997 年。

模的扩大和社会组织的复杂化已达到相当的程度。所有这些必然是政治组织和经济组织发生变化的结果，从根本上反映了政治权力的集中化，表现出各座古城的政治体系和经济结构的演变程度已经超出了原始的氏族制水平，达到了酋邦制的发展阶段。

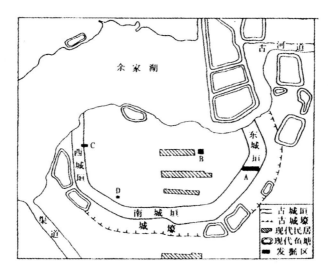

图三　湖北江陵阴湘古城平面图

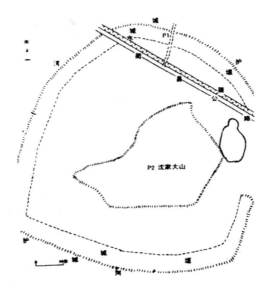

图四　湖北公安鸡鸣古城平面图

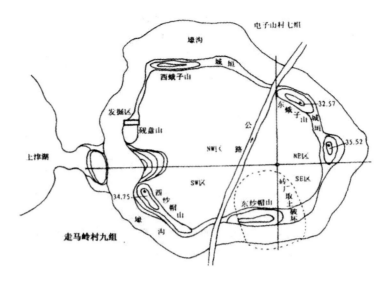

图五　湖北石首走马岭古城平面图

文明的史迹：先秦、巴蜀及南丝路历史研究（先秦史卷）

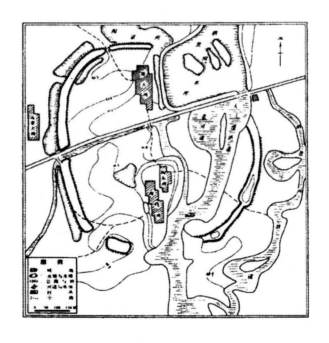

图六　湖北应城陶家湖古城平面图

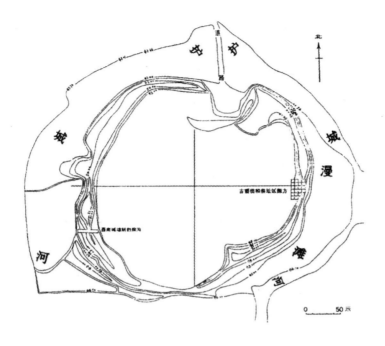

图七　湖南澧县城头山古城平面图

二、城垣功能与统治权力的象征性

中原地区的史前古城，学术界一般认为其主要功能在于防御。关于长江中游史前古城城垣的功能问题，学者们多以中原史前古城作为参照进行讨论，但由于缺乏古文献的相关记述，因而目前在学术界还没有取得一致意见。有的学者认为是防洪，有的学者认为是防御。这两种意见都有一定的道理。不过，从某种意义上看，这两种意见都还不够全面，也还没有能够触及城垣功能体系的核心问题。

有的学者认为，京山屈家岭和三王城遗址可能是"堰居式"聚落遗存，也就是在岗地边缘的聚落中心部位，利用自然岗地，结合人工修筑的提坝，形成围堰，居民居住在中心堰塘周围的岗上或堤坝之上，中心堰塘既可提供平时用水，还可防洪泄涝。[1]另有学者反驳这种观点，认为在屈家岭周围所发现的几个遗址距离很近，与屈家岭遗址一起组成了一个很大的遗址群，占地面积在 100 万平方米以上，这几个遗址实际上是四处高起的台地，在这几个

---

① 何驽：《屈家岭、石家河文化中心居址的地理环境分析》，《荆楚文史》1996 年第 1 期。

高地上，都发现有屈家岭文化时期的堆积和大片建筑遗存，而三王城的调查报告并没有提到遗址的堆积特征，故不知情况是否属实。[①]

事实上，长江中游史前古城一般都选址在河边和湖边岗地过渡到平地的尽头，利用环壕挖掘出来的土方在环壕内侧堆筑为城垣，所以城内地形一般为一头高一头低，高处辟为居址，低处行水。不仅如此，很多古城还在城垣的低处一端设有水门，而环壕一般都与附近的河、湖相通，以便泄洪。因此，这些古城本身就不存在水患之虞，也就不存在因防洪抗洪而修筑城垣的可能性。

其实，正如世间事物大多具有多重功能一样，城垣建筑也具有多重功能，从而构成它自身的功能体系。城垣建筑的防洪抗洪功能，是为了适应古城所在的地理环境而具备的，也就是说，增强古城的防洪抗洪能力是在河流地带建城所必须考虑的重要因素，却不一定是修筑城垣的首位因素，更不可能是修筑城垣的目的。例如，上面所述及的几座古城，本身的选址就已经具有防洪功能，而无须修筑城墙来达到抗洪的目的。并且，在早于屈家岭文化的时期，在上述各座古城的所在地，已经长期存在着大溪文化的遗迹，表明那时的人们并不需要修筑城墙来防洪抗洪。否则早在大溪文化时期即从遗址的形成时期开始，就应当相应地修筑防洪设施，可是实际情况并非如此。这就表明防洪抗洪功能在城垣的整个功能体系中并不处于主导地位，不是城垣的核心功能。

关于城墙的防御功能问题，其实我们从城垣本身的建筑情况看，就已经十分明了。高大的城垣建筑，从屏障的角度看，这种形式本身就赋予了它一定程度的防御功能。但问题在于，长江中游几座古城城墙的构筑方式，均为斜坡堆筑，坡度不大，城垣很宽，城墙的底部大大宽于城墙的顶部，整个城墙断面呈梯形。这种形状的城墙显然是易攻难守，极不利于防御的。尽管城垣外围有宽而深的环壕，但环壕一般都与河流相通，因而实际上增加了防御的难度，而给进攻者以极大的便利。如果城垣建筑的首要功能在于防御外敌，那么完全可以把城墙外侧修筑成陡峭的形状，就像中原古城那样，而不必把它的内外两侧都同样做成斜坡状，使得它既有利于外敌入侵，又有利于内部出逃。

从上述分析不难知道，长江中游史前古城的城垣主要不是为了防御外敌之需而修筑，它们所天然具备的防御功能在整个城垣功能体系中并不处于主

① 张弛：《长江中下游地区史前聚落研究》，北京：文物出版社，2003 年，第 166-167 页。

文明的史迹：先秦、巴蜀及南丝路历史研究（先秦史卷）

导地位，同样不是核心功能。

正如前面所论述，长江中游史前古城的城垣建筑反映了各座古城政治权力的集中化程度，是政治组织和经济组织变化的结果。因此，我个人认为，城垣修建这一行为，从根本上说应当是一种政治行为，它从把自然资源、生产性资源和劳动力资源集合起来物化为大型城垣建筑的角度，来显示酋邦组织的巨大权威，来标志酋长权力的强大和尊严，来象征统治权力的构造物和它的支配能力。可见，大型城垣其实是酋邦组织及其首脑人物统治权力的象征，这应当是长江中游史前城垣建筑的核心功能之所在。

三、房屋、墓地与社会分化和分层

在屈家岭文化时期和石家河文化时期，长江中游遗址群发掘的房址不算十分丰富，发现房屋建筑遗迹的主要有屈家岭、谭家岭、肖家屋脊、走马岭、门板湾等遗址，房址面积从十几平方米到几十平方米。其平面形式有两种，一种为单间式，一种为分间多隔式长房。如石家河城址中部的谭家岭遗址，1987 年共发现房基 6 座，均为长方形单间，其中 F1 保存较完整，长 4.76 米，宽 3.34 米，墙厚 0.4 米，居住面上遗留有高领罐、器盖、双腹碗、双腹斗、纺轮、石斧、石镞等（图八）。在石家河古城内西北部的邓家湾遗址所发掘的房址中[①]，F3 南北宽 3.4 米，东西残长 3.5 米，是一座长方形的分间房屋，其东头的二间，东边一间面积比西边一间的面积大二倍，中间有门相通，在二间的南墙中部各开有一门（图九）。在石家河城址外南面的肖家屋脊遗址所发现的房址，其建筑方法是先挖坑，然后在坑内自下而上铺垫黄土和红烧土块，再在上面做居住面，其中 F5 的南部和西部已经被破坏，但东西仍然残留 14 米，从烧土面上柱洞的分布情况分析，F5 应是一座较大的分间建筑（图十）。

由于房址多已残破，房屋具体的布局情况不很清楚。根据房址的迹象看，房屋一般成组集中分布，有的还可能围成院落。如集中分布在肖家屋脊AT1519、AT1520、AT1521、AT1421~AT1432 等几个探方内的 F3、F2、F5 等 3 座房屋，从房基垫土的走向看，F5 与 F3、F2 之间呈曲尺形分布；在 AT2021、AT2022 和 AT1820 探方内，有 F15 和 F13 两座房屋，也呈曲尺形分布。这两组房屋相邻，可能分别是一个院落的西南角和东北角，它们共同组成凹字形

---

① 石家河考古队：《湖北天门市邓家湾遗址 1992 年发掘简报》，《文物》1994 年第 4 期。

的院落，占地范围南北接近 40 米。①在罗家柏岭清理的一处较大型院落式建筑群，院落现存部分大致呈凹字形，由西北至东南向的一道院墙及其两端与院墙垂直的两套双间长房组成。西北端双间长房长 14 米，宽 4.2~5.5 米，南间略小，有两道隔墙将南间分为三间，从发掘现象看，应为架梁式建筑，其占地面积和结构形式与肖家屋脊的凹字形建筑群落基本相同。②

在应城门板湾西城垣下发现的一座四开间的分间多隔式长房③，东西长 16.2 米，南北宽 5.5 米，建筑面积 83 平方米，中间的两间稍大，各间都有门道相通，共有房门 6 道。两道朝外的大门开在两间大屋的北墙，前面有封闭的前廊，前廊外墙的两道门正对大屋北墙的大门。室内两大间的南墙各开一窗并有窗框，两大间和西小间各有一主要用于取暖的火塘，东小间南北墙下各有一社坑，应为灶间。在这座长房以北，是一片建筑区。据分析，这座房屋可能与周围其他房屋共同组成某种形式的院落。

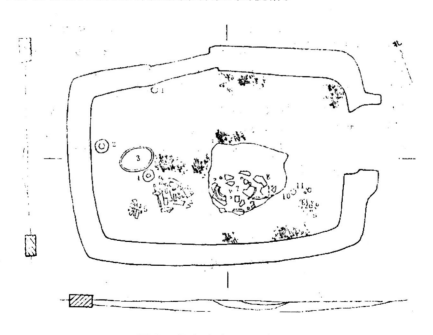

图八　谭家岭遗址 F1 平面图

① 石家河考古队：《天门石家河考古发掘报告之———肖家屋脊》（上、下），北京：文物出版社，1999 年。
② 湖北省文物考古研究所等：《湖北石家河罗家柏岭新石器时代遗址》，《考古学报》1994 年第 2 期。
③ 陈树祥、李桃元：《应城市门板湾遗址发掘获重要收获》，《中国文物报》1999 年 4 月 4 日。

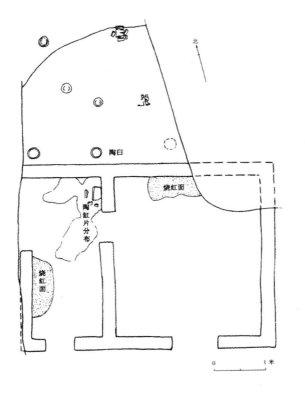

图九　邓家湾遗址 F3 平面图

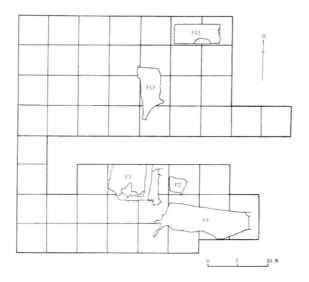

图十　肖家屋脊房屋分布图

上述情形表明，从屈家岭文化时期到石家河文化时期，长江中游地区原先的氏族制度和氏族社会已逐步瓦解，走向崩溃，而伴随着社会的贫富分化和私有制的发展，建立在经济分层基础之上的社会分层也在逐步发展并日益深化。屈家岭文化时期的社会分化还不十分严重，而石家河文化时期社会的分化则大大加剧，发展到十分严重的程度，而且愈演愈烈，出现了权力集中化的象征物——石钺。而这种社会分化和分层，恰恰是与大型城垣的功能及内涵一致的，反映出长江中游的聚落社会已经突破了平等化的氏族制度，走上了等级化的酋邦制发展轨道。

四、玉器与社会等级的制度化发展

在石家河文化的晚期地层中，从 20 世纪 50 年代以来，陆续发现了数百件玉器，主要见于罗家柏岭、肖家屋脊、六合①、枣林岗②和澧县等五处遗址。按照形状划分，有人头像、兽面、蝉、鸟、玠、玦、环、璜、管、璜形器、笄形器、坠、纺轮、镨等（图十一）。从已经发表的资料来看，石家河文化的玉器个体都很小，最小的仅有 2 厘米多一点。

在已发现的各类玉器中，人头像玉器约有十余件，已发表的有 3 件③。其中有一件蒜头鼻人头像，出土于肖家屋脊。这件人头像，高 3.7 厘米，戴人字形冠，双耳上方有弯角形装饰，两边嘴角长有獠牙，很像是一个"神人"的形象（图十一，8）。有学者认为，这件玉器是巫师或首领的形象刻画，可能反映了长江中游宗教权力的集中化。不过，从现已发表的三件人头像来看，除这件人头像的形象特殊，类似"神人"外，另两件人头像的形象却与真人相似，颇具写实风格。其中一件出土于六合 W18，长 2.6 厘米，头戴新月形帽，长脸，吐舌，大耳，两耳各戴一环（图十一，1）。另一件出土于罗家柏岭，为浅浮雕，刻在一小块玉片上。这件人头像，头戴平顶帽，前额正中有倒三角形纹记，梭形目，两耳各戴一环（图十一，2）。从六合和罗家柏岭出土的这两件写实的人头像来看，肖家屋脊出土的那件所谓"神人"人头像，其实应当同样也是写实的，它所刻画的是在现实生活中的宗教祭祀仪式上由真人所扮演的"神人"形象，真实地反映了石家河文化巫鬼崇拜的内容。

① 荆州地区博物馆等：《钟祥六合遗址》，《江汉考古》1987 年第 2 期。
② 湖北省博物馆：《枣林岗与堆金台——荆州大堤荆州马山段考古发掘报告》，北京：科学出版社，1999 年。
③ 张绪球：《长江中游新石器时代文化概论》，武汉：湖北科学技术出版社，1992 年，第 293-300 页。

对此，杨建芳先生曾经有过分析讨论。杨先生在《石家河玉器及其相关问题》一文中，通过与沣西所发现的类似玉兽面进行比较后，认为石家河文化的这类头像的基本特点相同，"显然，这种人面并非某一时期及某一地区个别人物（如首长、巫师）的造型，而是石家河文化居民及其后裔长期信奉的神祇或祖先崇拜（如蚩尤）偶像，其性质与良渚文化玉器上的神人相似"[1]。结合历史文献分析，《汉书·地理志》说"江汉信巫鬼，重淫祀"，这类传统源远流长，追溯到史前时期，石家河文化的所谓"神人"头像，其实就是巫鬼形象的写照。

从石家河文化玉器多出土于大型瓮棺葬而小型瓮棺葬中一般未见玉器的情况来看，玉器的占有显然与墓主生前的等级有关；而大型瓮棺葬中随葬玉器的多寡和质量也有悬殊，表明在玉器占有者之间也有地位高低的差别。从玉器主要出自大型瓮棺葬的情况来看，石家河文化的宗教权力是由社会上层人物所垄断了的。这种情况可以说明，石家河文化在社会结构方面的等级差别已经定型化和制度化，它从一个重要侧面反映出酋邦制的发展水平。

五、冶铜、制器与酋邦组织的发展水平

在石家河文化早期、中期和晚期的地层中，近年来均发现不少铜矿石（孔雀石）和矿渣。在邓家湾和肖家屋脊，曾数十次发现大小不一的孔雀石小块，其中的小者像指头，大者像半个鸡蛋。有少数孔雀石表面已被氧化成褐色，或呈蜂窝状，经化验，确定是含铜量较高的铜矿石而不是铜块。[2]根据对石家河文化所出玉器的研究，"证明在玉器加工技术方面，已使用了金属"[3]。在罗家柏岭还发现了残铜片五件以及一些铜绿石（孔雀石）或锈蚀的铜渣等。[4]

任式楠先生认为："铜制品和原料在一起数量较多且相当集中地出土的情况，这在全国史前遗址中实属罕见，从一个侧面显示了石家河城的重要地位。"[5]而在石家河及其周围近百公里的范围内，根本没有铜矿。张绪球先生认为，这些在石家河文化层中屡见不鲜的铜矿石来自何方，目前对此问题还解决不

① 杨建芳：《石家河文化玉器及其相关问题》，台湾：中国艺术文物讨论会论文 1991 年。转引自张绪球：《长江中游新石器时代文化概论》，武汉：湖北科学技术出版社，1992 年，第 303 页。
② 张绪球：《长江中游史前城址和石家河聚落群》，载《稻作、陶器和都市的起源》，北京：文物出版社，2000 年，第 167-179 页。
③ 张绪球：《长江中游新石器时代文化概论》，武汉：湖北科学技术出版社，1992 年，第 281 页。
④ 任式楠：《中国史前城址考察》，《考古》1998 年第 1 期。
⑤ 任式楠：《中国史前城址考察》，《考古》1998 年第 1 期。

六、贸易、交换与酋邦组织的发展水平

史前酋邦的内部交换和对外贸易分析是一个难度较大的课题，原因在于我们很难掌握能够直接说明问题的多方面材料和证据来进行论证，而不得不运用间接材料和证据来进行分析。

关于文明起源时代长江中游地区各酋邦的内部交换和对外贸易的大致情况，从各个遗址的现有资料来看，只有石家河古城遗址群有一些比较典型的材料可供分析，使我们可以根据对石家河出土的陶器、玉料、铜矿石原料的分布及来源的分析结果获得一些基本信息。

石家河文化中可以为内部交换提供材料依据的陶器种类主要是陶塑品。1955 年在石家河古城遗址群的罗家柏岭、贯平堰、三房湾、石板冲等四处遗址发现陶塑品，1973 年后在邓家湾采集到 100 多种陶塑品，发现邓家湾是陶塑品的集中产地。[1]1978 年和 1987 年，荆州地区博物馆和石河考古队在邓家湾进行了三次发掘，出土了数以千计的陶塑品，绝大多数陶塑品都出现在遗址西侧的少数灰坑和地层中，而大多数灰坑和一般地层中却不多见，墓葬中则完全不出。出土陶塑品最多的一个单位是 H67，该坑打破 H69，两个坑的直径均不超过 2 米，但发现的陶塑品的个数却多达数千。据估计，邓家湾出土陶塑品的个数，累计已不少于 5 000 个（图十二）。[2]

显然，邓家湾陶塑品在性质上是一种玩物，而不是实用器。如此大批量的陶塑品集中出现于邓家湾一地，而又大量出土于灰坑中，反映了一种大规模的专业性生产的存在，其前提必然是专业性分工早已形成并取得了长足发展。而大批量地生产这些已程式化了的、造型相同的各类玩物，其生产目的自然是为了贸易和交换的需要，而绝不可能是仅仅留作自我欣赏。

在石家河古城聚落群中，除陶塑品的产地邓家湾而外，各种陶塑品还出现于罗家柏岭、肖家屋脊、谭家岭以及土城等地，而这几处地点恰恰是石家河古城聚落群的各个层级组织之所在。这种情况意味着，在石家河古城各聚落的贵族集团之间，存在着一个贵重物品的内部交换系统，这个贵重物品交换系统应当是与再分配系统相重合的。换句话说，即是依照各贵族集团在权力结构中的层级关系、富有程度和交换能力等来获得对陶塑品的交换权和占有权。由于除开这几个重要地点外，在石家河古城众多的一般性遗址内并没

① 刘安国：《天门石家河出土的陶塑小动物》，《江汉考古》1980 年第 2 期。
② 张绪球：《石家河文化的陶塑品》，《江汉考古》 1991 年第 3 期。

有发现陶塑品，因此基本上可以断言，这类陶塑品的交换方式不可能是自由的市场交换，而是酋邦首领为获得酋邦内部各贵族集团对最高权力的认同和支持，并增进内部各显贵家族间的紧密团结而采取的一种互动手段，这种手段就是"负互惠交换"。

1—3、8—10、16. 鸟　4. 鱼　5. 龟　6. 鳖　7. 袋鼠形动物　11. 山羊　12. 猴
13. 猪；14、15. 鸡　17. 绵羊　18、19. 人

图十二 A　邓家湾陶塑动物和人①

① 采自张绪球：《长江中游新石器时代文化概论》。

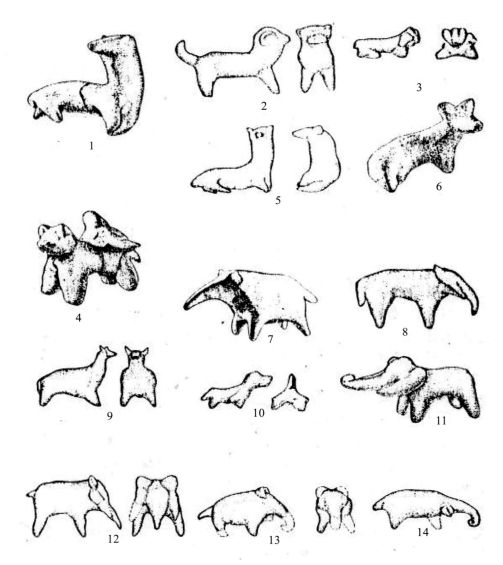

1—3. 狗　4. 狗驮鸟　5、6. 狗　7. 貘　8、11—14. 象　9. 兽　10. 狗

图十二 B　邓家湾陶塑动物①

　　所谓负互惠交换，它与"正互惠交换"恰恰相反，它既不是以对等的实物交换为目的，也不是以实物上的盈利为目的，而是通过实物赠予的方式来

获得其他利益，最可能的就是政治利益。由于已形成了酋邦内部权力结构中的层级关系和与之相适应的再分配系统，所以在陶塑品的产地和消费地所出现的同类产品，就不会是如像通常产生在同等政体之间的互动中所出现的夸富一类的竞争或赠予的结果，而是为获得酋邦内部各贵族集团之间的团结和统一，即酋邦首领为获得政治利益所进行的负互惠交换的结果，以便使各个贵族集团在其所给定的功能系统内发生互动关系。

由此看来，在石家河古城聚落群中，一定存在着一个为贵族服务的贵重物品交换系统，这个系统是闭锁的，由某个中心枢纽在掌握、组织和控制着陶塑品的生产、交换等运作活动。从这个意义上看，石家河古城酋邦内部的组织紧密性的确已达到了一个相当高的程度。

根据张绪球先生对邓家湾遗址出土陶塑品所进行的分期及年代的研究结果来看，邓家湾陶塑品分为两期：第一期陶塑品始出于石家河文化早期，但数量极少，未见集中出土，至中期前段才大量烧制；第二期陶塑品出于石家河文化晚期，数量极多。可见石家河文化陶塑品盛行于石家河文化中期和晚期，其绝对年代估计为距今 4 000—4 400 年之间。[1]据此看来，石家河古城酋邦内部贵族集团之间的贵重物品交换系统应该是从石家河文化中期开始形成和组织起来的，并且随着时间的推移而日益发展，越来越趋于发达和复杂化。

关于石家河古城陶塑品的对外贸易情况，我们可以通过同类陶塑品的地域分布获得大致的了解。据比较分析，邓家湾陶塑品除上述石家河聚落群而外，在长江中游地区有着较为广泛的分布，并且还向北延展，深入中原地区。[2]例如，在长江中游其他地区发现陶塑品的遗址，湖北省有西花园、乱石滩、季家湖、石板巷子、蔡台等处，湖南省有车辖山、划城岗等处；在中原地区发现陶塑品的遗址，有河南省的临汝煤山遗址一、二期[3]，河南省的伊川马回营[4]等处。这种分布情况表明，石家河古城酋邦拥有一个范围比较广阔的陶塑品贸易圈，通过这种贵重物品的对外贸易，把长江中游更多的酋邦和其他聚落联系起来，形成一个贸易网络，使它能够在一个更大的功能系统中更加充分地发挥作用。

① 张绪球：《石家河文化的陶塑品》，《江汉考古》1991 年第 3 期。
② 张绪球：《石家河文化的陶塑品》，《江汉考古》1991 年第 3 期。
③ 中国社会科学院考古所河南队：《河南临汝煤山遗址》，《考古学报》1982 年第 2 期。
④ 洛阳地区文管处：《河南伊川马回营遗址试掘简报》，《考古》1983 年第 11 期。

石家河古城酋邦除了以陶塑品贸易为中介建立起长江中游贸易网络而外，还把贸易触角伸向长江下游，与良渚文化发生某种或某些交流关系，从而进一步扩大了它的活动空间与交流范围，并以此作为手段来强化它在长江中游酋邦政治和贸易网络中的作用与地位。关于这一点可以从石家河文化玉器的来源做出分析。

在属于石家河文化晚期的瓮棺葬中，不仅出土了大批玉器，而且还同时出土了制作玉器所剩下的边角余料，这一现象可以充分证实这批玉器制作于当地。由于迄今还没有发现石家河文化早期和中期的玉器制作业，因此有的学者认为这一时期的玉器制作不会是当地传统手工业的传承，而应当来自中原一带①，或与山东龙山文化的部分玉器有着渊源关系②。但正如张绪球先生所正确指出的那样，将石家河文化同良渚文化所出的玉器进行比较，可以发现它们之间有着许多相似点，例如两个文化中都有璜、管、笄形器、锥形器、琮、坠、镏、纺轮等，其中有些玉器完全相同。这些玉器，在良渚文化中不仅数量多，而且出现时间也早于石家河文化，有些玉器的渊源还可以追溯到崧泽文化甚至更早的时期。而在山东龙山文化中，还没有见到一件与石家河文化完全相同的人面或兽面雕像。因此，石家河文化中有相当一部分玉器与长江下游有着直接的关系，而在玉器雕刻艺术及某些形制特征上都分别受到良渚文化和山东龙山文化的深刻影响。③

前面已经指出，石家河玉器多出现在大型瓮棺葬中，小型瓮棺葬内一般未见，而大型瓮棺葬内所出玉器也有着数量多寡与质量高低的差别，这表明玉器具有身份、地位和权威等特殊的象征意义。石家河地区没有玉矿，石家河酋邦不远千里，从长江下游进口玉料和制玉艺术，并且不惜人力和物力，按照自身的需要加以创造性发挥，制作出各种各样非实用的玉器。如此劳师费时地制作这些非实用玉器，除开以此作为奢侈品而外，其首要目的显然在于用以增强它在长江中游地区酋邦群中的显要地位，突出它领袖群伦的首领位置。

至于石家河出土的铜矿石的来源，由于资料的限制，目前还不能加以断

---

① 张驰：《中国史前农业、经济的发展与文明的起源——以黄河、长江中下游为例》，《古代文明》第 1 卷，北京：文物出版社，2002 年，第 55 页。

② 杨建芳：《石家河文化玉器及其相关问题》，台湾：中国艺术文物讨论会论文，1991 年。

③ 张绪球：《长江中游新石器时代文化概论》，武汉：湖北科学技术出版社，1992 年，第 311、312 页。

定。不过考虑到当时长江中游地区还没有开采铜矿①，因此可以肯定石家河出土的铜矿石是通过某种途径，从其他地区交换而来的。这也从另一个侧面反映出石家河文化的对外贸易能力，和它积极参与对外交流，试图在更广阔的政治经济网络中发挥积极作用的意图和行动。

从上面的分析中，我们不难看出，石家河古城酋邦的对外战略方向主要有东西两线。西线主要针对长江中游位于它西北方向的汉水流域诸聚落，如乱石滩、石板巷子、西花园等，和位于它西面的江汉平原诸聚落，如季家湖等，以及位于它西南方向的澧阳平原诸聚落，如划城岗、车轱山等。东线主要针对长江下游的良渚文化，以及来自更远地方的山东龙山文化。从这一战略布局可见，石家河酋邦的西线贸易很有可能是一种政治扩张，即试图通过贸易网络的建立，在与长江中游各酋邦的互动中来达到实现其领导作用的目的。而它的东线贸易则可能是一种文化上的互动，并借以增进它在西线诸酋邦中的首领权威。

七、遗址分布与聚落群的互动及关系演变

从屈家岭文化和石家河文化聚落群的分布特征分析，在屈家岭文化晚期与石家河文化早中期之际，长江中游地区的古城和聚落经历了一个剧烈的变化过程，这就是分化与重组，或裂变与聚变的过程。

屈家岭文化聚落群的分布态势，在空间形态上呈现为四个大的聚落群：一是分布在汉水以东、大洪山以南的聚落群，其中有京山屈家岭、天门石家河等重要聚落；二是分布在澧阳平原的聚落群，其中有王家岗、三元宫、划城岗、城头山等重要聚落；三是分布在江汉平原西部的聚落群，其中有关庙山、红花套、中堡岛、杨家湾等重要聚落；四是分布在鄂西北的聚落群，其中有青龙泉、观音坪、下王岗等重要聚落。但是到石家河文化时期，长江中游聚落群的分布态势却已发生了明显变化，在空间形态上呈现为六大聚落群：一是分布在江汉平原中北部以石家河为中心的聚落群，二是分布在江汉平原西部以季家湖为中心的聚落群，三是分布在澧阳平原以划城岗为中心的聚落群，四是分布在鄂西北以青龙泉为中心的聚落群，五是分布在鄂东北汉水中

---

① 位于长江中游的湖北大冶铜绿山富产铜矿，但是铜绿山古铜矿的开采年代为西周、早不过商代，在新石器时代还没有开采。参考中国社会科学院考古研究所铜绿山工作队：《湖北铜绿山东周铜矿遗址发掘》，《考古》1981年第1期；夏鼐，殷玮璋：《湖北铜绿山古铜矿》，《考古学报》1982年第1期。

游随枣走廊一带以西花园为代表的聚落群，六是分布在鄂东南以尧家林为代表的聚落群。

上述情形表明，虽然屈家岭文化时期的几个分布较广的聚落群，到石家河文化时期仍然呈现为连续发展的状态，在空间分布上也表现出基本重合的形态，但是，各大聚落群的中心位置却发生了程度不同的明显变化或转移。这一现象，意味着在长江中游文明起源的进程中，文化和政治领域内已发生了广泛而深刻的变动。

在屈家岭文化时期，长江中游的几个大型聚落群中都包含着数量不等的大中型环壕土城，并以此作为各个聚落群中的中心聚落。在汉水以东、大洪山以南的江汉平原中北部的聚落群中，有湖北京山屈家岭和天门石家河两座大型古城，并作为聚落群的中心聚落。湖北荆门马家垸古城则处在这个聚落群的西部边缘，而门板湾城则处在天门东面的应城。在江汉平原西部的聚落群中，有湖北江陵阴湘古城和公安鸡鸣古城。在澧阳平原的聚落群中，有湖南澧县城头山和澧县鸡叫城两座古城，湖北石首走马岭古城也在这个聚落群的范围之内。

考古调查与发掘结果表明，上述几座古城的建筑年代均在屈家岭文化晚期以前。其中除城头山第三期城垣的堆筑年代大约在距今 5 200—5 000 年的大溪文化时期而外，走马岭城、阴湘城、石家河城等古城的城垣，都发现有被屈家岭文化晚期墓葬或灰坑所叠压、打破的地层关系，说明城垣的堆筑年代不会晚于屈家岭文化晚期，它们的堆筑和使用年代大致与城头山第四期城垣的年代相同，约为距今 4 800 年，并一直延续使用到石家河文化早期。[①]

根据现有资料来看，这批屈家岭文化古城的聚落形态分为两类情况：第一类是面积较大，城内外均有居住点的特大型古城或大型古城，这一类有石家河、门板湾[②]两处；第二类是面积在 10 万~20 万平方米之间，居址仅位于城内的大中型古城[③]，这一类有城头山、走马岭、马家垸、阴湘城、鸡叫城、鸡鸣城等。从这批古城的具体情况分析，前一类古城即石家河和门板湾古城已形成了最初的城乡连续体，它们分别处在各自聚落群内的文化与政治中心的

---

① 张绪球：《长江中游史前城址和石家河聚落群》，载《稻作、陶器和都市的起源》，北京：文物出版社，2000 年，第 167-179 页。
② 陈树祥、李桃元：《应城市门板湾遗址发掘获重要收获》，《中国文物报》1999 年 4 月 4 日。
③ 张驰：《长江中下游地区史前聚落研究》，北京：文物出版社，2003 年，第 144 页。

位置。后一类古城即城头山、走马岭、马家垸、阴湘城、鸡叫城、鸡鸣城等古城，城内或有建立在长方形夯土台基群上的大型建筑区，如城头山古城，或有建立在面积约 4 万平方米、高出周围地面 1 米多的台地之上的居住区，如公安鸡鸣城。这一类古城仅在城内发现居住遗迹，意味着还没有产生并形成最初的城乡连续体，城圈内仅为族群的居所，它们与其他聚落群之间还没有发生统一的政治组织框架内的中心与边缘等层级关系。

这种情形表明，在屈家岭文化时期，长江中游各个聚落群中均有多座古城存在，形成古城并存的局面。而同一个聚落群中多座古城并存的情况，意味着以古城为中心的各个政治实体之间有着对立和互动的关系，即是同等政体（peer polities）的关系，并形成所谓的"交互作用圈"（interaction sphere）。尤其是第二类古城，其间既没有出现聚落群内文化精华的高度聚集，也没有形成政治组织的有效统一，因而在国家与文明起源的进程中还处于较低的发展水平。可见两类古城有着发展程度高低的差别，第二类明显地处在比较缓慢的发展阶段，而第一类尤其是石家河古城则由于规模大、人口多、凝聚力强，因而能够吸引更多的族体，掌握更多的资源，从而能够逐步发展成为区域的文化和政治中心。

到石家河文化早、中期，石家河聚落群蒸蒸日上。在石家河古城内已形成复杂的功能分区，有居住区、手工业作坊区、祭祀区、墓葬区等。而在古城以外，则形成聚落群环城成片分布的形态，并且其中还有玉器制作作坊、冶铜和铜器制作等手工业作坊。同时，石家河聚落群的人口规模也在急剧增长，估计到石家河文化早、中期时已经达到 2 万人以上[1]，呈现出一派繁荣昌盛的景象，形成不论规模、人口还是政治势力都十分强大的复杂酋邦，发展成为长江中游地区首屈一指的泱泱大邦。而曾经在屈家岭文化时期昌盛一时的长江中游其他一些古城和中心聚落，如马家垸城和走马岭城等，到了石家河文化早期时，其堆积都很浅薄，表明这些昔日的中心聚落此时已经大大衰落。

对于石家河中心聚落的强大和繁荣，以及其他一些中心聚落群在政治上服从于石家河中心聚落的现象，从政体演化的角度分析，就是所谓的"聚变"，即权力和资源在积聚、演变过程中，逐步从多个中心集中到少数中心。它所表明的事实是，在社会政治组织的演进过程中，多个原来的简单政体服从并

---

[1] 张绪球：《长江中游史前城址和石家河聚落群》，载《稻作、陶器和都市的起源》，北京：文物出版社，2000 年，第 167-179 页。

合并于少数复杂政体之中，使权力从分散走向集中，从而形成社会规模更大、更复杂，社会财富更集中，权力实施范围更广、实施程度更高的区域性政体。这一历史现象，同中国古史所记载的史前中国从万邦林立的分散状态逐步走向区域政治中心的形成这一历史发展演变过程是完全一致的①，表明社会已经演进到一个更高级的发展阶段。

---

① 《荀子·富国》曰："古有万国，今有十数焉。"《战国策·齐策四》曰："大禹之时，诸侯万国；及汤之时，诸侯三千；今之世，南面称寡者乃二十四。"《晋书·地理志上》记载："春秋之初，尚有千二百国，迄获麟之末，二百四十二年，见于《经》《传》者百七十国。百三十九知其所居，三十一国尽亡其处。"

| 23 |

关于长江文化研究的几点思考

　　长江文化研究，对于探索文明的起源，文化的演进，对于从整体上认识长江在中国文明史上的地位和作用，把握长江的历史与现实、政治与经济、民族与文化，以至研究它与东南亚、南亚以及中亚、西亚甚至环太平洋地区的古今文化交流，都有极为重要的意义，具有广阔的前景。

　　古代长江各区域文化有相当高的发展水平，并不亚于华北。秦汉之际，据《史记·货殖列传》，中国有七大经济中心，长江中游的江陵是一大都会，长江上游的巴蜀虽然包于关中，但关中实在是以巴蜀而富，《战国策·秦策》中说"蜀既属，秦益强，富厚轻诸侯"，就是一个明显的例证。西汉成都是全国第二大城市。两汉之际五大名都（洛阳、邯郸、临淄、宛、成都），蜀居其一。唐代，"扬一益二"，天下富庶尽在长江。过去史学界认为五代时中国封建经济中心完成南移，现在看来还有思考的必要。唐以前长江流域并不是完全落后、蛮荒，史籍所记载的"无冻饿之人，亦无千金之家"，主要是指编户齐民，指被统治阶级。至于富商大贾家财累至钜万者，如邓通、卓氏等，并不在其例。三国时江东诸公，如果没有当地经济文化长期持续地发展，也不可能形成世族。至于考古学的发现，就更是为这些提供了坚实的证据。商代长江上游云南的铜、锡，四川的大型青铜雕像群，长江下游江西的大型青铜器群，江西、安徽的铜矿，以及新石器时代长江下游极富特色的玉器文化，都说明长江文明起源既早，成就也很大。春秋战国时代博大精深的楚文化，发祥于长江中游江汉平原，播染于巴、蜀、滇、吴、越，被及华夏、岭南。可以说，长江文化，正像长江本身一样，浩浩荡荡，生生不息。

　　古代以中原王朝为正统，把长江之域看成是蛮夷区，文化上有边缘区之说。但是为什么每逢中原战乱，长江流域却成为残破的中原的支撑地？为什么长江地灵人杰，人才辈出？东汉末建安七子，荆州为三国鼎立局面提供了杰出的人才队伍？这些都足以引起重视，值得研究。从这里也可以看出来，如果从文化而不是从王朝的正统观念上看，长江流域并不是边缘文化区，而是整个中国文化的一大中心区。

长江文化研究似乎可以分出阶段，追根溯源，缕析它的来龙去脉，当前以先秦时期为主要研究时限，是比较积极稳妥的，也较容易协调起来。

我觉得先秦时代长江文化很有特色而富于研究价值的课题之一是关于它的城市起源问题，恐怕与中原有些区别，不是出于同一个模式，遵循同一条道路。关于此点，只能简单地谈个梗概。

从新近的资料看，长江流域的早期城市，无论其规划、布局还是功能体系方面，并不与华北早期城市完全相同。例如，长江上游四川广汉三星堆古城，筑城年代至少为商代早期，东、西、南三面有城墙，城墙顶部宽达 20 米，墙基宽达 40 米，城圈面积达 2.6 平方公里。城墙的高大坚固，意味着可供支配征发的劳动力资源相当充足，进而可知居于其中的统治者必定统治着大量的人口，控制着丰富的自然资源。城圈的广阔，表明城圈内的社会生活、政治结构已经超出原始社会末叶的部落联盟制水平，结合对众多劳动者的统治和对丰富自然资源及社会财富的占有来看，已形成了集权的政府组织、国家机器，这是没有疑问的。以古城为中心，三星堆遗址的文化遗存在周围 12 平方公里密集地连续分布，无疑展示出城乡连续体的图景。显然，三星堆古城是一座中心城市。这里，城乡分化十分明显，城市统治乡村的格局十分明显。

如果因此而认为三星堆古城是一座大规模的设防城市，可能并不恰当。三星堆城墙固然高大坚厚，但它内外两面却都是斜坡形的，横截面呈梯形，根本不可能用于战争防御，与郑州商城完全不同。迄今为止的三星堆考古发掘中，很少见到兵器，即使有，也多属仪仗性质的礼器，比如无刃的三角形锯齿援青铜戈。这些似乎表明三星堆这座早期城市的起源和形成，同宗教有密切关系。尤其是出土大量宗教礼仪性制品，更能够充分展示出它的神权政治性质。说明三星堆古城作为商代蜀国的国都，是神权中心与政治中心的高度统一体。它的城市起源、形成道路，与华北有重大差异。商王朝早期的都城偃师商城和中期的都城郑州商城，历年来都出有大批兵器，郑州商城的城墙内外壁是基本垂直的，表明确有大规模防御的必要。它们的起源和形成，除经济文化等条件外，大规模军事征服是一个主要原因。可是到了商代晚期，中原地区基本归于一统，政治较稳定，因此晚商都城殷墟便无须再筑防御性城墙。而商王朝都城从来不是宗教中心，这已是学术界早已取得的共识。可见南北有别。

三星堆古城规模之大，与中商都城郑州商城相近，显然不是中原文化的派生物。而其筑城方法与华北迥异，不用版筑，夯打也是拍打，表明不是在中原影响下才产生的筑城法。规模方面，中原的各级城市要遵守一定的制度，不能逾制。《左传》讲到这个问题，对城市定有政治等级和相应的规模，并说是"先王之制也"，考古发掘证实了这一记载，山西东下冯、湖北盘龙城等商王时期的方国之都，确实大大小于商王都。但三星堆古城如此之大，能够说它是商王朝的派生物吗？显然不能。

此外，早期成都，和川江岸边的巴国五都，以及长江中游楚国的早期城市，均不筑城墙，前者与工商业有关，后者与社会文化环境和频繁的征服活动有关。而它们在城市建筑和布局上，又都表现出各自的特色，与华北区别甚大。很明显，要把它们纳入中原城市的统一模式，是不可能的，也是不切实际的。

据湖南省博物馆馆长高至喜先生披露，在湖南澧县发现屈家岭文化的城，建在大溪文化层之上，其上为龙山文化层，澧县还出土玉器，有佩、璜等，与良渚文化的玉器相似。从年代上看，澧县这座城早于河南淮阳平粮台古城，证明长江流域城市的起源很早。相应地，政治组织、阶级、国家的形成也并不很晚。这就否定了过去某些陈旧的认识，使人们不得不用新的眼光来重新审视长江文明与文化。

另外，长江流域城市还有若干方面，表现方式与中原不一样，这里就不多说了。

长江文化从空间分布来说，往上游溯源，四川凉山地区和云南是很可注意的一个区域，金沙江文化的面貌如何，我们至今了解还太少。而古若水（今雅砻江）有那么多的古史传说，与五帝有密切关系，看来是探索中国文明，也是探索长江文化的一个极值得注意的地区。宋以前人们以岷江为长江正源，岷江也有大禹活动的古史传说。这些地区，过去都是戎夷之地，但与黄河上游赐支之地相近，民族迁徙、文化传播自古就频繁，无论对黄河流域还是长江流域，都产生过深刻影响。因此，两大流域的一些文化，表现为同源异流。可见，关于长江上游的古代文化与文明，应大力加以认真探索。

此外，我觉得长江文化研究对于我们认识先秦夏、商、周三代的政体会很有帮助，这也是长江文化研究在其空间分布上所必然要涉及的问题。过去对商王朝的统治范围有两种认识，一是不过长江，一是包括长江。实际上，我们应当从直接统治范围和政治势力、文化影响所至这两个方面来考虑，即把两种情况区别开来，不要混为一谈。比如说，商代长江上游不是商王朝的直接领土，但受其影响，这在今天学术界可能已有共识。长江中游盘龙城则应是商王朝伸入南方的一个军事堡垒，大约是维护金锡之道的一个兵站或据点。长江中下游之交的大洋洲商墓，显示了浓厚的清江吴城文化特色，是方国文化，而不直接就是商王朝的文化或其派生文化。由此认识，商王朝向南的统治范围就比较清楚，反过来就有助于我们认识商王朝究竟是一个统一国家还是方国联盟的问题。这样来看问题，也能使我们清楚地看到长江流域许多古国古文明完全不带有受商王朝分封的丝毫迹象，从一个重要方面证明商王朝并没有实行分封制。可是到了西周以后，情况发生了显著变化，长江流域各区段的周文化因素很多，显然与文献所记的西周分封制有关。巴、蜀、楚、吴、越，都受到周王室封赐，不是分赐以珍玉，便是分赐以职贡，无疑大大加速了文化交流和传播。可见分封制对文化交流产生过积极作用，在中国文明、南北文化的初步一体化方面做出过重要贡献。从商、周两代的情况进行比较研究，就可以看出它们的国家形态和政体性质，对其王权结构的深入认识有很大帮助。关于此点，确是一个有待深入开展的课题，这里只是简单谈谈自己的初步认识。

文献文化

24

《山海经》中所见祝融考

《山海经》中关于祝融之载,与成书于先秦两汉的其他史书所载,或合或不合。由于《山海经》人神杂糅,志怪颇多,所反映的史迹往往掩饰有浓厚的神话色彩,加以此书取材的地域和部族有异,来源有别,其传者非一,记者非一,各篇成书年代又早晚有差,因此散见于其中有关祝融的各条记载之间,矛盾互见,难以缕析,不能构成一个条目明晰、次第相续的系列。不言而喻,只有参证先秦两汉诸史所载,比照对应,才能使《山海经》中关于祝融的各种传闻得到合于或近于历史实际的解释。这同时也是《山海经》研究中所必须注意的问题。本文拟以《山海经》中所见祝融为基本线索,对祝融这一古史传说中的重要人物及其史迹作一综合考察,供治《山海经》及上古历史的学者参考。

一、祝融的世次

《山海经》中明确记载祝融世次之处凡三条:

(1)《大荒西经》:"颛顼生老童,老童生祝融,祝融生太子长琴。"

(2)《大荒西经》:"颛顼生老童,老童生重及黎。"

(3)《海内经》:"炎帝之妻,赤水之子听沃生炎居,炎居生节并,节并生戏器,戏器生祝融,祝融降处于江水,生共工。"

这三条中,《大荒西经》两条所载有共同之处,而均与《海内经》决然不同。

史称祝融出自颛顼一系。《史记·楚世家》载:"楚之先祖出自帝颛顼高阳。"楚之同姓屈原在其《离骚》中亦明言:"帝高阳之苗裔兮,朕皇考曰伯庸。"《国语·楚语下》也说重、黎为颛顼之后。这些记载均同于《大荒西经》颛顼为祝融先祖之说。但《大荒西经》在颛顼与老童之间,却脱漏"偁"的一代世系。《史记·楚世家》载:"高阳生称,称生卷章。"称即偁,二字形近。卷章应为"老童",四字形近而讹。《大荒南经》说:"有国曰颛顼,生伯服。"吴伍臣《山海经广注》引《世本》曰:"颛顼生偁,偁字伯服。"与《史记》

相合。

《大荒西经》一说"老童生祝融"，又说"老童生重及黎"，是言重、黎为二人，并有祝融之称。而《史记·楚世家》记重黎为一人，其文云："卷章（按即老童）生重黎，重黎为帝喾高辛居火正，甚有功，能光融天下，帝喾命曰祝融。"两种说法孰是孰非，似乎很难判言。这一问题，历史上记载本来就不一致。记为一人者，另如裴骃《史记集解》引徐广曰："《世本》云：'老童生重黎及吴回。'"《大戴礼记·帝系》每本于此说："老童娶于竭水氏之子，谓之高锅氏，产重黎及吴回。"记为二人者也有《世本》作为根据，如郭璞注《大荒西经》引《世本》云："老童娶于根水氏，谓之骄福，产重及黎。"二说各有所本，聚讼难平。

根据诸书所载祝融的史迹来看，重、黎应分为二人。《左传》昭公二十九年记载晋太史蔡墨论社稷五祀之辞，其中讲道"重为句芒"，又云"木正曰句芒"，而"犁为祝融"。犁即黎，二字音、形皆近可通。这里所谓重、黎分职之事，乃因传闻有异之故，不足为怪，但所说重、黎非指一人，则是十分明确的。《国语·郑语》记载周太史史伯论祝融之辞，其中也讲道"且重、黎之后也，夫黎为高辛氏火正，以淳耀敦大，天明地德，光照四海，故命之曰祝融，其功大矣。"与《左传》之说相合。韦昭注云："重、黎，官名。"又云："言楚之先为此二官。"又云："颛顼生老童，老童产重、黎及吴回。"也未将重、黎辨为一人。

作为祝融直系后代的楚人也持重、黎二人之说。《国语·楚语下》记载观射父之言曰："乃命南正重司天以属神，命火正黎司地以属民。"观射父是楚昭王时大夫，博闻强识，熟知先代旧史，其言重、黎为二人，应是本于在楚王族中世代相传的谱牒（楚王族有谱牒之事，见《国语·楚语上》），并非虚妄之言。《楚语下》又记载楚昭王"《周书》所谓重、黎实使天地不通者"之语，说明楚昭王在其王族所传系谱中见到的楚人先祖的世次正与《周书》所记相同。既然楚人在其先祖世次中分重、黎为二人，则此说必有根据，可谓信而有征。

司马迁虽然在《史记·楚世家》中记载重黎为一人，但他在《史记·历书》中却采取了《国语》之说，以重、黎为二人。在《史记·自序》中，太史公叙述司马氏由来时，亦取《国语》之说。由此可见，太史公著史，根据不同的传闻，"疑则传疑，信则传信"，也并不强使重、黎合为一人。

《山海经》中所见祝融考

继重、黎之后有祝融之号的，是二人之弟吴回。《史记·楚世家》载："共工氏作乱，帝喾使重黎诛之而不尽，帝乃以庚寅日诛重黎，而以其弟吴回为重黎后，复居火正，为祝融。"吴回为重、黎弟，其继为祝融之事，在《山海经》中无确载，但《大荒西经》却记有"吴回"之名，郭璞注云："吴回，祝融弟，亦为火正也。"前引《世本》亦载重、黎、吴回为同胞兄弟。《路史·后纪八》云："黎卒，帝喾以（吴）回代之。"《汉书·古今人表》也列吴回于重、黎之后。可见《史记》所载无误。

关于吴回，《大荒西经》记载："有人名曰吴回，奇左，是无右臂。"郭璞注云："即奇肱也。"王念孙校改经文也以为应作"奇厷"。郭、王二人乃因《山海经》中记有"奇肱之国"，又"左"与"厷"形近，故判言"左"为"厷（肱）"之误。按郭、王此说欠妥。《山海经·海外西经》所记"奇肱之国"在"一臂国"之北，"其人一臂三目，有阴有阳，乘文马，有鸟焉，两头，赤黄色，在其旁"。郝懿行笺疏云："《博物志》说：奇肱民善为杜扛，以杀百禽。杜扛盖机巧二字之异。又云：汤破其车，不以视民。视即古示字，当作眡。又云：十年东风至，乃复作车遣返。"奇肱民的所作所为，完全不类于祝融吴回为火正之事，而在祝融的各种记载中，也丝毫没有与奇肱之国相似的传闻。足见吴回"奇左"不当为"奇厷（肱）"之误。郝氏又说："此非奇肱国也。《说文》云：'孑，无右臂也'。即此之类。"因此，《大荒西经》所记的吴回，与奇肱之国毫无关系。

由上可见，重、黎及吴回兄弟三人相继为火正，号祝融，这一世次关系应当是信而有征的。《大荒西经》所载有其根据，而《海内经》所载则不足凭信。

二、祝融的职事

《山海经》中可以反映祝融职事的条文仅一见。《大荒西经》记载："大荒之中，有山名日月山，天枢也。吴姬（按有本姬作姬）天门，日月所入。有神人面无臂，两足反属于头山，名曰嘘。颛顼生老童，老童生重及黎。帝令重献上天，令黎卬下地，下地是生噎，处于西极，以行日月星辰之行次。"这里，把祝融与天枢、天门、日月星辰之行次联系在一起，似属荒诞不经，但剖去其神话外衣，就可以依稀见到祝融所主职事的基本情况。

重、黎及其弟吴回，诸史均记为帝喾高辛氏的火正，能光融天下，故帝喾命之曰祝融。《左传》昭公二十九年所说"火正曰祝融"，即是指此而言。尽管火正一职在上古氏族部落时代并非专指重、黎及吴回，例如《左传》：襄

文明的史迹：先秦、巴蜀及南丝路历史研究（先秦史卷）

公九年就记有"陶唐氏之火正阏伯"（并见《左传》昭公元年及《国语·晋语四》），但阏伯之为火正却并无祝融之称。因此，祝融这一称号仅仅是由重、黎及吴回次第相续，并在吴回一系中世代相传的特殊称号，其他氏族部落中的火正则无此称。

所谓火正，火为星名，或称大火，又称大辰，亦即心宿二，正者，长也。火正之称，即是指专门管理大火，以司天象的人。在中国上古时代，一些氏族部落中曾实行过"以火纪时"的历法，这就是"火历"。火历是根据大火即心宿二的运行变化来制定的历法，以判明季节，指导农业生产。上古实行火历的遗迹，在古史记载中可得而观之。《左传》襄公九年记载："古之火正，或食于心，或食于咮，以生内火。是故咮为鹑火，心为大火。"杜预注云"谓火正之官配食于火星"，即言火正为主火历之人。史称阏伯为陶唐氏火正，"祀大火，而火纪时焉"（《左传》襄公九年）。相传殷人的先公相土曾因阏伯为火正，"故商主大火"（同上）。《国语·晋语四》亦载："阏伯之星也，实纪商人。"阏伯之星即指大火，又称大辰，故《左传》昭公元年又云："后帝不臧，迁阏伯于商丘，主辰。商人是因，故辰为商星。"这些记载均为上古确曾实行过"以火纪时"的火历之证，故火正为主火历之人。

关于祝融为火正之事，《山海经》各篇缺载。从上面所述来看，重、黎及吴回相继为火正，其所主职事均应为观察大火的变化以确定农时，故其史迹每每与火联系在一起。《国语·楚语下》载有观射父所说"乃命南正重司天以属神，命火正黎司地以属民"之事，《国语·郑语》亦记有史伯所谓"夫黎为高辛氏火正，以淳耀敦大，天明地德，光照四海"之语。《墨子·非攻下》亦谓：成汤伐夏，"天命（祝）融隆（降）火于夏之城间，西北之隅"。而《左传》昭公九年则记载："火，水妃也，而楚所相也。"杜预注云："相，治也。楚之先祝融为高辛氏火正，主治火事。"说明祝融为火正，其职事就是主治火历之事。

主治火历之事，广义上也就是主持天文历象之事。史册载有先秦时代著名的主持天文历象之人。《史记·天官书》记载："昔之传天数者：高辛之前，重、黎；于唐、虞，羲、和；有夏，昆吾；殷商，巫咸，周室，史佚、苌弘；于宋，子韦；郑则裨灶；在齐，甘公；楚，唐昧；赵；尹皋；魏，石申。"所说诸人均为通晓天文历象的专家。如羲、和，《尚书·尧典》记其为"掌天地四时之官"，四时即四季。又如甘公，刘向《七录》记为楚人，战国时作《天文星占》八卷；石申，《七录》亦谓战国时作《天文》八卷。重、黎作为"昔之传天数者",天数即是天文历象及其运行变化的规律,又列于诸天文家之首,则其"知天数"(《史记正义》),确为上古时代氏族部落中专主天象之人。

司马迁在《史记·自序》中,自称乃是"世序天地"的重、黎之后,又记其父司马谈之语云:"余先周室之太史也。自上世尝显功名于虞夏,典天官事。后世中衰,绝于予乎?汝复为太史,则续吾祖矣。"司马谈身为太史令,称颂其先重、黎典天官事,即主管天文历象,此语并非无据。司马氏世袭史官,不仅精通历代史迹,而且深晓天文历象,故其所言重、黎事迹,应为在史官中世代相传的旧说,所以司马迁称引先秦时代传天数者,首推重、黎。至于司马谈谓其子迁"续吾祖",也是指掌天象之事而言,故《自序》汉云:"太史公既掌天官,不治民。有子曰迁。"

祝融作为主治天文历象之官,其目的在于判明季节,颁布农时,以指导农业生产。《史记·历书》记载:"少暤氏之衰也,九黎乱德,民神杂扰,不可放物,祸菑(同灾)荐(频也)至,莫尽其气。颛顼受之,乃命南正重司天以属神,命火正黎司地以属民,使复旧常,无相侵渎。其后三苗服九黎之德,故二官咸废所职,而闰余乖次,孟陬殄灭,摄提无纪,历数失序。光复遂重、黎之后不忘旧者,使复典之,而立羲、和之官。明时正度,则阴阳调,风雨节,茂气至,民无夭疫。"可见,由于重、黎所掌职事一度被废弃不用,致使历法上出现一系列混乱不堪的现象,"历数失序"。而当重、黎所职重新设立,则风调雨顺,"茂气至,民无夭疫",出现丰年景象。这就充分说明了祝融所主职事对于农业生产所具有的重要意义。

韦昭在其《国语注》中,以祝融"天明地德,光照四海"为"若历象三辰""若敬授民时",并说之所以取名为祝融,就是因为能"理其职"。意即祝融之称意味着主持天文历象,颁布农时,故曰"敬授民时"。《国语·郑语》载史伯说:"祝融亦能昭显天地之光明,以生柔嘉材者也。"韦昭注云:"柔,润也,嘉,善也。善材,五谷材木。"因为祝融"知天数",掌握了天象规律,据以颁布农时,所以能够生柔嘉材。这也说明了祝融所主职事与农业生产之间的重要关系。

根据以上论述,对照《山海经·大荒西经》所载重、黎"行日月星辰之行次",可以看出,《大荒西经》这一条文,正是对于祝融为天官、司历法、颁农时的职事的记录,不过被神话所掩盖罢了。

三、 祝融的神化

祝融本是上古氏族部落时代主治火历以布农时的重、黎及吴回作为火正的称号，所表示的是人而不是神。但由于祝融所主职事直接把天文历象与农时人事联系在一起，似乎可以交通于天地之间，于是在口耳相传的时代，祝融及其事迹也就被逐渐加以神化，以致演为半人半神，其后在战国秦汉间，又衍生增饰为完全的神，致使面目全非，不易辨识。

《山海经·大荒西经》所说"帝令重献上天，令黎印下地"，乃是本于《周书》所谓"重、黎实使天地不通者"之说。《尚书·吕刑》记载："乃命重、黎绝地天通，罔有降格。"《国语·楚语下》亦记其事为："（颛顼）乃命南正重司天以属神，命火司黎司地以属民，使复旧常，无相侵渎，是谓绝地天通。"韦昭注云："司，主也。属，会也。"又云："绝地民与天神相通之道。"这些说法均以祝融为半人半神，均认为重、黎与天地的关系，是独往独来，而其他的"地民"则与"天神"相隔绝。这些以祝融独掌天人相会之道，重天人之际的传闻，显然都是从祝融所主职事的特点发展衍生出来的。

氏族社会之末，由于社会大分工，一大批专职人员产生出来。如《史记·五帝本纪》所记，氏族部落中除酋长外，还有专司水土的司空、敬敷五教的司徒、播时百谷的后稷、主山林川泽的虞官、掌刑辟的大理，以及工师、乐官等从事专门职务的人员。专职人员的产生，使他们分别掌握各自的专业，起初经氏族部落推选，后来则世代相传，成为世官世职世族，一方面发展了这些专门工作，另一方面，则由于专业知识逐渐私有，使其他人员不能问津，从而其所司职事便相对独立于一般人员之外，以致渐形神秘。

天文历象的专职产生于农业部族当中。农耕部族由于农时的需要而产生出专司天象以便确定季节的专职人员，《史记·天官书》及《历书》所说"天官"和"明时正度"，就是对于这类专职人员及其职事的说明。这种设置专人掌天象以定历、颁历的习俗，传之后世便成为一种固定的制度。《左传》桓公十七年记载："天子有日官，诸侯有日卿。日官居卿以底日，礼也。日卿不失日，以授百官于朝。"所说日官，即是《史记》所说天官或传天数者，杜预注为"典历数者"，其意皆一。杜预又云："日官平历以班诸侯，诸侯奉之，不失天时，以授百官。"不仅表明日官的完全固定化，而且表明了日官在王朝及诸侯国中的重要地位。

祝融的时代，大致在传说中的帝喾高辛氏之时，属于军事民主主义的时期，在考古学上则可能已进入铜石并用的时代，当时已发展到粗耕农业的水平是毫无疑问的。祝融为火正，就是其氏族部落中专司天文历象以定农时的专职人员。《国语·楚语下》记载："以至于夏、商，重、黎氏世叙天地，而别其分主者也。"说明祝融的分职已经成为世袭相传的了。这就意味着，在重、黎之世，由于职司的专门化以至逐渐成为世袭制，使其他不掌握天文历象及其运行发展规律的人们与此职事完全脱离，于是便被隔绝了农事需要与观察天象间的关系，以往职事不分的情况已不复存在，地民似乎已没有能力单独地与天神直接相交，故其道绝而只能由重、黎专主。在其他的氏族部落成员看来，这种能把天上人间即自然与农事联系起来的职守，似乎只是由于重把人间农事的需要呈献于上天，而上天又令黎把合于人间农事需要的历法带至下地的结果，以使民人不失农时。于是重、黎及其所主职事都被加以神化。此即所谓"帝令重献上天，令黎卬下地"，所谓"绝地天通"传说的由来。所以祝融被视为半人半神。

春秋时代人们认为："有五行之官，是谓五官。实列受氏姓，封为上公，祀为贵神。"（《左传》昭公二十九年）而"火正曰祝融"，虽属五行之官，但本以民事而列受氏姓，是人而不是神，不过在传说中被祀为贵神，所以成为半人半神，以致完全成为神了。这实际上已经概括地说明了祝融由人到神的演化过程。

至于《山海经·海外南经》所载"南方祝融，兽面人身，乘两龙"，以及《吕氏春秋》《月令》《淮南子》诸书所记"孟夏之月，其神祝融"，"南方火也，其帝炎帝，其神祝融"等，已把半人半神的祝融完全转化为神，则又是从《楚语》《大荒西经》等衍生增饰而来，更为晚出之说了。

四、祝融的迁徙

祝融是重、黎及吴回兄弟三人次第为火正的称号，由于火正之职在吴回一系中世袭相传，这一称号也就逐渐成为其氏族别号，吴回及其后裔也被称为"祝融氏"。《庄子·胠箧篇》中记有"祝融氏"之称，《路史·前纪八》注亦云："祝融氏，号也。祝融，职也，本非人名。"这种以其所担任的职别作为氏族称号的情况，古代通称为"以职为氏"。

《山海经》中所见祝融，有的是指重、黎及其所担任的职别，即"火正曰祝融"，有的则是指重、黎、吴回之后以祝融为氏族别号者，从这些记载中可以看到祝融氏迁徙移居的遗迹。

《山海经》中有关祝融迁徙的记载凡三条：

（1）《海内经》："洪水滔天。鲧窃帝之息壤以堙洪水，不待帝命。帝令祝融杀鲧于羽郊。"

（2）《海内经》："祝融降处于江水。"

（3）《海外南经》："南方祝融，兽面人身，乘两龙。"

这三条中所说祝融，均应为吴回及其后裔，为氏族称号。

《海内经》所记鲧即有崇伯鲧。帝，诸史均记为帝尧。《史记·五帝本纪》言其事为："尧于是听岳用鲧，九岁，功用不成。"又说："于是……殛鲧于羽山，以变东夷。"《国语·晋语八》载子产曰："侨闻之，昔者眩（鲧字之异）违帝命，殛之于羽山。"韦昭注云："帝，尧也。"《左传》昭公七年所记子产之语则明言："昔尧殛鲧于羽山。"可见，《海内经》所载杀鲧的祝融，应与帝尧同时。诸书并谓重、黎、吴回在帝喾高辛氏之时相继为火正，即大致上与高辛氏同时，早于帝尧时期的祝融。但从诸书来看，祝融之号由重传至黎、又由黎再传至于吴回，其后则无三传之事见诸史载。这就说明，祝融称号在氏族部落内部的继承关系相对稳定后，已成为在吴回一系中世代相传的别号，以致演为其氏族之称。所以，在帝尧时期拥有祝融之称的，非吴回一系莫属。

祝融吴回一系杀鲧于羽郊，《史记·五帝本纪》说是"以变东夷"，即言羽郊为东方之地。羽郊，郭璞谓其为"羽山之郊"。《山海经·南次二经》记有羽山，郭璞注云："今东海祝其县西南有羽山，即鲧所殛处。"《左传》昭公七年杜预注亦云："羽山在东海祝其县西南。"《史记正义》引《括地志》谓："羽山在沂州临沂县界。"即指羽山位于今山东省南部，与江苏省连云港相去不远。由此看来，祝融吴回一系在帝尧之时移徙至东方近海地区。

《山海经》中载有被称为"吴"的地名，在东方的黄河下游地区。《海内东经》载："雷泽中有雷神，龙身而人头，鼓其腹，在吴西。"郭璞注云："今城阳有尧冢灵台，雷泽在北也。《河图》曰：'大迹在雷泽，华胥履之而生伏羲。'"城阳县在汉代属济阴郡，《汉书·地理志》"济阴郡城阳"条下班固原注曰："有尧冢灵台。《禹贡》雷泽在西北。"按汉城阳县为今山东省莒县治。而"吴"在其东，南距羽山不远。从吴回一系东迁的情况来看，《海内东经》所记"在吴西"之吴，应即吴回一系在东迁中所留下的地名，而且这也与《海内经》所载祝融在羽郊的活动方向大体一致。

祝融最初的居地本在今河南中部偏北地区，位于伊、洛二水之南，北与虞、夏二族为近邻。《国语·周语上》云："昔夏之兴也，融降于崇山。"韦昭注云："融，祝融也。崇，崇高山也。"崇高山即嵩山。《左传》昭公十七年又记载："郑，祝融之虚也。"郑为今河南新郑。《汉书·地理志》亦曰："今河南之新郑，本高辛氏火正祝融之虚也。"祝融一系兴于崇、郑之间，本属中原部族，以后则逐渐向东方移徙，《山海经》所见正是其迁徙过程中留下的遗迹。

《国语·郑语》记载祝融"其后八姓"，在夏、殷时代大体分布在黄河中下游以南，逶迤而东，以至于近海。这种分布状况说明，整个祝融集团在总的迁徙方向上是基本一致的，即逐渐向东方发展。吴回一系是祝融集团中的基本氏族，不但世袭祝融之号，而且世奉祝融之祀（见《左传》僖公二十六年）。作为祝融集团的主体部分，吴回一系的迁徙方向自应意味着祝融八姓一般的迁徙方向。反之，既然八姓多为东向移徙，而且《山海经》中又有祝融在东方近海地区活动的确载，那么吴回一系曾经居留在东方，也就应该是言之有据的了。

至于《海内经》所载"祝融降处于江水"，《海外南经》所称"南方祝融"，则应是春秋中叶至战国年间，由于祝融的直系后代熊氏楚国向南发展，直下长江，席卷南中国以后，其先祖的各种传说也随之传入的缘故。降者，下也。降亦有从北至南之意。春秋时代楚国称中原诸夏为"上国"，在很大程度上即是因为诸夏位于楚国之北，并且地势也是北高南低。所以祝融的后代南下长江，可以说成"降处于江水"。与此相同，《管子·五行篇》所说"黄帝得祝融而辨于南方"，《越绝书》所载"祝融治南方"以及《淮南子·天文篇》所记"南方火也，其帝炎帝，其佐祝融（按今本作'朱明'。此据高诱注及《开元占经》卷三十引许慎《淮南子天文间诂》校改）"均为后起之说，不能据以作为祝融为南方土著之证。

五、余说

《山海经》中关于祝融的记载凡六条，其中，《海外南经》一条，《大荒西经》三条，《海内经》二条。此六条之中，称重、黎者凡二见（《大荒西经》），称吴回者凡一见（同上），《大荒西经》称祝融者凡六见（《大荒西经》二见，《海外南经》一见，《海内经》三见）。与《左传》和《国语》相对照，确有一定的共同性，可以说在一定程度上反映了古史传说的本来面目，并非完全荒诞不经。但其间差别仍然很大。《左传》和《国语》均以火正为祝融，从一个侧面反映了上古时代的社会分工，以及在社会分工之下知识的私有化和职司的世袭化，这种情况不但可以通过其他史书取得印证，而且同社会发展的一般趋势也是完全相符的。并且，《左传》和《国语》所载关于祝融之事，多由史官讲述出来，例如周太史史伯、晋太史蔡墨等，或由楚国大夫讲述出来，例如观射父，其传闻来源比较直接，可信程度比较大。而在《山海经》中，不但祝融为火正之事没有片言只字之载，而且各条记载之间也没有必然的联系，其文又多"不雅驯"。相比之下，可以看到《山海经》中关于祝融之载所采取的传闻较为间接，来源非一，在传闻的采取年代上也晚于《左传》和《国语》。

《山海经》中关于祝融之载亦非楚人所记。从世次来看，《大荒西经》既谓祝融生长琴，又说黎生噎，《海内经》则把祝融与戏器、共工混为一系，矛盾互见，不可缕析。同《世本》《史记·楚世家》以及《大戴礼记·帝系》所记祝融世次相比，显见混乱。《国语·楚语上》记载楚国大夫申叔时答楚昭王问教太子所习书目，其中道："教之《世》，而为之昭明德而废昏幽焉。"韦昭注云："《世》，谓先王之世系也。"即如《世本》一类专录楚国世系的书，它是在楚王族中世代相传的谱牒，历来为楚所重。这样的谱牒对于祝融世次的记载应是比较确切的。而《山海经》所记祝融世次混乱如此，它就不可能采自楚国之《世》那样较准确的材料，而是取材于其他的传闻，故充满各种矛盾之说。

与《山海经》不同，《世本》所记祝融的世次较为接近史实，可能是以楚国之《世》作为其底本的。春秋中叶以后，作为华夷界说的所谓"夷夏之防"已渐趋泯灭，而由于楚国力量的蓬勃发展，猛烈壮大，北上中原，观兵周郊，"更为伯主，文、武所褒大封，皆威（畏也）而服焉"（《史记·十二诸侯年表序》），楚文化也随之趋于发达，因而至春秋战国之际，楚与诸夏间的界限已荡然无存。在这种情形下，楚人先祖的地位为诸夏所承认，其系谱为诸夏所了解，祝融的世次也为诸夏所熟知。在战国时代成书于中原诸夏之手的《世本》中记有楚王族及其先祖的世系，即是以此作为背景的。故《世本》所记祝融世次才有可能基本正确。司马迁作《史记》诸侯世系，多取《世本》之说，因而《史记》亦有实录的价值。《山海经》中所记祝融世次，虽有合于《世本》《史记》之处，但却多与他族人物错综混杂。显然，这样的记载不合史实，不可能出自楚人的手笔，更不可能采自楚王族的实录，而应为战国时代楚与他族由于文化上的交互影响所产生的结果。

25

《多方》《多士》的制作年代及诰令对象

一、问题的提出

今本《尚书·周书》中的《多方》和《多士》，是西周初年周公"摄行政当国"[1]期间，代替周成王所发布的两篇诰令。这两篇诰令，文句古朴，佶屈聱牙，行文酷类于周初金文，所记内容也多与金文及其他古籍相合，一般认为很少有后人篡改增删之处，具有很高的史料价值，堪称实录，是研究周初历史不可多得的重要文献资料。

《多方》和《多士》在今本《尚书·周书》中的编次顺序，《多士》在《多方》之前，其间隔有《无逸》和《君奭》两篇。对于这一编次顺序，早有学者表示怀疑，并已指出其误。顾炎武说："《多方》当在《多士》之前，金人倒其篇第耳。"[2]崔东壁完全同意顾氏之说，在所著《丰镐考信录》卷之四《周公相成王中》列有专条，申论"《多方》固当在《多士》前"，以证顾炎武之说不误。顾、崔二人所论固然有理，然而顾氏所提证据过于简略，语焉未详，崔述虽有申论，但却囿于以理揣度，既缺乏史实上的若干说明，又在论述中前后多有抵牾，因此亦显单薄，难以成其论，少为学者所重。

中华人民共和国成立以后，由于先秦史研究的进一步深入和地下材料的颇多发掘，学者们对这一问题又有所注意，在一些论著中有所叙及。陈梦家先生在《西周文中的殷人身份》[3]一文中，也认为两篇诰令有一定区别，"《多士》作于《多方》之后"，但没有列出任何证据，也没有进一步阐述。最近杨宽先生发表《西周初期东都成周的建设及其政治作用》[4]一文，间接论及这一问题，提出成王六年三月，"周公奉命到成周就职，为了安定迁到洛邑来的许多殷贵族，对殷贵族重新宣布了周朝对待他们的政策，这就是《书·多方》"。

---

① 司马迁：《史记·周本纪》，北京：中华书局，1959 年。
② 崔述《丰镐考信录》卷之四《周公相成王中》"引顾炎武语辨《伪传》淮夷、奄再叛之说"条引。
③ 陈梦家：《西周文中的殷人身份》，《历史研究》1954 年第 6 期。
④ 杨宽：《西周初期东都成周的建设及其政治作用》，《历史教学问题》1983 年第 4 期。

因为依照今本《尚书》的编次顺序，《多士》在《多方》之前，所以杨宽先生所说《多方》是对殷贵族重新宣布的政策，似乎就意味着《多士》为第一次宣布的政策，而《多方》的制作则在《多士》之后。

至于《多方》和《多士》所诰令的对象的问题，从《伪孔传》和孔颖达《正义》以来，几乎众口一词，均以为是周公东征中所征服的东方地区追随殷武庚叛周的所谓殷之诸侯，虽间有异论，然而终还是认为乃是"纷纷焉不心服者"[1]。陈梦家先生虽然提出《多方》中第一诰令和第二诰令的对象究竟是同一的还是相互排除的问题[2]，不过陈先生并未解决这一问题，也没有具体地提到与《多士》所诰对象是何关系。

由上可见，《多方》和《多士》孰先孰后的问题，至今仍未解决，见仁见智，不一而足。两篇诰令的具体制作年代，也极少论著直接提及，迄无定论。而它们所分别诰令的对象有无区别，有何联系，更无专文论述。所有这些问题，事实上都关系到西周初年一系列重大史事件的发生和演变，关系到西周王室对殷政策的制定。如果置之不论，对于如何运用这些珍贵史料研究周初史，尤其是周开国年代及其相关历史事件，显然是不利的。本文拟就这个问题提出极不成熟的看法，以为引玉之砖，同时就教于专家学者。

二、东征践奄与《多方》的制作车代

《多方》的制作，是在周成王自奄归于宗周时，由周公代为发布的。《多方》篇首记载："惟五月丁亥，王来自奄，至于宗周。"《尚书序》也说："成王自奄归，在宗周，诰庶邦，作《多方》。"司马迁亦采此说，故于《史记·周本纪》记为："成王自奄归，在宗周，作《多方》。"这些记载表明，《多方》为成王自奄归于宗周的当年所作，这是绝无可疑的。

既然《多方》作于成王自奄归于宗周之年，那么十分明显，只要确定成王何时至奄、何时自奄归于宗周，这一问题便可迎刃而解。

（一）东征和践奄的原因

成王践奄，与周公东征"伐淮夷残奄"[3]直接相关。

---

① 蔡沈：《尚书集传》。
② 陈梦家：《西周文中的殷人身份》，《历史研究》1954 年第 6 期。
③ 司马迁：《史记·周本纪》，北京：中华书局，1959 年。

史称武王既克商二年，"有疾弗豫（愈）"①，"天下未宁而崩"②。太子诵代立，是为成王。成王即位之初，年少，又因"天下未集"③。"周公恐天下闻武王崩而畔（叛），周公乃践阼代成王，摄行政当国。"④周公摄政，《左传》定公四年谓其"相王室以尹天下"，实质上是《荀子·儒效》所谓"履天子之籍，听天下之断"，当政称王。周公称王之事，在《尚书》中可窥其痕迹。《尚书·大诰》记载文王、武王为"宁、武"，而"王若曰"之王则是周公。《尚书·康诰》记载"王若曰：'孟侯，朕其弟小子封'"，康侯名封，是周公之弟，显见作诰之王为周公。周初金文也有数铭记载周公曾称王。《班簋铭》和《殷甗铭》中均以"咸王"和"王"并称，王指周成王，咸王则是周公称王时期的代称。周初铜器中所见咸王之称凡四器，均指周公⑤，可见周公"欲代武王"⑥之志确已变成现实。

周公摄政称王，引起管叔、蔡叔等极大不满，因为在武王"同母兄弟十人"当中，武王发排行第二，"次曰管叔鲜，次曰周公旦，次曰蔡叔度，次曰曹叔振铎，次曰成叔武，次曰霍叔处，次曰康叔封，次曰冉季载"⑦。依据兄终弟及的继承制，管叔年长周公，因而武王死后当由管叔代王而不是周公。周初的继承之法本无定制，亦未形成明文规定，如季历以幼子继承公宜父，可见嫡长子继承制并未完全确立，而兄终弟及也只是一种习惯法。《尚书·金縢》记载："武王既丧，管叔及其群弟乃流言于国曰：'周公将不利于孺子。'"既称群弟，则蔡叔以次包括霍叔诸弟均对周公打破兄终弟及之法不满。这种情况，诚如徐中舒先生所说："都是建国初期国家体制未定时，内部争权斗争而出现的一种现象。"⑧

管、蔡、霍三叔在武王克商时，因为"殷初定未集"⑨，被武王封在东方邶、鄘、卫三国以监临殷民，称为"三监"。三监以武力监殷，掌握周王室在东方的兵权。《利簋铭》记有"阑自"，即为管师，阑管古为元部字，

① 《尚书·金縢》，十三经注疏本，北京：中华书局，1980年。
② 司马迁：《史记·封禅书》，北京：中华书局，1959年。
③ 司马迁：《史记·周本纪》，北京：中华书局，1959年。
④ 司马迁：《史记·鲁周公世家》，北京：中华书局，1959年。
⑤ 徐中舒：《西周史论述（上）》，《四川大学学报》哲社版1979年第3期。
⑥ 司马迁：《史记·周本纪》，北京：中华书局，1959年。
⑦ 司马迁：《史记·管蔡世家》，北京：中华书局，1959年。
⑧ 徐中舒：《西周史论述（上）》，《四川大学学报》哲社版1979年第3期。
⑨ 司马迁：《史记·周本纪》，北京：中华书局，1959年。

故得相通。①自即师，甲，金文作自，文献作师。管地称为管师，表明管是重兵驻屯之地，这与《小臣谜簋铭》中的"牧自（师）"、《录卣铭》中的"叶自（师）"相同。管地在殷代为军队驻防之处，管叔在此监殷，必然也是重兵在握，三叔既疑周公，流言"公将不利于成王"②，因而拥兵自重，而"与武庚作乱，畔（叛）周"③。《孟子·公孙丑下》说"管叔以殷叛"，即言管叔为首发动了所谓三监之乱，而殷武庚则与之遥相呼应。起而叛周。

在"管蔡启商，惄间王室"④所造成的混乱局势中，东方广大地区的殷氏旧属均随同反叛，奄为其中之大者。《尚书大传》记载当周室因王位继承问题发生内乱之际，"奄君蒲姑谓禄父曰：'武王既死矣，今王尚幼矣，周公见疑矣，此世之将乱也，请举事。'然后禄父及三监叛也"。《逸周书·作雒》也说："周公立，相天子。三叔及殷东余奄及熊盈以略。"可见奄是殷东地区反周势力的代表和中心所在。奄本为东方大国，《左传》昭公九年记载周景王使詹桓伯说："蒲姑、商奄，吾东土也。"蒲沽为太公封齐以前齐地早期的居民⑤，商奄为伯禽封鲁以前鲁地约国名⑥。周景王指东土而蒲沽、商奄并举，是证奄为东方最有势力的一个殷代属国。由于奄是随同武庚反叛的殷东诸国的中心所在，所以成为周公东征主要的打击目标之一，也是周成王亲往巡视其地的一个重要原因。

（二）残奄的年代

周公东征，历时三年。《逸周书·作雒》记载三监之乱时，"周公、召公内弭父兄，外抚诸侯，元年夏六月，葬武王于毕，二年又作师旅，临卫政（征）殷，殷大震溃，降辟三叔，王子禄父北奔，管叔经而卒，乃囚蔡叔于郭凌，凡所征熊、盈族十有七国，俘惟九邑"。据此，三叔发难的当年，周、召二公先是致力于稳定周王室内部，安抚其所属各国。这应是为平定三监之乱而首先进行的必要的准备工作，所以应视为东征的开始之年，相当于《尚书大传》

---

① 于省吾：《利簋铭文考释》，《文物》1977年第8期；徐中舒：《西周利簋铭文笺释》，《四川大学学报》哲社版1980年第2期。

② 司马迁：《史记·鲁周公世家》，北京：中华书局，1959年。

③ 司马迁：《史记·周本纪》，北京：中华书局，1959年。

④《左传》定公四年，十三经注疏本。

⑤《左传》昭公二十年晏子曰："昔交鸡氏居此地，季崱因之，有逢伯陵因之，蒲姑氏因之，而后太公因之。"《史记集解》引马融谓薄姑为齐地，可见齐地称为蒲（薄）姑是因为蒲姑氏居住的缘故。

⑥《左传》定公四年记载伯禽之封，"因商奄之民"，可见商奄为鲁地的原名。《说文·邑部》郘字下曰："周公所诛，郘国在鲁。"奄为国邑，故从邑，亦为其证。

所记的："周公摄政，一年救乱。"次年，周公始正式兴师东征，迅速击败了三叔和武庚以及熊、盈诸族的力量，取得重大胜利，此则相当于《尚书大传》所记的："二年克殷。"但此年并未东伐至奄，伐奄之役在再次之年，即东征的第三年。

克殷之年未及伐奄。《逸周书·作雒》上文始记元年"三叔及殷东余奄及熊盈以略"，而下文则记二年"降辟三叔，王子禄父北奔"，又记"凡所征熊、盈族十有七国，俘惟九邑"，并不言及伐奄之事。《韩非子·说林上》记载："周公旦已胜殷，将攻商盖。辛公甲曰：'大难攻，小易服，不如服众小以劫大。'乃攻九夷，而商盖服矣。"所谓"商盖"，实即"商奄"之讹。①周公胜殷（即《尚书大传》所说"克殷"）之后，先是征伐九夷，此后才有伐奄之举。所谓"九夷"，实指《逸周书·作雒》所说余及熊、盈，先于奄灭。故《作雒》于二年不记伐奄之役而《说林上》记奄灭在九夷之后。《孟子·滕文公下》记载"周公相武王诛纣，伐奄三年讨其君"②，则已明言奄君之灭在东征的第三年。《史记·周本纪》亦载"初，管、蔡叛周，周公讨之，三年而毕定"，即是说周公东征的整个过程前后一共历时三载，始于三监作乱，终于奄国之灭。这在周初金文中也有明确记录。成王时器《班簋铭》载"咸王令毛公以邦家君土（徒）御或人伐东或（国）痟（奄），……三年静东或（国）"③，证明周公伐灭奄国确为三年时事，奄国灭亡遂使东方归于安定，故《孟子·滕文公下》曰"天下大悦"。这就是《尚书大传》所记的："三年践奄。"

这里有一个问题需要澄清，这就是周公东征二年之说。《史记·鲁周公世家》记载："（周公）于是卒相成王，……管、蔡、武庚等果率淮夷而反。周公乃奉成王命，兴师东伐，作《大诰》。遂诛管叔，杀武庚，放蔡叔，……宁淮夷东土，二年而毕定。"似乎周公东征仅历时二年。《尚书·金縢》记载："周公居东，二年，则罪人斯得。"对此句的理解，众说纷纭，或认为居东即是东

---

① 王念孙：《读书杂志》卷七之四。

②《孟子·滕文公下》，此语的断句已见几种。我们认为应将"诛纣"与"伐奄"断开，即分别以"周公相武王诛纣"和"伐奄三年讨其君"为句。前句言武王时事，后句言成王时事。这样才符合史实。参见崔述：《丰镐考信录》卷之四《周公相成王》。

③《班簋》的年代，于省吾、杨树达认为当在穆王时，郭沫若、徐中舒、陈梦家则均断定为成王时器。根据此器形制花纹及铭文所述史实来看，后说理由更为充分，故今从兹。参见陈梦家：《西周铜器断代（二）》，《考古学报》第十册，1955年。铭文解释见徐中舒：《西周史论述（上）》，《四川大学学报》哲社版1979年第3期。

代淮夷残奄，罪人即是三叔及武庚①，或认为居东是周公奔东都以避谗言，罪人是指周公属党②。于是产生错觉，似乎周公东征前后仅历时二年。可见，要搞清东征伐奄之年，还必须对这些说法进行分析。

《尚书·金縢》所记"周公居东"是史实，但既非兴师东征，也非消极逃避，而当是为了制止流言而采取的一个策略。《史记·鲁周公世家》载："及成王用事，人或谮周公，周公奔楚。"《史记·蒙恬列传》也说："周公旦走而奔于楚。"《左传》昭公七年也记载子服惠伯说周公曾经适楚。可见周公适楚当为信史。适者，至也。楚在宗周以东，故周公适楚实为居东的行程之一。③周公到楚国，当是前往制止楚君参与三监之乱④，而不是消极逃避谗言。因为周公居东意在安抚周之属国，而召公留居王室则着力稳定内部父兄群弟，所以《逸周书·作雒》有"周公、召公内弭父兄，外抚诸侯"之说。足证居东是周、召二公为对付三监反叛所采取的一个积极措施，是一个巧安排。这也应当是《尚书大传》所谓"一年救乱"的具体内容所在。《尚书·金縢》载周公说："我之弗辟，我无以告我先王。"司马迁解释为："我之所以弗辟而摄行政者，恐天下叛周，无以告我先王太王、王季、文王。"⑤说明周公确是以积极的态度，毅然挺身而出来解决流言问题的。如说周公消极逃避，则无从解释周公摄政力挽狂澜。反过来，如说周公居东为兴师伐三监、武庚，则无从解释周公奔楚。由此也可看出，今古文经师的阐释，各有短长，互有优劣，不可一概而论。

"周公居东，三年，则罪人斯得"，也不是说周公居东整整两年时间，而是指前后占去了两个年头，从《逸周书·作雒》可见，周公出居应在元年夏六月前后，至第二年即返宗周，"又作师旅，临卫征殷"，说明是占去了两个年头。由于居东，外抚诸侯，内弭父兄，故得以于二年东征，尽诛三叔、武庚，使"罪人斯得"，罪人当即指三叔、武庚而言，而不是周公属党。可见，周公正式东征，是在居东而复归宗周以后，而与居东的第二个年头同年。

《史记·鲁周公世家》所说"宁淮夷东土，二年而毕定"，应当是讲从"二年克殷"到"三年残奄"所经历的两个年头。因为周公于摄政元年居东，二年兴师，三年静东国，这前后三年时间是东征的整个过程的历年。正如前面

① 见《伪孔传》和孙星衍《尚书今古文注疏》及所引欧阳、大小夏侯之说。
② 马融、郑玄主此说，分见《毛诗谱·豳风》正义引，《诗经，七月》正义引。
③ 见段渝：《楚地初探》，《民族论丛》第二辑《先秦民族史专集》。
④ 见徐中舒：《殷周之际史迹之检讨》，《中央研究院历史语言研究所集刊》七本二分，1936年。
⑤ 司马迁：《史记·鲁周公世家》，北京：中华书局，1959年。

所论，元年居东是为东征而进行必要的准备，这一阶段实际上延至次年，接着于二年正式兴师，东征克殷，又伐淮夷，第三年则是灭奄。从正式发兵到灭淮夷残奄，即从二年到三年，确实只占去了两个年头，所以说"二年而毕定"。《鲁周公世家》只是叙述从兴师到胜利的历年，即东征全过程的后两年，如加上元年即居东之年，前后则是三年，即从开始作东征准备直到残奄胜利的全部历年。由此可见，《尚书大传》所记周公摄政，"一年救乱，二年克殷，三年践奄"，并非虚构，而的确是有根据的。既如此，残奄的年代也就的确在周公摄政三年。

〔三〕《多方》的制作之年

成王在伐奄之年即随周公前往奄故地。《史记·周本纪》载："召公为保，周公为师，东伐淮夷残奄，迁其君薄姑。成王自奄归，在宗周。"《尚书序》也说："成王既践奄。"践，高诱注曰："践，往。"[1]释践为往是正确的。毕沅曰："践之者，籍之也。籍之，谓杀其身，执其家，潴其官。"[2]按毕沅此说，实本于《尚书大传》，其文云："周公以成王之命杀禄父，遂践奄，残之。云者谓：杀其身，执其家，潴其官。"既称践奄而后残之，则践实当释为往，不必画蛇添足。《尚书序》说"成王东伐淮夷，遂践奄"，伐淮夷残奄是周公奉成王命而进行，成王则是在残奄后再往奄。《般甗铭》记载："王姐夷方，无殄，咸王赏作册般贝。"姐，同徂，往也。殄，同瘏，病也。此铭王与咸王并见，王指成王，咸王指周公。成王前往夷方，夷方即指东土淮夷商奄之地。说明周公先已在奄，后来作册般随成王安全到达，故周公赏作册般贝[3]。《禽簋铭》记载："王伐荟侯，周公某禽祝……"荟侯当如陈梦家所说为"盖侯"[4]，即是《墨子·耕柱》和《韩非子·说林上》所记周公征伐的"商盖"。王念孙《读书杂志》卷七之四指出："（商盖）当为商奄。盖字古与盍通，盍草书相似，故奄讹作盖，又讹作盖。《韩非子·说林篇》'周公旦已胜殷，将攻商奄'，今本奄作盖，误与此同（按指《墨子·耕柱》——引者）。"以《禽簋铭》与《般甗铭》两相对照，可知成王在周公灭奄之后随即到达奄地，是没有什么疑问的。

---

① 《吕氏春秋·古乐》高诱注。
② 《吕氏春秋》，毕沅校本，上海：上海古籍出版社，1989 年。
③ 徐中舒：《西周史论述（上）》，《四川大学学报》哲社版 1979 年第 3 期。
④ 陈梦家：《西周铜器断代（二）》，《考古学报》第十册，1955 年。

同年，成王从奄回到宗周，遂作《多方》。《史记·周本纪》载："成王自奄归，在宗周，作《多方》。"《多方》亦明言："惟五月丁亥，王来自奄，至于宗周。"说明《多方》之作与伐奄践奄同年，均在周公摄政三年。

周公摄政三年即是成王继位三年，亦即既克商五年。因为既克商二年武王有疾弗愈而崩，成王继位。其明年即既克商三年为成王元年，同时也是周公摄行政当国元年。周初自武王死后到周公致政成王之前，事实上存在着"二王制"，即成王与周公均称王，王与咸王（周公）并存，金文及文献均可证明，因而成王元年即是周公摄政元年。周公于摄政三年残奄，成王于是年践奄而后归自奄，至于宗周，此年也就是成王三年，既克商五年。《多方》第三诰令中说"猷告尔有方多士暨殷多士，今尔奔走臣我监五祀"，所谓"臣我监五祀"，是指周开国以来臣服于周王室所置"诸监"的第五年[1]，显然是指武王既克商五年，即成王继位三年，周公摄政三年。因此，《多方》的制作年代，是在既克商五年，成王三年，周公摄政三年。

《伪孔传》以为《尚书序》所说成王践奄是在"周公归政之明年"，原因是"淮夷、奄又叛"，故"鲁征淮夷，作《费誓》，（成）王亲征奄，灭其国，五月还至镐京"，因而《多方》作于归政明年。此说实大谬。诸史均记成王至奄是在周公残奄的当年，金文也有明证，郑康成亦谓"此伐管、蔡时事"[2]。而《尚书大传》载"淮夷徐戎并兴"[3]，于是伯禽率师伐之于费（《史记·鲁周公世家》引作"肸"），作《费誓》，是在伯禽分封为鲁公以后，伯禽之封当在周公摄政"四年建侯卫"[4]之时，故《费誓》之作以及淮夷徐戎并兴在摄政四年以后。而成王至奄是在三年，并无五年复又率师亲征淮夷践奄之事。《王令明公尊铭》记载："唯王令明公遣三族伐东国，在□。鲁侯有功，用作旅彝。"王为周成王，明公为周公子伯禽。[5]此铭既称鲁侯，则伯禽已封至鲁，故知伐东国即上引《史记》《尚书》所记的伐淮夷徐戎。成王令伯禽率师伐淮夷，并非成王亲征，更非成王再度往奄。所以《伪孔传》以为《多方》作于归政明年之说是不能成立的，实不足取。

---

① 周初于诸侯国中置有诸监，《仲几父簋铭》记载有"者（诸）侯者（诸）监"，《应监甗铭》也明言"应监"，即其证。

② 《尚书序》孔疏引。

③ 《尚书大传》。

④ 《尚书·费誓》，十三经注疏本，北京：中华书局，1980年。

⑤ 郭沫若：《中国古代社会研究》，北京：人民出版社，1954年。

三、作洛与《多士》的制作年代

《多士》的制作年代，据《史记·周本纪》："成王既迁殷顽民，周公以王命诰，作《多士》《无逸》。"《尚书序》说："成周既成，迁殷顽民，周公以王命诰，作《多士》。"均未提到具体年代。因而，只有搞清成王营建成周[①]和迁殷顽民的时间，才能随之确定《多士》的制作年代。

（一）营建成周与《多士》的制作

早在武王克殷之时已有营建成周的计划。《史记·周本纪》记载武王复归西土之前，"营周居于雒邑而去"[②]。《何尊铭》于此事有载，其文曰："惟武王既克大邑商，则廷告于天曰：余其宅兹中国，自之乂民。"可见武王计划在中土营建城邑，以便在那里治理四方人民。但既克商二年武王病死，成王继位之初又发生三监之乱，故营洛邑之事，只是在周公东征胜利后，"成王在丰，使召公复营洛邑，如武王之意"[③]，才终遂其愿的。

召公复营洛邑，是指召公至洛选择勘察并营建地基。召公至洛的时间，《尚书·召诰》记载："惟太保先周公相宅，越若来三月，惟丙午朏。越三日戊申，太保朝至于洛，卜宅。厥既得卜，则经营。越三日庚戌，太保乃以庶殷攻位于洛汭。越五日甲寅，位成。"可见召公至洛卜宅，随之用庶殷建造地基，时在三月。但《召诰》并未纪年，仅纪月日。不过，其年代可从《洛诰》得到证明。

《洛诰》与《召诰》为同年之作。《召诰》记周公继召公卜宅后"朝至于洛"，时在"翼（翌）日乙卯"，《洛诰》则记周公说"予惟乙卯朝至于洛师"，均为同年同月同日之事。《洛诰》的制作之年，其篇末记为："惟周公诞保文武受命，惟七年。"对于这两句纪年用语，王国维《洛诰解》说："上纪事，下纪年，犹《舻尊》云'惟王来正（征）人方，惟王廿有五祀'矣。'诞保文武受命'，即上成王所谓'诞保文武受民'，周公所谓'承保乃文祖受命民'，皆指留守洛邑之事。周公留洛自是年始，故书以结之。"[④]又在《周开国年表》中说："成王即位，周公摄政之初，亦未尝改元。《洛诰》曰：'惟七年'，是

文
明
的
史
迹
：
先
秦
、
巴
蜀
及
南
丝
路
历
史
研
究
（
先
秦
史
卷
）

---

① 关于成周、洛邑、王城的异同问题，不在本文论述范围内，故不作区辨。
② 又见《逸周书·度邑》。
③ 司马迁：《史记·周本纪》，北京：中华书局，1959 年。
④ 王国维：《观堂集林》卷一，北京：中华书局，1959 年。

岁为文王受命之十八祀，武王克商后之七年，成王嗣位，于兹五岁。"①王国维所首倡的这一新说，已为《何尊铭》所证实。《何尊铭》首记"惟王初迁，宅于成周"，末记"惟王五祀"，足证成周的营建在成王五年②，周公摄政五年，既克商七年，合于《尚书大传》"五年营成周"之说。可见《洛诰》作于此年，《召诰》亦作于此年，故召公至洛也在此年。

以《召诰》《洛诰》与《多士》相对照，可以证明《多士》同样也是作于成王五年。《多士》篇首记载："惟三月，周公初于新邑洛，用告商王士。"所谓"初于新邑洛"，是指初次抵达新邑洛。《康诰》篇首记载"惟三月哉生魄，周公初基作新大邑于东国洛"，基者始也③，也是说周公初次抵达洛邑。《康诰》篇首四十八字，苏轼、朱熹、顾炎武均认为与全篇内容不符，应归之于《洛诰》。此说至确。故《多士》所说的周公初于新邑洛，应即是今本《洛诰》所说的"予惟乙卯朝至于洛师"，以及《召诰》所说的"周公朝至于洛"。新邑洛并不是洛邑建成以后的所谓新邑，而是相对于洛故地而言，与《召诰》所说"新邑营"，《康诰》所说"作新大邑于东国洛"同义，也就是《洛诰》所说"洛师"。既然《多士》与诸诰均说周公于三月初到洛邑，显然同指一事，那么《多士》与《召诰》《洛诰》均为同年之作，即成王五年就是确定无疑的了。不过，《多士》和《召诰》作于五年三月，而《洛诰》则作于十二月。

从这几篇诰令来看，周公至洛邑后，首先是"达观于新邑营"，又"卜河朔黎水，我乃卜涧水东，瀍水西，惟洛食。我又卜瀍水东，亦惟洛食"。这可能是对召公所相宅进行检验。继而，周公"用牲于郊"。七天以后，"周公乃朝用书，命庶殷，侯、甸、男邦伯"。这一系列事情均在三月之内。其中周公"用书命庶殷"，就应该是指周公作《多士》，因为《多士》称"惟三月，周公初于新邑洛，用告商王士"，不仅与周公乃朝用书的日期相同，而且诰命对象也相同。"用书"当即是写作《多士》，"命庶殷"当即是"用告商王士"。由于周公用书命庶殷，对商王士宣布了从宽处理的赦免令，所以才有"厥既命庶殷，庶殷王丕（大）作"④的结果。由此可见《多士》之作确与《召诰》同年同月，均在成王五年三月。同时也可看出，迁殷顽民不是在成周既成之后。

① 王国维：《观堂集林》，北京：中华书局，1959年。

② 杨宽：《释何尊铭文兼论周开国年代》，《文物》1983年第6期。

③ 见《尔推·释诂》。

④ 今本《尚书·召诰》此句作："厥既命殷庶，庶殷丕作。"陈梦家《西周文中的殷人身份》考辨说："我们据金文和石鼓文的重文例，推知其原来应作'厥既命庶=殷=丕作'，后世移写的人把第一个重文'庶殷'误例为'殷庶'。"陈说确，当从之。

过去多以为《多士》作于成周建成以后，如《尚书序》说："成周既成，迁殷顽民，周公以王命告，作《多士》。"是把其立论根据放在迁殷顽民于成周既成这一基点上的。上文已经指出，迁殷顽民其实并不在成周既成之后。成周的营建，本来就是利用大量殷顽作为劳动力的。《召诰》说"太保乃以庶殷攻位于洛汭，越五日甲寅，位成"，是说召公用蔗殷建造洛邑的地基。《召诰》又说"厥既命庶殷，庶殷丕作"，则是说周公又利用庶殷正式动工营建洛邑。这些庶殷，庶者多也，其实就是被周公东征降服的殷民。《逸周书·作雒》记载周公东征胜利后，"俘殷献民，迁于九毕"，孔晁注曰："九毕，成周之地近王化也。"①联系《召诰》所说用庶殷攻位及庶殷丕作，可知这些庶殷其实就是被俘的殷献民，被迁于成周之地，用为作洛的劳动力。既然营建洛邑的整个过程都是利用殷顽民（即殷献民），那么这些殷顽民迁于洛邑就不能是在成周既成之后，而只能在未动工之前。所以，周公至洛用书命庶殷，就必然是写作"用告商王士"的《多士》。

（二）《多士》作于《多方》之后

《多士》作于营洛邑之年，即成王五年，《多方》作于灭奄践奄之年，即成王三年，显然《多士》晚于《多方》。然而《史记·周本纪》的记载却不如此。《周本纪》记载："成王既迁殷遗民，周公以王命告，作《多士》《无逸》。召公为保，周公为师，东伐淮夷残奄，迁其君薄姑。成王自奄归，在宗周，作《多方》。"太史公是颠倒了这两篇诰令的先后顺序的。

首先，《周本纪》叙述营洛邑之年和成王归自奄之年，先后顺序已经失调。《尚书大传》说"周公摄政，一年救乱，二年克殷，三年践奄，四年建侯卫，五年营成周"，所系年之事基本正确。前三年上文已有论述。至于四年五年事，也无大错。《左传》僖公二十四年记载"昔周公吊二叔之不咸，故封建亲戚以蕃屏周"，说明建侯卫确在东征胜利之后。而只有在东征宁淮夷东土之后才能获得营建洛邑的各项条件，包括安定的局势以及利用殷献民作为劳动力等条件。成周的营建亦应在建侯卫之后。②《尚书·康诰》篇首（当为《洛诰》脱简）记载："周公初基作新大邑于东国洛，四方民大和会，侯、甸、男邦采、卫、百工、播民、和见士（事）于周。"《洛诰》也说："王肇称殷礼，祀于新

---

① 王念孙《读书杂志》："《书》《传》皆言萆，无言九萆者。《玉海》十五引此作'九里'。据孔注以为成周之地近王化，则作九里者是也。"

② 特指"四年建侯卫"，而不是说全部西周所建侯卫。

邑，咸秩无文，予齐百工，伻使从王于周（成周）。"既称诸侯百官云集成周，举行殷见之礼，那么营建成周必然也就在四年建侯卫以后。而且，成王所迁的殷顽民，即是迁于成周九毕的殷献民，而成王自奄归于宗周是在继位三年，作洛则是五年。因此，《周本纪》把作洛放在成王自奄归之前，这一年代顺序是不对的。

再从《多方》和《多士》本身的记载来看。《多方》说："惟五月丁亥，王来自奄，至于宗周。"而《多士》则称"多士，昔朕来自奄，大降尔四国民命"。《多士》所说"昔朕来自奄"，实即《多方》所说"王来自奄"；《多士》所说"大降尔四国民命"，实即《多方》对"四国多方"的诰令。毫无疑问，《多士》之作确实晚于《多方》。

太史公著《史记·周本纪》，于成王一世所述史实颇多先后顺序失调处，如在伐三监与伐淮夷残奄之间，横插进去营成周、迁殷遗之事，而又把周公致政成王记在营洛邑之前。这种现象，从年代顺序来看似乎有误，但如果从另一方面来看，即把它当作一种略类于后来的纪事本末体，则无大错。例如，从"成王少"到周公"北面就群臣之位"，主要记述周公摄行政当国的政绩，而以下一段才讲述成王长后亲政之事，所以使同一事件先后互见，上下交错。

《伪孔传》和孔颖达《正义》认为，《多士》作于周公致政成王的次年三月。《伪孔传》说："周公致政，明年三月始于新邑洛，用王命告商王之众士。"孔颖达《正义》也说："惟成王即政之明年，周公初始于所造新邑之洛，用成王之命告商王之众士。"又说："王以周公摄政七年十二月来至新邑，明年即政。此篇（按指《多士》）继王居新邑洛之后，故知是致政明年之三月也。"此说不确。

二孔之误，首先在于拘于今本《尚书》的篇第，其实如上文所述，《多士》与《洛诰》为同年之作，而月份则早于《洛诰》。其次，《传》《疏》均误读了《洛诰》所记"在十有二月"，以为成王至洛邑是在十二月，故《多士》所记"三月"只能放在明年。实际上，成王在洛邑建成之前就曾前往其地。《召诰》"王来绍上帝，自服于土中"，又记"王乃初服，……知今我初服，宅新邑"，均表明当时成王已来到新邑洛。《召诰》作于成王五年三月，可见当时成王已在洛，而不是致政明年三月。《洛诰》虽作于十二月，但其中内容多为追述三月间周公与成王在洛邑的对话，自不能断言全部是十二月间发生的事。《何尊铭》记载成王五年"初迁，宅于成周"，也可说明成王在五年初次至洛，正合于《召诰》《洛诰》所记内容。成王于此年初于成周，便升登王位开始听政，

《多方》称为"惟夏之恭多士"。周文王时，"率殷之叛国以事纣"①，形成《论语·泰伯》所谓"三分天下有其二"的局面，重要原因之一，也在于礼贤下士，"日中不暇食以待士，士以此多归之"②，故《诗经·大雅·文王》曰"济济多士，文王以宁"，《诗经·周颂·清庙》曰"济济多士，秉文之德"。所说多士都是泛指之辞，与《尚书·大诰》所载"庶士"同义。士本为武士，其地位低于外服之君侯、甸、男、卫邦伯和内服之长百僚、庶尹、惟亚、惟服、宗工，而与百姓、里君约略相当，是贵族中较低的阶层（另有专文论述）。《多士》所诰的殷多士，其地位与《多方》所诰的有方多士暨殷多士相同，均属殷代的士阶层。但《多方》所诰的是已经臣服于周王室的殷多士，而《多士》所诰的则是未臣服于周王室而且参加了武庚之叛的殷多士。这部分殷多士，在《召诰》中又称之为"仇民"，意为仇视并反抗西周政权的殷民。所以《多士》记载周公代成王向他们宣布政策说："惟尔知，惟殷先人有册有典，殷革夏命。今尔又曰：'夏迪简在王庭，有服在百僚。'予一人惟听用德，予敢求尔于天邑商，予惟率肆矜尔，非予罪，时惟天命。"意为你们这些殷多士熟知汤革夏命的故事，妄图用殷王室曾留用夏遗臣为王官之事来说服我，让你们也在我周室为官，我只唯德是用，不敢任用你们作我周室之官。表明周王室对这些殷顽、仇民是极不信任的，并无任为周官之意。可见周室对这部分殷多士所实行的政策与《多方》所诰的殷多士是很不相同的，体现了周王室对拥护还是反对西周政权的殷代士阶层所实施的不同政策。

《多士》篇首总称所诰对象为商王士，意为商王之士，即在政治从属关系上是服从于商王而不是服从于周王的士。这里所说的商王是指殷王子武庚禄父，因为武王克殷后封武庚于殷以续殷祀③，仍为庶殷的政治中心所在，领有东方的土地人民，故称商王。商王士是指武庚叛乱被平定后所遗留下来的原来从属于武庚的殷士。孔颖达《正义》谓这些商王士是"从纣之臣或有身已死者，遗余在者迁于成周"，未当。按王士之称又见《逸周书·世俘》，记载"荐（进）殷俘王士百人"，殷俘王士是"纣之士所囚俘者"④，王是殷纣王。而《多士》所说商王士之王是指武庚，商王士也不是在伐纣之役中的遗余之士，而是东征之役中被周公俘获迁于成周的殷士。

① 《左传》襄公四年，十三经注疏本。
② 司马迁：《史记·周本纪》，北京：中华书局，1959年。
③ 司马迁：《史记·殷本纪》，北京：中华书局，1959年。
④ 《逸周书·世俘》孔晁注。

五、结论

《多方》《多士》不仅制作时间、地点不同，而且诰令对象也有区别。《多方》作于既克商五年，周公摄政三年，成王三年五月丁亥，制作地点在宗周，诰令对象是没有追随武庚进行叛乱的有方多士暨殷多士。《多士》之作晚于《多方》，作于既克商七年，周公摄政五年，成王五年三月，制作地点在洛邑，诰令对象是自周初以来不曾臣服于周并且参加了武庚叛周的殷多士，故被周人称为殷顽民、殷遗民、殷献民和仇民。虽然所有这些殷多士都是殷代所属之士，本来地位相同，但由于武王克商后他们对殷、周政治态度的不同而产生了不同的政治从属关系。《多方》所诰的殷多士奔走臣服于周监，五年间一直遵循周王室制定的各种法令，没有叛乱举动。而《多士》所诰的殷多士不仅因为地处东方，为周开国之初号令所不及，而且还积极参加了反周活动，不表臣服。因而，周王室对这两部分殷多士也相应地采取了不同的政策，区别对待，对前者予以升迁，任为周官，对后者则一律不予留用。可见，分析《多方》和《多士》，不仅对于辨析这两篇诰令的制作年代和诰令对象以及相关的一系列重大历史事件至为必要，而且对于研究殷代士阶层在殷亡后的政治态度以及周王室对殷政策的制定也是很有必要的。

26

殷周宗法的异同

　　宗法是古代社会人们血缘纽带关系的重要表现形式。在父系氏族社会，宗法关系曾普遍地存在于人类各个群体当中，具有祭祀、继承、婚姻和经济活动等内容，在各个方面都起着维系社会关系的重要作用。进入阶级社会以后，由于血缘关系不能立即被地缘和阶级关系排挤尽净，而不同程度地顽强地保留下来，因而宗法关系也随之得到保留。在中国历史上，殷、周二代的社会形态中，都有明显的宗法组织及其一系列活动。

　　宗，就其本义而言，原是宗庙之义。由于父系社会的氏族血缘关系需要通过一个共同祖先来维持，就要世代祭祀这个同祖，宗庙也就是这种祭祀的场所。由于各血缘集团所祭祖先不同，故其宗庙不同，于是出现众多不同的宗。《说文解字·宀部》："宗，尊，祖庙也。"段玉裁注："当云尊也，祖庙也。"又云："宗，从宀从示。宀谓屋也。"示，为祖先神主，殷卜辞中祭名自上甲以降先公均称为示。宗，即是祭祀祖先神主之庙。周原甲骨中有周人祭祀殷先公先王的卜辞，无论专祭还是合祭，均称"彝某某宗"。彝作动词，祭祀之义，宗就是宗庙。因为通过祭祀祖先的活动，不仅可以判明血缘，分别亲疏，而且可以利用宗法组织来组织生产和进行管理，所以宗法的核心也就自然地体现为祭祀。先秦时代的"祭社"和秦汉以后的"祠主"，尽管在形式上有一些不同之处，但在通过祭祀活动来实现亲疏的判别以及实施管理等方面，却是大体相同的。这种情况，一方面是由古代人们愚昧无知，尊天敬鬼和祖先崇拜的综合作用所决定，如孔子所说，"殷人尊神，率民以事神"（《礼记·表记》引），更重要的一面，则与氏族部落的血缘组织及其活动有直接的渊源关系。祭祀先祖，一般说来，总是祭同一血缘的直系先祖（专祭情况下）或共同先祖（合祭或周祭情况下），这早已为殷卜辞所证实。因而由此产生的宗法，就不能不是古代氏族部落血缘关系的集中表现。

　　西安半坡和宝鸡北首岭墓葬，均为男女分葬或男女分别合葬（见石兴邦：《半坡氏族公社》），这显示了氏族血缘关系颇为严格的情形。在初期的氏族社会，男女不同族，互为婚姻，如像澳大利亚芒特·甘比尔地区的卡米拉罗依部落所通行的男女二级制一样，是以性别为基础的社会（见亨利·摩尔根：《古代社会》）。在这种社会组织和由此相应产生的社会意识形态下，男女死后仍有区别氏族的必要。另一方面，这种墓葬又反映出血缘纽带形态下的亲疏关系。本氏族血缘相同，关系亲密，氏族中人死后归宿自然相同。临潼姜寨遗址的住房布局亦可说明这种情况。姜寨遗址呈现为五个居住群落，每一群落都有十几座小房子，一座大房子，显然是一个较为独立的血缘集团或氏族大家庭。这种分布情况表明，各个集团都有自己的生产活动和生活范围。这就从经济活动和社会活动方面反映出氏族血缘的亲疏关系。同时也表明，血缘纽带具有明显的祭祀、继承、婚姻和生产活动的意义。同一氏族的人，总是共同劳动共同生活的。这不仅是宗法关系所由产生的基础，同时还表现了它的实质。汉代人们所谓"不足则资之宗，有余则归之宗"的"同宗共财"之说（见《礼记·大传》），就是先秦时代宗法关系下，人们由于血缘纽带的联结而共同劳动共同生活，从而对待劳动产品也采取公有态度的间接而曲折的反映。

宗法是人们血缘纽带关系在社会组织、经济生活和意识形态诸方面的集中表现形式，是原始社会原生形态的反映。由于它在本质上是血缘的产物，并能通过血缘组织的遗留而延续，因此它不论在新大陆还是在旧大陆的原始民族中，都随处可见。美洲印第安诸部，保有十分完整的氏族、胞族、部落形态，完全处于以血缘为基础的社会，内部关系本质上是民主的，以氏族社会的共通原则构成。政治力量在这里完全不占主导地位，属典型的原始类型。对外方面，他们对于被征服的部落，仍使其原先酋长管理，保留其原先的风俗习惯，仅收取其贡物而已。政治统治尚未与血缘关系充分结合起来，融为一体。这种情况在战国秦汉时代的匈奴、鲜卑等少数民族中也是斑斑可见，具有普遍意义。

在奴隶制社会的殷商时代，宗法关系通过血缘氏族组织大量地保存下来。文献记载说"殷道亲亲，亲其所亲"（褚先生补《史记·梁孝王世家》），甲骨文记载殷人有"王族""子族""多子族"，都是宗法关系在社会组织上的反映。殷人的宗法与政治力量也还没有达到同炉而冶的程度，更多的倒是表现在祭祀、继承和生产活动等方面。殷人无嫡庶制，故没有区别大小宗进而层层分封的分封制，其宗法故不能进而演化为君统与宗统相结合的庞大政治力量。周公说殷武丁和祖甲都曾"旧劳于外"，"爱及小人"，"深知稼穑之艰难"（《尚书·无逸》），说明其宗法还带有比较多的原生色彩。殷卜辞中，所有先公先王及未即位的父子兄弟均可在合祭和周祭中得到相同待遇的祭祀，说明其宗法还停留在较为原始的血缘关系形态。殷人对于被征服部族，除了保持政治约束和经济榨取外，在生产方式、生活方式和社会组织结构方面，并不使其改变旧有的传统，各部族也仍在自己原来的首领即"百姓""里君"（见《尚书·酒诰》）管理之下，土地人民均不属殷王私有。可见，殷人的宗法只是原始社会氏族血缘关系在未经充分发展的奴隶制社会中的自然保存和发展，还没有与奴隶制的国家制度紧密结合起来。

周代则有很大的不同。周人亦有严密的宗法组织及关系，周王称同姓诸侯均为伯父、叔父，称异姓而与之婚姻的诸侯为伯舅、叔舅。但是周人"立嫡以长不以贤"（《公羊传》隐公元年），有嫡庶制以别大小宗。"为之君，为之大宗"，"王者天下之大宗"（《诗经·大雅·公刘、板》及毛传），宗统与君统相结合。周公大封建，"封建亲戚以藩屏周"（《左传》僖公二十四年），通过"天子建国，诸侯立家，卿置侧室，大夫有贰宗，士有隶子弟，庶人工商皆有分亲，皆有等衰"（《左传》桓公二年）的层层分封制度，把宗室懿亲和异姓归附部族从经济到政治都做了安置，"有田以处其子孙"（《礼记·礼运》），成为各级统治者，于是，在全国范围内确立了君天子而臣诸侯的统治秩序，达到"民服事其上，而下无觊觎"（《左传》桓公二年），形成周天子一统天下的共主地位。在祭祀活动中，周人形成了"别子为祖，继别为宗，继祢者为小宗，有百世不迁之宗，有五世则迁之宗"（《礼记·大传》），因此已不存在原生形态下血缘关系中的周祭与合祭制度，小宗已不能祭祀文王。由此可见，周代由于实行分封制，已将宗法关系与国家政治经济制度合为一体，形成了以宗法制度为中心的新的国家体制。这自然也是与周初进入了封建制时代不无相关的。

王国维从西周宗法制出发，判断"殷人无宗法"，并说："周初大一统之规模，实与其大居正之制度（按即嫡长制）相待而成者也。"（《观堂集林》卷十《殷周制度论》）这其实是指周初已将宗法继承制与封建政治制度结合在一起。这种情况在殷代当然是看不到的。不过，从宗法的本质意义出发，殷人固不可能无宗法。殷代所没有的，不是从血缘纽带中自然生长出来的宗法及其关系，而是从宗法与国家政治经济制度相嫁接后而生长出来的新的体制。这个新体制，作为周代封建制的统治手段，就是君统与宗统结合而治的宗法制。从这个意义上讲，宗法制的概念自有其特殊含义，不能与一般的宗法混为一谈。

| 27 |

战国秦汉集市考略

市，即市场、集市之称。中国古代市场产生甚早，至迟在商周时代，已有专门的官营市场，设有市官掌理市政。春秋时代，列国经济发展，一国中有许多市。战国至秦亦然，并形成一些名冠中华的大都市。汉代承袭秦制，而又有新的发展。不少论著以为，汉代仅在县以上城市置市，县以下行政区划中不置市，此似乎未确，兹略考析如次。

一、泛称地区名的市

所谓泛称，即不是专指某一郡国县的市名，而是"泛称大范围地区的名称"①，如"代市""河市""曹市"之类。"代"为燕代之地，汉时为泛称。"河"为黄河中下游地区的通称，有河南、河北、河东等，显然不是专指。"曹"在先秦为国名，汉代亦泛指地区名称。故此类泛指地域名称的市，亦为泛指，作专称。

二、大市，都市

《史记·汉兴以来将相名臣年表·大事记》："高皇帝六年，立大市。"陈直先生认为，大市为泛称地区名的市②，所未确。按大市之制，古已有之。战国时期列国多有大市，屡见。《荀子·非相篇》云："俄则束手有司，而戮乎大市。"战国时期的大市，与《周礼·地官·司市》所载"大市"，当有一定继承关系。《周礼》中的"三时之市"，其实为"国之诸市"③当中最为重要的市。《荀子》所说"戮乎大市"，也是在城内这种最重要的市场上杀人陈尸之证。

在齐国临潼故地出土的陶器文字中，有"杏坿区🔲"和"杏坿豆🔲"等市

---

① 陈直：《汉书新证》，天津：天津人民出版社，1979 年，第 131 页。
② 陈直：《汉书新证》，天津：天津人民出版社，1979 年，第 131 页。
③《左传》昭公三年，十三经注疏本。

量印文。①王献唐先生释"吞"为"大"②,裘锡圭先生同此,又释"坧"为"市",并认为"大市疑属齐都临淄"③,可谓至精至确。参证临淄出土陶文中有"中市",所出西汉封泥有"左市""右市""西市""南市"等印文,可知大市实为最重要的市,即中心市场或集市,按照《史记·货殖列传》所叙汉代七大经济中心来看,大市也当是每一经济区划内的中心贸易集市。

汉代陶文中还有"都市"的戳记,屡见。都市,疑即汉初所谓大市,都市之都,并非"都城"或"京都"之义。汉刘熙《释名·释州国》:"都,人所都会也。"都又有都统、都督之义,与汉代职官中的都尉、都水之都意义相当,均为首者之义,又,西汉初、中期名县均有"都乡""都亭"之制,"各县最重都乡、都亭制度,都乡为各乡之首,都亭为各亭之首"④。可确证都有为首者之义。所谓都市,即为首的市。此义正与大市相符合。

证诸史乘,《汉书·王嘉传》有"伏刑都市"之语,《后汉书·杨震传》亦有"伏尸都市"之语,《汉书·翟方进传》又说"磔暴于长安都市",可见长安都市是长安九市中的大市。这些记载又都与前引《荀子·非相篇》所称"戮乎大市"完全一致。汉初所封齐国官印中,有"齐都市长"印文。⑤齐陶文有诸市,则齐都市显然是齐国诸市中的大市,这与长安都市的含义是一致的。可见两汉都市,应即是汉初所谓大市。疑汉初大市之称仅通行一时,后即以都市之名易之。故两《汉书》中屡见都市之称,而大市之名则为《史记》所仅见。

三、郡国县市

在汉初所封齐国首官中,有"菑川市丞""市府""左市""右市""南市""西市"等封泥传世。吴王濞封国中,有"广陵市长"印文传世。这些都是郡国之市。

各县按制度置市,传世有"定阳市丞""宛邑市承"等封泥。长沙马王堆和江陵凤凰山汉墓中所出漆器上的烙印戳记"成市""北市",山东临沂银雀山 4 号汉墓出土褐漆耳杯上的"莒市"戳记,陕县西汉墓所出绳纹陶罐上的

① 孙浔、孙鼎:《季木藏陶》,《考古通讯》1943 年,第 31、72 页。
② 王献唐:《临淄封泥文字目录》,山东省立图书馆,1936 年。
③ 裘锡圭:《战国文字中的"市"》,《考古学报》1980 年第 3 期。
④ 陈直:《汉书新证》,天津:天津人民出版社,1979 年,第 131 页。
⑤ 王献唐:《临淄封泥文字目录》,山东省立图书馆,1936 年。

"陕市"戳记等，皆为县市。《史记·太史公自序》谓司马迁曾祖父"无泽为汉市长"，可能即属县市之长。《汉书·食货志》记载西汉末王莽改易名都市政机构，"于长安及五都立五均官，更名长安东、西市令及洛阳、邯郸、临淄、宛、成都市长，皆为五均司市师。东市称京，西市称畿，洛阳称中。余四都各用东西南北为称"。足见各大名都皆有县级之市。

四、乡市

长沙马王堆和江陵凤凰山所出漆器文字中，有成都市官所属的"南乡之市""中乡之市"等戳记。传世也有"南乡之市"的陶文。均为乡市。另有"莹市""东武市"等传世陶文，究竟是乡市还是亭市，尚不可考，总之是县级以下的市因有汉一代，并无以"莹""东武"等作为县名者。

五、亭市

汉代陶文屡见"某亭"的戳记，如"苗亭""临亭""鳌亭""河亭""陕亭""安亭""邯亭"等，均当"某亭之市'的省称。对于"某亭"之"亭"，俞伟超先生以为当与某"市"相同①，其实应为"某亭之市"。但俞先生又以"某亭"为"旗亭"，却不认为是乡亭之亭，则似未确。

汉代"市亭"或"亭市"的文字并不罕见。传世也有"亭市"朱文小圆印，汉灵帝光和四年《艾坑君神祠碑》记有"瀇败亭市"之文，汉顺帝建康元年《文叔阳食堂画象题字》有"亭市橡"职官之称，均为汉代在亭级基层组织设市之证。尤其"亭市橡"一职，为正式职官，足证亭有官市。汉灵帝建宁二年《史晨飨孔庙后碑》更是明确记载"史君念孔读颜母井去市辽远，百姓酤买不能得香酒美肉，于昌平亭下立会市，因彼左右，咸所愿乐"②，是亭中设市的明确证据。但史君所设市，不是官市，而是民间之市。可见亭中既有官市，也有亭民所设的民间集市。假如政府不允许亭中设市，则史君何敢妄自为之？

汉代市政管理机构所在，一般建有楼，俗称市楼，或曰旗亭。《史记·三代世表》褚先生补曰："臣为郎时，与方士考功，会旗亭下。"

裴姻《集解》云："立旗于上，故取名焉。"《三辅黄图》卷二"长安九市"

① 俞伟超：《汉代的"亭""市"陶文》，《文物》1963年第2期。
② 王昶：《金石萃编》卷13，第3页。

条下云：“市楼皆重屋，又曰旗亭，楼在杜门大道南。当市楼有令署，以察商贾货财买卖贸易之事。三辅都尉掌之。”张衡《西京赋》亦云：“旗亭五重，俯察百隧。”薛综注曰：“旗亭，市楼也。”由此可见，旗亭是指市楼这一高大建筑物，用以“俯察百隧”，其本身并不等于市。而亭市则是亭中之市，自有其管理机构，如前面提到的“亭市椽”。因此，亭市与旗亭各有所指，不可同日而语。

六、里市

陈直先生《关中秦汉陶录》卷一收录有“槐里市久”陶瓶，认为“久为酒之省文”。又云：“汉初九、酒、久三字在陶器中均可通用，大率酒字省作九、久二字居多。”槐里市酒，槐是里名，里即《汉书·百官公卿表》所记“十里一亭”之里，是汉代最基层的行政组织单位。所谓“槐里市酒”，即是槐里集市上所卖的酒。与传世的“新译市久（酒）”陶文和内蒙古呼市塔布秃村汉城遗址所出“市久（酒）”戳记陶片，意义完全相同。可见，汉代在里一级行政和单位亦置有官市。

七、其他

从文献可以参见，除上述六类市外，尚有其他级别和规模的市。

市井。《史记·平准书》：“然市井之子孙亦不得仕宦为吏。”《风俗通》：“俗说市井者，言至市有所划卖，当先干井上先灌，及到市也。”[1]市井乃是民间集市。

市邑。王符《潜夫论》：“百郡千县，市邑万数，类皆如此。”市邑当指置有市的邑落。

小市。《汉书·外戚传》：“其家在长陵小市。”这种小市可能是因地处汉陵附近而逐渐形成的。

此外，十分重要的还有“军市”。《汉书·冯唐传》：“李牧之为赵将，居边，军市之租皆自用飨士……今臣窃闻魏尚为云中守，军市租尽以飨士卒。”可见，军市是在边塞军队中所置的集市。

由上可见，汉代上自京师，下至乡里，皆可置市，并非仅能在县以上置市。这与唐代御敕“诸非州县之所不得置市”[2]的制度，有着很大的区别，两者不能混为一谈。

---

[1]《后汉书·循吏传》李贤注引。
[2]《唐会要》卷86“市”条。

文明的史迹：先秦、巴蜀及南丝路历史研究（先秦史卷）

28

论殷代外服制与西周分封制

殷代外服制与西周分封制既有区别又有联系，它们分别是殷周二代不同的政治制度和统治方式。由于殷代侯甸男卫外服名称及其某些形式为周代所沿用，以致在后世史家中造成相当错觉，似乎西周分封制仅仅是殷代外服制的因袭和扩大；并由此引申，将西周分封制下特有的诸侯去比照殷代外服制中的侯甸男卫诸种名称，从而认为殷代外服制是分封的产物，诸侯制来源于殷代。

对于殷代外服制的性质和形式等问题，徐中舒先生曾经进行过深刻研究，并对外服制中侯甸男卫诸种名称在西周的演变予以了精辟论述。①本文试对此及几个相关问题做些探讨，冀方家斧正。

一、殷代外服制的形成条件

殷代外服制是中国奴隶社会的特殊统治形式。《尚书·酒诰》："越在外服，侯、甸、男、卫邦伯。"又说："汝劼毖殷献臣侯、甸、男、卫。"侯、甸、男、卫，就是殷代外服制下各服的名称。所谓外，是指王朝之外。所谓服，《国语·周语上》韦昭注云："服其职业也。"《周礼·夏官·职方氏》郑玄注云："服事天子也。"两注义同，均为服事王朝之义。因此所谓外服，是指在王朝之外为王朝服贡纳役的方国。

对于外服的解释，古代注家虽多，但唯以晋人孔晁的注释较为得当。孔晁注《逸周书·职方》云："侯，为王斥侯也。"是戍守边疆，保卫殷商千里王畿的方国。"甸，田也，治田入谷也。"金文《大盂鼎》和《矢令簋》甸字并作"田"，田为田猎之义，所以甸服当指向殷商王朝贡献猎物，同时又兼营农业的方国。例如巴，甲文有"巴奠（甸）"之称②，巴国是兼事农业和射猎的方国，由此可以说明甸服的含义。"男，任也，任王事"，所谓王事，据《左传》昭公十二年"桃弧棘矢以共御王事"，《左传》成公十三年"国之大事，

① 徐中舒：《论西周是封建社会——兼论殷代社会性质》，《历史研究》1957 年第 5 期。
②《小屯南地甲骨》第 1059 片。

在祀与戎"，《左传》僖公四年"尔贡包茅不入，王祭不共，无以缩酒"，可知王事就是为中央王朝提供祭祀所需及平时所用的农业产品，即《国语·周语上》所说"王事唯农是务"。服王事，也就是为殷王朝服农业之事。古男、任同音，男、南亦相通。男字从田力。力，甲、金文作 f，象耒省去下端岐出之形（耒，甲、金文作 ♂，或省为 ♪）。[1]因此，男服就是服事农业的方国。"卫，为王捍卫也"，即是殷王的卫队。

殷代外服制的形成，具有一定的历史条件。据《诗经·商颂·玄鸟》，殷自成汤立国，"正域彼四方"，"奄有九有"，征服了中原众多方国，也曾一度东征至于大海之滨，即《诗经·商颂·长发》所谓"相土烈烈，海外有截"，但在这一时期内，从文献记载来看，殷王朝的统治还不稳固，"不常厥邑"，迁都频繁，其领土扩张和号令所及还没有能够达于方千里之外。所以春秋时宋人讴歌其先公先王的伟绩，将殷代的大发展之功尽归诸武丁，《诗经·商颂·殷武》曰"邦畿千里，维民所止，肇域彼四海"。《史记·殷本纪》记载武丁行成汤之政，"天下咸欢，殷道复兴"。《诗经·商颂·殷武》还记载武丁"奋伐荆楚，深入其阻，裒荆之旅，有截其所，汤孙之绪"；《易·既济》又记载"高宗伐鬼方，三年克之"。由于武丁既修德行政，又武功赫赫，所以史称"武丁中兴"。《诗经·商颂·殷武》称引武丁之盛说："商邑翼翼，四方之极；赫赫厥声，濯濯厥灵；寿考且宁，以保我后生。"因而武丁死后，其子帝祖庚嘉武丁之德，"立其庙为高宗"[2]。正因为武丁强化了殷王朝统治，政治秩序稳定，又猛力开疆拓土，使殷王朝的号令达于千里王畿之外，"肇域彼四海"，"四方之极"，所以确立相应的统治制度成为必要。《孟子·公孙丑上》载："武丁朝诸侯，有天下，犹运之掌也。"又载："尺地莫非其有也，一民莫非其臣也。"表明武丁时期是殷王朝历史上的重要转折期，殷王作为天下邦国之长，其辽阔疆域和至上权威就是在这个时期形成规模并奠定下牢固基础，侯、甸、男、卫外服制度也就是在这个基础上形成和确立起来的。

外服划分的依据，是以殷王朝的利益为中心，以各方国所在地的自然和政治地理条件为基础的。

侯服多分布在王畿西北至北方的辽阔边境之上，戍守边疆，防备戎狄的进犯，同时也可伺机征伐掠夺畿外诸族。殷代西北方面多强悍勇武之族，殷王朝与王畿西北边疆以外的戎狄、羌人经常发生战争，于史屡见不鲜，甲骨

---

① 徐中舒：《耒耜考》，《史语所集刊》二本一分，1930 年。
② 司马迁：《史记·殷本纪》，北京：中华书局，1959 年。

文也多见"伐旨方""伐土方""伐鬼方""伐羌方"等记载。侯服的位置，正居于王畿与畿外诸族之间。周人在殷代为侯服，居殷王畿之西，古本《竹书纪年》说"周王季历伐西落鬼戎，俘二十翟王"，《易·未济》记载为"震用伐鬼方，三年有赏于大国"，大国是指"大国殷"，可见伐鬼方乃是周侯受殷王之命而为。这就表明，侯服的设置具有明显的军事政治意义。

甸服分布在千里王畿边疆以内，位置紧靠王畿以外的侯服，与侯服相为表里。《国语·周语上》载"邦外侯服，邦内甸服"，《大盂鼎》铭文载"唯殷边侯、甸"，均为其证据。甸服除了以农事和田猎为殷王朝服役外，还负有从王出征的义务。卜辞说："丁卯王卜贞，今巫九备，余其从多田于多白正盂方。"（《甲》2416）田即甸，多田即众多甸服。白同伯，长也，即方国之长。于，与也。正，同征，此辞义为，王率众多甸服和方国之师征伐盂方。这表明，甸服的设置具有经济与军事双重意义，这同它所处位置的二重性是一致的。

男服分布在王畿以南的广大平原低隰地带，是当时以农耕为主的地区。春秋时期的许男、宿男、薛男，以及楚人先民，均属殷代男服。①古男通南。《左传》昭公十三年"郑伯，男也"，《国语·周语》作"郑伯，南也"。《史记·夏本纪》记载夏后氏之后别为氏族者有"有男氏"，《逸周书史记篇》及《潜夫论》并作"有南"或"子南君"，《周礼·小司马》注引《世本》男均作南。殷王畿以南以东，黄河下游到淮水之间的地区，土壤肥美，利于农耕，男服分布其间，因而其主要贡献就是为王服农事，向殷王朝纳贡服役。

卫服作为殷王朝的禁卫军，最为接近王朝的中心，因而分布在王畿千里以内。周代的卫地，应当就是殷代卫服所在的一个区域②，担负直接警卫殷都的卫士职责。

从以上分析可以知道，殷王朝在征服王畿千里内外各方国后，根据这些方国所在位置的自然地理、政治地理，以及经济、军事等条件，规定其相应的贡纳方式，在王朝以外为王朝服役，于是形成侯、甸、男、卫外服和外服制度。作为一种统治形式，殷王朝从外服制中获得了巨大的政治、军事、经济利益，藉以维护和巩固对于王畿内外地区的统治；各服作为被征服者，处于被奴役的地位；虽然一定程度上可以获得殷王朝的保护，但却只有纳贡服役的义务，而没有自身的选择权。所以，徐中舒先生主张殷代外服制是一种奴隶制形态的"指定服役制"，确实有着充分的历史依据。

---

① 段渝：《楚为殷代男服说》，《江汉论坛》1982 年第 9 期。
② 徐中舒：《论西周是封建社会——兼论殷代社会性质》，《历史研究》1957 年第 5 期。

二、殷代外服制的性质

殷代外服制是在殷王朝的领土扩张中形成的。殷王朝在征服周边地区后，迫使这些地区原来的各个方国为其臣民，并根据各地不同的经济和地理等条件，规定各方国对于殷王朝的各种贡纳关系，使其纳贡服役，从而形成了服役内容有所不同的侯、甸、男、卫外服体制。外服其实就是指侯、甸、男、卫四种服役地区，由被殷王朝所征服的当地原有各方国所构成，外服制就是基于这些不同的服务内容而确立起来的统治与被统治关系。处于不同外服地区的各个原来的方国君长，便是《尚书》诸篇屡次言及的"侯、甸、男、卫邦伯"，邦伯即是方国之长。因而，殷代外服制下的侯、甸、男、卫诸种名称，所表明的仅仅是几种不同的贡纳关系，既不是所谓职官制度，也不是什么等级划分。作为外服制下的"侯、甸、男、卫邦伯"，他们本来就是有其土地人民的当地方国之君，既不是由于殷王朝的封赐才成为有土有民的邦伯，更不是在攘夺了他国土地人民之后才建立起自己的方国的。换言之，殷代的外服邦伯不是所谓封君，他们的君长地位并非来于殷王朝的封赐，殷代并不存在一个"授民授疆土"的分封制度。

夏商时代，邦国林立，这些邦国都是经过相当长期的发展演变自立或兼并而来的，它们均有自己的土地人民，无须经由他国赐予。例如周人，古公亶父以前居邠，遭狄人侵掠，据《孟子·梁惠王下》，"事之以皮币，不得免焉；事之以犬马，不得免焉；事之以珠玉，不得免焉。乃属其耆老而告之曰：'狄人所欲侵者，吾土地也，吾闻之也，君子不以其养人者所以害人，二三子何患乎无君乎！我将去之。'去邠，逾梁山，邑于岐山之下居焉。邠人曰：'仁人也，不可失也。'从之者如归市"。从这里可以看出，周人所居之邠，乃"吾土地也"，是从不窋以来至古公亶父周人世代拥有的土地，居其界内的人民也是世代隶属于周的邻人。《史记·周本纪》在记载周人先公先王史迹时，更是明确指出：薰育戎狄攻略古公亶父，"欲得地与民。民皆怒，欲战。古公曰：'有民立君，将以利之。今戎狄所为攻战，以吾地与民。民之在我，与其在彼，何异？民欲以我攻战，杀人父子而君之，予不忍为。'乃与私属遂去豳（同邠），度漆、沮，逾梁山，止于岐下。豳人举国扶老携弱，尽复归古公于岐下。其他邦国闻古公仁，亦多归之"。很清楚地表明了古公亶父不论在豳还是在岐山周原都自有其土地人民的事实，他的君长地位并非由他国赐予，绝不是所谓封君。

文明的史迹：先秦、巴蜀及南丝路历史研究（先秦史卷）

周原甲骨有"晋周方伯"的记载，见（H11：82，H11：84），又有"彝文武帝乙宗，贞，王其邲（昭）祀成唐（汤）"（H11：1）等记载。此数甲的年代为殷末周文王时期，是周文王前往殷先王武乙的宗庙以示为殷之属国的实录①。晋，《说文》释为"告也"。晋周方伯，即言文王告受册命，为殷王承认为周方的邦伯。这里的晋，有告命和记录在册两重含义。《尚书·多士》"惟殷先人，有册有典"，册即是以竹木之类为载体的文字记载。殷卜辞中有"晋邑""入晋"的，如"乎从沚？晋卅邑"（《乙》696），"卒入晋"（《乙》342），"晋盂方伯炎"（《粹》192），均为册告和记录于册之义。殷王朝把外服君长记载于册，故有"晋某方伯""晋邑"之说，"入晋"则是把册书入存殷王朝。殷卜辞中，周人在武丁时就已是殷代方国，卜辞多见"璞周"的记载，卜辞又有"令周侯"（《甲》436，《续》3.28.3）之语，表明早在武丁时周人已成为殷代侯服。古本《竹书纪年》"周王季命为殷牧师"，牧师就是邦伯，这里的"命"犹周甲的晋，均告命之义。季历死后，文王继为周人邦伯，殷王朝承认文王的周方伯地位，此即《诗经·大雅·文王》所说"周虽旧邦，其命维新"。周甲所谓晋周方伯，即是此义。这表明，尽管殷王朝对外服君长握有生杀予夺之权，如古本《竹书纪年》所载"文丁杀季历"，对于外服邦伯的继体之君也要从形式上进行册命，但生杀予夺乃是大国主宰小国命运的通常现象，难以同分封制直接相联，而"晋某方伯"这类册命其实也只是承认或认可外服君长固有的方伯地位，同授土授民的分封制也没有必然的联系。至于殷卜辞中的"作邑"，更非裂土为侯的同义语，自不能作为授民授疆土的证据。

事实上，殷王朝对于外服地区的统治具有间接性质，除了规定"来享""来王"、纳贡服役而外，并没有改变外服方国原来的生产和生活方式，也没有改变外服方国原来的社会结构和组织形式，亦未强迫迁徙外服方国到其他地区。并且，各个外服方国均由其原先的君长"邦伯"统治，其下又有原先的"百姓、里君"，均非由殷人派出官员实施直接治理，殷王朝也没有在外服地区常设官员催征贡赋，如像汉代匈奴在西域设置僮仆都尉那样。同样，殷王朝没有派出由殷人组成的军队前往外服地区常驻，史籍和甲骨文均无此类记载。考古所见湖北黄陂盘龙城，是典型的商文化，它是殷人深入南土的一个军事据点②，大概是为了保卫其南方的金锡之道而设置，颇类似于后来的兵站，而不属于外服一类方国。江西新干大洋洲墓葬出土的青铜器，虽然受到商文化

① 徐中舒：《周原甲骨初论》，《四川大学学报丛刊》第 10 辑《古文字研究论文集》，1982 年。
② 江鸿：《盘龙城与商朝的南土》，《文物》1976 年第 2 期。

的凝聚力都得到大大加强和提高。殷代外服制度则不如此。殷代外服制仅是殷王朝对于王畿内外广大非殷人居住区域的一种奴役方式，既不存在"授土授民"的事实和由此而来的分封，也不具有将天下统治权力进行再分配的性质，外服方国与殷王朝之间事实上是被征服国（"小邦"）同宗主国（"大国殷""大邦殷"）那样一种以殷王朝为首的比较松散的邦国联盟关系，殷王还不是天下邦国之君，而是天下邦国之长，这种体制在政治上和经济上的许多方面都比较脆弱，缺乏天下邦国同心同德的政治经济基础，向心力较弱，所以殷末会发生"亿兆夷人离心离德"那样的政治大变局。表明殷代外服制下，中央王朝对于天下的统一和凝聚程度均远远低于西周分封制，天下统一还处在初期发展阶段。

四、诸侯制对外服制的因袭与改造

西周通过天子分封而形成诸侯，诸侯制在形式上对殷代外服制有所因袭，在性质上则进行了根本改造。

形式上的因袭，主要是对殷代外服名称及其功能的借用。《尚书》中的《康王之诰》和《顾命》均有"庶邦侯、甸、男、卫"的记载，《康诰》亦载有"侯、甸、男邦"诸种名称，金文《矢令簋》也说"诸侯：侯、甸、男"。根据文献记载，晋、鲁、齐等周初之大封，皆建于王畿边疆，齐国建于莱夷之中，鲁国南临淮夷、徐戎，晋国"居深山，戎狄与之邻，而远于王室"[1]。齐、晋皆为侯；鲁国因周公留任王官不就封，因而世代称公，但《左传》中亦称"鲁侯"，表明鲁亦侯。曹国为甸服，《左传》定公四年"曹为伯甸"，曹地在今山东曹县，处于王畿以内，与齐、鲁侯服相为表里。这种分布格局，恰如《国语·周语上》所说"邦外侯服，邦内甸服"。任、宿、薛、许、楚等均为男服，分布在王畿南方和东方的广大农业区域。周宣王时，封桓公友于郑，《左传》昭公十三年"郑伯，男也"，《国语·周语中》："郑伯，南也。"韦昭注："郑在男服。"即是男服诸侯。卫为卫服，统率殷八师，"为王捍卫"。

周初外服侯、甸、男通称为诸侯，而殷代则无诸侯之称。《矢令簋》铭文说"诸侯：侯、甸、男，舍四方令"，即是明证。《尚书康诰》记载"周公初基，作新大邑于东国洛，四方民大和会，侯、甸、男邦、采、卫"，侯、甸、男并称邦，邦即国，《礼记·礼运》"诸侯有国，以处其子孙"，可知侯、甸、

① 《左传》桓公十五年，十三经注疏本。

男为诸侯，合于《矢令簋》的记载。采、卫并列，不称邦，均在王畿以内。《礼记·礼运》"大夫有采，以处其子孙"，与"诸侯有国"不同，可知当时还不是诸侯。

周灭殷后，封康叔于卫，康叔又为王官，其子伯髦则率殷八师捍卫王室。[①]《左传》定公四年"康叔为司寇"，可知是王官而不是诸侯。康叔之后，六代世袭称伯，直到周夷王时，据《史记·卫康叔世家》记载，卫顷侯通过厚赂夷王，始命为侯。至此，卫服完全成为诸侯。

采原为采地，"所谓采者，不得有其土地人民，采取其租税耳"，"卿大夫所食邑曰采地"[②]。《中齋》铭文有"今敃畀女裏土作乃采"之载，《趞卣》铭文有"王在斥易（锡）趞采曰哒"之载，与《尚书康诰》和《礼记·礼运》所提到的"采"在性质上相合。采于何时演变为诸侯，至今尚无确据予以证实。《左传》襄公十五年："王及公、侯、伯、子、男、甸、采、卫、大夫各居其列，所谓周行也。"杜预注："甸、采、卫，五服之名也。天子所居千里曰圻，其外曰侯服，次曰甸服，次曰男服，次曰采服，次曰卫服，五百里为一服。不言侯、男，略举也。"杜注乃是本于《王制》之说，从中可见，大约在西周，采已变成诸侯，故有所谓"周行"之制。

这样，在西周一代，便最终形成了诸侯制度，诸侯有畿内诸侯和畿外诸侯两种，前者为卫服和采服两等，后者为侯服、甸服和男服三等，共五等，此即五服，或五等诸侯。当然，五服或五等不是所谓爵位，而是诸侯等级和班列。

西周诸侯，不论同姓还是异姓，均由周天子予以分封，"授民授疆土"，由此确定了诸侯对天子的封建性义务，此即所谓"职贡"，即有职有贡。蕃屏周室，镇抚疆土，是诸侯的职责，朝觐、贡纳、从征等，是诸侯的贡献。《国语·鲁语下》孔子说："昔武王克商，通道于九夷百蛮，使各以其方贿来贡，使无忘职……古者，分同姓以珍玉，展亲也，分异姓以远方之职贡，使无忘服也。"实际上，不论同姓还是异姓诸侯，均有其职贡。《左传》昭公十三年子产说："昔天子班贡，轻重以列，列尊贡重，周之制也。"可见贡纳的轻重取决于诸侯等级的高低。子产又说："郑伯，男也，而使从公、侯之贡，惧弗给也。"郑伯本为男服诸侯，可是要他输献公侯之贡，这是不合乎周制的，自然"惧弗给也"。可见西周时代诸侯对于天子的贡献大小，是与诸侯职位等级

---

① 《小臣速簋》铭文。
② 《公羊传》襄公十五年注。

的高低相适应的。

西周由分封而产生诸侯，由诸侯而形成职贡，由职贡而造成"王臣公，公臣大夫，大夫臣士，士臣皂，皂臣舆，舆臣隶，隶臣僚，僚臣仆，仆臣台"那样一种"天有十日，人有十等"①的封建性等级结构，从而在整个天下形成了"天子经略，诸侯正封"，"封略之内，何非君土？食土之毛，谁非君臣"②那样一种封建秩序，加强了中央王朝对于天下诸侯的凝聚力，和天下诸侯对于中央王朝的向心力。"由是天子之尊非复诸侯之长，而为诸侯之君。其在丧服，则诸侯为天子斩衰三年，与子为父、臣为君同。盖天子、诸侯、君臣之分，始定于此。"③这些都是西周分封制下的诸侯制度与殷代外服制的根本差异，也是西周诸侯制对殷代外服制的根本改造。可见，西周诸侯制与殷代外服制有着本质区别，二者不能同日而语。

---

① 《左传》昭公七年，十三经注疏本。
② 《左传》昭公七年，十三经注疏本。
③ 王国维：《殷周制度论》，《观堂集林》卷 10。

楚文化

29

楚为殷代男服说

楚国史迹历来是先秦史家们所关注的一个课题，尤其是它早期即西周以前的历史，已越来越为专家学者所重视。但是，关于本文提出的主题，迄今为止，史学界还没有专文论述；即使有所涉及，亦语焉未详。最主要的原因，在于年湮代远，文献不足征。而考古发掘所得资料，至今仍嫌贫乏，不足以充分印证现有文献资料。不过，在目前条件下，只要尽可能广泛而详细地占有资料，加以细致研究，某些初步结论的得出，就并不是不可能的。

殷商时期的楚人先民，有上千年历史可考，其远祖可上溯到五帝时代的颛顼.《史记·楚世家》记载："楚之先祖出自帝颛顼高阳。"与楚同姓的屈原，在所著《离骚》中也说："帝高阳之苗裔兮，朕皇考曰伯庸。"这都是指其最早的父系先祖而言。在另一些场合尤其是在祭祀情形下，楚人却又以较帝高阳稍晚的祝融作为直接先祖。《左传》僖公二十六年记载："夔子不祀祝融与鬻熊，楚人让之。"《国语·郑语》也提到楚人为祝融之后。长沙子弹库战国晚期楚国木椁墓所出帛书，其文亦云："炎帝乃命祝融以四神降，奠三天，□思教，奠四极。"①而《史记·楚世家》又认为："季连，芈姓，楚其后也。"更以祝融之孙季连作为楚人嫡祖。关于楚人先祖的上述三种记载，是在不同场合下，分别就各自所叙述的具体对象而立言的。但归根结底，三说皆通，它反映了古代社会的父系家庭在氏族别封制度下，由于内部不断裂变分化，从而最终形成自成一系的新的氏族的情况。这就是古人所谓"别为氏族"。

尽管楚人先民的历史如此久远，但它的发展却较为缓慢，不像商、周二代那样"其兴也勃焉"。从虞、夏之际一直到殷商之末，上千年之间，楚人先民未曾建立起国家组织，始终在氏族社会状态中徘徊。这种情况在史籍中屡见不鲜。一些同志认为，殷代楚人已经形成了国家，而且还颇为强大。其唯一的根据，是《诗·商颂·殷武》所说："挞彼殷武，奋伐荆楚，深入其阻，哀荆之旅，……维女荆楚，居国南乡，昔有成汤，自彼氐羌，莫敢不来享，

---

① 李学勤：《谈祝融八姓》，《江汉论坛》1980 年第 2 期。

莫敢不来王。"但是,《商颂·殷武》之诗所称"荆楚",并不是指熊氏的楚,它仅仅是泛指之辞。《说文》:"荆,楚木也。"《广雅·释木》:"楚,荆也。"很明显,荆、楚均系指木而言。商师伐荆楚,应该是指伐荆棘楚木茂密之地的邦国或部族,为泛称。《史记·周本纪》记载:"(太伯、虞仲)乃二人亡如荆蛮,文身断发,以让季历。"(《吴太伯世家》同)太伯、虞仲所奔的荆蛮,即春秋时的吴越之地。《吴太伯世家》记载:"太伯之奔荆蛮,自号句吴,荆蛮义之,从而归之者千余家,立为吴太伯。"而殷墟甲骨卜辞中的"楚",又均与后来的楚国无关。由此可见,荆楚之称,在殷代甚至更早,都不是专指一地一族。因而以此作为殷高宗武丁时期楚已建国的证据,显然是不足为据的。

《史记·楚世家》:"熊绎当周成王之时,举文、武勤劳之后嗣。而封熊绎于楚蛮,封以子男之田,姓芈氏,居丹阳。"很清楚,楚人建国是在西周之初,而不是在殷武丁之时。

古者称国,在很大程度上是指部族和方国而言,还不是后来意义上的国家。例如,甲骨文所见之舌方、羌方,《左传》所见之徐夷、淮夷,都谈不上国家组织,而多有氏族社会末期的性质。《逸周书·作雒解》记载周公东征,"凡所征熊、盈族十有七国,俘维九邑"。族,即部族,与国同列,表明部族确称为国。既然如此,那么,殷代楚已建国之说,就实在是"郢书燕说",完全不合历史实际。

殷商时期,处于氏族社会末世的楚,是殷王室的男服。

殷高宗武丁时期,行成汤之政,因而殷道复兴,诸侯咸来朝(见《史记·殷本纪》)。

于是开疆拓土,以至"邦畿千里,维民所止,肇域彼四海"(《诗·商颂·玄鸟》)。在此基础上,开始实行侯、甸、男、卫四服之制,即外服制。"侯,为王斥侯也",为殷王镇守边围。甸,通田,旧说"治田入谷也",不妥,当为服侍殷王田猎,训练军队。"卫,为王捍卫也",即殷王的卫队。[1]侯服分布于邦畿千里的西北到北部的广阔边境之上,如崇侯、周侯等。甸服在邦畿之内,如春秋时期的曹国即是。卫服亦在畿内。春秋时期齐桓公存邢救卫,封卫于楚丘(今濮阳),正是卫服所在。卫服所在,是在商朝歌附近。

至于男服,《逸周书》孔晁注云:"男,任也,任王事。"《左传》昭公十二年所说"桃弧棘矢,以共御王事",王事之义亦同。《左传》成公十三年记

---

① 徐中舒、唐嘉弘:《论殷周的外服制》,《人文杂志》增刊《先秦史论文集》,1982 年;《逸周书》孔晁注。

载："国之大事，在祀与戎。"春秋早期齐桓公伐楚，责其"尔贡包茅不入，王祭不共，无以缩酒"（《左传》僖公四年）。可见，所谓王事，就是为中央王朝提供祭祀所用及平时所需的农产品。为殷王服农事，这就是男服的职贡。男，从田从力。力，甲骨文、金文作力，象耒省去下端歧出之形。从田从力，会以耒耕田之义。①显然，男服地区，就是指从事农作、向殷王室服役纳贡的农村公社和农业部族。

男服所在，当指距邦畿千里较远的一些村社和农业部族，在殷王畿以南。古男通南。

《左传》昭公十三年子产争贡纳等第之辞曰："郑，伯男也，而使从公侯之贡，惧弗给也。"而《国语·周语》于其事则记为："郑，伯南也，王而卑之，是不尊贵也。"同指一事一职，而异写为男、南。《史记·夏本纪》记夏后氏之后有"有男氏"，而《逸周书·史记解》及《潜夫论》并作"有南""子南首"。《路史》所记亦同。《周礼·小司徒》注引《世本》，男均作南。由此可知，男、南上古音近相通。其字所以异写，是因为上古"寄音不寄形"的缘故。所以，男服即是南方之服。例如春秋时期的许男，在殷商时代就是殷之男服，许，在今许昌，殷王畿之南。

不过，男服之为南，当为殷人举其大致方向而总言之。在实际上，男服不仅仅指正南，还包括王畿东南到南方的广袤地带。《礼记·明堂位》："任，南夷之乐也。"任，是指春秋时期任姓的薛男和风姓的任男。薛，在今山东薛城。任，在今山东济宁南。薛、任二国皆处殷王畿的东南，而称南夷，为男服。那么，畿外东南广大平原地区的农村公社和农业部族都为殷服王事，这似乎是没有问题的。《诗·商颂·长发》："相土烈烈，海外有截。"相土是殷先公先王中有伟业者。其时殷商的势力既已向东扩张至大海之滨，那么，中兴的武丁时期将大海以西广大农业地区强命为男服，使其纳贡服役，亦为必然之事。因此，殷代的男服，实际上是自东而南，围绕王畿形成了一个半圆形的环列带，处于其中的所有农业公社和部族，都是殷王室的男服。

殷商时期楚人的活动地域，大致上是在黄河下游以南的山东平原南部到河南中部的范围内，而由东向西移徙。

《国语·周语》："昔夏之兴也，融降于崇山。"韦昭注："融，祝融也。崇山，崇高山也。"崇高山即今嵩山。《左传》昭公十七年："郑，祝融之虚也。"

---

① 徐中舒：《耒耜考》，载《史语所集刊》，1930 年，第二本一分。

郑即今河南新郑。可知从帝高阳到尧、舜之际，祝融一氏是在中原南部，即伊、洛二水和黄河以南的崇，郑之间活动。其后，"祝融八姓"主要沿黄河中下游向东发展。《史记·楚世家》所说"季连，芈姓，楚其后也"的一支，亦不例外，也在有夏氏东方活动生息。楚祖重黎、吴回，在颛顼、帝喾、尧、舜时期，为火正，号祝融（见《国语·郑语》《史记·楚世家》），但吴回以后则不见楚人先祖有为火正者。从地域上看，可能火正之职有随任者之族的东徙而向东传递下去的趋势。楚人先民同殷人先民关系密迩，在典章制度等方面往往有惊人的相似之处，其火正之职也可能有直接的继承关系（参见《左传》襄公九年）。殷人源于东方（参见《诗·商颂·玄鸟》《左传》昭公二十年），古为东裔（或作东夷），其早期在山东半岛的齐、鲁一带活动。楚人先民同时期的活动范围，正是在此或稍南。这种情况不仅信而有征，而且同祝融八姓的迁徙方向也大体一致。至殷商之末，依然如此。《逸周书·作雒解》记载："三叔及殷东：徐、奄及熊、盈以略。"熊为楚人氏号。殷东，指王畿以东包括由东至南方向的广大地区。这是一个至为明显的证据。

杨宽先生认为，《逸周书·作雒解》中的熊、盈，不是指两个氏族，而仅指嬴姓的淮夷。[①]我们认为，杨先生的看法值得商榷。

熊、盈当是分别指楚人和嬴姓之后的一支，即秦人先民。盈，通嬴。熊、嬴二字，古音相通。除杨先生所引刘师培《周书补正》卷三的一条证据外，我们在这里还可补充一二。

《说文》："熊，炎省声。"段注引王劭曰："古人读熊与雄，皆于陵反。"又曰："《春秋左氏》'敬嬴'，《公》《谷》作'顷熊'。盖炎、熊、嬴三字双声。"嬴，《说文》段注："伯翳嬴姓，其子皋陶偃姓。偃、嬴，语之转耳。"近年在湖北随县出土的《楚王酓章钟》，酓章即是楚惠王熊章。以考古资料与古文献相印证，酓、嬴音同，可知熊、嬴古音确通。其实，从字形上看，无论金文还是小篆，熊、嬴二字形体均十分相似。其形近音通，表明熊、嬴二族在上古时代，曾经有过非常密切或者说是同源的关系。秦人先民，最早当属少皞氏系统（参见《史记·秦本纪》和《左传》昭公二十年），其居地山东一带，正是楚人先民活动的地方（说见前）。因此，二族名称在音形上如此相近，不仅丝毫也不奇怪，而且，这正是它们之间早期历史关系陈迹的见证。而到殷、周之际，两族又早已异流。从文献方面看，楚人在追溯其先祖时，总是以熊

---

① 杨宽：《西周时代的楚国》，《江汉论坛》1981 年第 5 期。

氏一系贯通下来；而秦人却每每以嬴姓之后自居，屡言嬴秦。这就表明，由于氏族别封和迁徙变化，它们早已分别形成各自的系统，自立宗氏，别为氏族。但其氏族名称，由于古代世官世族及氏号因袭的缘故，却一直没有变化。

《史记·秦本纪》记载，嬴姓之后分为十几支，各以国为氏，如徐、奄、江、黄等。但秦人以国为氏，是在周穆王时期。如按杨先生所说，因为姓氏的关系，不能以熊、嬴并称。那么试问：居秦以前的秦人先民，是不是就不能以嬴作为氏号呢？假如回答是肯定的，那就无异于说秦人先民没有氏号。因为按《秦本纪》所说嬴姓之后以国为氏，没有国当然也就无所谓氏（命氏之法诚然很多，但据《本纪》，嬴姓之后似无以他法命氏者）；况且，史籍从未见过秦人先民在殷、周之际还有过其他氏号。假如回答是否定的，那么，熊、嬴并称就自为理所当然。

杨先生似乎认为淮夷仅指嬴姓。此亦不妥。淮夷应当是一个地域概念，而不是血缘概念。它泛指淮水流域两岸的若干部族（顺便说明，部族在当时已经是指地缘关系），其中自然包括不同姓氏的居民。《尚书·费誓》以及周代铜器如《无𩷍毁》《虢仲盨》《兮甲盘》《敔毁》的铭文等，均多次提到淮夷、南夷和南淮夷，而且楚人也屡言"我蛮夷也"（见《左传》《国语》《史记》等）。这些都无可辩驳地证明，淮夷确指地缘关系。

因此，我们认为，熊、嬴确实是指两个氏族；楚人和嬴姓之后的一支，即秦人先民。殷末周初，它们的活动范围，大致上就在淮水上游以北到豫东、南地区之间。而杨宽先生对《作雒解》的断句，即把殷东断开，而又将熊、盈合一，是有问题的。

从殷、周之际的史实来看，楚人当时确在淮北到豫东、南一带。周成王时铜器《中甗》铭文记载："王令中先省南或（国）𢎵行，𢧑应在𡊄。……白贸父？台（以）𠇷人成汉巨州。"南国，即是《左传》昭公九年所说周武王时期的"南土"，也就是周初的"二南"之地，即指以南阳盆地为中心，从丰、镐、成周一线，到汉、淮二水一线之间的狭长地带。𡊄，即曾字初文，曾通缯，即《国语·郑语》所说"申、缯、西戎方强"的缯，地在今河南方城（见《左传》哀公四年）。𡊄，当释为广，通鄢，即郑伯克段于鄢的地方，又称为鄢陵。成王时期另一铜器《矢令簋》，其文曰："唯王于伐楚白（伯），才（在）炎。"（二器铭文并见郭沫若《两周金文辞大系》）二器所指，当为一事，而鄢、炎相通，又并与熊相通（说见前）。所以，炎当释为鄢。因而可证，殷末周初，楚人仍然在淮北和豫东、南一带。至于楚人立国江汉流域，那是周成王以后事。

早期楚人所居，屡有迁徙，不应如一些同志所说，终三代之世，它始终居于某个固定的地点。古代部族的移徙，时常有之：夏、商、周三族先民的迁居，最多的达到十数次，古称"不常厥邑"。所以，楚人先民的数次移徙，除了有文献可征外，与古代社会粗耕农业的经济生活以及战争和政治的需要，也是完全一致的。

　　以上说明，殷代的楚，始终环绕殷王畿东方和南方而屡有移徙，并且总是间侧于任、宿、薛、许附近区域的。这些邦国均为殷王室的男服。同样，与它们地域毗邻的楚，亦为男服。

　　楚人先民早在虞、夏之际就已进入农耕时代。《国语·郑语》记述了"周弃能播殖百谷蔬"后，随即又说："祝融亦能昭显天地之光明，以生柔嘉材者也。"韦昭注："柔，润也。嘉，善也。嘉材，五谷材木。"据此，祝融时代已产五谷。《山海经·大荒南经》记载："有国曰颛顼，生伯服，食黍。"吴任臣《山海经广注》引《世本》云："颛顼生偁，偁字伯服。"参证《史记·楚世家》《大戴礼记·帝系》等文献以及考古所得文字资料，偁就是祝融（重黎）的祖父。偁的时代已有黍可食，可知当时必已进入农耕社会。从偁食黍到祝融产五谷材木，这段史实反映了楚人先民在农业的粗耕状态中，已有所进步，农作物品种也渐渐增多。当然，祝融时代是否就真正产五谷，五谷是否就是后来所指的五种主要农作物，这还有待于进一步考察研究。不过，鉴于楚人先民同中原有虞氏、夏后氏的密切关系，以及当时这二族实际达到的粗耕农业水平，我们所说处于虞、夏之际的祝融氏在农业上的日渐进步，自然也就可以肯定。

　　周代人们屡称楚为"荆"或"楚荆"。我们从周代金文关于"荆"的写法，亦可得出上述结论。甲骨文无荆字。从《贞敦》《过伯敦》《狀敦》《师虎敦》来看，从井从耒，象树枝耕井田中（见徐中舒：《耒招考》）。《说文》："荆，楚木也。"是因为早期的耒，本来就是以树枝而成，用它耕田，所以训为楚木。荆为象形字。周初人们如此写记楚人的特点，这就非常清楚地表明，楚人确为一有悠久农耕历史的部族。

　　《孟子·滕文公》载："有为神农之言者许行，自楚之滕。"许行是楚国人，"神农之言"即重农学说。许行开战国重农学派之先河，这不能不说它反映了楚国以土地公有、共同劳动、共同分配农产品为基础的农村公社的发达。农村公社起源十分久远，早在父系氏族社会的末期，就已萌芽。在村社共同体中，"士有当年而不耕者，则天下或受之饥矣；女有当年而不绩者，则天下或受之寒矣"(《吕氏春秋·爱类》。《管子》也有相同记载)。《史记·楚世家》所列楚人先祖世系表明，从帝高阳以降，均以父方血统计算世系；并且自吴回以后，多为一世一继。由此可知，楚人先民步入父系时代也同样为时久远。用不着说，楚人早期的农村公社，是以粗耕农业作为其经济特征的。

既然楚人进入农业社会的年代如此久远，而且在殷商时期，它又始终处于殷王畿以外自东而南的男服环列带中，那么，楚为殷代之男服，就不仅是可能的，而且是必然的。

《越绝书》载："汤行仁义，敬鬼神，天下皆一心归之。当是时，荆伯未从也。汤于是乃饰牺牛以事荆伯，乃委其诚心。"这里所说的荆，与伯连称，显然是指后来的楚。不过，说成汤之时荆伯云云，在年代上恐怕与史实不合。《今本竹书纪年》谓"（汤）遂征荆，荆降"，年代同样有误。《尚书·酒诰》："越在外服，侯、甸、男、卫，邦伯。"（《召诰》与此略同。周初金文也多有类似的记载）这表明，邦伯，是殷人对众庶邦邦君的通称。而与四服之称同列，又表明殷代四服之君亦可换言邦伯。所以，荆伯，就是指荆邦之伯。但荆为邦伯，当是在武丁开疆拓土，征服楚人以后的时期，而不是在更早的成汤之时。荆伯之称，是殷人强令楚为男服，使之服王事，而予其君相应的称号。这种情况，在殷、周时代，通称为"有职有贡"。

徐中舒先生讲殷商史迹，认为殷人在征服南方广大地区后，派其"子族"到那里征收赋税，同时强加徭役给那里的农村公社和农业部族。[1]楚人被殷王强令为男服，纳贡服役，正属相同情况。

殷代的外服制（即四服制），服与服之间界限非常分明森严，各服的职贡是不可易的。这种制度就是"指定服役制"[2]。指定服役制是中国殷商奴隶社会的特殊形式，与古代希腊、罗马的典型奴隶制有较大区别，而与古代日本社会的部民奴隶制又有相似之处。无论怎样，在这种社会形态下，既然经济上处于相当严格的单一服役制状态，那么毫无疑问，政治上也就必然是"尽人皆是的奴隶制"。这一点，正与马克思所分析论述的古代东方奴隶制的特点，基本相符。很明显，作为殷王室男服的楚人自然不会摆脱如此命运。因此，殷商时代的楚人，实际上就是殷王室男服的农业部族。

文明的史迹：先秦、巴蜀及南丝路历史研究（先秦史卷）

---

① 徐中舒：《殷商史中的几个问题》，《四川大学学报》哲社版 1979 年第 2 期。
② 徐中舒：《试论周代田制及其社会性质》，《四川大学学报》哲社版 1955 年第 2 期。

鄾，指鄾水，在罗、卢之间。楚伐罗济鄾，且受到罗、卢二国的夹击，说明楚进军路线是由北而南。《左传》庄公四年载，楚武王荆尸以伐随，卒于樠木之下，"莫敖以王命入盟随侯，且请为会于汉汭而还，济汉而后发丧"。汭，水之曲。汉汭，汉水之曲。以汉水长流之势及楚伐随的地形来看，汉汭当指汉水东向改而南流之处，似应在今襄樊附近一段。汉汭之会后，楚师随即济汉。由此可知，楚出师路线亦由北而南。如果楚都丹阳在枝江，楚出师就应当是由南而北。因此，丹阳决不会在南边的长江岸上。

《左传》桓公六年载斗伯比之言："吾不得志于汉东也，我则使然。……汉东之国，随为大。"两言汉东。汉东，指汉水之东，是相对于汉水之西而言的。假如楚都在长江之岸，就不会以汉东汉西立言。何况在楚都丹阳期间，史籍从来未提到楚人在长江有过活动，而每每言及汉水。这明显地表示出楚人的活动范围，在此期间均在汉水一带，而不在长江岸旁。《左传》昭公九年："及武王克商，……巴、濮、楚、邓、吾南土也。"邓在今河南邓州市。濮，当散处在今湖北西部及河南中部一线。巴，其时尚不在四川。据考证，当在今汉水上游[1]。巴、濮、楚、邓均在汉水流域中游以上，远离长江，何以谈楚都丹阳南至于枝江呢？《史记·楚世家》记载，楚武王熊通"始开濮地而有之"。熊通此时居地尚在丹阳，可证丹阳确在汉水中游以北。《楚世家》又记，楚成王之初，由于武、文二王伐灭荆山东麓及汉水东西两侧众小国，而使周室震恐，以致"天子赐胙，曰：'镇尔南方夷越之乱，无侵中国。'"。这就进一步证明，周室的南方，就是《左传》昭公九年所谓"南土"，均指汉水流域中部一带地区。《国语·郑语》载史伯说："当成周者，南有荆、蛮、申、吕、应、邓、陈、蔡、随、唐。"这些侯国均在汉水中游至淮水一带，它们就是周室当时的南土。韦昭云"南方，当成周之南，申、邓之间"，亦是此意。《诗·大雅·嵩高》记载周宣王封申侯于南阳之事，也屡言申地为"南国""南邦""南土"。以上所讲南土，均未提及长江一线地名，可见周室的南国、南土，是不包括长江在内的。实际上，周初所谓周南、召南，大致上就是以丰、镐、成周到汉水、淮水沿线之间的地带，距离江水还相去甚远。枝江自然在二南之外，亦不在南土之列。所以，楚都丹阳决不在枝江。

至于从秭归、枝江二说中派生出来的另一种折中说法，即"先秭归后枝江"之说（见《读史方舆纪要》卷七八），就更是没有根据，故不为学者所信。

---

① 童书业：《春秋左传研究》，上海：上海人民出版社，1980年，第242页。

此外，当涂说亦难使人遽信，古今学者对此多有怀疑，本文亦不再讨论。

从以上所列史料及论证来看，楚都丹阳在汉水中游，方向是可以肯定的。至于说丹阳究竟在哪里，宋翔凤认为是在丹、淅二水入汉处；裴明相则以为是在淅川下寺附近，很有可能是在龙城（顺阳）。从古史记载和考古资料来看，丹淅说和下寺说都有一定根据，均不可轻易驳倒（二说详见其文，本文不另列证据）。但是，二说都将丹阳肯定在某一点上，此则欠妥。

史籍记载，楚人往往有以故居名称命之以新居的习惯，即将其故居之名带至新居。例如，终春秋战国之世，楚都"郢"的名称，就在不同地方多次出现，如鄢郢，陈郢，纪郢等。到战国后期，"楚分而为三、四"（《荀子·议兵》），郢的名称，也就更为纷乱。这就说明，郢是春秋以后楚国都城的通称；而作为都城，郢又是不能以某一城池作为定点的。因而，我们对楚都丹阳的地点的探索，同样就不能定得太死，以为"只此一家，别无分店"。从史籍所载自熊绎至熊通皆都丹阳来看，作为从西周初期到春秋前半叶楚人故都之通称，丹阳也决不会只指一城一池，凝固在某一点上。

《左传》昭公十二年记载右尹子革之言曰："昔我先王熊绎，辟在荆山，毕路蓝缕，以处草莽，跋涉山林，以事天子，唯是桃弧棘矢，以共御王事。"这反映了楚人在败于成王南征之役后，刚刚移徙到"荆山"一带的情况。杜预云："毕路，柴车。蓝缕，敝衣。"就是说，楚人此时使用的是竹木制成的简陋的"柴车"，穿的是没有边缘，缀结而成的"敝衣"（参见《史记·楚世家》集解引服虔注《方言》卷四及郭注）。这显然是言其艰难困苦，破败不堪。很明显，"毕路蓝缕，以处草莽"，是开创之辞，是楚人离开故居到达生地而重新创业的原始记载。但是，《左传》宣公十二年栾武子亦谓"训之以若敖、蚡冒，毕路蓝缕，以启山林"。杜预注："言此二君勤俭以启土。"其艰苦创业的情形，仍然与熊绎时代完全相同。若敖、蚡冒的年代，相当于周宣、幽、平三王之际，上距熊绎所处的周成、康二王时期，已经间隔二三百年之久。在这样久远的年代当中，假如说楚人先君始终同在一地，世代因袭，进行开创，而其生产劳作环境竟然不得丝毫改变，几百年如一日，那是不可思议的，显见荒谬。应当说，上述情形反映的是楚人迁徙频繁这样一个事实。熊绎之"毕路蓝缕"，是刚从黄、淮之间迁来，重建家园之举，为首创之功；而若敖，蚡冒之"毕路蓝缕"，则是再度移居，又行开辟之举，为继创之辞。二者是绝不可能同壤而居的。因此，熊绎所居丹阳，与若敖，蚡冒所居，就决不会同指一个。

古代常见部族移徙的现象，史籍上多有记载。夏、商、周三代都是如此。夏都先后有阳城、西河、斟寻、帝丘、老丘等居处。殷人迁都更为频繁，史称"前八后五"，相加共达十三次之多。周人亦如此。其都先邠、而豳、而岐山、而丰、而镐、而成周，亦达六迁之数。这种迁徙频繁的情况，古称"不常厥邑"。所以楚人的数次移徙，并不是特殊的现象，而是与古代社会粗耕农业的经济生活以及战争和政治的需要，完全一致。

据上所言，我们认为，楚都丹阳确在汉、丹、淅三水之间，"不常厥邑"，屡有转移。而地处其间的丹淅二水交汇处和淅川下寺，都是楚人丹阳故居，都是楚人在其移徙过程中曾经停留过的地点。当然，楚都丹阳，很有可能并不止此二处，尚当另有所在。因为文献不足征，还有待于新材料的发现来逐步进行考察。

楚都丹阳以后，紧接着就是"文王徙郢"（《史记·楚世家》及《十二诸侯年表》）。这个郢，我们认为很有可能是今湖北宜城郑集的"楚皇（王）城"，而不是今江陵纪南城。然而这个命题，已超出本文范围，故不论列，当以专文论之。

由上可见，楚人早期的历史，是伴随着经常的迁徙移居而发展延续下来的。其居先是崇、郑之地，而后是东海之滨，再后是黄、淮之隙，最后才是三水之间。这中间的情况，是非常纷繁复杂的。由于书缺有间，其详难考，因之，一些学者就断然认为楚人是世居江、汉的部族，而忽略了对其早期历史的详细分析。鉴于这种情况，我们认为，除了上述关于楚人先民迁居的若干论证外，还有必要从楚文化形成的角度进行考察，以为辨正。

河南淅川下寺春秋楚墓，在年代上，可划为三个时期，即春秋中、中晚和晚期。其特点，大体说来：中期遗物具有大量的中原风格，不过，业已显示出后来楚文化特征的某种雏形。中晚期遗物中，楚文化的特点已经十分明显，一些能够代表这些特征的铜器出现。晚期遗物，其铜器已经完全形成了楚文化的典型特征。[①]这种情况表明，楚文化的最终形成，年代似应断在春秋中期和晚期之交。

早期的楚族，与中原有着十分密切的关系，尤其与殷商民族有至为密切的交往。从楚文化形成的特点来看，时间越为久远，其中原文化风格越多，地方特征越少，就是一个显著的例证。这里所说的中原文化，其内涵主要是

---

① 张剑：《从河南淅川春秋楚墓的发掘谈对楚文化的认识》，《文物》1980 年第 10 期。

指殷商文化。因为周代铜器，在其初期无论是形制花纹，还是风格特点，都上承于"大国商"。实际上周初文化的许多方面都如此。整个西周一代，从史籍看来。含有周人自己特点的文化，在边远地区，都远远赶不上殷商传统文化的影响之深之广。所谓"天子失官，学在四夷"（《左传》昭公十七年孔子语），就是对这种情况的一个十分生动的写照。春秋以前楚国器物在诸方面的风格特点，实际上就是同于殷商。联系到楚人在政治、经济和文物、制度诸方面，同殷人有着惊人的一致性，我们有理由认为，二者在地域上确曾有过壤连地接的毗邻关系。

殷商民族出于东方。《诗·商颂·玄鸟》所说"天命玄鸟，降而生商"，反映了殷人以玄鸟作为氏族图腾的事实。《左传》昭公二十年记载齐地早期的居民，说"昔爽鸠氏始居此地，……蒲姑因之，而后（齐）太公因之"。鲁国的曲阜是少昊之虚，蒲姑是殷商的同盟部落。因而可知，商人的先祖确为少昊部族之一；而山东半岛齐、鲁一带，正是殷商民族早期的活动地域。早期的殷商民族，是指在成汤伐桀以前，终夏后氏之世时期的殷商民族。在此期间，早期的楚人，就在山东平原南部活动，确与殷人有着密迩的关系。所以，楚国文化上承于殷商，是毫不奇怪的。此外，虽然楚人在周初成为周人的被征服部族，但由于楚、商之间已经是交往有年，根深蒂固，"大国商"的文化在弱小的楚人中保有深刻而久远的影响；同时楚人在周初又被迁徙到边远的周南地区，因而周人晚成的文化特点，在楚人早期的历史上所留下的印迹，几乎是微乎其微的。

从楚文化本身来看。到春秋中叶以后，楚国开始形成自己独特的文化特征。这主要表现在一系列出土的楚国铜器上。这种特征，是在中原文化的基础上，吸收南方的地区性民族风格融合而成的（而并不是"在吸收了中原文化成分和南方文化成分的基础上形成"。我们所说在"中原文化基础上"，与一些同志所说，在概念上有较大不同）。所以它才具有独树一帜的新的文化特征。这说明，一方面，楚国势力渐长，吞并了附近若干小国，融合了它们的文化色彩，从而为楚文化的出现提供了条件；另一方面，这又雄辩地证明，楚人并非"从来就处在江、汉流域"，它在春秋中期以后才具备这些地区的地方性特征，正是它作为一个外来部族的正确反映。造成这一情况的历史原因，就是殷、周之际的民族大迁徙。

殷、周之际，由于中原政治局面的剧烈变更，造成了民族的大迁徙。殷民六族、殷民七族、怀姓九宗等分别为周人分割，散处中原各地，这自不必说。同时，殷人及其所统属部族的很大一部分，又被迫向南或向北迁徙。《吕氏春秋·古乐》："成王立，殷民反，王命周公践伐之。商人服象，为虐于东夷，周公遂以师逐之，至于江南。"《孟子·滕文公下》也说："周公相武王诛纣伐奄，三年，讨其君，驱飞廉于海隅而戮之，灭国者五十，驱虎豹犀象而远之，天下大悦。"就是明证。这些南迁的殷人及其所属，部分进入黔中，成为畬族、瑶族的先民[1]，从而才形成了一种新的少数民族的文化类型。而周公东征，伐淮夷、残奄，"迁其君蒲姑"（《史记·周本纪》），又致使奄君蒲姑率其部族北迁，到达辽东半岛以至今朝鲜境内，成为夫余人的先民[2]，从而又创造出另一种不同类型的文化。这就说明，许多立足于中原文化基础而又吸收了地方色彩所形成的文化类型，是在中原政治大变动之际，由于民族的大迁徙所造成的。事实上，夏、商之际，"汤革夏命"，同样也造成了民族大迁徙。我们中华民族能够包含如此多样性的民族及地方文化，其渊源之一，应该上溯到上古民族大迁徙的时代。这也是中华民族形成的基本前提之一。

楚文化形成的年代及其特点，十分明白地反映了楚人从外迁徙到汉、丹、淅三水流域之间这一事实。这同前面所分析论述的自五帝时代至西周之初楚人的迁徙情况，完全一致。而"楚人世居江汉之说"，则与上述史实多相抵牾，因而颇难使人遽信。

---

① 徐中舒：《论商于中、楚黔中和唐宋以后的洞——对中国古代村社共同体的初步研究》，《四川大学学报》哲社版 1978 年第 1 期。
② 徐中舒：《西周史论述（下）》，《四川大学学报》哲社版 1979 年第 4 期。

楚人先民的世系和年代

　　楚人先民的史迹，从汉代以来的两千多年中，相继有人做过一些探索，也的确有过贡献。但他们遗留下来的文字材料，粗疏简略，零碎散乱，很不完整，且有不少脱漏讹误之处，远远不能构成一个恰当的研究系列。很清楚，对楚史及其文化上的黎明时期不做出应有的研究，就难以上溯其朦胧时期，也难以论断其后来的历史发展。因此，本文试对楚人先民的世系、年代作些初步探讨，以期对这一问题的研究有所帮助，不妥之处，诚望专家学者批评指正。

　　楚人先祖的世系，最早可上溯到五帝时代的颛顼。《史记·楚世家》云："楚之先祖出自帝颛顼高阳。"屈原《离骚》亦云："帝高阳之苗裔兮，朕皇考曰伯庸。"屈原"与楚同姓"，其先屈瑕乃楚武王熊通之子，为楚国莫敖，受屈为卿，因以为氏[1]，故其说反映了战国以上千百年间在楚人中世代相传的旧说。屈原之说是南方的产物；而《史记·楚世家》是根据《世本》等书所述世系，因而是北方的产物。南北两说的一致性，表明帝颛顼为楚人先祖的说法是可信的。颛顼之子，《史记·楚世家》作"称"："高阳生称。"而《大戴礼记·帝系》《山海经·大荒西经》及《人表》皆谓"颛顼生老童"，韦昭在《国语·郑语》注中也采取这一说法，比《史记》所记，均脱漏称的一代世系。《世本》记载，"颛顼生偁，字伯服"[2]，与《史记》相合。《山海经·大荒南经》亦记载，"有国曰颛顼，生伯服"。与《世本》对照，知伯服就是偁，即《史记·楚世家》所记的称。偁、称音近相通。称之子，《史记·楚世家》作"卷章"，《世本》《大戴礼记·帝系》并作"老童"，《山海经·西次三经》作"耆童"。谯周《古史考》注意到其间的形误，谓"老童即卷章"[3]，但却未能加以明辨，仅含混其词。卷章、耆童与老童，诸字形近而讹，乃是抄写之误，

---

①　见《史记·屈原贾生列传》、《离骚》王逸注、《经典释文》及《通志·氏族略》等。
②　吴任臣：《山海经广注》。
③　《史记》集解引。

正字应作老童为是。老童以下，《史记·楚世家》记载为："卷章（按即老童）生重黎。重黎为帝喾高辛居火正，甚有功，能光融天下，帝喾命曰'祝融'。"显然，司马迁是把重黎当作一人来看待的。但参证诸书，重、黎似为二人。《左传》昭公二十九年载蔡墨论古代社稷五祀之辞曰："少皞氏之叔曰重为勾芒（按指'木正'），颛顼氏之子曰犂为祝融。"犂即是黎，二字音形均相近。《国语·楚语下》记载楚昭王问观射父绝地天通之辞，其言有《周书》所谓重、黎实使天地不通者"之语。观射父也说："乃命南正重司天以属神，命火正黎司地以属民。"《山海经·大荒西经》亦云："常令重献上天，令黎卬（抑）下地。"这些记载均以重、黎为二人，而其年代相同。韦昭《国语》注曰："重、黎，官名。"又云："楚之先为此二官。"这是以阶级国家中的官制对此加以比附，不合原始社会的实际情况。《国语》《世本》《史记》及其他史籍都一致认为楚人是"重、黎之后"，表明重和黎同为楚人之先祖，同时二者又是各自部族的首领。从古代社会部落到胞族的组织结构来看，重和黎应当是同一个部落中的若干兄弟胞族中的两个，在外婚制条件下，不超出这个部落而在兄弟胞族间相互通婚，其后代虽然分属不同的胞族，但就这个部落的整体而言，是可以看成同族的，是一个大的血缘纽带所维系起来的血缘集团，所以重、黎才能成为这一血缘关系所产生的后代的共同先祖。《左传》和《礼记》中所见同宗收族之制，就是原始社会部落血缘关系残余的表现。《史记正义》引《吕刑传》云："重即羲，黎即和，虽别为氏族，而出自重、黎也。"这里把重、黎与羲、和分别等同起来，固属牵强附会，不足为据，但所说"别为氏族"，即部落以下又分为胞族的同祖的血缘集团，这是很有见地的。所以，以重，黎"别为氏族"的记载，不仅在时间上比《世本》《史记》所记为早，而且在情理上比司马迁以重、黎为一人名称的说法，理由似乎更为充分。而太史公之所以认为重、黎乃一人之称，可能就是由于忽略了"别为氏族"的缘故。

至于祝融之号，《史记·楚世家》由于已把重、黎合为一人，所以说"帝喾命（重黎）曰祝融"。而据《国语·郑语》，"夫黎为高辛氏火正，以淳耀敦大，天明地德，光照四海，故命之曰'祝融'，其功大矣"。又以黎为祝融，看来，重和黎都应有过祝融的称号，这是符合古代社会首领称号在部落内转移的特点的。祝融为火正之称。《史记集解》引虞翻曰："祝，大；融，明也。"又引韦昭曰："祝，始也。"这种解释与上引《国语》所述是一致的。重、黎二人之弟，诸书均记为吴回。北宋出土的《楚公逆鎛铭文》记为"吴雷"[①]，雷与回音近而讹，当从文献作吴回。关于吴回之事，《史记·楚世家》记载："共工氏作乱，帝喾使重黎诛之而不尽，帝乃以庚寅日诛重黎，而以其弟吴回为重黎后，复居火正，为'祝融'。"《路史·后纪八》亦云："黎卒，帝喾以（吴）回代之。"可见，祝融之号，不仅重、黎二人相继为之，他们的另一胞弟吴回亦在他们之后继续相承，从而成为据有祝融之号的第三人。重、黎和吴回兄弟三人先后作为祝融，一方面，这是同一部落以内三个兄弟胞族之间关系的反映；另一方面，它又是当时通行的部落首领推选制的产物，同时表明，祝融的称号属于这个部落所专有，乃是这个部落首领的称号，这一点，完全可以从其他部落无此称号的情形中得到证明。祝融称号在部落中的转移，而不是始终由一个胞族首领及其继承者所独占，这正是前阶级社会部落首领推选制的一般特点，意味着当时的楚人先民还处于军事民主主义的社会发展阶段。这种情况，同古籍所记五帝时代的社会背景也是完全相合的。

根据以上所引诸书的记载来看，重、黎与高辛同时，大致上是可信的。至于吴回的年代，古史记载延续较长，大致从帝喾高辛之末一直到帝尧、帝舜之际，这就颇有可疑之处了。《山海经·海内经》云："洪水滔天。鲧窃帝之息壤以埋洪水，不待帝命，帝命祝融杀鲧于羽郊。"这里的帝，应当是指帝尧；而祝融，则似乎是指吴回。《史记·五帝本纪》云："尧于是听岳用鲧，九岁，功用不成。"又云："于是舜归而言于帝（尧），……殛鲧于羽山，以变东夷。"重、黎与高辛同时，故在尧、舜之际殛鲧的祝融不可能是重或黎，而似为吴回。从世系的次第来看，尧继高辛为帝，吴回亦继重、黎为祝融，两者在年代上十分接近。但是，如按这种分析，则吴回历年长达高辛、帝尧和帝舜三世之久，这未免难以令人相信。从古代氏族部落首领称号的保留和世袭这个特点来看，祝融的称号，应当是在继承关系相对确定后，在吴回一系中继续有所流传，正如匈奴人的首领世代称为单于一样，不过由于史籍阙载，不可得其详罢了。

吴回之子陆终，其年代当在虞、夏之交。《史记·天官书》云："昔之传天数者，高辛之前，重、黎；于唐、虞，羲、和；有夏，昆吾。"《墨子·耕

---

① 郭沫若著：《两周金文辞大系图录考释》，北京：科学出版社，1957年。

柱篇》亦云："昔日夏后开使蜚廉折（采）金于山川，而陶铸之于昆吾。"夏后开即是夏启，禹之子，为夏代开国第一王。昆吾为陆终长子。《国语·郑语》韦昭注曰："昆吾，祝融之孙，陆终第一子，名樊，为己姓，封于昆吾。"可知樊以居为氏，昆吾是其氏号。既然昆吾处夏启之时，陆终乃其父，年代稍早，那么，陆终介于虞、夏之交，看来似无问题。

季连为陆终少子，与长兄昆吾同处有夏初年。其后，附沮、穴熊，一脉相传，年代相近，史无异词。但是穴熊之后"中微，或在中国，或在蛮夷，弗能纪其世"[1]。直到殷代末叶，才有鬻熊于史可征。从穴熊到鬻熊，其间书阙有间长达上千年之久。杜预以为鬻熊为祝融十二世孙[2]，似难凭信。古代人们有生之年远少于今世，何以祝融后代每世皆享年百年上下？清代学者梁玉绳《史记志疑》提出杜预之说"未知出何书"，对此表示怀疑。梁氏的质疑并不是没有道理的。但其间究竟有几世之传，难以详知，姑存疑。

至于鬻熊，其年代也有必要加以考订。《世本》《史记》《列子》及南宋郑樵《通志·氏族略》，都只记鬻熊为"周文王师"，或"子事文王"。《史记·楚世家》有两处提到鬻熊"蚤（早）卒"，未能活到武王伐纣之日，这应当是可信的。但是，西汉后期刘向撰《别录》，却以为鬻熊长寿至于周成王之世。"（刘向）知（鬻熊）至成王时尚存，定熊自封丹阳。"[3]从汉至唐，从刘向之说者大有人在；即使今天，信其说者亦不乏其人。[4]这是值得商榷的。

《史记·楚世家》云："楚子熊绎与鲁公伯禽、卫康叔子牟、晋侯燮、齐太公子吕伋，俱事成王。"《左传》昭公十二年记楚灵王曰："昔我先王熊绎，与吕伋、王孙牟、燮父、禽父，并事康王。"《史记·三代世表》中的周、鲁、齐、晋等《表》，都记伯禽、吕保和晋侯燮与康王同时。据此，周成、康二王之际，熊绎乃是楚人的首领。就社会组织而言，他也是熊氏父系大家族的一家之长。而作为熊绎曾祖父的鬻熊，既然其时已名不列氏族，那么，其"早卒"就应当是有根据的。《史记·周本纪》记殷纣王之时，"太颠、闳夭、散宜生、鬻子、辛甲大夫之徒皆往归之"，即避纣王之害而投奔周文王。太颠、闳夭、散宜生及辛甲大夫，都是当时社会名流，同时又是各自部族之首。鬻

① 司马迁：《史记·楚世家》，北京：中华书局，1959年。
② 《左传》僖公二十六年杜预注，十三经注疏本。
③ 宋翔凤：《过庭录》，《皇清经解续编》卷四一四。
④ 孙重恩：《楚始受封者——鬻熊》，《江汉论坛》1981年第4期。

熊与其同列，表明在殷商末叶，熊氏部族的首领是鬻熊。此五人奔周，事在"文王受命"之前（参见《史记·殷本纪》及《周本纪》）。其中鬻熊"为周文王师"，辅佐文王以谋翦商大事。这些在史籍中是清清楚楚的。但是，及至武王克纣，却不见有关鬻熊的记载了。史称克纣之后，"散宜生、太颠、闳夭皆执剑以卫武王"[①]。

此时已没有鬻熊其人。《尚书》和《孟子》讲到武王伐纣的功臣，皆谓有"乱臣十人"。乱者，治也。此十人中有太颠、闳夭、散宜生之流，助武王伐纣之事，多有功业。而鬻熊当时已名不列《经》《传》。由此看来，武王伐纣之时鬻熊已去世。如果周初分封之时鬻熊健在，那么，作为熊氏一系的首领和家族之长，同时作为已故周文王的谋臣，受封者自然应当是他，而不会是熊绎，但事实上受封者却是后者而非前者。此外，《逸周书·作雒篇》记熊氏族部落参与三监及武庚禄父之乱，"熊、盈以略"。《路史·后纪八》亦云："成王时熊氏畔。"而《史记·周本纪》记鬻熊奔周，周原甲骨也有"曰今秋楚子来告父后"的卜辞，可以作为印证。假如说这一奔一叛都发生在鬻熊一人，那就既没有理由，也找不出适当的条件来予以证明。因此，周成王之时，鬻熊确已"早卒"。至于刘向之说，则很有可能是根据晚出的《鬻子》一书中有关记载而为之。与更晚一些班固《汉书·艺文志》中所著录的《鬻子》相同，刘向所本原非真本，当是战国初中期学术之风大开以后，学者们采摭市井之言而成。梁玉绳《史记志疑》说："《路史·后纪八》注据《鬻子》书'九十见文王'之语，以《史》言'早卒'为谬，非也！今《鬻子》是伪书，故有封康叔及三监、曲阜事，而《贾子·修政》载成王六岁往鬻子之家问道，恐亦难信。"梁氏之说不无道理。如上所述，鬻熊的年代当在殷商末叶，周武王伐纣之前。

鬻熊之后，"其子曰熊丽，熊丽生熊狂，熊狂生熊绎"[②]。对熊丽、熊狂二人，其他史籍亦仅列其名，不记其事，其生平难以查考。只《墨子·非攻下》记有"楚熊丽始讨睢山之间"一语。清代学者毕沅校注本谓"讨"字应当作"封"，即原句应为"楚熊丽始封睢山之间"。毕沅的说法得到一些学者的赞同。但毕沅并没有什么可以凭信的史实作根据，改"讨"为"封"，大有

文明的史迹：先秦、巴蜀及南丝路历史研究（先秦史卷）

---

① 《史记·周本纪》，又见《逸周书》。
② 司马迁：《史记·楚世家》，北京：中华书局，1959年。

可疑之处。首先，楚人受到分封是在周成王时期，受封者是熊丽之孙熊绎，而不是熊丽。熊丽在鬻熊之后，处周文王、武王之际，其时并未受封。其次，《史记·十二诸侯年表》中的《楚表》记周成王之时熊绎为"初封"，《楚世家》说是封于丹阳，这正与楚人跟随三监反叛失败被周室西迁至于丹阳的事件相合。①《楚世家》明言成王"举文、武勤劳之后嗣，而封熊绎于楚蛮，封以子男之田，姓芈氏，居丹阳"。这里，"文"指周文王，"武"指周武王，勤劳于文、武克商大业的是指鬻熊。因为鬻熊曾"子事文王"，又"为文王师"，于周室为有功之臣，所以固然有楚人的反叛，周室亦要"举其后嗣"，给以分封。这同时也表现了《论语·尧曰》所载古代"兴灭国，继绝世，举逸民，天下之民归心"的传统政策。周室举熊绎为初封，举即是封举、拔举、提拔之义，本身就包含有显示周王室所给予熊绎的莫大恩泽的意思。既然周王室把恩泽施予熊绎，举其为鬻熊之后，封为周室的男服诸侯，那么，举兵从三监之乱的就不可能是熊绎。而熊丽、熊狂父子二人生平事迹既然不见于诸史，究其原因，也就有可能是由于他们在作为继鬻熊之后的楚人首领之时，曾率部参与了三监之乱，在"惟（成）王于伐伯"②之役中，为周师所诛，或为周室所贬。因而，周初对楚国的分封，就不是封赐他们二人，而是举其后嗣而封之。这样看来，《墨子·非攻下》关于熊丽的说法，或许就是由于这样的背景显而易见，所谓"熊丽始封"之说是不能成立的，从而，由毕沅误改"讨"字作"封"而引起的所谓"熊丽之时楚人已建其封国于睢山"的说法，自然不足凭信。

根据古史记载和上面的论述，关于楚人先民的世系和年代，可列出如下简图（表）（图一、表一）。

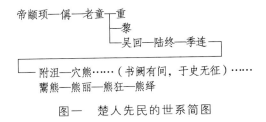

图一　楚人先民的世系简图

---

① 参见拙作《楚地初探》，四川省民族研究所编，1982年先秦史学会第一届年会论文集《民族论丛·先秦民族史专辑》。

② 周成王时铜器《矢令筑》铭文曰："惟王于伐楚伯。在炎。"伯氏族长、部族长之称楚伯即是楚人的部族长的通称。此器铭文见郭沫若：《两周金文辞大系》。

"乃有刺之木"①，自然可以用为制作古耒的原材料。徐中舒先生说荆，"因用树枝耕，故得训为楚木"。荆字会以持耒耕于井田中之意②，而耒由荆楚之类树木制成，这也是荆楚二字同源关系的一个重要证据。

对于甲骨文中楚字之形，有同志提出"正楚""足楚"之分，即认为是两个类型，"正楚"见于殷墟卜辞，"足楚"见于周原卜辞，二者不能混淆，亦不能互相取代。③这一看法似可商榷。

殷卜辞中所见的楚，其形从林从𣥂，周原卜辞所见的楚，其形从林从𤴂。殷周甲骨文所见果然可从字形上分为两型吗？我以为不可。因为卜辞中的𣥂、𤴂，虽然可以足、正看待，但殷卜辞中足、正本为一字，均从口从止，形体全然相同，故楚字所从之𣥂，既可释为足，又可释为正。如果可以分为"足楚""正楚"，那么殷卜辞中的楚字就可适应这两种称呼，无论称其为"足楚"或"正楚"都是可以的。郭沫若同志就曾考释殷卜辞中有从足之楚。④可见，所谓殷用"正楚"、周用"足楚"的说法是没有充分根据的。至于周原甲骨中的楚字，其形则显然从殷卜辞中楚字之形演化而来。周原甲骨的作者出自殷人⑤，周人的文字系统本身便是承袭殷人发展而来，殷周甲骨文中楚字的形体即体现着这种继承发展关系，应属同一类型，把它们分为两型似欠妥当。

关于楚字的意义，从甲骨文看，其所从之林，为林木或丛木之意；而所从之𣥂字，从口与从方同意，方者国也，殷代部族多称为方，《说文》亦云"从口，象国邑"，即象居邑之形，𡴀在口下，象足趾之形，故有居留之意。引申之，会以居邑于林中之意。殷墟甲骨文中所见楚皆地名之称，实则因为有人居邑于楚木丛林中之故。再引而伸之，那些居于荆楚丛林之中的部族便为人们以其所居地名而称之为楚，此即古人所谓"以居为氏"⑥。楚为丛木是人们早在甲骨文时代以前就已形成了的概念，因而在甲骨文中才会出现以楚命名的地名和族称。从楚为丛木到殷卜辞中楚为地名之称直到周原卜辞中楚为族名之称，从中不仅可以窥见楚字含义一再引申的过程，而且这一过程本身恰恰也反映了这种引申的必然结果，这与古人的居住情况和氏族名号的关

① 商承祚：《说文中之古文考》，上海：上海古籍出版社，1983年。
② 徐中舒：《耒耜考》，载《中央研究院历史语言研究所集刊》二本一分，1930年。
③ 王光镐：《商代无楚》，《江汉论坛》1984年第1期。
④ 《粹》七三片《考释》。
⑤ 徐中舒：《周原甲骨初论》，载《四川大学学报丛刊》第十辑《古文字研究论文集》。
⑥ 参见王符《潜夫论·志氏姓》、应劭《风俗通义》等姓氏书。

系是若合符节的。显而易见，卜辞中的楚字既无所谓褒义和一般写实意义的区别，亦无所谓特指中原范围内某些地点和特指楚国的区别。至于过去有的学者认为似乎殷卜辞中所见的楚均为特指芈姓熊氏之族的看法，则无论对于甲骨文所见还是文献所载的诸楚，都无法使其相互印证，因而失之片面。

三、荆楚用为泛称地名

荆楚首先是指木而言，继而用为地名之称，表示地貌特征，指代荆棘楚木繁盛茂密之地。在上古时代，曾有一个幅员相当辽阔广袤的地域丛生着荆楚一类植物，以其地貌特征而名之，就被人们习称为楚或荆。

殷墟甲骨文中的楚均非楚国之楚，如甲文："于楚又（有）雨。""莅于楚。"①两片卜辞所记的楚均为地名。第一片是殷王祈雨仪式的记录。第二片的楚作🦶，郭沫若同志谓其"殆楚字之异，疑即楚丘"②。两个楚字写法有异，可能分别表示不同的两处楚地，一为殷王为之祈雨之所，一为殷王祀山所至之地。③甲骨文中亦有作为殷王田猎所及之地的楚（见《善斋》藏拓本），徐中舒先生《殷周之际史迹之检讨》谓其地"似不能远至荆楚（按指楚国——引者）"④。李学勤先生等也明确指出："殷墟卜辞中的'楚'地与楚国无关，这是甲骨学者已证明了的。"⑤过去曾有学者认为明义士《殷墟卜辞》第 222 页 2364 版所著录的"辛卯帚（妇）楚"之楚是芈姓熊氏之楚，现在看来似不能如此判言，此楚应指若干居楚部族中的某一个，而不是熊氏楚国的专指之辞。

殷商时代可以称为荆楚的地域极广，甲骨文所见不过是其中几处，从文献方面考察，不仅在殷代王畿北面，而且在其西方和南方都不乏称为荆楚者。《竹书纪年》记载：成汤二十一年，"商师征有洛，克之，遂征荆，荆降"。又载：殷武丁三十二年，"伐鬼方，次于荆"⑥。荆与楚同意。有洛为居于洛水之滨的方国，鬼方则是活动于今山西南部及其附近一带的部族，均在殷代王畿之西与西北之间。位于此二方国附近的荆为地名，亦方国名，表示此方国居邑于荆楚丛林之中。《竹书纪年》所见荆似为殷代荆楚之地在王畿西方和

---

①《粹》一五四七、七三。

②《粹》七三《考释》。

③《粹》七三《考释》。

④ 徐中舒：《殷周之际史迹之检讨》，《中央研究院历史语言研究所集刊》七本二分，1936 年。

⑤ 李学勤、王宇信：《周原卜辞选释》，《古文字研究》第四辑，北京：中华书局，1980 年。

⑥ 并见王国维：《今本竹书纪年疏证》，沈阳：辽宁教育出版社，1997 年。

西北方最远所及。旧说此荆为芈姓熊氏之国，不确。终殷商之世，楚国王族的先民均在殷王畿东方活动居息①，与王畿西方和西北方的荆地及族系无涉。

《孟子·公孙丑上》记载殷高宗武丁之时，"朝诸侯，有天下，犹运之掌也"，猛烈开疆拓土，《诗经·商颂·玄鸟》谓其"邦畿千里，维民所止，肇域彼四海"，其兵锋所至之地就有荆楚，为南方之地。《诗经·商颂·殷武》记载："挞彼殷武，奋伐荆楚，深入其阻，裒荆之旅，有截其所，汤孙之绪。维女荆楚，居国南乡，昔有成汤，自彼氐羌，莫敢不来享，莫敢不来王，曰商是常。"诗中所说荆楚，旧说为熊氏楚国，不确，应为泛称地名之辞，商师伐荆楚，指其征伐居于荆棘楚木茂密之地的方国或部族②，此荆楚居邑于荆楚丛林深处，正是甲骨文中楚字的含义所在，也合于"奋伐荆楚，深入其阻"之说。武丁所征伐的荆楚位于殷王畿的南乡，即是殷代的南土，大致相当于汉、淮之间的地带。可见殷代的南乡亦可称为荆楚。

殷周之际，荆楚地名见于文献者更多，范围也更广。史载在今陕南、豫西、鄂西北之间有若干称为荆楚的地名和山名。《帝王世纪》记载周王季历下葬之处为"鄠县之南山"③，《续汉书·郡国志》注引《帝王世纪》谓"（鄠县）南山有王季冢"，而"南山曰商山，又名地肺山，亦谓楚山"④。《战国策·魏策》载惠施云"昔王季历葬于楚山之尾"，可与之印证。又《括地志》云："终南山，一名桔山，一名楚山。"以上均为陕南有楚山之证。《左传》昭公十二年记载熊绎"辟在荆山，筚路蓝缕，以处草莽"，所说荆山在鄂西北地区。宋代出土的周初铜器《季𡚼鼎铭文》也有楚地之载，其文云："正月，王在成周。王徙于楚麓，命小臣𡊍先省楚𢍰。王至于徙居，无遣。"楚麓应指楚山之麓，楚𢍰则是为王在楚地设立的行帐。楚麓和楚𢍰所在虽不能确指，但联系上文"王在成周"一语，可推知其地应近于成周及其附近一带。周成王时铜器《矢令簋》记载"唯王于伐楚伯，在炎"，此炎应指郾陵⑤，周成王东伐楚伯而过郾陵，由此可知豫南及豫中一带亦有称为楚的部族。

在东方近于东海之滨的长江下游地区，殷周之际也有荆楚见称于世。

① 郭沫若：《中国古代社会研究》，《两周金文辞大系》；胡厚宣：《楚民族起于东方考》，北大潜社《史学论丛》第一册；拙作：《楚地初探》，《民族论丛》第二辑《先秦民族史专集》。
② 参见拙作《楚为殷代男服说》，《江汉论坛》1982年第9期。
③《史记·周本纪》裴骃《集解》引皇甫谧之说。
④《太平寰宇记》卷一百四十一引《帝王世纪》。
⑤ 段渝：《楚地初探》，载《民族论丛》第2期，《先秦民族史专集》，四川民族研究所，1982年版。

《史记·周本纪》记载古公亶父欲以氏族长地位传至季历以传昌，长子太伯、中子虞仲"二人亡如荆蛮，文身断发，以让季历"。同书《吴太伯世家》载："太伯之奔荆蛮，自号句吴，荆蛮义之，从而归之者千余家，立为吴太伯。"所谓荆蛮，是指居于荆楚丛林中的部族。太伯、虞仲所奔的荆蛮即是后来的吴越之地，应是荆楚地域的东限所在。

在西周一代，虽然荆楚逐渐演为熊绎所建楚国的专名，但其作为泛称地名之遗风犹可窥见。《史记·楚世家》记载周成王"封熊绎于楚蛮"；又记楚武王追忆"成王举我先公，乃以子男田令居楚"；并记周夷王之时，熊渠立其三子为王，分别为句亶王、鄂王、越章王，"皆在江上楚蛮之地"。在这三段中，两言楚蛮，一言楚，显然均与熊氏楚国之楚相对举而言。不言而喻，先于熊绎楚国分封所至，这一楚地上本来就有被称为楚蛮的部族活动居息。这两个楚蛮既不是同一地点的同一部族，更不是熊氏之楚，这就明确反映了作为泛称荆楚地名之楚与作为专称楚国国名之楚的关系。

春秋时代，以楚命名之地仍然斑斑可见。《左传》隐公七年、僖公二年、襄公十年均记有"楚丘"，即所谓"东、西二楚丘"，一在卫地，一在曹境。楚丘之名自然不能理解为楚国所居之丘，它是合地貌地形而言之，楚为地貌之称，丘为地形之称，表示山丘之意，楚丘连称则表示长满荆棘楚木的山丘。《左传》成公十三年记有"新楚"地名，杜预谓"新楚，秦地"，其地当在今陕西大荔县境。[1]《左传》昭公二十二年也记有"王师军于京楚"，京楚为地名，江永《春秋地理考实》谓其地近于洛阳。至于散见于诸书中关于荆楚以及荆山、楚山、荆水、楚水一类记载，就更是不胜枚举。到战国时代，根据《尚书·禹贡》记载，荆楚之名仍然可见。《禹贡》所载"荆岐既旅"，是指雍州之地而言；所说"荆及衡阳"，是指荆州之地而言；所称"荆河"，则是指豫州之地而言。[2]《禹贡》所谓"九州"中既有三州称荆，则荆楚非专指一地一族已可概见一斑。

上述荆楚之称见诸各地的情况表明，荆楚相通，在表示地貌和指代地名时是作为泛称名词使用的。大致说来，西起渭水中游，东至长江下游，北达山东平原，南及淮水流域，都有荆楚地名见称于世，说明荆楚原是一个十分广袤的地域范围的总称，在这一地域中的居楚部族也非只有一系。假如把纵横上千里以上的荆楚之地一概视为熊氏之族的故土，从而把活动居息在这一

① 杨伯峻：《春秋左传注》成公十三年，北京：中华书局，1981年。
② 俞正燮：《癸巳存稿》卷一《书禹贡地里古注考后》。

辽阔土地上众多的荆蛮楚蛮视为熊氏一族，那就与历史实际相去太远了。

四、荆楚由泛称地名向专称国名的演化

荆楚由泛称地名向芈姓熊氏之族的专称国名的演化，开端于殷周之际，其标志是鬻熊的西土岐山之行。周原甲骨有两片卜辞反映了周楚早期的关系："楚伯迄今秋来西王其则。"①"曰今秋楚子来告父后口。"②这两片甲骨卜辞所载是同一事件的始末，在时间上前后相承，均为今岁之秋。上一片卜辞所称王是指周文王，因为周原甲骨中称王卜辞的年代应断在周文王之时。③下一片卜辞亦应为文王时期的遗物。所说楚伯，伯为氏族长、部族长之称，非爵位名。所说楚子，在此为养子之谓，亦非爵位名。合两条卜辞而观之，大意是记载楚人的部族长抵至西土岐山，周文王按照古代氏族部落间通行的习惯予以接待，楚人部族长则以养子身份向养父告受册命，感谢接纳恩泽。从文献来看，周楚之间的最早交往首见于《史记·周本纪》"闻西伯昌善养老，太颠、闳夭、散宜生、鬻子、辛甲大夫之徒皆往归之"，即迫于殷纣王之暴虐而投奔周文王。《史记·楚世家》则明言："周文王之时，季连之苗裔曰鬻熊。"可见，周文王之时鬻熊确实有过西土岐山之行。鬻熊此行结果如何呢？《楚世家》谓"鬻熊子事文王"。所谓"子事文王"，过去有学者以为是鬻熊的儿子从事文王。④实际上，子乃名词用如动词，且为动词使动用法，可释为像儿子一般从事于文王。联系到周甲 H11：83 中"楚子"与"父"对举，则知是鬻熊以养子身份为周文王服务，出谋划策，以筹灭殷大计。鬻熊投奔周文王之时是以部族长资格前往，故卜辞始记其为楚伯；一当周文王接纳其为养子，鬻熊以此新的身份向文王告受册命，卜辞则记其为楚子，这就是"鬻熊子事文王"一语的由来。《史记》所载与周甲所刻正可谓相互印证，互为注解，说明了这一关系的可靠性。终西周春秋之世，楚君无一不被周王室目为楚子，楚子之名即由此而来。

鬻熊奔周而被文王称为楚伯、楚子，是鬻熊及其族系最早被周人名之为楚的记录，其命名根据在于鬻熊从荆楚之地前来，依照"以居为氏"的传统命氏之法，故周人的祝宗卜史在甲骨上刻下了鬻熊被称为楚的情况。这一事

① 周甲 H1：14。
② 周甲 H11：83。
③ 徐中舒：《周原甲骨初论》，载《四川大学学报丛刊》第十辑《古文字研究论文集》。
④ 例如，宋人邓名世就持此见解，见所撰《古今姓氏书辨正》。

件成为荆楚由泛称地名向专称国名演化过程开始的标志。由此直到西周初年周成王分封熊绎于楚蛮，则是荆楚由泛称地名演化为专称国名的实现阶段，即鬻熊及其后裔被周人习称为楚的阶段。这可从周公奔楚事件中窥其梗概。

《史记》中的《鲁周公世家》和《蒙恬列传》并载周成王之初，"人或谮周公，周公奔楚"，《左传》昭公七年记载子服惠伯之言亦说周公曾到过楚国，可知周公所奔的楚不是泛称地名的楚，而已成为熊氏楚国的专有称谓。

熊绎所建楚国又称为荆。《左传》昭公四年记载"六王二公之事"，其中讲到"成有岐阳之蒐"。周成王举行的岐阳之蒐有楚国参加，代表者是熊绎。因为此时鬻熊已经"早卒"，其子熊丽、其孙熊狂似乎也在周公东征之役中为周师所击杀，或为周室所废黜①，所以在周成王回师岐阳后所举行的大蒐中，楚人的参加者必然只能是熊绎。成王岐阳之蒐中楚国所处的状况，《国语·晋语八》记载云："昔成王盟诸侯于岐阳，楚为荆蛮，置茅蕝，设望表，与鲜卑守燎，故不与盟。"楚人首领虽到岐阳却不能正式参与诸侯会盟，原因之一，就在于楚人是被周公东征所征服并强迫迁徙异地的"熊、盈"族中之一，是失败之师，自然不能同胜利之师共席与盟。熊绎未能正式与盟的另一个重要原因，则是在于"楚为荆蛮"。《国语·晋语》韦昭注说荆蛮是"荆州之蛮"，不确，"荆州"为战国以后概念，西周初年何来此称？楚人屡言"我蛮夷也"，荆蛮便表示其为荆地之蛮，与楚蛮同意。周成王封熊绎于楚蛮，很有可能此封就是在岐阳之蒐时确定下来的。熊绎初封为楚，而"楚为荆蛮"，不言而喻，西周之初熊绎建国时就可称之为荆，楚与荆都是熊绎之国的国名。大约在西周中叶以后，这一专称固定下来，其他居于荆棘楚木中的部族就不再被称为楚和荆了。需要指出的是，殷末周文王称鬻熊为楚伯、楚子，是视其为楚族之长，故当时的楚还只是部族之称，仅指作为周文王养子部族的鬻熊一族。而熊绎建国所称楚则为国称，不仅指楚国王族，而且还包括"子男五十里"的国土及居于其内从属于楚国王族的其他部族，因此二者的内涵是有所区别的。尽管如此，殷代末叶确实已有被称为楚的鬻熊之族见称于世，故笼统地说"商代无楚"是不够确切的。

五、周昭王南征所伐的楚荆

周昭王曾率西六师大举南征，历时三年，其兵锋所指主要是"楚荆"。

---

① 见拙作《楚人先民的世系和年代》，《江汉论坛》1983 年第 10 期。

古本《竹书纪年》记载："周昭王十五年，伐楚荆，涉汉。"又载："十九年，丧六师于汉。"①《吕氏春秋·音初篇》亦载："周昭王将亲征荆。"这一战役也反映在昭王时铜器《过伯鼎》《耿驭簋》《鼐鼎》等铭文中。昭王南征所伐楚荆，诸史作者和注家都一致认为是熊氏楚国，史学界多年来对此亦无异议，但由于荆楚国名问题长期以来未得深入讨论，以致有同志在主张"荆楚两国"的同时，提出昭王所征不是熊氏之国，而是另一个同它毫不相类的荆国。这一提法果真有确切根据吗？

从史实来看，《左传》僖公四年记载齐桓公以诸侯之师侵蔡，遂伐楚，使管仲对楚使陈述其伐楚理由之一云："昭王南征而不复，寡人是问。"又载楚使对曰："昭王之不复，君其问诸水滨。"杜预注曰："昭王时汉非楚境，故不受罪。"按杜氏之说未确，已为清儒宋翔凤所驳。②西周时代楚国的都城在汉水、丹水、淅水之间，即《史记·秦本纪》《楚世家》及《韩世家》所载秦楚丹阳之战的丹水之阳。既如此，就不能再以杜预之说为据。齐桓公之所以要问楚国以"昭王南征而不复"之罪，明显地是把南征同讨伐楚国联系在一起，表明楚国确实是昭王南征的目的地所在，同时也表明以齐桓公为代表的中原诸夏确实认为楚国是制造昭王南征而不复这一事件的祸首。至于楚使所答"君其问诸水滨"，对齐桓公所问之罪既不承认，也不否认，则显然是推脱之辞。昭王时铜器《史墙盘铭文》记载"宏鲁昭王，广能楚荆，惟患南行"，广能楚荆是指昭王对楚国曾采取"柔远能迩""怀远以德"③之策，但却由于此计失败而易之以武力征服，然而其穷兵黩武亦不但不能奏效，反而"丧六师于汉"，昭王本人亦殒于汉水之中④，身败名裂，故又有"惟患南行"之说。《史墙盘》把这些史实同楚荆联系在一起，与同期铜器《过伯簋》《耿驭簋》《鼐簋》等铭文所记昭王伐楚荆、荆或反荆的史实完全相同，这就说明昭王南征所伐的楚荆确如诸书所说是熊氏楚国，而昭王之死，也正如管仲所言，是与楚国直接相关的。

至于《吕氏春秋·音初篇》所载"周昭王将亲征荆"的荆，当然也不能成为荆是一个与楚国毫不相干的独立方国的证据。因为《吕氏春秋》对熊氏楚国的称呼，或称楚，或称荆，所指皆一，其间并无区别。造成称楚称荆的

①《初学记》卷七《地部下》引。
②《过庭录》，《皇清经解续篇》卷四一四。
③《左传》僖公七年，十三经注疏本。
④《吕氏春秋·音初篇》《史记·周本纪》。

原因，首先在于荆楚同义，作为国名彼此亦可互称或至连名相称（如荆楚、楚荆），正如孔颖达所说："荆、楚，一木二名，故以为国号，亦得二名。"[①]其次，《吕氏春秋》这部书是由吕不韦招募宾客集体创作，内容庞杂，参加写作的各宾客幕僚按照各自的习惯对楚国或称楚，或称荆，这是不足为异的。如果我们通观全书对楚荆的记载，或对照先秦诸子，就会明白《吕氏春秋》所称楚或荆均指楚国，两名并无二致。何况《吕氏春秋·季夏纪》在记述昭王南征时也说"周昭王将亲征荆蛮"[②]，正合于《国语·晋语八》"楚为荆蛮"之说。而且即令是《吕氏春秋·音初篇》所说周昭王"亲征荆"，也恰恰在《竹书纪年》中称为"伐楚荆"，两相对照，亦可知荆与楚荆所指皆一，无法把楚荆说成毫不相干的两个部族。可见，荆楚两国的说法，在周昭王南征伐楚荆的事件中找不到任何根据，而上面所述史实却证明昭王所伐的楚荆确实是熊氏之国。

六、余论

荆楚成为熊绎所建封国的专名，有一从泛称地名向专称国名逐渐演化的过程，这一过程不仅历年久远、史无明文，而且纷繁复杂、难以缕析，呈现出同一名称的不同含义交织混杂的状态。荆楚名称的演化，大体上可从四个方面加以概括说明：

第一，作为植物名称的荆楚，指木而言，这一意义从甲骨文时代以前就已具备，是最初的含义所在，至今而然。

第二，作为地名的荆楚，表示荆棘楚木茂密繁盛之区。甲骨文中的楚地按其形义引为居邑于荆楚丛林之中，亦为地名。在殷商一代，除殷末鬻熊的楚族外，荆楚均为泛称地名和族称。

第三，作为族名的专称，指鬻熊一系的楚族。由于鬻熊从荆棘楚木丛林中的居邑前往西土岐山投奔周文王，以其居邑特征而言，故文王称其为楚，此即所谓"以居为氏"。从周文王时期开始，楚荆逐渐成为鬻熊一族的部族之称。

第四，作为国名的荆楚，专指熊绎所建之国，始自周成王对熊绎的分封。一则这是因袭文王时期对鬻熊部族的旧称，二则因为熊绎分封所至是在楚蛮之地。熊氏荆楚国名的专称化，至此完成其演化过程，一直行用到战国

---

① 《春秋经》庄公十年正义。
② 《左传》僖公四年孔颖达疏引。

末年楚为秦灭。

上述四个方面从年代而论，似乎也可相应划为四个时期，即前殷时代、殷商时代（甲骨文时代）、殷周之际和西周前半叶，但每一时期之间的联系以至某种意义上的交叉重叠是不可避免的，尤其是荆楚指木之意贯通古今，而作为地名之称直到战国秦汉间仍屡见于史册。所以我们对荆楚名称演化的总过程及其大体步骤做出上述分析论述时，是以相互联系和延续发展的观点进行考虑的，而不是孤立地间断地来观察这一过程。

| 33 |

论周、楚早期的关系

一、概论

在西周一代，楚国历史发展的诸方面，无不同它与西周王室的关系密切相关。周、楚关系的基本方面，是周对楚的统治，和楚对周的从属。但是在具体的历史进程中，两国关系却呈现出复杂的状态，既有和平的交往，又有战争的对抗；和平与战争的交替，构成周、楚关系的重要内容。西周时代的周楚关系，根据其发展特点，可以划分为三个阶段。

从西周王朝建立到成、康二王之际，是第一个阶段。在这一阶段，周王通过"授民授疆土"的分封形式，确立了周对楚的统治地位，楚国成为周室的诸侯国。但是，楚在周王朝的地位，却远不能与"以藩屏周"的王室姻亲和同姓诸侯相提并论。楚国之封，仅为男服，封土不过子男五十里之田，其性质在于服王事，纳贡服役。但在所谓"成康之治"的和平环境中，楚国一方面，"惟是桃弧棘矢以共御王事"[1]，另一方面则经过艰苦创业，得以缓慢发展，逐渐形成了一定的国力。

从周昭王到周夷王，是周、楚关系的第二阶段。在这一阶段，楚国转而采取初步扩张的战略态势，并对周王室进行反限制斗争，过去的统治与从属关系一度破裂，而代之以战争的形式。到周夷王之时，王室衰微，"诸侯或不朝，相伐"[2]，中原再度出现混乱局面。此时，楚子熊渠乘乱进取，一举征服"江上楚蛮之地"，立其三子为王[3]，表现出对周天子无上权威的公开践踏。

从周厉王到周室东迁，是周、楚关系的第三阶段。在这一阶段，周室对楚政策从过去的军事进攻转为军事防御，使楚国的扩张锋芒受到严重的挫折。以后，由于宣王中兴，西周南方防线的建立，楚国又一次被迫暂表畏服，据

---

① 《左传》昭公十二年，十三经注疏本。

② 司马迁：《史记·楚世家》，北京：中华书局，1959 年。

③ 司马迁：《史记·楚世家》，北京：中华书局，1959 年。

《诗经·小雅·采芑》，被周人称为"蛮荆来威（畏）"。直到周室东迁以后，平王之末，"楚蚡冒于是乎始启濮"①，楚国扩张的战略意图才开始真正有所奏效。

上述各个阶段的基本情况表明，周、楚关系，在西周三百年的历史长河中，一直贯穿着控制与反控制、扩张与反扩张的严重斗争。而这种时起时伏的斗争，总的说来，是在共主与诸侯、分封和贡纳的关系下进行的，并且由于王室的力量超乎任何一个侯国，其号令天下的权威仍牢牢存在，所以，终西周之世，楚国一直不能也不可能从周室的统治樊篱中摆脱出来。

周、楚之间的上述关系是在什么样的历史背景下形成的呢？这种关系究竟肇端于何时呢？

以前，由于楚国早期的历史文献不足证，书阙有间，而周室史记档案又多焚于秦火，或佚亡在民间，以致周、楚早期的关系颇难深究。周原甲骨重见天日以后，引起中外学者广泛注目，特别是其中有关周、楚交往的辞例为我们参证旧有资料，解决周、楚之间的早期关系提供了新的条件。几年来，一些学者运用这批资料，进行了一些新的有意义的探索。笔者也曾在《荆楚国名问题》②和《"古荆为巴"说考辨》③等论文中进行了初步探讨。本文拟补前文之阙，进一步深入地加以研究，这对楚史研究或许是有所裨益的。

二、"楚子来告父"——楚为周部族的养子部族

周原甲骨的时代，根据多数学者的研究结果，最早可溯到殷末周文王时，晚的则可能为周昭、穆王时期，其中相当一部分，很有可能是周文王时期的遗物。从已经公布的资料来看，周原甲骨中称王的卜辞，似应断在文王时期。

周人称王始于季历。《竹书纪年》云："（武乙）三十四年，周王季历来朝。"④《后汉书·西羌传》注引《纪年》云："武乙三十五年，周王季历伐西落鬼戎，俘二十翟王。"季历的父亲公亶父，称公而不称王，其称太王乃是后人追加，所以周原甲骨所见王卜辞，不会是季历以前之物。周文王继季历位，亦称王。因说文王称王是在断虞、芮之讼而受命之年，似不可信。《诗经·大雅·文王》所说"周虽旧邦，其命维新"，是说周本已称王，而今已定翦商目标，开始向外发展，并不是说这一年始称王。古代氏族部落每每自称为王，王

---

① 左丘明：《国语·郑语》，上海：上海古籍出版社，1978年。
② 段渝：《荆楚国名问题》，《江汉论坛》1984年第8期。
③ 段渝：《"古荆为巴"说考辨》，《贵州社会科学》1984年第5期。
④《太平御览》卷八三《皇王部》引。

国维《古诸侯称王说》①首先阐明了这个事实。《孟子·尽心下》所谓"得乎丘民而为天子"，这就是说只要能得一丘之民的拥戴，就能自称为王。这样的称号既然无须某大国赐予，那么它自然也就可以世代因袭下去，徐、楚、吴、越以及戎狄诸部均如此，中原诸侯亦如此。因此文王继季历为王当为必然之事。周原甲骨有这样一条卜辞②：

癸巳彝文武帝乙宗。贞，王其邘（昭）祼成唐（汤）……（HII：I）

文武帝乙即是《史记·殷本纪》所记帝乙，乃纣王之父。宗，《说文·宣部》："宗，尊，祖庙也。"文武帝乙宗，即是用以祭祀文武帝乙的宗庙，由谁来祭祀？印证文献，不可能是季历。《竹书纪年》云："文丁杀周王云云。"③《史通·疑古》引《汲冢书》曰："文丁杀季历。"文丁乃帝乙之父，即《殷本纪》所记太丁。季历既已被文丁杀掉，则在文武帝乙的宗庙里祭祀成汤的周王就绝不会是季历。这就说明，周原甲骨中的王卜辞，其年代应断在季历以后。殷商时代，周人自称"小邦周"，以服事"大国商"，所以要立殷先王宗庙崇祀殷之先王，但这种情况只能发生在武王克纣之前。武王克纣之后，殷、周关系全然改观，周人取殷而代之，成为天下共主。而殷之亡人则成为周室的被统治者，因此武王伐纣后周人决不会再去崇祀殷先公先王。由此看来，周原甲骨中的王卜辞，既在季历之后，又在武王之前，故应以定在文王时期为宜，所指王就是周文王。据此，我们可以从中探寻出文王时期周、楚关系的某些情况。

这里就周原甲骨中关于周、楚关系的两片卜辞加以考释。

（1）替伯乞今秋来▲王其则（HII：14）
（2）曰今秋楚子来告父后□（HII83）

第一辞。替，即楚省止。④伯，殷、周时代，是指方国的首领，而方国多为部族，故称伯。《尚书·酒诰》"越在外服，侯甸男卫邦伯"，《尚书·召诰》"命庶殷侯甸男邦伯"，均为其证。乞，迄也，迄至之意。今秋，今岁之秋。▲，郭沫若释为囟，读为恩遽遌之恩；李学勤释作斯（思），于也；王国维、徐中舒释为西。根据古文字的排比情况来看，当从王、徐之说释为西。西，指西

---

① 见《观堂别集》卷一。
② 本文所引周原甲骨资料及原件的摹本，均见陈全方《陕西岐山凤雏村西周甲骨文概论》。
③《北堂书钞》卷四一《政术部》引。
④ 段渝：《荆楚国民问题》，《江汉论坛》1984 年第 8 期。

上之地。周原故地在殷王畿之西，文献多称为"西土"，周王受殷册命，也号为西伯，《尚书·牧誓》中武王亦自称"西土之人"。王其则，王即周文王；则为法则之意，古代名、动不分，则即按照法则行事。这一辞的大意是说，楚人的部族长于今岁之秋前来西土，周文王依照周人的习惯法给予了接待。

以此结合文献分析，可以认为这是指鬻熊的岐山之行。周、楚之间的最早交往于文献首见《史记·周本纪》，其文曰："太颠、闳夭、散宜生、鬻子、辛甲大夫之徒皆往归之（按指归德周文王）。"《集解》引刘向《别录》曰："鬻子名熊。"《史记·楚世家》亦云："周文王之时，季连之苗裔曰鬻熊。"既然与周文王同时的楚人首领是鬻熊，而且他又有过归周之举，那么上辞所记楚伯就非鬻熊莫属。

第二辞。在时间和事件上上与第一辞前后相承，上辞记载周文王接纳楚伯，此辞则记载怎样接纳，一为开端，一为结果，两辞相结合即是整个过程的始末。今秋仍为今岁之秋，表明时间上与上辞相接。楚子，即是上辞所记楚伯，并指鬻熊。子，不是通常人们所说的"子爵"，而是指"养子"。鬻子始来西土归顺周文王时，是以楚人部族长身份到达的，所以在开始称为"楚伯"。由于文王按照周人的习惯法则接收其为养子，所以在这一辞中即以新近命名的身份称为"楚子"，而不再记为楚伯。终周之世，楚国君主在周王室那里均被目为楚子，鬻熊西土之行，受文王命为养子，就是其由来。"楚子来告"，告，《说文·告部》："告，牛触人，角著横木，所以告人也。从口从牛。"此释不妥，实际上告字甲骨文并不从牛，乃为舌之象形，与言、舌、音诸字为同义的异形字。[1]《广韵》："告上曰告，发下曰诰。"告上之义，通晋。晋，《说文·曰部》作晢："晢，告也。"楚子来告，告即告受册命。楚伯鬻熊新近归周，被周文王按收为周人养子，鬻熊即以养子身份告拜领受此命，感谢文王的恩泽。告下所接一字，原文作父，或释为又，通有，似不妥，当释为父。父，《说文·又部》作𠂇："父，巨也，家长率教者。从又举杖。"从又举杖之说，乃汉儒迁见，金文父作𠂇，与周甲相同，当为手持石斧之形。告父，就是说鬻熊以养子身份告拜养父周文王的接纳之恩。最后二字"后□"，可能是交代告命仪式后所举行的某项活动。这一辞本身，显然是楚为周人养子部族的直接内证。《史记·楚世家》云"周文王之时，季连之苗裔曰鬻熊，鬻熊子事文王"，就是说鬻熊以养子身份服事周文王，这就是文献方面的直接证据，与周甲完

① 黄奇逸：《石鼓文年代及相关诸问题》，《四川大学学报丛刊》第十辑。

全相合。把上面两辞结合起来运用文献资料比较对照，鬻熊归德周文王，楚人被周接纳为养子部族，这一过程不是很清楚了吗？

古代氏族部落接收养子，是一普遍的现象，并且是一种通行既久的习惯法，把整个氏族部落收为养子的情况，在民族史和民族学的有关的资料中也是斑斑可见。"礼失而求诸野"，用这些信而可证的资料证明上述观点，在这里是十分必要的。

我国东北的鄂温克人，保留了一整套收留养子的习惯法，其中每一个氏族都有收养其他氏族成员作为养子的权力，每一个家庭也相应地拥有这一权力，养子还有权继承养父的财产。如果收养人和养子的生父没有亲属关系，只需以一只驯鹿作为谢礼。[①]鄂温克人这种收养的习惯法，还是较为早期的方法，范围不大，政治内容和阶级色彩均很淡薄，谈不上借以取得剥削剩余劳动的内容，这是由鄂温克人的社会性质所决定的。美国著名民族学者摩尔根所著《古代社会》，根据他的亲身调查和研究，指出不仅在美洲印第安人诸部落，而且在欧洲希腊及拉丁诸部落中，收留养子的习俗都是普遍通行的。其收养方式，也不局限于某族某人，可以从一氏族中转移若干人整体地被收为养子，这是一种权利，被称为收养权。部落所收养的战俘时常在一个家族中代替其成员的地位，以补足其亲族中的空缺。收养权是由各氏族自行决定、自行行使的权利。摩尔根本人也曾作为养子加入美洲印第安人辛尼加部落的鹰氏族。以上说明，作为古代氏族部落长期通行的一种习惯法，收留养子之制，不论在新大陆还是在旧大陆，确实都是普遍存在过的。

就先秦史而论，在殷代也曾盛行收留养子的习惯法。殷人的氏族结构是王与王子不同族，诸王子作为兄弟同在一氏族中，称为子族，若干子族称为多子族。殷卜辞中屡见王族、子族、多子族的辞例，就是十分明确的证据。殷卜辞中的子，有些是王子，有些不是王子，不是王子而称子者，即属养子一类的人或部族。先秦文献有所谓"君国子民"之说，《诗经》中也有所谓"庶民子来"之语，都是这一意义的进一步引申。旧说殷、周爵位，"殷爵三等""周爵五等"，都是因袭《孟子·万章下》和《礼记·王制》郑玄注发展演化而来，把殷、周的子均看作子爵，其实是缺乏根据的。实际上，公、侯、伯、子、男五个名称是从家长制家庭公社内部发展而来，其称谓起源于家长制家庭公社内部级别制的自然分工，其中的子，不外是儿子，还有养子，并非爵

---

① 徐中舒：《怎样考释古文字》，1983 年 9 月香港中国文化研究所出版《古文字学论集》。

位（关于五等爵问题，另有专文论述，此不赘）。周原甲骨所见楚子，正是养子之义。况且在周初分封以前，鬻熊能够以什么理由先于所有受封者而优先受命赐爵呢？

周人本身也曾有过一段归附殷王室的历史，也要祭祀殷人先公先王，这在周原甲骨中是有史可寻的，如 HII：I。

癸巳，彝文武帝乙宗。贞，王其邵祭成唐，将御服二女，其彝血羊三，豚三，西又正。

癸巳彝文武帝乙宗。贞，王其邓祺成唐，𣏗御𠬝二女。其彝盐壮三豚三，西又正。

上文已考，此辞中的王是周文王，祭祀殷先王成汤。周人为什么要崇祀殷先王呢？如果从上面所论来分析，就不难理解，古代祭祀，"神不祀非类，民不祀非族"[1]，"非其所祭而祭之，名曰淫祀，淫祀无福"[2]，假如不在血缘方面取得一定联系，则殷人神主是决不会承认周人对自己的祭祀的。在当时殷强周弱的形势下，周人屈居养子身份，班列侯服，以服事大国商，看来还是可以理解的。

需要指出的是，古代氏族部落收留养子固然是一普遍通行的习惯法，但在不同地区和不同民族，其接收方式则有所差异，并非一个模式，千篇一律。匈奴人战败后集体加入鲜卑人的族籍，已经是改名换号，所以不再自称匈奴，而是"自号鲜卑"。鄂温克人接收养子，却不一定要改名换号，仍可保留其原先姓氏。楚人被周人收为养子部族，属于后一种情况，仍然是芈姓熊氏，没有改名换号。古代蒙古族的习惯法，和义子不能加入义父的氏族一样，养子也不能加入养父母的氏族，仍被认为他们属于原来的氏族和保留原来的姓氏，不过，他们却与养弟兄即养父母亲生子一样享有同等的财产权，虽然所获的可能是较少的份额（参见《蒙古社会制度史》）。蒙古人的情况，和《礼记·曲礼》所载西周对楚人的情况颇为相似，周成王封熊绎"以子男之田"，意味着比姬姓诸侯得到了较少的份额。

楚人首领鬻熊的西土之行，归顺周文王，告受册命，承认作为周人养子，这似乎是楚、周之间第一次交往的结果。

从地理条件看，楚人在殷代末叶，活动生息于今河南中部一带，更早时

---

① 秋浦等：《鄂温克人的原始社会形态》，北京：中华书局，1962 年。
②《左传》僖公十年，十三经注疏本。

期则在今山东平原南部与河南东部一带活动。①周人出自白狄②，其先祖不窋活动于戎狄之间，其后一直从汾水到径水再到渭水流域一带活动，殷末，古公亶父移徙至周原居住，始以周为氏号。这种状况说明，楚、周之间的交往，在此之前似不存在条件。

从史实来看，鬻熊之前若干代书阙有间，司马迁也只是笼统地说是"或在中国，或在蛮夷，弗能纪其世"③。杜预说鬻熊是六熊十二世孙④，不知根据何在。总之，鬻熊之前由于文献不足征，很难考订楚人对周有无关系。不过，楚为殷代之男服，"任王事"⑤，似无能力与周交往。周虽殷之侯服，但文王以前力量还较弱小，殷王室仍然还主宰着周人的命运，周原甲骨中关于文王祭祀成汤的卜辞则从实录的意义上证实了这一点。所以在文王以前，周人是没有力量也没有胆略联合诸邦形成反殷势力的。由此看来，周、楚关系在周文王和鬻熊以前尚属空白，就现有资料来讲，应该是可信的。

周文王时期，殷、周关系已有微妙变化。一方面，殷封王正致力于东夷之事，使得"亿兆夷人离心离德"⑥，削弱了统治力量，无暇西顾。另一方面，周文王反受殷封王信任，命为西伯，得专征伐⑦，乃一方诸侯之长，因而有条件"率殷之叛国以事纣"⑧，同时延揽各方武士谋臣，以做灭殷准备。也只有在这个时期，楚人才能乘纣王东夷之役所造成的统治危机，利用殷人无暇南顾的机会，摆脱殷王室的统治。《史记·周本纪》说"西伯昌善养老"，即令是殷之重臣如伯夷、叔齐之流都"盍往归之"，实际上，善养老不过是蓄养武士、招徕贤明的一个幌子罢了。此时楚人首领鬻熊归周，政治条件是成熟的。加之鬻熊之时，楚人已进入河南中部，与周原相距已不是千山万水，此时西上岐山，地理条件也是许可的。这样，在周原甲骨中就有了"楚伯迄今秋米西王其则"的记载，在《史记·周本纪》上也有了鬻子归周的记录。

鬻熊归周，首次确立了与周的关系。作为养子，"鬻熊子事文王"是理所当然的。但是《史记·楚世家》又载楚武王熊通说："吾先鬻熊，文王之师也。"于是，究竟是"子事父王"还是"文王之师"，就成为千古疑案，致使学者不

① 段渝：《荆楚国民问题》，《江汉论坛》1984年第8期。
② 段渝：《楚为殷代男服说》，《江汉论坛》1982年第9期。
③ 司马迁：《史记·楚世家》，北京：中华书局，1959年。
④《左传》僖公二十六年杜预注，十三经注疏本。
⑤《逸周书·职方》孔晁注。
⑥《左传》昭公二十四年引《太誓》。《左传》襄公四年。
⑦ 司马迁：《史记·周本纪》，北京：中华书局，1959年。
⑧《左传》襄公四年，十三经注疏本。

得其解而各执一端。其实二说并不矛盾。鬻熊归周之时，正是周人向外发展之际，文王常常"自朝至于日中昃，不遑暇食"以待士①，许多反殷之士到达周原，共图大业。在文王广揽武士名臣之时，鬻熊到达周原，虽以养子身份亦可得到重用，为文王师，出谋划策，这是符合情理的。正如成汤起伊尹于庖俎，武丁用付说于版筑，媵臣胥靡尚且可委以重任，用养子为师同样也是富于现实意义的。两者似乎颇相矛盾，其实却是有机的统一。何况，在古代收留养子的实际内容中，也有平权这样一条，并不如一些人所认为的那样，收养过来就成为奴隶。从这一方面看，上述两说也是相辅相成的。

总而言之，周文王与鬻熊的首次交往，不论从内容上还是从形式上，都为以后周、楚关系的进一步发展奠定了基础，这是周、楚关系史的重要开端。由于二者之间的首次接触就已确定了周是主人，楚是归附的统治与从属的关系，并以养父与养子的形式使其更为牢固，于是，在即将开创的周室天下中，楚人的地位和命运，也就基本成为定局。

三、封熊绎以"子男之田"——楚为周王室的男服诸侯

鬻熊归周以后不久就死去了，未能活到武王克纣之日。鬻熊无论在周、楚关系史上还是在楚国发展史上，都不失为一个重要的历史人物。鬻熊之后，"其子曰熊丽，熊丽生熊狂，熊狂生熊绎"②。熊丽、熊狂二人，史籍中只见其名，不见其事。但熊狂之子熊绎，却是继鬻熊之后，楚国历史上另一个出类拔萃的人物。如果说，文王之时的鬻熊以其归周而开楚、周关系的先河，那么，成、康二王之际的熊绎则以受周"初封"③，而使楚、周关系进入了一个新的发展阶段。

史载周武王崩后，周、楚关系曾一度发生破裂。周成王初即位时，外有旧殷势力的顽强反抗，"天下未集"④；王室内部也由于周公践天子之祚，"相王室以尹天下"⑤，引起管、蔡的极大不满，王室骚动。于是，管、蔡联合殷王子武庚禄父发起叛周之役。在三监之乱中，鬻熊的后人是积极参与了的。《逸周书·作雒》记载"三叔及殷东徐、奄及熊、盈以略"，即熊指熊氏一系的楚

文明的史迹：先秦、巴蜀及南丝路历史研究（先秦史卷）

---

① 《尚书·无逸》，十三经注疏本，北京：中华书局，1980年。
② 见徐中舒：《西周史论述（上）》，《四川大学学报》1979年第3期。
③ 见拙作：《楚为殷代男服说》，《江汉论坛》1982年第9期。
④ 《左传》僖公二十六年杜预注。
⑤ 《逸周书·职方》孔晁注；《左传》定公六年。

人。楚人为什么参与三监之乱，由于诸书阙载，此姑不论。但是，由此却导致了楚人日后的悲剧。周公东征平定三监之乱后，随即挥师南下，征伐汉淮间叛乱诸国，"凡所征熊、盈族十有七国，俘惟九邑"[1]，成王时铜器《矢令簋铭文》也记有这一伐楚之役，周以全胜而告终。此后，楚人从淮水一带西迁至于汉水、丹水、浙水之间，成为周王室南国的一部分。

楚人反周的结果，是遭到周王室的严厉惩罚。熊丽、熊狂史迹之所以不见于经传史册，原因之一，很可能就是由于他们率领楚人参与了三监之乱，从而被周室废黜，或为周师击杀。史载熊绎之封，是周成王"举文、武勤劳之后嗣"[2]，文指周文王，武指周武王，勤劳于文、武之事的自然是鬻熊，不过他却没有活到周初分封之日。举，为封举、拔举之义。周室击败楚人后，需要重新选择确立其首领，因而另举鬻熊曾孙熊绎，使其为楚人之长。熊绎为初封，楚国在丹阳，正是楚人在战败后西迁所至。由此可知，熊绎之封是在楚国战败以后，所以举兵从三监反周的就绝不会是熊绎。

《史记·楚世家》记载："熊绎当周成王之时，举文、武勤劳之后嗣，而封熊绎于楚蛮，封以子男之田，姓芈氏，居丹阳。"于为养子，这是上承鬻熊时期的对周关系；男为男服，这是楚国在周王室外服诸侯制中的班列。从子男之称可见，熊绎不仅继承了对周的养子部族关系，而且还新添了男服诸侯的职贡，养子身份与男服职贡合为一体，更为加深了楚国对周的从属程度。

旧说子男均为爵位，或"子男同一位"，这是不正确的。《左传》昭公十三年子产曰"郑，伯男也"（《国语·周语中》作："郑，伯南也。"男、南古音相通），伯指氏族长，男即男服，丰昭注《国语》亦以为"郑在男服"。《左传》桓公二年师服曰："今晋，甸侯也。"杜预注云："诸侯而在甸服者"，即言晋为诸侯制中的甸服等级。周代外服制，侯、甸、男、卫通称诸侯，后加采服，共有五服。既然伯男和甸侯都不是爵位，而是诸侯等级名称，那么子男又怎么会是爵位呢？

从鬻熊为文王师到熊绎为周室子男，表明周成王之时，楚国在周室的地位已经下降。其初封丹阴，在周南土之一隅，不为王室所重是显而易见的。《礼记·王制》云"子男五十里"，封国仅五十里之地，比起侯服、甸服的百里之封或七十里之封，楚子所得确实是少多了。这种情况在春秋时代尚可窥见。《左传》昭公二十三年云"天亦监乎若敖、蚡冒、至于武、文，土不过同"，方百

① 《左传》昭公二十四年引《太誓》；《逸周书·作雒》。
② 司马迁：《史记·楚世家》，北京：中华书局，1959 年。

里为一同。从西周之初的熊绎到春秋前期的楚武王、楚文王已有二三百年之久，而春秋前期的楚武王在吞并江汉间众小国的基础上却土不过同，这也表明熊绎初封五十里是真实可信的。

西周初期，楚子熊绎参加过周成王召集的岐山之会。但《国语·晋语八》记载，"楚为荆蛮，置茅蕝，设望表，与鲜卑守燎，故不与盟"，不能与诸侯盟会。作为男服诸侯的楚，在此次会盟中，只能与鲜卑同职，这完全表明了周王室遇之以蛮夷的不信任态度。《史记·楚世家》记熊渠说"我蛮夷也，不与中国之号谥"，又记熊通说"我蛮夷也"。楚君屡次自称蛮夷，乃与中原诸夏相对而言，这显然是诸夏歧视楚国的结果。自此直至西周灭亡，楚人再未参加过诸夏间任何一次盟会，直到春秋鲁庄公十年才"始通上国"，与中原诸夏通聘享之礼，致告命之辞。这说明在西周一代，楚国与中原诸夏是没有什么平等关系可言的。

殷代外服制中的男服，是殷王畿以南和东南的广大农村公社和农业部族，男服的职贡是为殷王服农事，包括一切徭役。周初的外服制，虽然在性质上不同于殷代，但在形式上却颇为相似。周代的男服仍然有职有贡，《国语·周诰上》说"王事唯农是务"。楚为周代之男服，根据王室颁贡"轻重以列"的制度①，主要贡献也还是农副等产品。《左传》僖公四年所说"尔贡包茅不入，王祭不共，无以缩酒"，以及《左传》昭公十二年所说"昔我先王熊绎，辟在荆山，……以事天子，惟是桃弧棘矢共御王事"，都是指楚国的职贡活动情况。

四、结论

通过对周原甲骨有关卜辞和传世文献的综合分析考察，周、楚早期关系的概貌已经显现出来。楚与周的首次交往，是殷代末叶鬻熊的西土之行，鬻熊受周文王之命，成为文王养子，楚也就成为周的养子部族，整个楚地接受了周的制约，这是周、楚关系史的开端。从此，终周之世，楚在名义上一直是周的养子，楚君也一直被周称为楚子。周成王时期，楚受王室之封，位列男服诸侯，纳贡服役，进一步加深了对周室的从属关系。楚国在政治上受周室及诸夏的歧视，与蛮夷同列，在经济上受周室的剥削，其职贡活动颇为多见；在军事上，周王室置楚于便于控制的二南之地，北有西六师，东有成周八师，颇有军事监督之意。这种情况在整个西周一代并未改变。

---

①《左传》昭公十三年，十三经注疏本。

西周中叶以后，楚国反对周土室控制的斗争，虽已逐渐形成风气，但始终是随周室力量的消长而时起时伏，而它在政治、经济、军事诸方面对周的从属，却是一如既往，没有根本改观。平王东迁以后，周室衰微，王纲解纽，诸侯逾制，外服制度业已失去实际的意义，周、楚早期发展史上所形成的养父与养子的关系也只徒具虚名，楚国以其丹阳一隅之地，冲破束缚，猛烈扩张，终致在春秋时期奋力崛起，独树一帜，与诸夏更为伯主，最后形成战国时代"带甲百万""地半天下"的排山倒海之势。

　　周、楚早期的关系，在全部周、楚夫系史中具有重要意义，周土室对楚国的统治和楚国对周王室的从属，就是直接由此发源的。而后来周、楚之间的和战之局，也同样可以从中找到渊源。周曾经是一代天子，楚一度是万乘大国，它们都曾在中国古代史上发生过重大作用，产生了深远影响。因而，对周、楚关系进行深入研究，在今天仍然是一个不可忽视的重要课题。

│ 34 │

论楚国的农村公社

中国上古时代，无论在北中国还是在南中国，都普遍地存在着农村公社这一"以公有制为基础的社会向以私有制为基础的社会的过渡"①的社会基本结构，它既是当时人们社会关系的组织形式，也是夏、商、周三代所以建立并维持其统治长达各数百年之久的广阔而重要的经济的和社会的基础。关于这个问题，史学界近年来已开展了热烈的讨论，虽然有同志否认农村公社形态在中国上古时代的存在，但多数学者从各个方面进行的探讨证明，先秦农村公社的存在是毋庸置疑的事实。本文仅就楚国农村公社的情况作一初步研究，并对楚国农村公社解体的问题提出一些与传统看法不尽一致的意见，不妥之处，请大家指正。

一、西周时代楚国农村公社的基本情况

楚人先民在整个殷商一代都活跃于千里王畿以东以南，为殷代之男（南）服，"任王事"②，"唯农是务"③，向殷王室纳贡服役。④此时的楚人先民，在殷王室和殷边侯、甸部族的压制下，没有向外发展的机会和条件，部众不多，力量弱小，其情况也很少为人所知，所以太史公纂《楚世家》，对楚人先民的情况只能笼统地记为"或在中国，或在蛮夷，弗能纪其世"。那时候，楚人先民还处于氏族制阶段，距离国家的门槛尚远。

西周初年，周成王"举文、武勤劳之后嗣，而封熊绎于楚蛮，封以子男之田"⑤，标志着楚国建国的开始。熊绎为"初封"⑥，"号为子男五十

---

① 马克思：《资本论》第一卷，《马克思恩格斯全集》第 19 卷，北京：人民出版社，1973 年，第 450 页。
②《逸周书·职方》孔晁注云："男，任也，任王事。"
③《国语·周语上》："王事唯农是务。"
④ 见拙作：《楚为殷代男服说》，《江汉论坛》1982 年第 9 期。
⑤ 司马迁：《史记·楚世家》，北京：中华书局，1959 年。
⑥ 司马迁：《史记·十二诸侯年表》，北京：中华书局，1959 年。

里"①，在这五十里的封土之内，不仅有楚子熊绎的宗室懿亲，而且还有居于丹阳之地的"楚蛮"，这些被称为楚蛮的人们显然不是楚之同族，而是周天子在授土的同时授给熊绎的居于封土之上的人民。②这种授土授民的制度，是西周分封制的通例，成、康二王时期尤其如此。《左传》定公四年记载周成王时的分封仪式，"聃季授土，陶叔授民"，又说鲁公伯禽之封，"分之土田陪敦，祝宗卜史，备物典策，官司彝器"，又分之"殷民六族"，"因商奄之民，命以伯禽，而封于少昊之虚"，康叔封于卫，唐叔封于唐，亦均有土地人民。康王时期《大盂鼎铭文》也有"授民授疆土"之说。楚子熊绎当成、康二王之际，《史记·楚世家》云："楚子熊绎与鲁公伯禽、卫康叔子牟、晋侯燮、齐太公子吕伋俱事成王。"《左传》昭公十二年曰："昔我先王熊绎，与吕伋、王孙牟、燮父、禽父，并事康王。"按照成康时期的授土授民之制，熊绎受封必然同样是有土有民，除五十里封土之外，尚有附着于封土之上的从属于楚国统治的其他部族的人民。因而熊绎受封建国，就意味着已经初步完成了由血缘关系向地缘关系的过渡。

楚国国家机器的进一步完备，是在周夷王时期。《史记·楚世家》记载："周夷王之时，王室微，诸侯或不朝，相伐。熊渠甚得江汉间民和，乃兴兵伐庸、杨粤，至于鄂。"熊渠之时楚国已有一支强劲的军队，作为国家机器的坚强支柱和侵略他族的有力工具。同时，熊渠"乃立其长子康为句亶王，中子红为鄂王，少子执疵为越章王，皆在江上楚蛮之地"，直接统治那里的人民，不仅疆域有了扩大，而且国家机器也日臻完备，在这些基础之上，作为阶级国家象征物的王权也就最终得到确立。

随着楚国国家的日渐完备，其自身从父系氏族制下所发展出来的农村公社制度早已瓦解，进入阶级国家的门槛。过去的氏族长或父系家族长转化成为楚国的君主，过去的氏族贵族转化成为楚国的宗室懿亲或各级统治者卿大夫，一般的村社成员或上升成为拥有"子女玉帛"的楚国的士阶层，或保留其原来身份地位成为楚国的普通国人；而那些被连同土地一道分封给楚国的人民则成为楚国的被统治阶级，在当时通称为"野人"。随着楚国的不断扩张，江汉间的许多部族人民相继被楚征服，成为楚国的被统治者，楚国的野人越来越多。这些被统治部族的野人，大多处于农村公社组织当

① 司马迁：《史记·孔子世家》，北京：中华书局，1959 年。
② 参见拙作：《荆楚国名问题》，《江汉论坛》1984 年第 8 期。

中、例如熊渠所征伐的杨粤，在古代的于中之地①，按照徐中舒先生的研究，于中是典型的农村公社形态，直到战国时代也还"保存了古代村社共同体的原始形态"。②庸、鄂也属于这一类的小国寡民，其被统治人民也都是《国语·齐语》中"野处而不暱"的所谓野人，被组织在农村公社当中。当楚国征服他们以后，并不改变其生产方式和社会基本结构，而是如同马克思在《〈政治经济学批判〉导言》中所分析论述的第二种征服的可能性那样"征服民族让旧生产方式维持下去，自己满足于征收贡赋"③，即将这些共同体作为一个个的整体纳入楚国的版图和国家体制之下，同楚国原来境内的村社一样向国家纳贡服役。

二、春秋时代楚国的农村公社

春秋时代，楚国吞并了江汉间众多小国，土地人民均有很大幅度的增长。到楚武王、文王之时，开拓疆土几乎一倍，接近方百里之遥了。④楚成王又大力经营"南方夷越"，以至到达"楚地千里"之局。⑤楚庄王之时，北上中原，观兵周郊，与诸夏"更为伯主"⑥，版图空前扩展，《韩非子·有度篇》称"荆庄王并国二十六，开地三千里"。到楚共王之末，楚国已经是"抚有蛮夷，奄征南海，以属诸夏"⑦，造成"赫赫楚国，而君临之"的极其强盛的局面。到春秋末叶，楚又东伐夷虎，"乃谋北方"⑧，势力远达淮上，成为南部中国无与伦比的大国。整个春秋时代楚灭国最多，清儒顾栋高在所著《春秋大事表》卷四《楚疆域表》中统计说"楚在春秋吞并诸国凡四十有二"，实则远不止此数。据何浩先生的进一步深入研究，尚有较大补充，"现在可以认定的春秋时楚灭之国，应为五十一"⑨。这些在楚国开疆拓土中为楚所灭的小国或部族，

---

① 见拙作：《西周时代楚国疆域的几个问题》，《中国史研究》1997年第4期。
② 徐中舒：《论商于中、楚黔中和唐宋以后的洞》，《四川大学学报》1978年第1期。
③《马克思恩格斯选集》第3卷，北京：人民出版社，1973年，第100页，第1卷，第50页。
④《左传》昭公二十三年云："无亦监乎若敖、蚡冒，至于武、文，土不过同。"杜预注曰："方百里为一同。"可见当时楚地大约已达到方百里之数。
⑤ 司马迁：《史记·楚世家》，北京：中华书局，1959年。
⑥ 司马迁：《史记·十二诸侯年表》，北京：中华书局，1959年。
⑦《左传》襄公十三年，十三经注疏本。
⑧《左传》襄公四年，十三经注疏本。
⑨ 何浩：《春秋时楚灭国新探》，《江汉论坛》1982年第4期。

多数已初步进入阶级国家形态，少数还处于"部落制度向国家的过渡"①，但无论是这些小国还是氏族部落，其君主或部族长、氏族长所赖以进行统治的社会基础，仍然多半属于闭塞的彼此孤立的农村公社。如像百濮，《左传》文公十六年记其特征是："百濮离居，将各走其邑，谁暇谋人？"杜预注曰："濮夷无屯聚，见难则散归。"说明百濮分居散处，"无君长总统"②，处于一个个孤立闭塞的邑聚平时不相来往的状况。濮人在各自的邑聚即村社组织内，虽无常备军但却有居民的自动武装③，所以在伐楚之役中离散之后，所属各村社的武装人员能够"各走其邑"，这同时也表现出农村公社由于其组织结构的落后而难以很好地动员起来的特征。所谓"离居"，实际就是一个个分离开来的村社，也就是"各走其邑"的一个个孤立的邑落。春秋时期像百濮一类的小国寡民颇多，如糜、绞、州、六（蓼）、江、黄、申、息等皆是。楚国征服这些小国后，消灭其政权，却将原政权统治下的农村公社原封不动地移置于楚国政权之下，作为自己经济的和社会的基础，使其纳贡服役。

从史籍可见，在楚国所征服的广阔土地上，存在着大量的村社组织，称为"丘""遂""乡""里"，等等。《左传》昭公十四年记载楚平王使然丹简上国之兵于"宗丘"，杜预注曰："宗丘，楚地。"宗丘当在分湖北省秭归西北。④《史记·伍子胥列传》记载秦师救楚失郢之难，"败吴兵于稷"。《索隐》按曰："《左传》作'稷丘'，杜预云：'稷丘，地名，在郊外。'"《集解》所记相同。其地当在今河南省桐柏以东。⑤《吕氏春秋·异宝篇》和《淮南子·人间篇》均载孙叔敖教其子在受封之时勿受肥饶之地，必受硗确面名丑的沙石之地"寝丘"。高诱注云："寝邱今河南固始地，前有垢谷，后有庄邱，名丑。"据杨宽先生研究，其地并不在汝南郡寝县，而在今河南省临泉县境，寝丘应是郧（沈）国后来移徙的都邑。⑥《淮南子·应道篇》还记有楚之"狐邱丈人"，狐邱之

---

① 《马克思恩格斯选集》第3卷，北京：人民出版社，1973年，第100页，第1卷，第50页。
② 《左传》文公十六年孔颖达《正义》引杜预《春秋释例》。
③ 一般说来，《左传》记载某国的常备军，使用"师"的称谓，如"楚师""晋师""巴师"，等等。百濮伐楚，是在糜人的领导之下聚集起来的，《左传》没有称其武装力量为"师"，同时百濮离散后"各走其邑"，又"无君长总统"，也说明它不能形成常备军。根据马克思主义理论，结合史实来看，当时百濮的武装力量只能是居民的自动武装。相同的情况在中国古代民族史上比比皆见。
④ 谭其骧主编：《中国历史地图集》第一册，北京：地图出版社，1982年，第20-30页。
⑤ 谭其骧主编：《中国历史地图集》第一册，北京：地图出版社，1982年，第20-30页。
⑥ 见《春秋时代楚国县制的性质问题》，《中国史研究》1981年第4期。又，谭其骧主编《中国历史地图集》第一册，北京：地图出版社，1982年，第20-30页，亦定寝丘于今河南临泉境。

地不知所在。

丘在西周春秋时代是井田通行区内农村公社的一种编制名称。《周礼·地官·小司徒》记载："乃经土地而井牧其田野，九夫为井，四井为邑，四邑为丘，四丘为甸，四甸为县，四县为都。以任地事而令贡赋，凡税敛之事。"《汉书·刑法志》也说："四井为邑，四邑为丘，丘十六井也。"丘的社会构成，是以地缘关系为主，血缘关系在其中不起主导作用。《庄子·则阳篇》云："邱、里者，合十姓百名以为风俗也。"邱同丘。所谓十姓百名，是讲丘、里的构成不以血缘为限，成为不分族类的地缘性的村社。《孟子·尽心上》曰"得乎丘民而为天子"，以一丘之民形成一个封闭的小王国，这样的小国寡民显然也是以村社组织作为其统治基础的。丘为农村公社的基本结构，春秋时不仅普遍存在于楚国，在中原列国也是大量存在的，如齐有营丘、葵丘，鲁有中丘、祝丘，宋有商丘、句渎之丘，卫有帝丘、楚丘，曹有陶丘、楚丘、重丘，郑有桐丘、丘舆，等等，都是村公社的名称①，都处于东方平原低丘之地或江汉汝淮泗上等大河冲积扇地带，均属井田通行区，足见此制的普遍性。楚国以丘命名农村公社，不过也只是因袭被它所征服的地区原有村社的名称罢了，这与它并不改变那些地区原有的生产方式是完全一致的。

楚国的农村公社，与周王室和中原列国一样，大多分布于"国""郊"以外，这些地区通称为"野"，或称为"遂"。据《国语·楚语上》记载，楚国大夫范无宇说过："地有高下，天有晦明，民有君臣，国有都鄙，古之制也。"所说国有都鄙，国指整个国家范围而言；都指国都，《释名·释州国》载"国城曰都"；鄙则是指野，《逸周书·作雒解》载"郡鄙不过百室，以便野事"。都鄙即国野，两组名词常可相互换言，如《左传》襄公三十年"子产使都鄙有章，上下有服"，便是一个显著例证。楚有国野既然是古之制也，那么应当是指自熊绎建国而然。楚为周代男服，有子男五十里之封，按照《尚书大传》所记西周封国的郊、遂制度，"古者百里之国，三十里之遂，二十里之郊；七十里之国，二十里之遂，九里之郊；五十里之国，九里之遂，三里之郊"，也应该有九里之遂、三里之郊。郊者交也，国野相交的地区称为郊，通常分为近郊和远郊②，西周时代诸侯就有"三郊三遂"之说。③楚国的郊，照例也在国野之间。《左传》昭公十三年记载楚右尹子革曰："请待于郊，以听国人。"

---

① 徐中舒：《试论周代田制及其社会性质》，《四川大学学报》1955 年第 2 期。
② 见《周礼·载师》，十三经注疏本，北京：中华书局，1980 年。
③ 见《尚书·费誓》，十三经注疏本，北京：中华书局，1980 年。

杜预在解释楚之稷丘时也说"在郊外",《史记集解》亦同。郊外为遂,是野人及其村社的所在,所以有称为丘的村社结构。《左传》记载楚有"桑隧"①"大隧"②,隧字偏旁从邑,乃是因为其邑地处遂中而命名的缘故。这些都说明郊遂划分从西周至春秋均在楚国存在,从而也就反映了楚国国野之分的存在。

楚国国野之分的界限在春秋时还至为显著。上引《左传》昭公十三年记载右尹子革曰:"请待于郊,以听国人。"又载:"弃疾使周走而惊呼:'王至矣!'国人大惊。"又载:"杀囚,衣之王服而流诸汉,乃取而葬之,以靖国人。"《左传》昭公二十七年也说:"郤宛直而和,国人悦之。"《左传》宣公十二年记载晋栾武子之言亦云:"楚自克庸以来其君无日不对国人而训之。"均为楚有国人之证。关于野人,《史记·楚世家》云:"灵王于是独彷徨山中,野人莫敢入王。"是楚有野人之证。《左传》昭公十三年记灵王失国后,"王沿夏,将欲入鄢。……(申亥)求王,遇于棘闱而归"。《国语·吴语》也说:"王亲独行,屏营彷徨于山林之中。……乃匍匐将入棘围,棘围不纳。"棘围是农村公社的外围屏障,以荆楚之类制成,棘闱即是棘围中所开小门。徐中舒先生认为,"棘围就是古代商于之地一个村社共同体"③,颇有见地。灵王彷徨于山林野鄙,据《左传》应在郊外,正是《史记》所说野人的所在。这些野人构制棘围作为屏障,彼此隔绝,不相往来,恰恰是一个个村社独立闭塞特征的表现。既然国郊附近国野区分如此显著,野人居于孤立的村社,那么在更为广阔的野鄙之地,由于生产力更为落后以及更少受到楚国政治的影响,其社会基本结构也就更少发生变化,因而原始的村社组织也就能更为完整地维持下来,就应该是没有什么疑问的了。

三、战国时代楚国的农村公社

战国时代楚国还广泛地存在着农村公社。尤其能够体现这一时期楚国农村公社基本情况的,是产生于村社基础上的所谓重农学说,许行及其村社理论是其中最为卓著的代表。许行是楚国人,其关于村社的一整套学说大体保存在《孟子》书中。《孟子·滕文公上》记载:

---

① 《左传》襄公二十六年,十三经注疏本。
② 《左传》定公四年,十三经注疏本。
③ 徐中舒:《论商于中、楚黔中和唐宋以后的洞》,《四川大学学报》1978 年第 1 期。

有为神农之言者许行，自楚之滕。踵门而告文公曰："远方之人，闻君行仁政，愿受一廛而为民。"文公与之处。其徒数十人，皆衣褐、捆屦、织席以为食。陈良之徒陈相与其弟辛负耒耜而自宋之滕，……陈相见许行而大悦，尽弃其学而学焉。陈相见孟子，道许行之言曰："滕君则诚贤君也。虽然，未闻道也。贤者与民并耕而食，饔飧而治。今也滕有仓廪府库，则是厉民而以自养也，焉得贤？"

许行及其门徒的所作所为，完全体现了农村公社的本质特征。他们反对统治者屯聚仓廪府库，不劳而获[1]，以剥削所得而"自养"，这正是产生于村社公有制下人参加劳动获取衣食的思想。许行不言君主政治，却讲"贤者与民并耕而食，饔飧而治"，这正是处于原生形态下农村公社阶级划分还不明显的反映，体现了"大同"社会的一般状况。[2]所谓贤者，实际不过也仅仅属于齐之"三老"一类的人物。许行主张"种粟而后食"，还提出"市贾不贰，国中无伪，虽使五尺之童适市，莫之或欺。布帛长短同则贾相若，麻缕丝絮轻重同则贾相若，五谷多寡同则贾相若，履大小同则贾相若"，这种思想，其实也是村社之间在交换不发达的情况下所进行的以物易物状况的反映，这种交换尚处于偶然或个别的价值形态。而许行所为的神农之言或神农之教又是怎样一种学说呢？《吕氏春秋·爱类》云：

神农之教曰：士有当年而不耕者，则天下或受其饥矣；女有当年而不绩者，则天下或受其寒矣。故身亲耕，妻亲织，所以见致民利也。

可见所谓神农之教是产生于村社内部人人参加劳动男耕女织基础之上的一种学说。《庄子·胠箧篇》讲到神农氏及其前社会的状况是"民结绳而用之，甘其食，美其服，乐其俗，安其居，邻国相望，鸡犬之声相闻，民至老死不相往来"，这种小国寡民的社会，正是神农之教产生的背景，也是许行学说产生的背景。

战国时代楚国农村公社的情况，又见于《老子》书中。《老子·德经》说：

小邦寡民，使有十百人之器毋用，使民重死而远徙[3]，有舟车无所乘之，

文明的史迹：先秦、巴蜀及南丝路历史研究（先秦史卷）

---

① 阿浩：《许行及其农家思想》，《江汉论坛》1984 年第 7 期。
② 见《礼记·礼运篇》。
③ 今本《老子·道德经》此句作"使民重死而不远徙"。马王堆所出帛书《老子》甲、乙本皆无"不"字，今本误增，当据帛书本予以删除。

有甲兵无所陈之，使民复结绳而用之，甘其食，美其服，安其居，乐其俗。邻国相望，鸡犬之声相闻，民至老死不相往来。

由于生产力发展较为缓慢，贫富分化还不显著，交换关系还没有深入公社内部并对它起着瓦解作用，村社之间交往不多，这就决定了公社的孤立闭塞状况不易打破，加之江南地广人稀，战争很少，为村社大范围的远徙提供了条件，使征服者虽有舟车无所乘之，虽有甲兵无所陈之，而远徙后的村社在新地又重建家园，复结绳而用之，仍然过着村社之间"民至老死不相往来"的生活。这种生活，正是对农村公社的真实写照，并非如后人所说的是什么"乌托邦"。老子是楚国苦县厉乡曲仁里人[①]，他所描述的必然是其亲身所见的楚国农村公社的一般情况。楚国地广人稀，据《吕氏春秋·贵卒》，吴起说过"荆所有余者地也，所不足者民也"，这种状况甚至数百年后还无大的变迁。《汉书·地理志》云："江南地广，或火耕水耨，民食鱼稻，以渔猎山伐为业，果窳赢蛤，食物常足，故呰窳偷生而无积聚，饮食还给，不忧冻饿，亦无千金之家。"仍然是一幅没有完全解体的农村公社的情景。汉代尚且如此，那么战国时代更应如此。可见在楚国南方农村公社长期而完整的存在，作为社会组织的一种基本结构，无论在战国还是两汉之际，它们都构成当时统治的广阔的基础。

四、楚国农村公社解体的问题

春秋末叶，列国的农村公社都程度不等地发生了变化，一个重要的标志就是"书社"的出现。楚国也不例外。《史记·孔子世家》和《说苑》卷十七《杂言》均记载楚昭王"将以书社地七百里封孔子"。书社也是一种地缘性组织，杜预注《左传》云"二十五家为社"，但较之农村公社，书社对国家的依附性则显著加深。杨倞注《荀子·仲尼篇》曰："书社，谓以社之户口书于版图。"过去村社的人口由村社自己掌握，统治者要周知民数，只能通过其他途径间接得知，现在这一关系得到改变，需将村社人口书于版图，上交国家，由国家直接掌握户口数据。这一方面表明国家的统治权力进一步加强，同时也意味着公社结构的进一步削弱，而公社结构的削弱，又致使村社成员对国家的依附性更为加强，从而成为导致公社瓦解的一个重要因素。

---

① 见《史记·老子韩非子列传》

的作用。战国初期各国的变法，大多采取了运用政权进一步摧毁村社残余并大力扶植小农经济的措施，以达富国强兵的目的。魏文侯用李悝变法，"作尽地力之教"，推行平籴法①，对于小农经济的发展起了很大作用。秦孝公用商鞅变法，"为田开阡陌封疆而赋税平"②，"除井田，民得买卖"③，"任其所耕不限多少"，"民有二男以上不分异者倍其赋"④，以法律的严厉手段促进小农经济发展，同时也促进了贫富分化，致使"富者田连阡陌，而贫者无立锥之地"⑤，村社彻底解体了。与此相较，楚国的变法成果大为逊色，虽然楚悼王用吴起颁行了一系列富于积极意义同时也相当严厉的措施，但其变法内容却局限在"明法审令，捐不急之官（行政方面），废公族疏远者（政治方面），以抚养战斗之上（军事方面）"⑥，以及"塞私门之请，壹楚国之俗（社会风气方面）"⑦的范围以内，其实质仅仅在于解决《韩非子·和氏篇》所言楚国"大臣太重，封君太众"从而危及君权的问题，并由此达到"要在强兵"⑧的目的。吴起变法既未涉及怎样促使村社解体的问题，又未起到扶植小农经济的作用，其用以抚养战斗之士的军费来源也不是直接从广大村社征收，而是用废除公族疏远者的爵禄的办法加以填补。这样，楚国由于始终没有摧毁广阔领土上落后的农村公社生产关系，没有促使村社逐步过渡到一夫授田百亩的小农，从而严重地束缚了生产力的发展，直到战国后期在其南方仍然普遍存在着原生形态的农村公社。

五、楚国农村公社的历史作用

西周初年熊绎建国之时，楚国仅有子男五十里之地以及附着其上的为数不多的人民，比起封或百里、或七十里的中原诸夏之大封，国力十分微弱。但是楚国僻在荆山，在其周围存在的仅是无数如像"棘围"一类孤立闭塞而软弱的农村公社，使楚在艰难创业过程中能够不断对之进行吞并，并在这一基础上逐渐强盛起来。楚自熊绎开始，"筚路蓝缕"，以后历代君主也都奉行

① 班固：《汉书·食货志》，北京：中华书局，1962 年。
② 司马迁：《史记·秦本纪》，北京：中华书局，1959 年。
③ 班固：《汉书·食货志》，北京：中华书局，1962 年。
④ 司马迁：《史记·秦本纪》，北京：中华书局，1959 年
⑤ 班固：《汉书·食货志》，北京：中华书局，1962 年。
⑥ 司马迁：《史记·孙子吴起列传》，北京：中华书局，1959 年。
⑦ 刘向：《战国策·秦策三》，上海：上海古籍出版社，1985 年。
⑧ 司马迁：《史记·孙子吴起列传》，北京：中华书局，1959 年。

向外发展的国策，十分重视立足本土，"以启山林"①，"勤俭以启土"②，拓展疆域，向周围的农村公社进军。到春秋初年楚蚡冒"始启濮"③，楚武王始开"濮地而有之"，楚文王"始大"④，就是在逐渐征服江汉平原众多农村公社的基础上发展壮大起来的。农村公社孤立闭塞，人们"重死而远徙"，"民至老死不相往来"，在单个的村社中虽然有居民的自动武装，但村社之间互相隔绝的状况却使它们不可能形成军事上稳定的联合，即或有时能够共同出兵，也为时短暂，并且互不统属，始终不能构成坚强的军事力量。《左传》文公十六年所载"百濮离居，将各走其邑，谁暇谋人"，就是这种情况的一个典型例证。农村公社自身的性质决定了它不可能组织起来有效地抵抗早已进入阶级国家并且拥有强兵劲卒的楚国的入侵。而当楚国征服这些村社后，首先窃取其公田为楚所有，并因袭公社助耕公田的传统，使公社成员助耕公田的劳动转化成为向楚纳贡服役的剩余劳动，除此而外，并不改变村社原来的生产方式和社会组织；对于村社成员来说，由于他们被征服者所剥夺占有的仅仅是村社的公田以及他们在公田上所从事的剩余劳动及其产品，而用以换土易居的份地仍然可以不受损失地保存下来，其劳动产品仍属自己所有，所以他们也就安于现状（何况不安于现状是不可能的）。春秋时代楚国北上受挫转而经营南中国，"抚有蛮夷，奄征南海"⑤，"开地千里"⑥，完全可以说明早已进入国家形态的中原诸夏的社会基础远远强大于尚处在原始社会原生阶段农村公社中的南方蛮夷，因而楚国才能在难以进军中原的情况下反过头来在南中国长驱直入，纵横挥戈。归根结底，南方农村公社生产关系的落后性，是其受侵的致命弱点，也是楚国得以迅猛壮大的一个重要原因。

楚国由弱到强的一个重要原因在于它征服了众多的农村公社，并使之成为自己的广阔基础。但也正是因为这样的原因，使得楚国的基础虽然广阔但却并不十分深厚，严重地影响着它的经济实力和军事力量。特别是春秋战国之际，当中原各国和西方的秦国相继改制变法，把落后的村社经济改造成为进步的活跃的小农经济，从而极大地增强了经济和军事力量之时，楚国的农村公社却没有得到进一步改造，尤其是地广人稀的南方仍然保存着村社的原

---

① 《左传》宣公十二年，十三经注疏本。
② 《左传》宣公十二年杜预注，十三经注疏本。
③ 左丘明：《国语·郑语》，上海：上海古籍出版社，1978 年。
④ 司马迁：《史记·楚世家》，北京：中华书局，1959 年。
⑤ 《左传》襄公十三年，十三经注疏本。
⑥ 司马迁：《史记·楚世家》，北京：中华书局，1959 年。

生形态，"皆窳（《索隐》谓：'苟且懒惰之谓。'）偷生，无积聚而多贫，是故江淮以南，无冻饿之人，亦无千金之家"①。极大地束缚了生产力的发展，不能支撑楚国连年战争所亟须的兵赋，以致楚国虽大但其基础却相对脆弱，既不能北却三晋，也不能西御强秦。由此可见，农村公社长期存在所造成的经济落后和军力不足，成为楚国由盛而衰的一个重要的内在原因。

---

① 司马迁：《史记·货殖列传》，北京：中华书局，1959 年。

35

楚熊渠所伐庸、扬粤、鄂的地理位置

在整个西周一代，楚国的疆域都在汉水中游地区，既没有北上中原开疆拓土，也没有南下长江肆其南封。有的学者认为，熊渠之时楚国的疆界不仅推进到了今湖北鄂州市一带，甚至已抵达今江西九江湖口。其根据主要来自《史记·楚世家》。这种看法值得商榷。兹录《楚世家》有关记载于次，以备分析。

熊渠生子三人，当周夷王之时，王室微，诸侯或不朝，相伐。熊渠甚得江汉间民和，乃兴兵伐庸、杨粤，至于鄂。熊渠曰："我蛮夷也，不与中国之号谥。"乃立其长子康为句亶王，中子红为鄂王，少子执疵为越章王，皆在江上楚蛮之地。及周厉王之时，暴虐，熊渠畏其伐楚，亦去其王。

庸，《集解》引杜预曰："庸，今上庸县。"《正义》引《括地志》云："房州竹山县，本汉上庸县，古之庸国。昔周武王伐纣，庸蛮在焉。"江永《春秋地理考实》亦云："庸国，今郧阳府竹山县及竹溪县也。"庸在今湖北竹山县一带，古今无异辞。

扬粤，《索隐》云："有本作'杨雩'，音吁，地名也。今音越。谯周亦作'杨越'。"然而小司马并未明确指出杨粤何在。清宋翔凤认为："以地在杨州，故名杨越，即越章也。越章亦名豫章（九江府）。"①此解可备一说，然而问题很多。

按粤字有本作雩，而在金文中的雩，《尚书》诸篇语词皆作越。雩为正字，越为同音假借字。据司马贞所言，雩音吁，又音越，故杨粤即是杨越。杨古属喻母，越古属匣母，匣、喻古恒互通，均为喉音，故杨为越之音转。越古读於越，於为影母，乃越之发声②，与匣、喻互通。汉代以前，於、雩、于、越诸字本可互用，从於之字，多有阴郁、淤塞之意。越为於中，是森林榛莽、

---

① 见《过庭录》，《皇清经解续篇》卷 414。
②《春秋》定公五年"於越入吴"，杜所注曰："於，发声也。"

阴槭淤塞的弃地。①由此看来，杨越当是指於中。

於中是一个非常广泛的地域概念。《史记·楚世家》记载张仪说楚王"西取故秦所分楚商於之地方六百里"，此即"楚之故地汉中、析、郦可得而复有也"等地域。《集解》云："有商城在於中，故谓之商於。"可见，於中地方广，而被指实的则有"於邑"。《史记·商君列传》张守节《正义》云"於、商在邓州内乡县东七里，古於邑也。"於商为商於之倒，即殷商时代的於中之地。②《荆州图副》曰："邓州内乡县东七里於村，即於中地也。"③《括地志》云"於中在邓州内乡县东七里"，又云"邓州内乡县，楚邑也"④。可见，熊渠所伐杨越当是位于於中的於邑，其地当在今河南内乡、邓州与湖北襄阳之间，即汉水与丹、淅二水相联系的范围内。石泉先生等认为，越章（豫章、杨粤）当在今唐白河东岸近汉水之豫章大陂一带。⑤以上诸说均不出汉水中游地区。假如说杨越远在江西九江，则与楚国在春秋以前至多"土不过同"（方百里为一同）⑥的疆土以及国力相去过于悬远。

鄂，《正义》引刘伯庄云："地名，在楚之西，后徙楚，今东鄂州是也。"又引《括地志》云："邓州向城县南二十里西鄂故城，是楚西鄂。"西鄂为汉代南阳郡的西鄂县，在今河南南阳市东北。东鄂为汉代江夏郡的鄂县，在今湖北鄂州市。熊渠所伐当为西鄂，东鄂则是因熊粤后代在此设立宗庙以祭熊等后才得以命名。

周夷、厉之际楚国疆域的伸缩，可从当时噩国的兴衰及其与楚国的关系中寻到线索。周厉王时铜器《禹鼎》⑦铭文记载："噩侯驭方率南淮夷东夷，广伐南国、东国，至于历内。"噩侯即是鄂侯。《史记·楚世家》司马贞《索隐》云："噩音鄂，亦作等。"噩于殷卜辞中屡见，文献噩则从邑作鄂。殷代噩地在今河南沁阳西北，即《史记·殷本纪》裴骃《集解》引徐广所说之"邢"⑧。

① 徐中舒：《巴蜀文化续论》，载《论巴蜀文化》，四川人民出版社，1981年，第67、74页。
② 徐中舒：《论商于中、楚黔中和唐宋以后的洞》，《四川大学学报》1978年第1期。
③《史记·越王勾践世家》张守节《正义》引《括地志》转引。
④ 同上：《正义》引。前一条又见《括地志辑校》第195页，邓州，内乡县；后一条则此书未收。
⑤ 石泉、徐德宽：《楚都丹阳地望新探》，《江汉论坛》1982年3期。
⑥《左传》昭公二十三年及杜预注。
⑦ 关于《禹鼎》的年代，郭沫若《禹鼎跋》（《光明日报》1951年7月7日）、徐中舒《禹鼎的年代及其相关问题》（《考古学报》1959年第3期）、马承源《中国古代青铜器》（上海：上海人民出版社，1982年，第104页）等主张为周厉王时期。也有学者主张为周夷王时期。以鼎铭结合文献研究，当以厉王时为宜。
⑧ 郭沫若：《卜辞通纂》，北京：科学出版社，1982年，"序"第4-5页，"考释"第635、636片。

西周时噩侯之国在今河南南阳市东北①，即文献所说西鄂②。《禹鼎》所记噩侯即是噩侯驭方，传世有《噩侯驭方鼎》等噩国铜器。噩为姞姓古国，《噩侯簋》铭文"噩侯作王姞媵簋"，即其证。噩侯之国在周厉王以前并不强大，噩国诸器如《噩侯弟曆季簋》并《卣》《噩季奮父簋》《噩叔簋》等铭文均未记载噩国有何建树，史籍也无有关噩国攻伐征战的记载。从周夷王时铜器《噩侯簋》所记"王姞"来看，周夷王娶噩侯之女为后，噩侯自此始得显荣。但噩国始强却是在周厉王时期。《噩侯驭方鼎》铭文云：

> （厉）王南征伐角魯，唯还自征，在坯。噩侯驭方内□于王，乃傈（裸）之。驭方蓉（侑）王，王休匽（宴）乃射，驭方卿王射，驭方休闌，王宴，咸令酓（饮）。王窥锡驭□□（方玉）五彀（穀），马四匹，矢五□（束）。

由铭文可知，噩侯驭方在坯迎厉王驾，礼节周到，仪式隆重，而厉王赐之以玉、马、矢，说明驭方是深受厉王信任的。周厉王时南征频繁，故在其班师后乃以驭方镇抚南国，为南方屏障。可见噩侯之国开始强盛。

楚熊渠当夷王之时，此时"诸侯或不朝，相伐"③，夷王的共主地位有所下降，不得不"下堂而见诸侯"。④在这种情况下，噩侯虽与王室联姻，但周的南方防线早自穆王以来即已松懈，夷王时更是趋于崩溃，噩国非但得不到王室的支援，也得不到王室的保护。因此，熊渠此时东伐至噩，并立中子红为鄂王，不会受到周王室及其所封南方诸侯的任何压力。

但到周厉王时，熊渠不仅取消了包括中子红在内的王号，而且还退出了噩地。其原因，《史记·楚世家》说："及周厉王之时，暴虐，熊渠畏其伐楚，亦去其王。"但厉王并未伐楚。真正使熊渠深感畏惧的直接原因，当在于噩侯驭方的强大。《噩侯驭方鼎》说驭方在坯以盛大场面迎厉王驾，坯即成皋大伾之伾⑤，在成周之东，今河南荥阳附近，这说明此时驭方已收复噩地；或者驭方恢复噩地与厉王此次南征有关，故远出噩国北至坯以礼仪迎接厉王，感其恩泽。

---

① 谭其骧主编：《中国历史地图集》第一册，北京：地图出版社，1982年，图17-18，《西周时期中心区域图》。
② 有学者认为西周噩国地名在东鄂，然观《噩侯方鼎》铭文所记方在坯迎驾厉王，坯即汉成皋大伾之伾，在今河南荥阳附近，可知噩距之不远，故应以西鄂当之。如在东鄂，则无法解释铭鼎所记史实。
③ 司马迁：《史记·楚世家》，北京：中华书局，1959年。
④《礼记·郊特牲》，十三经注疏本。
⑤ 王国维：《观堂别集》卷2《鄂侯驭方鼎跋》；参阅徐中舒：《禹鼎的年代及其相关的问题》。

作鄘，《左传》哀公四年"致方城之外于缯关"，其地必在今河南方城附近，东北距鄂不远。汉█州，汉当指汉水；其形象旌旗之游，当释为𠃌。《说文·𠃌部》："𠃌，旌旗之游。……读作偃。"《经典释文》《左传》襄公十三年"："鄢音偃。"鄢、偃古均元部字，同在影纽，故得相通。如此，█当释作鄢。"鄢州"二字与上一字"汉"相联系，当指汉水支流鄢水两岸的某个地点，或即《汉书·地理志》"南郡宜城"县下班固原注之"故鄢"。由此可见，两器铭文所记的南国地名，均不出汉、淮之间的地域范围。徐中舒先生亦认为《中𩰬》所记"南国应即指汉水流域而言"[①]，这与我们的分析是一致的。

既然西周初年的南土是指汉、淮之间的地带，那么《左传》昭公九年所列举的南土四国巴、濮、楚、邓自然就应立足其间，不可能南至于长江一线。

以上我们探讨了周初南土的地理范围，下面再来探讨巴、濮、邓的地理位置。只要明确了此三国的地理位置，则与之并列的楚国之所在便可相应予以判定。

首先说巴。巴为姬姓，《华阳国志·巴志》载："武王既克殷，以其宗姬封于巴。"《左传》昭公十三年记载楚共王之妻、平王之母为"巴姬"。依据周代"妇人称国及姓"之制[②]，可以确证巴王族为姬姓。巴在殷代武丁时期即已见称于殷卜辞，称为"巴方"，殷末约居汉水上源古沔水一带，属于姬姓集团的成员之一，所居之地也是殷代千里王畿的西土之所在。[③]西周初年，巴国受周王室分封，立足于汉水、大巴山之间。《水经·沔水注》记载其地有巴岭、巴谿戍、巴山、巴岭山等古地名。《战国策·燕策二》亦载苏代之言曰："汉中之甲，轻舟出于巴，乘夏水而下汉，四日而至五渚。"均表明早期巴国是在汉上，而不是如历代旧注所说在江上今重庆。[④]

从《左传》文公十六年记载的楚、巴、秦师灭庸之役来看，楚师西出石溪、仞（此二地均在今湖北均县境内[⑤]），从庸之东面出击，巴、秦之师则当从庸之西面挺进，形成东西夹击之势，于是灭庸。其时在大巴山以南、长江

① 徐中舒：《殷周之际史迹之检讨》，《中央研究院历史语言研究所集刊》七本二分，1936 年。
② 《史记·吴太伯世家》索隐引。
③ 《尚书·牧誓》"西土八国"中虽未明言有巴人，但历代注疏家均以武王伐纣之师中有巴师。巴为姬姓，乃是"宗姬之戚亲"（《华阳国志·巴志》），故东进伐纣未在武王牧野誓师词中特别举出，犹如其他姬姓集团成员未在《牧誓》中举出一样。详拙作《试论宗姬巴国与廪君蛮夷的关系》，《四川历史文集》，成都：四川省社会科学院出版社，1987 年。
④ 段渝：《四川通史》第 1 册，成都：四川大学出版社，1993 年。
⑤ 《钦定春秋传说汇纂》卷一八"文公十六年"。

北岸尚有庸之与国"鱼国"，在此役中助庸逐楚。鱼国在今重庆奉节[1]，当时应与庸和𦠿、𥐓之属共同控制了大巴山东缘及其南达长江之道。假如说巴在今重庆，那么它要顺江东下，再沿巴山东缘北上助楚，是不可能的，因为这些地区都控制在楚之敌国手中。假如巴从重庆出发，沿嘉陵江河谷或宕渠（今渠江）河谷北出大巴山西缘，再往今陕东南转至鄂西北战地，则劳师费时太甚，恐不待其到达，战事已告结束。由此看来，巴国地当庸国之西的巴山以北，不论于史实、地理还是形势都相符合。反之，若指为今重庆，则与此三者无一相合。事实上，川东巴国是在《左传》哀公十八年（前 477 年）巴大败于楚之后，才从汉上辗转南迁而去的[2]，在此之前，川东鄂西并不存在一个巴国。

其次说濮。濮人本是一个内涵十分广泛的概念，见于史载亦很早。《尚书·牧誓》记载西土八国"庸、蜀、羌、髳、微、卢、彭、濮人"，此濮在殷王畿之西。《逸周书·王会》记载成汤令伊尹为四方献令，其中提到殷畿正南方的"百濮"，章太炎认为此即杜预所说的云南之濮。[3]殷卜辞中亦见濮人之载，辞曰："丁丑贞，卜又象，囗旧卜。"郭沫若释为："卜即卜子之卜，乃国族名。"[4]卜子，《逸周书·王会》载周初成周之会，"卜人以丹砂"，王先谦补注云："盖濮人也。"这个以丹砂进献周王室的濮，当指川东土著濮人。[5]而汉、淮之际亦多见濮，《国语·郑语》韦昭注"濮，南阳之国"，可见一斑。《左传》文公十六年记载："百濮离居，将各走其邑。"杜预注："濮夷无屯聚，见难则散归。"又说："濮夷无君长总统，各以邑落自聚，故称百濮也。"[6]虽说这里讲述的是春秋年间情形，然而大量资料表明，早在殷周之际已是如此局面，何待春秋之时？

濮地所在，历来歧议纷繁。顾颉刚、童书业先生考证濮地在今湖北竹山县南。[7]杨伯峻先生认为当在湖北石首附近。[8]徐中舒先生考证必接近于均、

---

① 《左传》文公十六年杜预注："鱼，鱼复县，今巴东永安县。"晋永安县即今重庆奉节。参考《水经·江水注》。
② 段渝：《试论宗姬巴国与廪君蛮夷的关系》，《四川历史文集》，成都：四川省社会科学院出版社，1987 年。
③ 《太炎文录·续编》卷六，《西南属夷小记》。
④ 郭沫若：《殷契粹编考释》，北京：科学出版社，1965 年。
⑤ 段渝：《四川通史》第 1 册，成都：四川大学出版社，1993 年。
⑥ 《左传》文公十六年孔颖达疏引杜预《春秋释例》。
⑦ 顾颉刚：《史林杂识》初编，北京：中华书局，1963 年；童书业：《春秋左传研究》"春秋时巴国所在"，上海：上海人民出版社，1980 年。
⑧ 杨伯峻：《春秋左传注》，北京：中华书局，1981 年。

郧、房三县的汉水流域，即由此三县至大别山以南的襄、樊一带。①石泉先生则进一步根据对随（今湖北随州西北溠水东岸）②、鄀（今湖北襄阳东境滚河下游及汉水东北岸一带）地望的重新研究，得出濮当在今湖北枣阳境，位于随、楚之间的结论。③这些看法尽管都肯定濮在今湖北省境，但诸说之间仍有明显分歧，不可一概而论。

我们从殷周之际"百濮离居"已经形成的史实出发来看待濮地问题，可以看出百濮居地不会限于一处④，也绝不如《伪孔传》所称仅在"汉之南"，而是在西周时代的南土有着广泛分布，襄阳以西到竹山以南和襄阳以东汉水东北岸及滚河下游一带，均为西周时代百濮的离居散处之地。只此才能对周厉王时《宗周钟》铭文所记率南夷东夷廿又六邦的"南国孳（濮子）"给以合理解释。也只有如此，才能充分理解《国语·郑语》和《史记·楚世家》所载两周之际楚鬻冒及楚武王首开濮地而楚国始大的情形。总之，西周时代汉水流域的濮，从东、西、南三面包围着楚国，使"子男五十里"的楚地得不到任何发展。

再次说邓。旧说邓国在河南邓县⑤，或说在湖北襄樊汉水北岸⑥，然而均无确据。据石泉先生重新研究，今襄樊市西北的邓城遗址是古邓国及宋齐以前的邓县之所在，而古邓国的版图大致包括南阳盆地南部今襄阳县境的汉水以北，和新野、邓县以南地区⑦。此说证据确凿。谭其骧先生主编的《中国历史地图集》即采此说，将西周春秋时期的邓国地望定位在襄樊市西北汉水北岸的邓城遗址。⑧

上述表明，巴、濮、邓的地理位置，均在汉水中上游地区，位于大巴山和荆山以北，随枣走廊和大洪山以西。既然如此，那么与之并列，共同构成周初南土的楚国，自当立国其间，位于汉水流域中部，却不可能孤国悬远，南至于长江一线。否则，将失去周王室封建诸侯"以藩屏周"⑨的价值和意义。

① 徐中舒：《论巴蜀文化》，成都：四川人民出版社，1981年。
② 石泉：《古代曾国——随国地望初探》，《武汉大学学报》1979年第1期。
③ 石泉、徐德宽：《楚都丹阳地望新探》，《江汉论坛》1982年第3期。
④ 段渝：《论楚国的农村公社》，《楚史与楚文化论集》，《求索》1988年增刊。
⑤ 顾祖禹：《读史方舆纪要》卷五一，北京：中华书局，1955年。
⑥《太平御览》卷一九二引盛弘之《荆州记》；《水经·缩水注》。
⑦ 石泉：《古邓国·邓县考》，《江汉论坛》1980年第3期。
⑧ 谭其骧主编：《中国历史地图集》册一，图17-18，图29-30，北京：地图出版社，1982年。
⑨《左传》僖公二十四年，昭公二十六年。

《史记·楚世家》记载："熊绎当周成王之时。举文、武勤劳之后嗣，而封熊绎于楚蛮，封以子男之田，姓芈氏，居丹阳。"丹阳为楚子熊绎"初封"之地①，其地在丹水之阳。《左传》昭公十二年楚右尹子革曰："昔我先王熊绎，僻在荆山，筚路蓝缕以处草莽，跋涉山林以事天子，唯是桃弧棘矢以共御王事。"荆山，《汉书·地理志》"南部临沮"县下班固原注云："《禹贡》南条荆山在（县）东北，漳水所出，东至江陵入阳水，阳水入沔，行六百里。"《左传》昭公十二年杜预注云："在新城沶乡县南。"杨伯峻《春秋左传注》昭公四年"荆山"下注谓"今湖北南漳县西八十里之荆山"。石泉先生等认为，此南漳荆山之名乃是西周中叶以后楚国势力南渡汉水后移植而去，西周初年熊绎所居荆山则当在今陕西商县附近。②联系到有关史籍，如《史记·楚世家》《韩世家》及《秦本纪》所载的秦、楚战地丹阳和《汉书·地理志》"弘农郡丹水"条、《水经·丹水注》《读史方舆纪要》卷五一"丹水城"，以及《资治通鉴》卷三"秦师及楚战于丹阳"条下胡三省注等材料相互参验，丹阳既是丹水之北，则古荆山必当在其附近，位于今鄂、豫、陕三省边界汉水、丹水、淅水之间③，而不会远至汉水以南的南漳县境。

二、周昭王时期楚国的疆域

周昭王时，上承"成、康之际，天下安宁，刑错四十余年不用"的升平局面④，国力充实，故始而大举向南用兵。属于这一时期的青铜器铭文对昭王南征史迹多有记载。《过伯簋》铭载："过伯从王伐反荆，俘金。"《敳簋》铭载："从王南征，伐楚荆，有得。"《𩵦簋》铭载："从王伐荆，俘[金]。"稍晚一些的《史墙盘》铭也说："宏鲁昭王，广能楚荆，惟患南行。"文献资料对此也有一些简略记载。古本《竹书纪年》："周昭王十六年，伐楚荆，涉汉，遇大兕。"⑤《吕氏春秋·音初》"周昭王亲将征荆蛮（今本'荆'下无'蛮'字，此据阮刻十三经注疏本《春秋左氏传正义》僖公四年孔颖达疏引补）"，将为将率之意。⑥昭王伐楚而后涉汉（不是济汉而后伐楚），说明此时楚国尚在汉水中游以北。

① 司马迁：《史记·三代世表》，北京：中华书局，1959年。
② 石泉、徐德宽：《楚都丹阳地望新探》，《江汉论坛》1982年第3期。
③ 段渝：《楚地初探》，《民族论丛》第2辑；《先秦民族史专集》，1983年。
④ 古本《竹书纪年》，《文选·永明九年策秀才文》注引。
⑤《初学记》卷七《地部下》引。
⑥ 陈奇猷：《吕氏春秋校释·音初》注第17，上海：学林出版社，1984年。

历来史籍记述昭王南征路线，均说是"涉汉""济汉""反涉汉"①，汉指汉水。唯《史记·周本纪》不言涉汉，而说"昭王南巡狩不返，卒于江上"。是江还是汉，关乎西周时代楚国地理位置的问题，不可不辩。有的学者根据《周本纪》所说"江上"，证以《楚世家》所说"皆在江上楚蛮之地"，于是认为昭王所伐的楚荆在长江一线，楚国当然立国于此。但是，古代所称江，并非长江的专有称谓②，除长江外，汉水可以称江，淮水也可以称江。《国语·周语上》："宣王既丧南国之师，乃料民于太原。"韦昭注："南国，江、汉之间也。"《史记·周本纪》集解引唐固曰："南国，南阳也。"南阳位于汉、淮之间，是西周时代南国的一个中心区域，而称为"江、汉之间"，证实此"江"不是指长江，而是指淮水。何况，先秦史籍既已明言昭王涉汉，而非涉江，也就没有理由将汉水解释为长江。至于熊渠封其三子为王，"皆在江上楚蛮之地"，所说的"江上"也并非长江，而是汉、淮之间的地带。③司马迁称汉为江，不过是沿用古代通例而已，不足为异。

既然楚国位于汉、丹、淅之间，地在汉水以北，何以昭王伐楚又要南逾汉水呢？这就涉及昭王南征对象是否仅楚一国的问题。

我们首先从地域上进行讨论。屈原《天问》说："昭后成遊，南土爰底。厥利维何，逢彼白雉？"昭后指昭王，"后"亦上古之君的通用称谓。爰，于也。底，至也，犹伐也。④昭王南伐（遊犹巡也，巡狩之意，乃古代对征伐一词的隐讳用语），意在南土，实即广伐南国。《史记·周本纪》说昭王南巡狩，也是隐括征伐南国之义而言。《史墙盘》铭文说昭王"广能楚荆，惟患南行"，能为"柔远能迩"之意，此于《尚书》《诗经》屡见。既然说昭王对楚荆施以怀柔安抚之策，又说昭王"惟患南行"，前后决然不同，表明二者所指非一，前者所谓"楚荆"是专指楚国，后者所谓"南"则是泛指南土诸国。《国语·齐语》记载管仲说："昔吾先王昭王、穆王，世法文、武，远绩以成名。"昭王远绩成名，当然不是指他"殒汉""丧六师于汉"，而是指他像文王、武王一样建有功业而成名，这应当就是《史墙盘》铭文所记的"广能楚荆"，并在楚国试图有反叛之举时出兵征讨，成功地予以了阻止。《过伯簋》铭文说昭王"伐反荆"，正是对这一文献失载的历史事实的明确记载。铭文对此役结果记为"俘

① 见《竹书纪年》《吕氏春秋》《帝王世纪》等。
② 石泉：《古文献中的"江"不是长江的专称》，《文史》第 6 辑。
③ 段渝：《荆楚国名问题》，《江汉论坛》1984 年第 8 期。
④ 闻一多：《天问疏证》，上海：上海古籍出版社，1985 年。

金",其他诸器铭文也称"有得""俘〔金〕",又表明昭王伐反荆的确战果赫赫,全胜班师。所以管仲才能够称道昭王颇有建树,以远征之功流传于世。显然,昭王"广能楚荆""伐反荆",与昭王"殒汉""丧六师于汉""惟患南行",两者不但结果决然不同,而且征伐对象也是迥然相异的。

我们再从年代上进行讨论。史载昭王南征非止一次,《竹书纪年》明确记载昭王两度南征,一在十六年,一在十九年。上引金文和管仲之言当是指昭王十六年南征史迹,有得而后班师。十九年,昭王以六师之众南逾汉水。倾宗周之兵悉数南下。用兵规模如此之大,如果说仅仅针对"子男五十里"[①]的楚国,真是杀鸡用了牛刀,太不相称。以六师之兵悉数出征,这在西周一代并非常见,通常是征讨对象强大而甚众才动员六师出征。如周厉王讨伐噩侯驭方,曾以六师、八师大加"裂伐"。其所以在六师之外又动用八师,是因噩侯驭方所统太众,不但有南淮夷,还有东夷(见《禹鼎》铭文)。但规模较小的战役则不用全部六师,更谈不上动用八师。如《录卣》铭文记载王命曰:"淮夷敢伐内国,汝以成周师氏戍于叶(次)。"对付淮夷内侵,仅以一师之兵即可。由此可见,昭王十九年亲率六师之众南征,必不是仅仅对付一区区楚国,当是征伐部众甚多,地域甚广的南方诸国,故以直逾汉水而南。对于此役,《纪年》只是提到"丧六师于汉"[②]"王南巡不返"[③],却只字没有提到伐楚荆,同十六年的记载颇不一致,原因就在于昭王十九年所伐是南方其他较强方国或族类的联合,而不是专伐楚国。这当是《史墙盘》铭文昭王"惟患南行"之说的由来。《左传》僖公四年齐桓公使管仲问楚以"昭王南征而不复"之罪,楚使对曰:"昭王之不复,君其问诸水滨。"从根本上否认与昭王殒汉有关。杜预注云:"昭王时,汉非楚境,故不受罪。"因为楚国当时尚在汉水以北,故昭王深入南国后返济汉水而亡,当然就是同楚国没有关系的。

从周昭王十六年伐楚荆战果显赫,十九年南渡汉水广伐南国而身败名裂的事实,不难看出当时楚国的疆域还局限在汉水北面,并没有伸展到长江一线。

三、西周后期楚国的疆域

《史记·楚世家》记载:"熊渠生子三人。当周夷王之时,王室微,诸侯或不朝,相伐。熊渠甚得江汉间民和,乃兴兵伐庸、杨粤,至于鄂。熊渠曰:

---

① 司马迁:《史记·孔子世家》,北京:中华书局,1959年。
②《初学记》卷七《地部下》引。
③《太平御览》卷八七四引。

我蛮夷也，不与中国之号谥。乃立其长子康为句亶王，中子红为鄂王，少子执疵为越章王，皆在江上楚蛮之地。及周厉王之时，暴虐，熊渠畏其伐楚，亦去其王。"关于熊渠所伐庸、杨粤、鄂的地理位置，笔者曾著文认为，庸在汉水中游以南不远，杨粤在内乡、邓县（今邓州市）、襄樊之间，地当汉水中游，鄂在淅水以东白河中游，三地都处在汉、丹、淅相联系的范围内，均离楚国本土不远。[1]据《楚世家》，熊渠征伐这三个地方后，乃分别分封给三个儿子，立其为王。分封紧接征伐，是为了巩固对新辟版图的统治。长子康所封最远，其封地句亶即庸地。中子红所封次远，其封地鄂即噩之故地。少子执疵所封最近，其封地越章即杨粤。这个分封格局，远长子而近少子，符合"楚国之举，恒在少者"[2]的继承制传统。

应当特别提出讨论的是长子康的封地句亶的地望问题。《史记·楚世家》集解引张莹曰："今江陵也。"其说找不出任何历史根据，不足凭信。按，句亶之亶，《世本》原作袒。[3]亶、袒上古均元部字，又同在定纽，声、韵全同，故得相通。亶与袒、诞（亦元部定母字）双声叠韵，以声类求之，当即诞，即古之巫诞。句、巫二字，句为侯部见母，巫为鱼部明母，上古音韵侯、鱼二部相近恒通，顾炎武即将此二韵同归一部（顾氏第三部）。又，句字西周金文常作攻字，句吴即作攻吴。攻为见母，则知句亦可读见母。可见，句、巫二字亦音近相通。按上古字少，"寄音不寄形"之例，句亶实即巫诞。司马迁作《史记》，诸侯世系多采于《世本》，对楚亦不例外。将巫诞写作句亶，则是太史公依汉时习惯书写，正如他按汉人习惯改写《尚书》诸篇的文字一样。

巫诞之名见于《世本》。《后汉书·巴郡南郡蛮传》李贤注引《世本》曰："廪君之先，故出巫诞。"巫为地名，诞为族名。诞，别本或作蜒、蜑、蛋。魏晋以降史书如《隋书·地理志》、樊绰《蛮书》（亦作《云南志》）等并以诞为僚人，而魏晋以后的僚实为先秦汉魏时期的濮[4]，《世本》称廪君出自巫诞，也正是关于濮族的传说。[5]

巫诞所在，历来记述不详。考察史籍，其实并非不可考见。《后汉书·巴郡南郡蛮传》引《世本》说："（廪君）乃乘土船，从夷水至盐阳。"盐阳即盐水之阳，盐水为今鄂西南之清江，亦即《水经·夷水注》所记之夷水。但清

① 段渝：《楚熊渠所伐庸、杨粤、鄂的地理位置》，《历史地理》第 8 辑，1990 年。
② 《左传》文公元年，十三经注疏本。
③ 《史记·楚世家》索隐引。
④ 蒙默：《濮为僚说》，《凉山彝族奴隶制研究》1997 年第 1 期。
⑤ 徐中舒：《论巴蜀文化》，成都：四川人民出版社，1981 年。

江称为夷水乃是后起的名称，最早只称盐水，所以傍水而居的母系部落首领才可能被成书比《水经》早得多的《世本》称为"盐水神女"。清江为渔、盐所出，《世本》称之为盐水，必是沿其旧称。而古夷水原在汉水中游今南漳、宜城南，即是今天的蛮河。《水经·沔水注》载："夷水，蛮水也，桓温父名夷，改曰蛮水。"据此可知，东晋以前蛮水本名夷水。1975年宜城南楚皇城内出土一方汉印，文曰"汉夷邑君"[1]，确切证实当地至汉代仍称为夷，乃自先秦而然。《水经·夷水注》称清江为夷水，则是因为廪君浮夷从古夷水南迁盐水之阳后，将夷水之名取代了旧的盐水名称。此即古人所谓"名从主人"，地名随人迁徙。至于清江之名就更是晚出了，据《水经·江水注》《太平寰宇记》"清江"等来看，它是公元前377年"蜀伐楚，取兹方（今湖北松滋）"[2]时由蜀人所取名。[3]由于廪君浮夷南迁的年代不早于战国初，故清江始称夷水也不得上推到春秋以前，比古夷水晚得多。[4]

有的学者以为巫诞之巫指巫山，在长江巫峡。此论尚需商榷。《盐铁论·险固》："楚自巫山起方城，属巫、黔中，设捍关以拒秦。"方城为庸之方城，在今湖北竹山东南，可见从竹山县以南即称为巫。[5]《晋书·地理志》"上庸郡"属县有"北巫"，为今竹山县，证明从先秦至晋巫山均称为巫。竹山以东，过房县即是古夷水（今蛮河），正是廪君南迁所浮之水。廪君出自巫诞，诞为濮人，战国以前竹山一带恰是百濮活动的重要地域之一。不难知道，巫诞应指竹山一带，其地跨有今堵河中游两岸，正在熊渠所伐之庸之范围以内。《世本》熊渠长子康之康原作庸、康、庸形近，或许就是因为封于庸地之故。

由此可见，句亶即是巫诞，熊渠伐庸后将其地封以长子康、立其为王，所称句亶王实为巫地诞人之王。

王国维《夜雨楚公钟跋》认为："熊𪅞之器出于武昌者，武昌即鄂。盖熊渠之卒，熊挚红（即中子红）虽嗣父位，仍居所封之鄂，不居丹阳。越六世至熊𪅞，犹居于此，故有其遗器。楚之中叶曾居武昌，于史无闻，惟赖是器所出地知之耳。"[6]近年学术界中亦有学者重申王说。但此说证据薄弱，尤难

① 顾铁符：《楚三邑考》，《楚史研究》专辑，武汉：湖北社科院历史所，1982年。
②《史记·楚世家》《史记·六国年表》。
③ 段渝：《四川通史》第1册，成都：四川大学出版社，1993年。
④ 段渝：《试论宗姬巴国与廪君蛮夷的关系》，《四川历史文集》，成都：四川省社会科学院出版社，1987年。
⑤ 蒙文通：《巴蜀古史论述》，成都：四川人民出版社，1981年。
⑥ 王国维：《观堂集林》卷一八，《史林》十。

凭信。

　　根据《左传》僖公二十六年、《国语·郑语》韦昭注、《史记·楚世家》司马贞《索隐》所引谯周《古史考》，以及张守节《正义》所引宋均注《乐纬》等材料来看，熊挚红因有疾不得为后，乃别居于夔。尽管《史记》称挚红立而被其弟所弑，但早为谯周所辨证，诸家皆从谯周之说；而且《左传》也分明是记载熊挚（红）"自窜于夔"，非但没有继熊渠立为楚王并遭杀害，相反是别居于夔地。夔即归，其时尚未南移长江三峡今址，还在今南漳东南。熊挚红本封西鄂，其别居于夔，《左传》僖公二十六年说是"自窜"。究其原因，有两个方面：一方面是慑于周厉王的暴虐和噩侯骏方的攻伐，被迫放弃噩地[1]；一方面也在于熊渠卒后由少子熊延继立，他不能留居丹阳，不得不另辟新域而居。这两个原因是相互关联的，也是前后相继的。很明显，熊挚红既已放弃其封地西鄂，又无法继承楚王之位入主楚都丹阳，于是只得整族迁移，"自窜于夔"，自命为"夔子"。正因如此，所以夔子后代"不祀祝融与鬻熊"[2]。这表明，熊挚红嗣位都鄂之说是不能成立的，以此推论东鄂为熊渠所伐并封以中子红，其说也同样是不能成立的。

　　至于凭藉出土于今鄂州与嘉鱼之间的《楚公逆镈》(旧释《夜雨楚公钟》)，进一步推论西周后期即从熊挚红到熊箵之间，楚国一直以东鄂为都，就更无凭据了。熊箵当周宣王之时[3]，此时淮夷活跃，屡次北上寇周，并控制了汉、淮之间大片土地，周王室也数度南征，讨伐淮夷。如此战事频仍的局势，事实上对楚国造成了来自北面和东面的巨大军事压力和战火威胁，楚自顾不暇，哪里谈得上从汉、丹、淅之间出兵远袭东鄂，并据以为都，使其孤悬于本土之外？虽然周宣王曾抽调戍守汉、淮之间的南国之师到西北边境应付犹之难[4]，楚乘其南方空虚之机蠢蠢欲动，《诗经·小雅·采芑》斥之为"蠢尔蛮荆，大邦为仇"；但当周室回师以后，楚恐其挥戈来伐，又重新表示畏服，故《采芑》之诗又说："显允方叔，征伐犹，蛮荆来威（畏也）。"当是之时，楚国哪有可能出兵夺取东鄂？

　　西周时代，周王室在汉水以东，淮汝之间分封了大量同姓诸侯小国，以

文
明
的
史
迹
：
先
秦
、
巴
蜀
及
南
丝
路
历
史
研
究
（
先
秦
史
卷
）

---

① 段渝：《楚熊渠所伐庸、杨粤、鄂的地理位置》，《历史地理》第8辑，1990年。
②《左传》僖公二十六年，十三经注疏本。
③《史记·十二诸侯年表》记熊箵于周宣王二十九年立，三十七年卒，与《楚世家》所载"熊箵九年卒"合。
④《国语·周语上》"宣王既丧南国之师，乃料民于太原"，表明宣王与犹战于千亩之前，已先期将镇守南国的军队调往西北。

为南方屏障，其处于汉川之地者统称为"汉阳诸姬"①，或"周之子孙之在汉川者"②。汉阳诸姬以随国为中心，文献说"汉东之国随为大"③。考古表明，大别山西南汉水支流水下游及其以东溵水一带，分布有数处西周前期的文化遗址，而这一区域的西周后期文化遗址则主要集中在桐柏山与大洪山之间的溳水中、上游和滚河流域——随枣走廊一带④，这些地区当即汉阳诸姬的所在。很明显，楚要越过大洪山或经随枣走廊南下奔袭东鄂，是绝不可能的。因为大洪山以东随枣走廊分布着颇为强盛的随、唐等国和其他汉阳诸姬，完全阻绝了楚从汉水中游向汉东、溵二水及其东方发展的通道，而东鄂还在溵水以东，楚国绝不可能越过汉阳诸姬防区伸展疆域至东鄂。

襄阳地区的考古发掘还说明，直到春秋前期，位于襄阳西北的邓国和宜城以南的鄀国仍在活动，襄阳一带还没有纳入楚国版图。⑤这样，邓、鄀与汉阳诸姬在实际上就共同构成了楚国南下东鄂的障碍，楚无论如何也不可能冲破这重重防线扩疆至于东鄂。正因如此，楚国直到春秋之初才会有"吾不得志于汉东"⑥之叹。至于"汉阳诸姬，楚实尽之"⑦，那是楚文王及其后世之功，不得上推到西周。《史记·楚世家》载："（文王时）楚强，陵江汉间小国，小国皆畏之。十一年，齐桓公始霸，楚亦始大。"由此看来，西周后期楚熊䓨之时，是不可能从鄂、豫、陕之间广地达于鄂东一带的。

东鄂的得名，当然不可与熊挚联系到一起，而应与熊䓨的后代相关联。熊䓨所作《楚公逆镈》既然出自鄂州、嘉鱼之间，今鄂州历史上又的确有鄂之称，并有鄂王城旧址，而熊䓨又从未在此居留，那么熊䓨之器就应当是其后世移居此地时带至，东鄂之名也应当是熊䓨后世在此修建宗庙以祀熊䓨才称呼的。从考古看，鄂州市发掘的数十座楚墓，全部属于战国中晚期⑧，邻近鄂州市的大冶金牛镇鄂王城遗址的考古调查年代也是战国时期⑨，都不能上溯到西周晚期熊䓨之时。这些情况表明，东鄂名称来源于熊䓨后代，其年代不

① 《左传》僖公二十八年，十三经注疏本。
② 《左传》定公四年，十三经注疏本。
③ 《左传》桓公六年，十三经注疏本。
④ 湖北省博物馆：《湖北省文物考古工作新收获》，《文物考古工作三十年》，北京：文物出版社，1979年。
⑤ 杨权喜：《襄阳楚墓与楚国势力的扩展》，《江汉考古》1986年第2期。
⑥ 《左传》桓公六年，十三经注疏本。
⑦ 《左传》僖公二十八年，十三经注疏本。
⑧ 鄂钢基建指挥部文物小组、鄂城县博物馆：《湖北鄂城鄂钢五十三号墓发掘简报》，《考古》1978年第4期；鄂城县博物馆：《鄂城楚墓》，《考古学报》1983年第2期。
⑨ 大冶县文化馆：《鄂王城遗址调查简报》，《江汉考古》1983年第3期。

早于春秋战国之际，同熊算本人及其活动踪迹丝毫也不相关。

综上所论，从周厉王时期到西周之灭，楚国的版图始终是在汉水、丹水、淅水之间。就当时的形势而言，楚东有汉阳诸姬和申、吕等国，南有濮人群落和邓、郡等国，再加山川阻隔，屏障重重，要扩展疆域是困难的。所以西周初年熊绎初受封时为子男五十里之田，到春秋初叶武、文二王之际还是"土不过同"之地（杜预云："方百里为一同，言未满一圻。"）。①不难知道，在西周一代，楚国的疆域并没有取得多大的发展。《史记·十二诸侯年表》说："齐、晋、秦、楚，其在成周，甚微，封或百里，或五十里。"直至春秋初，楚国通过占领濮人的土地，才走上兴旺发达之道。《国语·郑语》说"（周）平王之末，而秦、晋、齐、楚代兴。……楚蚡冒于是乎始启濮"，楚武王进一步"始开濮地而有之"②，由此楚国始大③，逐步进入称霸江汉、问鼎中原的新时代。

文明的史迹：先秦、巴蜀及南丝路历史研究（先秦史卷）

---

① 《左传》昭公二十三年，十三经注疏本。

② 参见《史记·楚世家》。

③ 顾栋高：《左传纪事本末》卷四五"楚伐灭小国"，北京：中华书局，1979 年。

| 38 |

楚公逆编钟与周宣王伐楚

山西曲沃北赵晋侯墓地第 4 次发掘的部分材料公布后①,引起了学术界的广泛关注,64 号墓出土的一组 8 件楚公逆编钟,更为西周晚期尤其是周宣王时期的周楚关系、周晋关系以及其他一些问题提供了新资料,具有相当重要的学术价值。兹就楚公逆编钟铭文及有关的几个问题略陈管见,以就教于博学君子。

一、铭文内容的几点考释

据简报,编号为 I 11M64:93 的一件编钟证及鼓部右侧铸有铭文,简报已有释文。李学勤先生参照简报照片和摹本对铭文进行了补充和考释。②现将李学勤先生的释文照录如下,以备分析,本文的考释即以此为依据。

唯八月甲午,楚公逆祀厥先高祖考、大工、四方首。楚公逆出,求厥用祀四方首,休,多擒。頜鑪内乡赤金九万钧,楚公逆用自作疑受锡钟百□。楚公逆其万年用,保□大邦,永宝。

(1)八月甲午。楚国历法是用夏正还是周正,是一个颇有争议的问题。1975 年湖北云梦睡虎地秦简③《日书》甲种《岁篇》,保存着一份"秦楚月名对照表"(表一)。从表中可见,战国时期楚历以颛顼历为形式(建亥),但又与夏历(建寅)有深刻联系;楚历的月名则表明,楚曾使用夏历。④屈原《离骚》"摄提贞于孟陬兮,唯庚寅吾以降",长沙子弹库楚帛书十二月名,均与《尔雅·释天》记载的夏历十二月名相合,也证明楚历属于夏正系统。至于用干支纪日,也不是周正(建子)特有的现象,《史记·夏本纪》记载夏后氏之

---

① 山西省考古研究所、北京大学考古学系:《天马曲沃遗址北赵晋国墓地第四次发掘》,《文物》1994 年第 8 期。
② 李学勤:《试论楚公逆编钟》,《文物》1995 年第 2 期。
③ 孝感地区亦工亦农考古训练班:《湖北云梦睡虎地十一号秦墓发掘简报》,《文物》1976 年第 6 期。
④ 曾宪通:《楚月名初探——兼谈昭固墓竹简的年代问题》,《中山大学学报》1980 年第 1 期。

帝孔甲、帝履癸，即以干支为名，当与生日有关，说明夏正即以干支纪日，殷正（丑正）亦然。

楚公逆，孙诒让考定即是熊咢，因咢字或作𩁼，声、形并通故也。熊咢在位只有九年（前799—前791年），以楚历为夏正，九年当中只有四个年份的八月有甲午日（表二）。若以楚历为周正，则九年当中只有三个年份的八月有甲午日（表三）。由于熊咢立九年卒，而夏正八月相当于周正十月，已近年终，熊咢不大可能在短时期内铸造大批编钟，故第九年的八月甲午可以排除。这样，不论夏正还是周正，实际结果都是一样的，即楚公逆编钟只可能铸造于公元前799年、前797年、前793年这三个年头，或分别延至稍晚。

另据北宋出土的楚公逆钟（旧称夜雨楚公钟，或吴雷镈），作器时间为八月甲申，唯纪月、日，而不纪年，与曲沃晋侯墓楚公逆编钟相同，可能楚熊咢有八月甲日作器之习。

表一　秦、楚月名对照表

秦	十月	十一月	十二月	正月	二月	三月	四月	五月	六月	七月	八月	九月
楚	冬夕	屈夕	援夕	刑夷	夏㞷	纺月	七月	八月	九月	十月	爨月	献马

表二　楚公逆编钟制作年代选择表（一）

| 公元前 | 周宣王纪年 | 楚熊咢纪年 | 夏正八月 | | | 置闰 | 制作年代选择 | |
			合朔日	甲午日	甲申日		楚公逆编钟	北宋出土楚公逆钟
799	二十九	元	甲戌	二十一日	十一日	闰	√	
798	三十	二	戊戌	/	/	平		
797	三十一	三	壬辰	三日	/	闰	√	
796	三十二	四	丙辰	/	二十九日	平		√
795	三十三	五	辛亥	/	/	平		
794	三十四	六	丙午	/	/	闰		
793	三十五	七	庚午	二十五日	十五日	平	√	√
792	三十六	八	甲子	/	二十一日	平		√
791	三十七	九	戊子	七日	/	闰	√	

注：本表朔闰据张培瑜《中国先秦史历表·冬至合朔时日表（公元前1500年至前105年）》推算，齐鲁书社，1987年。

公元前	周宣王纪年	楚熊噩纪年	夏正八月			置闰	制作年代选择	
			合朔日	甲午日	甲申日		楚公逆编钟	北宋出土楚公逆钟
799	二十九	元	乙亥	二十一日	十日	闰	√	√
798	三十	二	己亥	/	/	平		
797	三十一	三	甲午	一日	/	闰	√	
796	三十二	四	戊午	/	二十七日	平		√
795	三十三	五	壬子			平		
794	三十四	六	丁未			闰		
793	三十五	七	庚午	二十五日	十五日	平	√	√
792	三十六	八	甲子		二十一日	平		√
791	三十七	九	戊午		二十七日	闰		√

注：本表朔闰推算据张培瑜，上引书。

（2）四方首。当读作四方守，即四方之神。四方，即楚之四方神。湖南长沙子弹库战国楚墓出土的楚帛书说："炎帝乃命祝螎（融）以四神降，奠三天，口思教，奠四极。"四神即四方、四极之神，亦即山川之神。《左传》哀公六年："三代命祀，祭不越望，江、汉、睢、漳，楚之望也。"此为春秋时期楚之山川四方之神。四方首之首，当读作守，乃山川之灵。《国语·鲁语下》："山川之灵，足以纪纲天下者，其守为神。社稷之守者，为公侯，皆属于王者。"首、守二字，声纽均为书母，韵并在幽部，声调同属上声，读音完全一样，以"寄音不寄形"例之，假首为守。

（3）求厥用祀。求，索取。《战国策·齐策》"有求于我"，注曰："求，索也。"《孟子。公孙丑上》"勿求于心"，注曰："求者，取也。"《礼记·檀弓上》"矍矍如有求而弗得"，注："求，犹索物。"厥，物主代词，类似"其所……"用，因，以。全句意为：索取其所用于祭祀四方守之物。

（4）休。喜、美。《汉书·礼乐志》"美若休德"，注曰："休，亦美也。"《史记·周本纪》"武王使群臣告语商百姓曰：上天降休！"休，即美事、喜事。

（5）擒。俘获。既可指擒人，亦可指擒物。《逸周书·世俘》："武王成辟四方，通殷命有国，……陈本命新荒蜀、磨至，告禽（擒）霍侯、俘艾佚侯、小臣四十有六，禽（擒）御八百有三百两，告以馘俘。"擒御指缴获车辆。

（6）鈙。鈙，音钦。《汉书》卷五十七下《扬雄传下》"鈙颐折頞，涕涶流沫"，颜师古注曰："鈙，曲颐也，音钦。"《说文》系之于页部：鈙，低头也。从页金声。《春秋传》曰："迎于门，鈙之而已。"但这些解说都是战国秦汉的看法，从楚公逆编钟来看，西周时并不如此。铭文既然说鋗[金页]向楚公逆纳享赤金九万钧，那么鋗[金页]就应当是纳金人亦即采金人的族氏名称，或以公名为私名，而鋗[金页]当属濮越族系。长江中游的濮越人①早在商代已经掌握了青铜冶炼和青铜器制作技术②，湖北、湖南出土的大多数西周时代的青铜器属于濮越人遗物，如 20 世纪 80 年代中期以前湖南出土和采集的 62 件西周青铜器③，湖北随州、京山、枣阳和河南新野出土的西周晚期至春秋早期的青铜器④，以及湖北广济长江中挖出的 23 件甬钟和 2 件句鑃⑤，等等，不论数量还是质量都超过了同一时期楚国的青铜器。湖北大冶铜绿山古铜矿遗址，开采年代可早到西周，发现了濮越文化的陶器残片，在其周围还发现了数十处濮越文化遗存，形成了北至英山、南及通城、东达武昌、西抵黄梅、阳新并九江的广袤的濮越文化分布网络⑥，说明西周时铜绿山为濮越人所据并采冶铜矿。鋗[金页]之所以能够向楚公逆纳享赤金九万钧（二百七十万斤），正在于占据了丰富的铜矿资源并加以采冶。这一铜矿资源，看来非铜绿山莫属。以此分析，鋗[金页]应当就是占有并采冶铜绿山古矿源的濮越人族氏，或其中之一。

由此我们再来分析领字，不应是"从页金声"，而应是从金从页，金亦声，为会意字。金，铜；页，头。鋗，表明其族人以头戴铜饰为特征（这倒令人联想到古文献所记"铜头铁额"的蚩尤，此不论）。至于鋗的字义演化为"低其颐"（而不是许慎所谓"低头"⑦），则是因为头戴铜饰使眉压低的缘故。不过这已经是的引申义而不是其本义了。

（7）赤金九万钧。九万钧为二百七十万斤，约合今制五六百吨，李学勤先生已言之。铭文向我们显示，西周时代楚国还没有占据藏量丰富的铜矿资源，所需的大量铜料，必须仰给于他人，主要来源是濮越人采冶的铜绿山的

---

① 濮越是一个大的民族系统，长江中游古族群团主要属于濮越系统。
② 吴铭生：《从考古发现谈湖南古越族的概貌》，《江汉考古》1983 年第 4 期。
③ 高至喜：《论湖南出土的西周铜器》，《江汉考古》1984 年第 3 期。
④ 周永珍：《曾国与曾国铜器》，《考古》1980 年第 5 期；田海峰：《湖北枣阳县又发现曾国铜器》，《江汉考古》1983 年第 3 期；李学勤：《曾侯戈小考》，《江汉考古》1984 年第 4 期。
⑤ 湖北省博物馆、广济县文化馆：《广济发现一批周代甬钟》，《江汉考古》1984 年第 4 期。
⑥ 黄石市博物馆：《湖北铜绿山春秋炼铜遗址发掘简报》，《文物》1981 年第 8 期；黄冈地区文物普查队：《黄梅龙感湖三处遗址调查》，《江汉考古》1983 年第 4 期；黄石市博物馆：《大冶上打罗村遗址试掘》，《江汉考古》1983 年第 4 期；武汉市文管处：《武昌县豹澥、湖泗古文化遗址调查》，《江汉考古》1984 年第 1 期；咸宁地区博物馆、阳新县博物馆：《阳新和尚地遗址调查简报》，《江汉考古》1984 年第 4 期；张正明：《楚文化志》，武汉：湖北人民出版社，1988 年，第 9、10 页。
⑦ 参考段玉裁《说文解字注》卷九。

文明的史迹：先秦、巴蜀及南丝路历史研究（先秦史卷）

铜。所以临到祭祀，楚公逆才出征，索取用以铸钟的铜料。

从这里我们可以看到，西周一代屡次伐楚，青铜器铭文多有伐楚俘金的记录。但其原因并非在于南下掠夺楚国的铜矿，因为当时楚国本身乏铜。过伯簋铭所记"俘金"，蕭簋铭所记"俘（金）"，实指战获，是战果，非战争目的，其目的在于镇压楚国的反叛，即过伯簋铭所说的"伐反荆"；而所说"金"极有可能是指楚之铜器，正如《左传》襄公十九年"季武子以所得于齐之兵作林钟而铭鲁功焉"一样。

（8）楚公逆其万年用，保口大邦，永宝。这句颂词与常见的西周铜器颂词"子子孙孙永宝用"不同，也与北宋出土的楚公逆钟颂词"孙子其永宝"不同，似表明编钟为熊咢初即位时所作，其时尚未立储。这样看来，对照上列编钟年代选择表，编钟的制作年代可能是熊咢元年、周宣王二十九年（前799年）。而北宋出土的楚公逆钟，其制作年代则稍晚。据此，楚公逆编钟当是熊咢初即位举行隆重的祭祀大典时所制作。

二、晋穆侯墓地楚公逆编钟之由来

为了搞清楚曲沃北赵晋侯墓地64号墓所出楚公逆编钟的由来，必须首先明确 64 号墓的墓主究竟是哪一代晋侯。我认为，64 号墓的墓主，应如邹衡、李学勤等先生所论，为晋穆侯费王。[①]这不仅仅在于周宣王时期晋穆侯与楚熊咢有着年代上的对应关系[②]，因为即令没有年代上的对应关系，一国的青铜器也可以各种方式出现在另一国，这种情况在考古上并不鲜见。而且更为重要的在于分析遗存的年代，关键之点是对墓中所出最能表明墓主身份和年代的"晋侯邦父"的认识。

晋穆侯之名，《史记·晋世家》作"费王"，《诗经·唐风》孔颖达疏亦引作"费王"。费又作潰，《史记·晋世家》索隐谓邹诞本"或作潰王"。但《史记·十二诸侯年表》则作"费生"，《世本》亦作"费生"，邹诞本亦有作"潰生"者。究竟是"费生"还是"费王"，历代均无确据，难以论定。

64 号墓出土青铜器中有 3 件有"晋侯邦父"铭文，据此可以确证《史记·晋世家》所记载的"费王"是可信的，而晋侯邦父就是晋穆侯费王。"邦父"是晋穆侯费王的字，而不是名。古人有名有字，西周人的字，往往带一

---

① 邹衡：《论早期晋都》，《文物》1994 年第 1 期；李学勤：《试论楚公逆编钟》，《文物》1995 年第 2 期。

②《曲沃发掘晋侯邦父及夫人墓》，《中国文物报》1994 年 1 月 30 日。

"父"字，称为"某父"，这在金文和文献中常常能够看到。金文如成王时器小臣謎簋所记之"伯懋父"，穆王时器录簋所记之"伯雍父"，竞卣所记之"伯犀父"，宣王时器兮甲盘所记之"兮伯吉父"等，皆是。文献所记更多，仅《史记·周本纪》所见就不少，如"祭公谋父""仲山甫""伯阳甫""虢石父"等，都是读史者所熟知的。父又作甫，兮甲盘的兮伯吉父，即是文献所记的尹吉甫。郭沫若先生说："兮伯吉父即《小雅·六月》之'文武吉甫'。伯吉父其字，甲其名，兮其氏。旧亦称尹吉甫，则尹其官也。"①徐中舒先生也认为："甲字伯吉父，即宣王时代的尹吉甫，兮为封邑，尹则僚属之长。"②名与字之间有意义上的内在联系，如兮甲字伯吉父，甲为吉日，就是意义相连的。又如司马耕字子牛，用牛耕田，名与字意义上的联系一目了然。由此我们再来看晋穆侯的名与字。晋穆侯名费王，字邦父，王、邦之间就有明显的内在联系：王，国之主也；邦，国也。可以证明，晋侯邦父就是晋穆侯，晋穆侯之名是"费王"而不是"费生"。

此外，费王之费，《史记·晋世家》索隐谓"音祕"。祕，古读重唇音。裘锡圭先生认为，费王二字，急读为邦③，也可证明晋侯邦父是晋穆侯。

楚公逆编钟出现在晋穆侯墓地，是否表明晋、楚之间有着直接的友好往来，意味着楚公逆将编钟馈赠予晋穆侯？或者是晋穆侯曾经伐楚，战胜而获？抑或是因为其他原因所致？对此，必须以文献和金文材料相互参验，才能给以合理解释，仅凭编钟本身是不能解决问题的。

大量资料表明，尽管周成王"封熊绎于楚蛮，封以子男之田，姓芈氏，居丹阳"④，但是楚国除了"唯是桃弧棘矢以共御王事"⑤外，很少承担对周王室的职贡义务，更多的倒是不服王室约束，因而屡次招致周王室大军讨伐"⑥。

① 郭沫若：《两周金文辞大系图录考释》，北京：科学出版社，1957年。
② 徐中舒：《禹鼎的年代及其相关问题》，《考古学报》1959年第3期。
③ 裘锡圭先生1994年9月在北京师范大学中国先秦史高级研讨班上的演讲。
④ 司马迁：《史记·楚世家》，北京：中华书局，1959年。
⑤《左传》昭公十二年，十三经注疏本。
⑥ 据青铜器铭文及古文献，周王伐楚，数代皆有。周成王时，矢令簋："唯王于伐楚伯，在炎。"《逸周书作雒》："周公立，相天子，……凡所征熊、盈族十有七国，俘维九邑。"周昭王时，狀驭簋："狀驭从王南征伐楚荆，又（有得），用作戊宝尊彝。"过伯："过伯从王伐反荆，孚（俘）金，用作宗室宝尊彝。"蒲簋："蒲从王伐荆，孚（俘），用作馈簋。"史墙盘："弘鲁昭王，广能荆楚。"《竹书纪年》："周昭王十六年，伐楚荆，涉汉。"《吕氏春秋·音初》："周昭王亲将（按：将为将率之意）征荆蛮。"周夷王时，《史记·楚世家》："熊渠甚得江汉间民和，乃兴兵伐庸、杨粤，至于鄂。熊渠曰：'我蛮夷也，不与中国之号谥。'乃立其长子康为句亶王，中子红为鄂王，少子执疵为越章王，皆在江上楚蛮之地。"周厉王时，《史记·楚世家》："及周厉王之时，暴虐，熊渠畏其伐楚，亦去其王。"但周厉王未曾伐楚。见段渝：《楚熊渠所伐庸、杨粤、鄂的地理位置》，《历史地理》第8辑，上海：上海人民出版社，1990年。周宣王时，《诗经·小雅·采芑》："蠢尔蛮荆，大邦为仇，……方叔率止，执讯获丑，……蛮荆来威（畏服）。"

虽然楚子熊绎曾经奔赴岐阳参加周成王举行的诸侯大会，却由于楚的"荆蛮"身份，只能"置茅蕝，设望表，与鲜卑（韦昭注谓'鲜牟，东夷国，盖即根牟'）守燎，故不与盟"①。终西周之世，楚与诸夏之间不存在相互聘享告命的关系，直到春秋初叶鲁庄公十年（前 684 年），《春秋经》才首次记载楚国之事曰："荆败蔡师于莘。"杜预注："楚辟陋在夷，于此始通上国，然告命之辞犹未合典礼，故（依照《春秋》笔法）不称将帅。"此后十三年，《春秋》才始书楚国与诸夏交往之事曰："荆人来聘。"②杜预注曰："不书荆子使某来聘，盖楚之始通，未成其礼。"直到鲁僖公二十一年（前 639 年），楚国才与诸夏之会。《春秋》僖公二十一年："秋，宋公、楚子、陈侯、蔡侯、郑伯、许男、曹伯会于盂。"杜预注："楚始与中国行会礼，故称爵。"

既然楚与诸夏之间相互告命聘享是在春秋时期，而楚、晋交往最早只见于《左传》，也是春秋时期，那么我们就没有理由将其上推到西周，认为晋穆侯墓地的楚编钟是由楚馈赠所得。

西周王室曾经数次伐楚，但其中并无晋师参与。昭王伐楚，据金文记载，有狀驭、过伯、嘉等人从王，无晋师。宣王时伐楚，据《诗经·小雅·采芑》记载，是王室卿士方叔，也与晋无关。事实上，西周时代晋国的对外关系主要是针对戎狄，正如《左传》昭公十五年晋籍谈对周景王所说"晋居深山，戎狄与之邻，而远于王室，王灵不及，拜戎不暇"，与戎狄争战不休。虽然根据晋姜鼎铭文，晋人曾参与南伐淮夷③，但其时楚在江汉，与淮夷无关，不能据此认为晋人曾经伐楚。何况晋姜鼎为昭王时器，自不能以此论说宣王时晋国的对外关系。由此看来，晋穆侯墓地所出楚公逆编钟，不可能是晋人伐楚所斩获。

从文献、考古和金文材料结合研究，我认为，楚公逆编钟之出现于晋穆侯墓，是由于周宣王伐楚所获，而后赐予晋穆侯，穆侯才得以随葬的。

三、周宣王伐楚与晋穆侯墓之楚编钟

周宣王时期，王室"中兴"，对外战争尤其频繁，北伐猃狁，南征淮夷，文献有不少记载，金文如兮甲盘、虢季子白盘、不娶簋、师寰簋等，也都并载其南征北伐之功。唯宣王伐楚一事，除文献如《诗经·小雅·采芑》

① 左丘明：《国语·晋语八》，上海：上海古籍出版社，1978 年。
② 《春秋》庄公二十三年。
③ 郭沫若：《两周金文辞大系图录考释》；唐兰：《西周铜器断代中的康宫问题》，《考古学报》1962 年第 1 期。

以外，别无所载，迄今所见青铜器铭文也没有这方面内容，因而多为人所忽略，论者甚少。

《诗经·小雅·采芑》记载：

薄言采芑，于彼新田，于此菑亩。方叔涖止，其车三千，师干之试。方叔率止，乘其四骐，四骐翼翼。路车有奭，簟茀鱼服，钩膺鞗革。

薄言采芑，于彼新田，于此中乡。方叔涖止，其车三千，旂旐中央。方叔率止，约軧错衡，八鸾玱玱。服其命服，朱芾斯皇，有玱葱珩。

鴥彼飞隼，其飞戾天，亦集爰止。方叔涖止，其车三千，师干之试。方叔率止，钲人伐鼓，陈师鞠旅。显允方叔，伐鼓渊渊，振旅阗阗。

蠢尔蛮荆，大邦为仇。方叔元老，克壮其犹。方叔率止，执讯获丑。戎军啴啴，啴啴焞焞，如霆如雷。显允方叔，征伐猃狁，蛮荆来威。

《采芑》为宣王时诗。《毛传》云："《采芑》，宣王南征也。"孔颖达正义云："谓宣王命方叔南征荆蛮之国。"对此，历代无异词。宋朱熹《诗集传》即承此说曰："宣王之时，蛮荆背叛，王命方叔南征。"

从《小雅·采芑》之诗不难看出，宣王时楚国的"叛周"，是一次大规模的军事行动，"不逊王命，侵伐邻国，动为寇害，与大邦为仇"[1]，所以导致方叔受命为将，率车三千乘以伐楚。以车三千乘的兵力出征，是西周出军最多之数。西周军队编制的最高单位是师，如西六自（师）、殷八自（师）、成周自（师）氏，屡见于金文和文献。《周礼·地官·小司徒》载："五人为伍，五伍为两，四两为卒，五卒为旅，五旅为师，五师为军。"《周礼·夏官·序官》载："凡制军万有二千五百人为军，王六军，大国三军，小国一军。"军的编制不见于西周金文和文献，是春秋时的军制，西周则仅至师为止，二千五百人为师，六师为一万五千人，八师为二万人。从周宣王时器禹鼎铭文所记武公徒御"车百乘，厮御二百，徒千"来看，西周徒御比例为十比二。[2]方叔伐楚，其车三千，按此比例计算，每乘十二人（御二、徒十），则共有三万六千人，不仅远远超过六师，也超过八师之数，并且比六师加八师的总兵力（三万五千人）还多一千人。由此可见，方叔伐楚，在宣王时期是一次规模庞大的战役。

正因为方叔"其车三千，师干之试"，拥有绝对优势，所以伐楚势如破竹，"执讯获丑"，多有擒获，其中当包括"俘金"。从过伯簋、𫄨驭簋、鼏

---

① 孔颖达正义《诗经·小雅·采芑》。

② 徐中舒：《禹鼎的年代及其相关问题》，《考古学报》1959 年第 3 期。

篡铭文可见，周王室大军伐楚，总是要以"俘金"纪其功的。所俘之金，不一定是金属铜，主要的应是青铜器，《孟子·梁惠王上》曰"毁其宗庙，迁其重器"，就表明俘获青铜器尤其重器，是战胜者的通常行为。编钟是宗庙中的重器，方叔伐楚，俘获楚公逆编钟，荐之于宣王之廷，是符合金文和文献的有关记载的。

方叔伐楚的年代，文献无征，但肯定是在周宣王晚期。《诗经·小雅·采芑》说"方叔元老，克壮其犹"，表明此时方叔年事已高，"虽老而谋犹壮也"[①]，老当益壮。《采芑》又言方叔曾经"征伐玁狁"，郑玄《笺》云："方叔先与吉甫征伐玁狁，今特往伐蛮荆。"吉甫即尹吉甫，亦即兮伯吉父，伐玁狁之役见于《小雅·六月》，但无年代。据兮甲盘记载："唯五年三月既死霸庚寅，王初各伐玁狁于䍐㠱。兮甲从王，折首执讯。"尹吉甫伐玁狁是在周宣王五年，方叔征伐玁狁即在此时，当时尚年富力强，而其伐楚则当晚年，故有"方叔元老，克壮其犹"之说。表明伐楚之役已距其伐玁狁相当年岁，是在周宣王晚年。

进一步分析，楚"与大邦为仇"而招致宣王伐楚，当发生在周宣王三十九年（前 789 年）。周宣王时，屡次兴兵伐西戎，所用之兵，大抵为王师和晋人之兵，却并没有因为伐西戎而松懈其南国防线。但是周宣王三十九年，抽调南国之师至西北伐戎，"战于千亩，王师败绩于姜氏之戎"[②]，南国之师一并覆灭。《国语·周语上》记此为"宣王既丧南国之师"，韦昭注曰："丧，亡也，败于姜戎氏时所亡也。南国，江、汉之间也，故《诗》云：'滔滔江、汉，南国之纪。'"由于周王室驻守在江、汉之间的南国之师被调往西北而覆亡，南国防线顿陷崩溃，毫无守备可言，这才使自周厉王以来一直不敢反叛的楚国有了对外扩张的机会，才敢于乘机蠢蠢欲动，与"大邦为仇"。可见，宣王时楚国叛周，不能早于宣王三十九年（表四）。

方叔伐楚，据文献分析，正是在宣王三十九年。《竹书纪年》记载：周宣王三十九年，"王征申戎，破之"[③]。申戎，姜姓，地在南阳，扼楚国北上的门户。西周时代楚都丹阳，丹阳在丹水之北、淅水之南[④]，距离南阳仅一箭之遥。1978—1980 年河南淅川下寺楚墓的发掘[⑤]，正在这一带。宣王破

① 朱熹：《诗集传》卷十，北京：中华书局，1958 年。
② 左丘明：《国语·周语上》，上海：上海古籍出版社，1978 年。
③ 范晔：《后汉书·西羌传》北京：中华书局，1965 年。
④ 宋翔凤：《楚鬻熊居丹阳武王徙郢考》，《过庭录·卷九》；段渝：《西周时代楚国疆域的几个问题》，《中国史研究》1997 年第 4 期。
⑤ 河南省丹江库区文物发掘队：《河南淅川下寺春秋楚墓》，《文物》1980 年第 10 期；裴明相：《楚都丹阳试探》，《文物》1980 年第 10 期。

申，旋命方叔率大军伐楚，故以方叔才可能领军三千乘。这也是宣王伐戎屡败后，倾其兵力志在必得所出之师。正因宣王破申，方叔伐楚，大胜而归，周宣王才能够重建南国防线，才得以分封申伯于南阳，形成对楚的控扼之势。可见，宣王破申与伐楚，是一气呵成的，乃同年所为（表五）。

方叔伐楚时，楚熊咢已卒，其时楚君为熊咢子熊仪（若敖），即金文记载的楚公豪。方叔伐楚，毁其宗庙，迁其重器，所俘获而去的正是熊咢宗庙之器，其中就有熊咢所作之楚公逆编钟，由方叔献于王廷。而晋穆侯所藏之楚公逆编钟，则是由周宣王以其伐戎有功而赐予的。

据史载，晋穆侯伐戎曾有两次获胜，一次是晋穆侯十年（周宣王二十六年，前802年）"伐千亩有功"[①]，一次是晋穆侯二十二年（周宣王三十八年，前790年）"败北戎于汾隰"[②]）（表五）。前一次伐戎，楚熊咢尚未即位，楚君是熊徇（熊咢之父）。后一次伐戎，正当熊咢已卒，熊咢子熊仪元年。此役晋人得胜有功，次年宣王命方叔伐楚，毁庙迁器，俘楚公逆编钟而返，再将编钟颁赐予晋穆侯以表其功，作为对其战胜西北边防大患的表彰。此即楚公逆编钟之出现在晋穆侯墓地的复杂由来。对此，晋穆侯及其夫人墓出土器物本身也能够提供一些重要的旁证。

据发掘简报，64 号墓为晋穆侯墓，62 号墓为晋穆侯正夫人墓，63 号墓为晋穆侯次夫人墓。三座墓均出土不少玉器，从造型和纹饰看，不仅西周一代玉作尽在其中，甚至还有诸多商末遗风，而此类器不见于他地同时期周墓，其中"很可能包括周人早年战利品"。这个分析是有根据的。不过，据《逸周书·世俘》，这些属于周人早年伐商所俘而藏于西周王室的"旧玉亿有百万"（十万为亿，"旧玉亿有百万"为"佩玉亿有八万"之误，详王念孙《读书杂志》卷一之二），其中之藏于晋穆侯及其夫人墓者，却并非周初唐叔封于晋时由成王所封赐，而是周宣王对晋穆侯本人的赐予。据《左传》定公四年记载，成王分封，"分唐叔以大路、密须之鼓、阙巩、姑洗、怀姓九宗、职官五正，命以《唐诰》，而封于夏虚"。所分器物有车、鼓、甲、钟、唯无玉器。《左传》昭公十五年记载周景王历数其先王赐晋之物，亦无玉器。即令唐叔曾分得商之玉器，也只能作为立国之宝累世相传，绝无由晋穆侯及其夫人独葬之理。但如果说这些玉器得自于晋穆侯所受周王室赏赐，则用以随葬就是既合情理，又合西周制度的。而晋穆侯所得王室赐玉，必然只能是因

① 司马迁：《史记·晋世家》《十二诸侯年表》，北京：中华书局，1959 年。
② 《后汉书·西羌传》引竹书纪年。

功而赐，此功即伐戎而败之，保卫了西周疆土，成功地履行了"封建亲戚以蕃屏周"①的责任和义务，而这在周宣王时期是少见的②。这就有力地证明，晋穆侯墓地所出楚公逆编钟，与所出商人旧玉一样，都来自周宣王对其伐戎有功所给予的赏赐。

表四　周宣王伐戎年表

公元前	周宣王纪年	晋穆侯纪年	内容	资料来源
824	四		使秦仲伐戎，为戎所杀，王乃召秦仲子庄公，兴兵七千人，伐戎破之，由是少却	《后汉书·西羌传》引《竹书纪年》
823	五、三月		王初各伐玁狁，兮甲从王，折首执讯	兮甲盘
816	十二、正月（十二？）九月		博伐玁狁于洛之阳，折首五百，执讯五十 女以我车宕伐厰允于高陵，女多折首执讯	虢季子白盘 不娶簋
805	二十三	七	晋穆侯伐条（条戎），生太子仇	《左传》桓公二年，《竹书纪年》
802	二十六	十	晋穆侯伐千亩，有功，生少子，名曰成师	《左传》桓公二年，《史记·晋世家》《十二诸侯年表》
797	三十一	十五	王遣兵伐太原戎，不克	《后汉书·西羌传》引《竹书纪年》
792	三十六	二十	王伐条戎、奔戎，王师败绩	同上
790	三十八	二十二	晋人败北戎于汾隰 戎人灭姜侯之邑	同上 同上
789	三十九	二十三	战于千亩，王师败绩于姜氏之戎。宣王既丧南国之师，乃料民于太原	《国语·周语上》
789	三十九	二十三	王征申戎，破之	《竹书纪年》

①《左传》僖公二十四年，十三经注疏本。
② 尽管宣王时不乏封国征伐玁狁之例，如兮甲盘、虢季子白盘、不娶簋等青铜器铭文所载，但都是从王征伐，而晋穆侯伐戎则是单独讨伐，故《竹书纪年》记为"晋人败北戎"，而未称"王师"，这在金文和文献中是少见的。至于秦庄公伐西戎，则与周初封国无关。

公元前	周宣王纪年	楚纪年	内容	资料来源
791	三十七	熊咢九年，卒		《史记·楚世家》
790	三十八	熊仪元年	晋人败北戎于汾隰	《史纪·楚世家》《竹书纪年》
789	三十九	熊仪二年	王师败绩于姜氏之戎，宣王既丧南国之师蠢尔蛮荆，大邦为仇王征申戎，破之方叔伐楚，其车三千，执讯获丑	《国语·周语上》《诗经·小雅·采芑》《竹书纪年》《诗经·小雅·采芑》

论巴楚联盟及其相关问题

春秋时代，在南方的江汉之间，曾一度出现过一个横扫南国的强大的政治军事集团，这就是由巴国和楚国所结成的巴、楚联盟。然而，由于巴、楚二国的关系见诸史载不多，对于二国所结成的政治军事联盟，史籍也未明确提出，年湮代远，书阙有间，以至史学家们对巴楚联盟的问题至今还缺乏专门的研究，对于本文所提出的主题也无专文进行论述。因而，这一问题不论在巴史还是楚史或是巴、楚关系史的研究中，至今仍属空白。本文明确提出巴、楚联盟的问题，并对这一联盟所产生的政治历史条件、社会基础、性质和特点，以及崩溃的原因及其相关问题作一综合性的初步探讨，以补史籍记载之阙。不妥之处，诚请斧正。

一、巴、楚早期的关系

在西周一代，楚国与周王室所分封的中原诸侯间的交往，史籍几乎完全阙如。楚国参加由周王室所主持的诸侯间的盟会，也仅见于史籍中的片段记载，其时亦仅为西周初年。《史记·楚世家》记载："熊绎当周成王之时。举文、武勤劳之后嗣，而封熊绎于楚蛮，封以子男之田，姓芈氏，居丹阳。"《国语·晋语八》记载："昔成王盟诸侯于岐阳。楚为荆蛮，置茅蕝，设望表，与鲜卑守燎，故不与盟。"虽然楚国先祖鬻熊早在殷代末叶就曾投奔周文王，被周文王接纳为养子，周成王又分封楚子熊绎为周室诸侯[1]，班列男服[2]，与姬姓诸侯之大封"鲁公伯禽，卫康叔子牟，晋侯燮、齐太公子吕伋俱事成王"[3]，

---

① 段渝：《荆楚国名问题》，《江汉论坛》1984 年第 8 期。
② 司马迁：《史记·楚世家》，北京：中华书局，1959 年。
③ 司马迁：《史记·楚世家》，北京：中华书局，1959 年。

"并事康王"①，但是，周之同姓诸侯和异姓大封均视楚国为"荆蛮""楚蛮"之国，蛮夷遇之，楚国君主中有雄才大略的楚子熊渠、楚武王熊通也屡次声言："我蛮夷也。"②而在周王室及其所分封的宗室懿亲和军事扈从看来，"戎狄豺狼，不可厌也；诸夏亲匿，不可弃也"③，又"狄无列于王室"④。所以，尽管楚以其先祖鬻熊力务于文、武灭殷大计而受王室分封，但在王室所举行的诸侯盟会上，却无资格与诸侯正式与盟。因而，在西周一代，楚与中原诸夏相互聘享交往之事，几乎没有任何史迹可寻。

从西周成、康二王之世，楚子熊绎"僻在荆山，筚路蓝缕，以处草莽，跋涉山林，以事天子，唯是桃弧棘矢以共御王事"⑤，直到春秋初叶周平王之世楚若敖、蚡冒"筚路蓝缕，以启山林"⑥，约及 300 年间，在远离成周的南方一隅艰难创业，"勤俭以启土"⑦，与中原诸姬不存在经济上、政治上的直接联系，但却由于所处政治地理等原因，而与为西周王室镇抚南土的巴子之国发生了一定的关系。

巴国为周初所分封的姬姓诸侯，是见于《左传》所记载的"汉阳诸姬"⑧之一，春秋时代亦被称为"周之子孙之在汉川者"⑨。《左传》昭公十三年记载楚平王之为"巴姬"，依照《周礼》所记"妇人称国及姓"之制⑩，巴为国名，姬为国姓，足证巴为姬姓之说，巴人曾在殷代末年参与周武王伐纣，"巴师勇锐，歌舞以凌殷人，前徒倒戈，故世之称曰：'武王伐纣，前歌后舞'也"⑪。《华阳国志·巴志》记载："武王既克殷，以其宗姬封于巴，爵之以子。"巴为周武王宗支，受王室之封乃是因其为周之"子族"之故，是"封建亲戚以藩屏周"⑫的产物，所以巴国君主在西周春秋时代均被称为"巴子"，所称"子"并非爵位。⑬西周初年，王室分封其宗姬于巴，一方面使其为诸侯，而

文明的史迹：先秦、巴蜀及南丝路历史研究（先秦史卷）

① 《左传》昭公十二年，十三经注疏本。
② 司马迁：《史记·楚世家》，北京：中华书局，1959 年。
③ 《左传》闵公元年，十三经注疏本。
④ 左丘明：《国语·周语中》，上海：上海古籍出版社，1978 年。
⑤ 《左传》昭公十二年，十三经注疏本。
⑥ 《左传》宣公十二年，十三经注疏本。
⑦ 《左传》宣公十二年杜预注。
⑧ 《左传》僖公二十八年，十三经注疏本。
⑨ 《左传》定公四年，十三经注疏本。
⑩ 司马迁：《史记·周本纪》索隐引，北京：中华书局，1959 年。
⑪ 常璩著，刘琳校注：《华阳国志校注·巴志》，成都：巴蜀书社，1984 年。
⑫ 《左传》僖公二十四年，十三经注疏本。
⑬ 段渝：《"古荆为巴说"考辨》，《贵州社会科学》1984 年第 5 期。

"诸侯有田以处其子孙"①，满足了周之宗室懿亲的政治经济要求；另一方面，"王者封诸侯，非官之也，得以代为家也"②，又使其作为周王室南方屏障的一个重要支柱，代替王室对南方进行治理，征收贡赋，并与以后陆续分封在成周以南、汉水一带的汉阳诸姬，共同构成捍卫成周、镇抚南方的坚强防线。周成王之时，曾大会诸侯于成周，据《逸周书·王会篇》载，"巴人以比翼鸟"进献成王，参与盟会，同王室以及诸夏之间保持着密切的政治经济联系。

西周初年，巴国的分封之地与楚国相去不远，均同处于周王室的南土之地。《左传》昭公九年记载周景王托辞于大夫詹桓伯说："及武王克商，……巴、濮、楚、邓，吾南土也。"虽然如此，但由于二国在政治上对周王室亲疏不同的从属关系，故立国南土也有不同的缘由。巴国分封于南土，是奉王室之命，以胜利之师监临南方异姓诸侯，镇抚南国；而楚国分封于南土，则是被周王室西迁于此，"跋涉山林，以事天子，唯是桃弧棘矢以共御王事"③，为王室纳贡服役。这种情况，就决定了巴、楚之间早期的关系，必然只能是建立在不平等的基础之上。

巴、楚二国在西周时代虽然同在南土，但并不同壤而居，二国之间尚分布有大批濮人群落。巴立国于汉水中上游与大巴山之间，楚立国于汉水中游与丹水、浙水之间，濮则活跃于楚国西南，在巴国之东，江汉之间。西周时代的濮族，群落众多，力量强大，周厉王时铜器《宗周钟铭文》记载："南国艮孳，敢舀处我土，王敦伐其至，伐厥部。艮孳乃遣间来逆邵（昭）王，南夷、东夷具见，廿又六邦。"艮为濮的对音，孳乃子之古文。南国艮子即成周以南、江汉之间濮人族群联盟的首领。东夷为居于东方的淮水流域之夷，南夷则为居于汉、淮之间包括南淮夷在内的众多族群。由于巴国居于成周以南，在周成王以后逐渐失去其镇守南国的政治作用，因而也被视为南夷之属，《管子·小匡》记载齐桓公所破南方诸国中有巴，《注》曰："皆南夷国号。"而《汉书·地理志》则径直记载："巴、蜀、广汉本南夷。"可知，当西周中叶濮人群落兴起之时，巴国已受制于濮，由濮子率领转而叛周了。而楚国位于濮人之东，面临濮族之强，其发展必然也要受到濮人的制约。《史记·楚世家》记载周宣王六年，楚因继立之事，三弟争立，"叔堪亡，避难于濮"。《正义》引刘伯庄

---

①《礼记·礼运》，十三经注疏本。
②《史记·周本纪》正义引董仲舒之说。
③《左传》昭公十二年，十三经注疏本。

云："濮在楚西南。"又引孔安国云："庸、濮在汉之南。"此濮即是"南国艮孽"之濮。楚叔堪逃亡于濮以避楚难，说明自周厉王时始，中经共和十四年，直至周宣王即位之初，濮人的力量仍然经久未衰，与楚对峙，而楚国对于濮人的发展也只能采取守势而已。因此，从西周中叶到西周之末，大约200年间，由于地处巴、楚二国之间的濮人势力的发展壮大，楚国的发展也不可避免地受到制约，故巴、楚二国间自周初以来所形成的统治与从属的关系客观上被予以割断，随后向着新的方向演变。

二、巴、楚联盟形成的政治历史条件

春秋时代，巴、楚之间往来频繁，关系密切。这首先在于随着濮人集团的衰落，楚国逐渐向西扩张，得以与巴国接壤。

春秋初叶，楚国曾两度大举侵吞濮人的土地。《国语·郑语》记载："（周）平王之末，而秦、晋、齐、楚代兴，……楚蚡冒于是乎始启濮。"启者开也，是说楚自蚡冒时始向濮人采取进攻的态势，向濮地开疆拓土。至其子楚武王熊通之时，则更进一步加强了对濮人的攻势。《史记·楚世家》记载熊通时楚国稍强，"于是始开濮地而有之"，在蚡冒所开创的基业上，将大片濮人之地据为楚国所有，奠定了楚国向西方扩张势力的基础。

濮人在西周时代本为汉水中游以南一个强大的族群集团。《尚书·牧誓》记载武王伐纣，其中有濮人之师，西周初年移徙于汉水以南。《史记正义》引孔安国曰："庸、濮在汉之南。"周厉王时濮人首领"南国艮孽"率"南夷、东夷廿又六邦"具见厉王，其号令南国诸邦，势力颇大。进入春秋以后，濮人逐渐衰微，部众离散，"无君长总统"[1]，遂成"百濮离居，将各走其邑"[2]之局。濮人中的很大一部分，在这种情况下，也纷纷四处迁徙。杜预《春秋释例》曰："建宁郡南有濮夷。"[3]晋代建宁郡在今云南省境，并非西周时代的南土所能及，也不是西周时代濮人的居地，居于其地的濮人，应是在濮人衰落，分居散处以后，从汉水以南南下而至。《史记正义》引刘伯庄云"濮在楚西南"，本是指西周时代濮人的居地所在。春秋时代，濮人离散，就不仅在楚西南了，此时的濮人，除远徙至今云南省境的部分而外，楚国东部成父一带

---

[1] 司马迁：《史记·楚世家》，北京：中华书局，1959年。
[2]《左传》文王十六年孔颖达《正义》引杜预《春秋释例》。
[3]《史记·楚世家》集解引。

也为其聚落居地之一①，还有一部辗转徙于今四川境内者，则称为僰人。汉代在今四川宜宾置僰道，《华阳国志·蜀志》则说，其地"本有僰人，故《秦纪》言僰童之富"，足见僰人之多。僰、濮音近，《史记正义》说"僰，蒲北反"，《礼记·王制》云"屏之远方，西方曰僰"，僰人即濮人向西南迁徙的一支。由于春秋时代濮人大量远徙，离开故土，而留居汉南的濮人又互不统属，莫能相一，故其力量大为削弱，已不能与在其东方很快崛起的楚国相抗衡。

春秋时代濮人的远徙和衰落，使原来巴、楚之间一个强大的势力顿成空白，在巴、楚二国中间的大片濮人故土上，出现了许多瓯脱之地，对巴、楚关系的进一步发展，造成了有利的条件。

据《孟子·离娄下》，春秋时代，周室衰微，"王者之迹熄"，诸侯逾制。作为汉阳诸姬之一的巴国，自然不能例外，也积极向外发展，扩张势力。由于巴国地处汉水大巴山之间，西面和北面限以秦国和戎狄，南面又有庸、卢、罗等国，故其领土的扩张，只有向东发展这一途。而巴国要越汉水而东，就必须首先与楚国交好，打通东进的道路。《左传》桓公九年记载："巴子使韩服告于楚，请与邓为好，楚子使道朔将巴客以聘邓。"巴国向东修好于邓，并请楚为中介，这已经显示了其东进的意图。而楚武王应巴之请，派道朔与巴国使者同聘于邓，也表明了楚国愿与巴国合作的趋势。这一事件就成为巴、楚联盟的起点。

根据《左传》桓公九年的记载，楚子使道朔将巴客以聘于邓，"邓南鄾人攻而夺之币，杀道朔及巴行人。楚子使薳章让于邓，邓人弗受。夏，楚使斗廉帅师及巴师围鄾。邓养甥、聃甥帅师救鄾。三逐巴师，不克。斗廉衡陈其师于巴师之中以战，而北。邓人逐之，背巴师而夹攻之。邓师大败，鄾人宵溃"。从这里可以看出，巴国出师与楚国军队联合作战，二国联军由楚斗廉为统帅，分巴师为二队，而将楚国的精锐之师横陈其间，以佯败诱使邓师追击，然后巴、楚之师前后夹攻，打败邓师，取得全胜。此役也见载于古本《竹书纪年》，其文云："（周）桓王十七年，楚及巴伐邓。"②

此次战役，是巴、楚二国军队首次协同作战，由楚统一指挥，令行禁止，进退有序，表明巴、楚的政治军事联盟已经正式形成。

巴、楚结盟以后，多次协同出兵，征伐汉水流域诸国。《左传》庄公十八

---

①《左传》昭公七年，十三经注疏本。
②《路史·国名记戊》注引。

年记载，“及（楚）文王即位，与巴人伐申”，申在今河南南阳，为西周宣王时所封，曾是周王室镇守南方的军事重镇。巴、楚联军伐申，表明了二国均有北进中原的政治意图，这同时也是二国联盟的一个重要的政治基础。

巴、楚联合作战的最重要战役是灭庸之战。《左传》文公十六年（前611年）记载：“楚大饥，戎伐其西南，至于阜山，师于大林，又伐其东南，至于阳丘，以侵訾枝。庸人率群蛮以叛楚。麇人率百濮聚于选，将伐楚。”楚国选定庸为打击目标，出师迎战，“及庸方城，庸人逐之，囚子扬窻。三宿而逸，曰：‘庸师众，群蛮聚焉，……’又与之遇，七战皆北，唯裨、儵、鱼人实逐之。庸人曰：‘楚不是足与战与。’遂不设备。楚子乘驲，会师于临品，分为二队：子越自石溪，子贝自仞，以伐庸。秦人、巴人从楚师，群蛮从楚子盟，遂灭庸。”从中可见，庸为强国，为群蛮之首，军队甚众，而楚不足与之战。如无巴师和秦师援助，此役的结果如何，很难设想。

虽然此役有秦人参加，但从战果来看，楚占庸国，巴得鱼邑，而秦人的收获不得而知，所以起主要作用的应该是巴、楚联盟。

庸是一个古老的方国，见于《尚书·牧誓》所载随从武王伐纣的西土八国之列。西周春秋时，庸在汉南，《左传》文公十六年记载庸人逐楚师，其中有“裨、儵鱼人”，杜预注曰：“裨、儵鱼，庸之邑。鱼，鱼复县，今巴东永安县。”即今重庆奉节，在长江北岸。可见，庸在春秋年间一度是一个地跨大巴山南北的强国。庸国雄踞巴、楚二国之间，作为群蛮之首，是濮人削弱以后在江汉间对巴、楚二国所形成的巨大威胁。因而，庸国之灭，对于楚国和巴国都有重要的意义。对于楚国来说，灭庸之后，不但占领了庸国之地，而且由于群蛮臣服，大大消除了楚国向西发展的障碍，不论对于楚国在日后北上争霸，问鼎中原，还是南下长江，“奄有南海”，都造成了广阔的大后方，故“楚自克庸以来，其君无日不讨（杜预注曰：‘讨，治也。’）国人而训之”。其训诫之词曰：“于（杜预注：‘于，曰也。’）民生之不易，祸至之无日，戒惧之不可以怠。在军无日不讨军实而申儆之，于胜之不可保，纣之百克而卒无后。训之以若敖、蚡冒，筚路蓝缕，以启山林。箴（杜预注曰：‘箴，诫。’）之曰：‘民生在勤，勤则不匮。’不可谓骄。”[①]楚在克庸之后，厉兵秣马，重视军事民生，以为启土之根本，足见克庸之役对楚的重大意义，以至世代不忘。对于巴国来说，灭庸之后，庸国之鱼邑为巴国所占有，使巴国得以染指

①《左传》宣公十二年，十三经注疏本。

川东，对于巴人在春秋战国之际辗转南下，进入川境，起着战略前哨的重要作用。

三、巴、楚联盟的社会基础

巴、楚联盟的形成，除了二国在上述政治上、军事上的共同需要而外，尚有多种原因，其中，二国在风俗文化上的相近便是值得重视的原因之一。

巴、楚二国同在南土，属于上古时代广袤的荆楚地域之一。上古时代，西至渭水流域，东抵长江之滨，北达山东平原，南及淮水流域，均分布有茂密的荆棘楚木，古人即因其地貌名曰荆、楚，或联名相称荆楚、楚荆。楚国的国名之所以称为楚，或者称为荆，即是因为其本来就居邑于荆棘楚木丛林之中，周成王又分封其国于楚蛮之地的缘故。[①]

巴国的命名亦与楚国相类似。巴本为周之宗室懿亲，西周初年由武王分封于巴，故其国称为巴国。巴，《说文·巴部》云："巴，虫也，或曰食象蛇。"《说文·它部》云："它或从虫。"可见许慎训巴为蛇。但《山海经·海内南经》曰："巴蛇吞象，三岁出其骨，君子服之，无心腹之患。"巴与蛇连称，显然巴不是指蛇，而是地域名称，所记巴蛇实际是指巴地之蛇。巴本来是一种植物的名称，即芭，又音苴。谯周《古史考》曰："益州'天苴'读为'包黎'之包，音与'巴'相近。"[②]邓少琴先生《巴史新探》认为，《汉书·司马相如列传》载司马相如《喻蜀父老文》曰："略斯榆，举苞蒲。"二者对音，从谯周之说，则苴即巴之异读，"苞蒲"即"巴濮"[③]。徐中舒先生在《巴蜀文化续论》一文中，首肯此说，亦以为苴即巴。[④]苴为草名，《说文·艸部》："苴，履中草。"《史记·张仪列传》司马贞《索隐》云："苴音巴，……今字作'苴'者，按巴苴是草名，今论巴，遂误作苴也。"又云："谯周，蜀人也，知'天苴'之音误为'芭黎'之芭。"按巴、芭二字，巴为本字，后其字从草作芭，乃因字义增多而有必要加以区别的缘故，巴字的本义则是芭。武王封其宗姬于巴，称为巴国，正是古代"以居为氏"的命名通例。这一点，司马贞早已正确地指出："巴人、巴郡本因芭苴得名，所以其字遂以苴为巴也。"[⑤]

① 段渝：《荆楚国名问题》，《江汉论坛》1984年第8期。
②《史记·张仪列传》集解引徐广曰。
③ 见《巴史史迹探索》，成都：四川人民出版社，1983年，第18页。
④ 徐中舒：《巴蜀文化续论》，载《论巴蜀文化》，成都：四川人民出版社，1982年，第92-93页。
⑤《史记·张仪列传》正义。

巴、楚二国本来都无筑城之习，均使用植物枝茎作国都的栅栏，即城寨。关于楚国以荆棘楚木制作栅栏的情况，《国语》和《左传》均有记载。《国语·吴语》记载楚灵王时国中有乱，灵王不能归，"王亲独行，屏营彷徨于山林之中，……乃匍匐将入于棘围，棘围不纳"。棘围，棘即荆棘楚木，围即围墙，但棘围并非版筑泥墙或砖石垒砌之类城墙，而是用荆楚丛木构筑城寨，其功能和作用均同于城墙。用棘围代替城墙，这是与楚地的自然环境相符的，是就地取材的结果，也反映了楚自熊绎建国以来，"唯是桃弧棘矢以共御王事"的情况。《左传》昭公十三年记载楚灵王此事为："（申亥）乃求（灵）王，遇于棘闱以归。"所说与《国语》大同。闱，杜预注曰："闱，巷门。"闱，字从门韦声，《说文·门部》曰："闱，宫中之门也。"棘闱，即棘围中所开的小门，亦为棘木制作而成。这些记载都表明楚人以荆楚之木构置寨围的事实。

巴人在自己周围所构筑的防御设备，同样不是城墙，而是樊篱。《史记·张仪列传》司马贞《索隐》曰："芭蔾，即织木葺为苇篱也，今江南亦谓苇篱曰芭篱也。"巴人居国于芭苴丛中，以此制作苇篱，也是因地制宜的结果。芭篱即樊篱，亦即栅栏，今四川方言呼之为"篱笆"，乃芭篱之类，足见四川构制篱笆源远流长。巴人不仅在汉水、大巴山时不筑城墙，而且在战国时代退守今四川盆地东部境内时，仍然无筑城之习。《华阳国志·巴志》记载秦灭蜀后，"（张）仪贪巴、苴之富，因取巴，执王以归，……仪城江州"。《舆地纪胜》卷一七五亦说："古江州城，东接（渝）州城，西接（巴）县城，《巴中记》云：张仪所筑。"江州为今重庆市。江州之城为张仪所筑，则秦取江州以前，江州本无城墙。张仪还在今四川阆中筑城，《舆地纪胜》卷一八五记阆中张仪城曰："《九域志》云：阆中古城本张仪城也。《图经》云：秦司马错执巴王以归阆中，遂筑此城。"如此，则阆中筑有城墙，亦始于张仪灭巴时，前此则无城。江州和阆中先后为巴子之都，《华阳国志·巴志》记载："巴子时虽都江州（今重庆市），或治垫江（今重庆合川），或治平都（今重庆丰都），后治阆中（今四川阆中），其先王陵墓多在枳（今重庆涪陵）。"江州、阆中作为巴子国都，在巴灭之前均未筑城，那么司马贞所言巴人"织木葺为苇篱"之说，就应该是有根据的，反映了巴人历史的真实情况。

巴楚二国在构制樊篱方面如此惊人的相似，无疑是与二国的历史文化上的共同特点相联系的。《汉书·地理志》记载汉中风俗说："而汉中淫失

后　记

　　大约两年前，我的学生们酝酿为我从事科研工作 40 年编辑一部文集，为此即着手搜集资料，从我先后发表的三百多篇文章中选出百余篇，按照文章内容分为先秦史、巴蜀文化和南方丝绸之路研究等三个部分，分别加以录入、整理并进行编目。后来又承蒙四川省社会科学院三星堆文化与青铜文明研究中心的好意，将书稿交由西南交通大学出版社出版，于是就有了这部三卷本文集。在此，我要感谢为此付出辛劳的四川师范大学巴蜀文化研究中心的学生们，感谢四川省社会科学院三星堆文化与青铜文明研究中心的友情资助。

　　我在 2010 年出版的《四川通史》"先秦卷"的后记中写道："科学研究是没有止境的。在科学研究道路上所取得的各项成果，都是建立在当时所具有的材料、理论和方法的基础之上的，它们在历史发展的长河中都只能算是阶段性成果，后来必定会给予创新和发展。但是，由各阶段成果所奠定起来的坚实基础对于后来的研究却是十分重要的，它们共同构成科学研究连续发展的链条。在科学研究的道路上，两者不可或缺。"这也是我对现在这部三卷本文集所要说的话。